AF309256

MINISTÈRE DE L'INSTRUCTION PUBLIQUE ET DES BEAUX-ARTS

MÉMOIRES

PUBLIÉS

PAR LES MEMBRES

DE

L'INSTITUT FRANÇAIS D'ARCHÉOLOGIE ORIENTALE

DU CAIRE

SOUS LA DIRECTION DE M. É. CHASSINAT

TOME VINGT-DEUXIÈME

—

FOUTOUḤ AL BAHNASÂ

PAR

M. ÉMILE GALTIER

LE CAIRE

IMPRIMERIE DE L'INSTITUT FRANÇAIS

D'ARCHÉOLOGIE ORIENTALE

—

1909

MÉMOIRES

PUBLIÉS

PAR LES MEMBRES

DE

L'INSTITUT FRANÇAIS D'ARCHÉOLOGIE ORIENTALE

DU CAIRE

——

TOME VINGT-DEUXIÈME

MINISTÈRE DE L'INSTRUCTION PUBLIQUE ET DES BEAUX-ARTS

MÉMOIRES

PUBLIÉS

PAR LES MEMBRES

DE

L'INSTITUT FRANÇAIS D'ARCHÉOLOGIE ORIENTALE

DU CAIRE

SOUS LA DIRECTION DE M. É. CHASSINAT

TOME VINGT-DEUXIÈME

LE CAIRE

IMPRIMERIE DE L'INSTITUT FRANÇAIS

D'ARCHÉOLOGIE ORIENTALE

1909

FOUTOUḤ AL BAHNASÂ

PAR

M. ÉMILE GALTIER

AVERTISSEMENT.

Ce livre, qu'un douloureux événement a laissé inachevé, fut commencé en 1904, au cours de la seconde année que mon regretté collaborateur Émile Galtier passa à l'Institut. Il devait comprendre, dans son plan primitif, une édition du texte arabe, la traduction de celui-ci et une étude critique et comparée des divers ouvrages de même nature et de leurs sources. Mais Galtier n'avait pas tardé à renoncer à publier la version arabe, estimant que cette partie de son travail ne présentait pas un caractère d'urgence absolu et qu'elle pourrait faire plus tard l'objet d'un second volume, si la nécessité en était reconnue. Il avait résolu, par contre, de donner un développement considérable à l'examen littéraire et historique du document. Il m'entretint souvent, ainsi que ses camarades, des résultats auxquels ses recherches l'avaient conduit. Malheureusement, se fiant à sa prodigieuse mémoire, il avait négligé de les noter et, malgré de minutieuses recherches, je n'ai rien trouvé dans ses papiers qui s'y rapportât. C'est là une perte déplorable à tous égards, car Galtier, avec sa connaissance parfaite des textes et l'extraordinaire lucidité de son jugement, n'eût pas manqué de jeter une clarté nouvelle sur la question.

Le manuscrit de la traduction que je présente aujourd'hui en son nom aux savants était achevé depuis longtemps lorsqu'il consentit, sur mes instances, à le livrer à l'impression. La moitié à peine en était composée lorsque la maladie contraignit, vers la fin du mois de mars 1908, Galtier à abandonner ses occupations. Huit feuilles étaient tirées et les placards des feuilles 9 et 10 étaient corrigés en première épreuve; la fin du volume a été corrigée par moi. Si, malgré le soin que j'ai apporté dans cette besogne toute matérielle, on y relève quelques erreurs, je prie le lecteur de se montrer indulgent envers l'auteur, que j'ai pu bien involontairement trahir.

J'ose espérer que, tel qu'il est, même incomplet, cet ouvrage ne sera pas inutile aux études arabes.

É. Chassinat.

Le Caire, le 17 avril 1909.

Louange à Dieu qui a accordé la victoire et le secours évident, et a donné les pays qui lui appartenaient à qui il a voulu de ses adorateurs : *certes la terre appartient à Dieu, et il la donne en héritage à qui il veut de ses pieux adorateurs et il réserve l'avenir à ceux qui le craignent*[1]. Voici ce qu'a dit le cheikh très savant, très docte et très intelligent, Moḥammad al-Mo'izz, que Dieu lui fasse miséricorde!

MENTION DES AVANTAGES[2] DE BAHNASÂ,
DE SON TERRITOIRE ET DE SON CIMETIÈRE[3].

Sache que le sol de Bahnasâ renferme dans son cimetière près de quatre cents des émirs principaux, soit parents, soit compagnons du Prophète, parmi lesquels sont 'Ali fils d''Aqîl et Ga'far fils d''Aqîl[4], fils d'Abou Ṭâlib, al-Ḥosain fils de Ṣâliḥ, fils d'al-Ḥosain, fils d''Ali, fils d'Abou Ṭâlib[5] et Ziâd, fils d'Abou

---

[1] *Coran*, vii, 125.

[2] فضائل, ce qui élève un pays au-dessus d'un autre : cf. Sacy, *Chrest.*, t. II, p. 1 du texte, avantages qui élèvent ce pays au-dessus des autres, ‮ما فُضل به على غيره‬ •

[3] Le manuscrit de Paris commence ainsi : ‮باب ذكر فضائل البهنسا وارضها وتربتها باسم الله الرحمن‬ ‮الرحم قال فى ذكر فضائل البهنسا وارضها وتربتها اعلم انّ مدينة البهنسا ذكر بعض المفسّرين انّ الله تعالى ذكرها فى كتابه العزيز بقوله سبحانه وتعالى فى حق عيسى عليه السلام وجعلنا ابن مريم وامّه اية واويناها الى ربوة ذات قرار ومعين قيل فى ارض البهنسا وكان الخ‬. Cette rédaction reproduit le *Foutouḥ ach-Châm*, avec des variantes.

[4] 'Aqîl (vocalisation donnée par an-Nawawi) Abou Yazîd ou Abou 'Isa, fils d'Abou Ṭâlib, l'oncle du Prophète, mourut sous Mo'awiah et fut enterré à Médine; *Ousd*, t. III, p. 422-423; cf. Nawawi, p. 426-427. Il eut pour fils Moslim, 'Abd Allah, 'Obaid Allah, Moḥammad, 'Abd ar-Raḥmân, Ḥamzah, 'Ali, Ga'far, 'Oṭmân, Yazîd, Sa'd, Abou Sa'id et cinq filles. W ne cite que 'Ali fils d''Aqîl, ainsi que le manuscrit de Paris (P).

[5] P donne : ‮بن على بن اى طالب‬ W ‮الحسين بن على بن اى طالب؛ الحسن... بن على بن ابى طالب‬; C ‮بن صالح‬, etc., ‮الحسين‬ mais Ḥosain fils d' 'Ali n'eut pas de fils du nom de Ṣâliḥ : ses fils furent selon l'*Irchâd*, d'Abou 'Abd Allah Moḥammad b. Moḥammad b. an-No'man, cité par Chablengi, ‮كتاب نور‬ ‮الابصار فى مناقب آل بيت النبى المختار‬, p. 122, Ga'far mort du vivant de son père, 'Abd Allah, 'Ali al-Akbar, tués à Kerbela, et 'Ali al-Asghar surnommé Zain al-'Abidîn (cf. Nawawi, *op. cit.*, p. 433)

Sofiân[1], fils d'al-Hârit, fils d''Abd al-Mottalib, al-Fadl fils d''Abbâs[2] et le fils d'Abou Lahab[3], oncle de l'Envoyé de Dieu et nous mentionnerons ceux qui sont tombés en martyrs dans cette guerre parmi les émirs principaux. Un certain nombre de chefs et d'émirs distingués ont dit que quiconque visite le cimetière de Bahnasâ reçoit des grâces si particulières de la miséricorde divine, qu'après cette visite, il devient aussi pur de ses péchés qu'au jour de sa naissance, que, s'il est atteint de quelque chagrin lors de cette visite, Dieu l'en délivre, que s'il a besoin de quelque chose, cette chose lui est accordée par Dieu. On y trouve des endroits où la prière est exaucée, par exemple Magra al-Hesâ et Maqta' as-sail, où reposent beaucoup de martyrs, le tombeau de Ziâd fils d'Abou Sofiân, la chapelle d'al-Hosain fils de Sâlih fils d'al-Hosain, fils d''Ali, fils d'Abou Tâlib,

qui seul eut des enfants et deux filles, Sakînah et Fatimah. On ne rencontre pas non plus de Sâlih dans les enfants de Hasan, cf. CHABLENGI, *op. cit.*, p. 110, d'après ابن الخشاب, et p. 111 d'après l'*Irchâd*. Peut-être faut-il lire : على = Zain al-'Abidîn, au lieu de صالح, Zain al-'Abidîn a eu en effet onze fils (selon الفصول المهمة) ou dix selon le بغية الطالب, dont deux portent l'un le nom de Hasan et l'autre celui de Hosain ; W dit à propos de cet Hosain fils de Sâlih : عمر جامعا لها.

[1] Abou Sofiân, fils d'al-Hârit, fils d''Abd al-Mottalib, cousin du Prophète et son frère de lait, était poète et se convertit à l'islamisme ; il assista à la journée d'Honain et mourut à Médine en l'an 20 ou 15 de l'hégire. Il avait épousé Gomanah, fille d'Abou Tâlib (MAS'OÙDI, *Prairies d'or*, t. IV, p. 272). 'Omar fit la prière sur sa tombe (NAWAWI, *Biographical Dictionary*, éd. Wüstenfeld, p. 725). Cf. *Ousd al-ghâbah*, t. V, p. 213-215 ; IBN QOTAIBAH, *Ma'arif*, p. 61. Il ne faut pas confondre cet Abou Sofiân avec Abou Sofiân fils de Harb, père du calife Mo'awiah, cf. IBN QOTAIBAH, *op. cit.*, p. 35 ; NAWAWI, *op. cit.*, p. 726. Il sera question plus loin de Ziâd fils d'Abou Sofiân.

[2] Al-Fadl fils d'al-'Abbâs, cousin du Prophète, frère de Qotam (NAWAWI, *op. cit.*, p. 512 ; *Ousd*, t. IV, p. 197), mourut de la peste en Syrie en l'an 18, il assista à la journée d'Agnâdain, de Marg as-soffar et de Yarmouk. Il laissa une fille Omm Koltoum qui épousa al-Hasan fils d''Ali. Dans la biographie de son père al-'Abbâs, NAWAWI, *op. cit.*, p. 331, nous apprend que le tombeau de Fadl est à Yarmouk.

[3] C donne Ziâd, fils d'Abou Sofiân, fils d'al-Hârit, fils d''Abd al-Mottalib, fils d'al-'Abbâs, fils d'Abou Lahab, oncle du Prophète ; W fils d''Abd al-Mottalib et al-Fadl fils d'al-'Abbâs, sans parler d'Abou Lahab. P donne : ابن فضل بن العباس وابن ابى لهب. Mais nous avons vu plus haut qu'al-Fadl n'eut qu'une fille et était mort avant la conquête de l'Égypte, d'après la date du *Foutouh Bahnasâ*. Quant à Abou Lahab, il était oncle du Prophète. Selon MAS'OÙDI, *op. cit.*, t. IV, p. 162, il eut deux fils, 'Otbah et 'Otaibah ; IBN QOTAIBAH, *op. cit.*, p. 60, en ajoute un autre معتّب et plusieurs filles. Sa femme était Omm Gamîl fille de Harb fils d'Omayyah. C'est cet Abou Lahab et sa femme qui sont désignés dans le *Coran* (CXI, 1, 3), NAWAWI, *op. cit.*, p. 655, dit à son sujet : ابو لهب عدو الله اسمه عبد العزّى بن عبد المطلب بن هاشم بن عبد مناف مات بعد غزوة بدر بسبعة ايام ميتة شنيعة يقال له العدسة. Il me paraît qu'il faut corriger dans Ibn Khallican, trad. Slane, t. IV, p. 42-43, «Akil the son of Ali Ibn abou Talib» en «Akil the son of Abou-Tâlib» sans quoi Abou Lahab ne pourrait être comme il est dit plus bas «l'oncle paternel d''Aqîl» : en outre aucun des fils d''Ali ne porte le nom d''Aqîl. Cf. IBN QOTAIBAH, *op. cit.*, p. 106. Cet Abou Lahab, non content de voler les gazelles d'or de la Ka'bah, avait obligé son fils à répudier la fille du Prophète, qui le maudit ; aussi périt-il dévoré par un lion.

le tombeau d'ʿAbd ar-Razzâq[1] à l'intérieur de la porte[2], l'oratoire du seigneur Jésus fils de Marie[3] (sur lui le salut), les tombeaux des martyrs sur le flanc de la montagne et au sud l'endroit connu sous le nom de Marâghah[4], avant le cimetière où se trouvent les tombeaux des martyrs. Ce pays a été visité par un grand nombre de gens pieux de l'Irâq et par Abou ʿAli an-Nawâwi. Ce dernier lorsqu'il arrivait là, ôtait ses habits et se roulait sur le sol en disant : « Ô terre dont la poussière a volé si longtemps pour la cause de Dieu! ». Ce pays a été visité par un grand nombre de gens, célèbres par leur piété, venus à pied[5], du Maghreb de l'extrémité de l'Espagne, qui ont été témoins oculaires de ses avantages généraux, des grandes bénédictions que Dieu lui a accordées et de ses preuves[6] éclatantes, parmi lesquels nous citerons l'émir ʿAbd Allah at-Takroûri[7].

Les historiens affirment qu'après le territoire de Miṣr et celui de la Boḥairah, il n'y a pas de pays où l'on trouve plus de martyrs qu'à Bahnasâ et racontent qu'à Magra al-Ḥaṣâ près de la tête du canal, du côté occidental, il en est tombé un nombre considérable et que quatre cents émirs, que nous citerons, s'il plaît à Dieu, dans le récit de la conquête, ont péri là en combattant pour la Foi.

[1] Cet ʿAbd ar-Razzâq fut un des premiers tués lors de la prise de la ville.

[2] C ajoute : والجبل, omis par P et W.

[3] Yaqoût, *Lexicon geogr.*, t. I, p. 771, nous dit que cette chapelle est située hors de la ville et que Jésus et sa mère vécurent là sept ans.

[4] C donne : قبلى, W et P : قبل. Tout ce passage est confus.

[5] Sur les vœux de pèlerinage à pied et sans chaussures, cf. Goldziher, *De l'ascétisme aux premiers temps de l'islam* (*Rev. de l'hist. des religions*), 1898, p. 318.

[6] C أمور وبراهين; W انوار.

[7] Son nom est Abou Moḥammad Yousouf fils d'ʿAbd Allah at-Takroûri, saint musulman dont on raconte beaucoup de miracles, parmi lesquels nous citerons le suivant. Une femme dont le fils avait été enlevé par des nègres, qui avaient aussitôt mis à la voile sur le Nil, vint implorer le secours du cheikh. Il se mit en prières et à l'instant le vent cessa et la barque des ravisseurs s'arrêta. L'enfant fut rendu à sa mère. On dit qu'il vécut du temps d'al-ʿAzîz fils d'al-Moʿizz (xᵉ siècle) et que le chérif Moḥammad fils d'Asʿad al-Gawâni composa un livre sur les mérites de ce saint, et après sa mort lui éleva une qoubbah et bâtit à côté une mosquée. Après l'année 790 de l'hégire, le Nil ayant emporté une partie du rivage, les gens craignant pour la mosquée et le tombeau du saint, les transportèrent à l'intérieur de la ville, où la mosquée était connue du temps de Maqrîzi sous le nom de mosquée du Takrourien. Maqrîzi, t. II, p. 325. Sur la porte de la qoubbah est une inscription gravée sur marbre, où il est dit que cette mosquée a été rebâtie par al-malik an-Nâṣir Moḥammad en 901 (1496). Cette qoubbah se trouve actuellement dans le jardin du palais de l'émir fils de l'émir feu Ṭousoun pacha à Boulaq-Takrour. Ce village qui se nommait autrefois Miniet Boulaq doit son nom Boulaq-Takrour au saint qui y a vécu. Ali Pacha Moubârak, *Khiṭaṭ gadîdah*, t. IX, p. 16.

AVANTAGES DU CANAL DE JOSEPH[1].

C'est sur lui qu'est située[2] cette ville et il renferme plusieurs merveilles.
D'abord il abonde en bénédictions[3], grâce à son voisinage du Nil, de manière
qu'il arrose abondamment les villages et les villes qui l'entourent, en dépit du peu
d'importance de la crue du fleuve. En outre, lorsqu'il est privé du secours de
la crue du Nil, il naît près de son extrémité, un grand nombre de sources qui
forment une eau courante, et il est le seul canal qui présente cette particularité[4]. De plus, là est la sépulture[5] de Joseph le véridique[6], qui y a subsisté
jusqu'au temps de Moïse, ce qui est une nouvelle bénédiction. Enfin ce canal a
été ouvert par Gabriel[7] en frappant le sol avec une de ses ailes, sur l'ordre de
Dieu en faveur de Joseph et voici comment. A la fin des sept années de disette, il

---

[1] Sur la légende de Joseph empruntée par Mahomet à la Bible, cf. *Coran*, xii, 3-104, et les
historiens musulmans, par exemple : Ṭabari, 1ʳᵉ série, p. 371-413 ; Ibn al Aṯir, t. I, p. 97-110 ; *Le
Livre de la création et de l'histoire* de Ṭâher ben Moṭṭahar, publié par Huart, t. III, p. 68-74 ; Taʿlabi,
Qiṣaṣ al-anbia, 1 vol., Caire, 1308, p. 68-93 et en aljamiado, Robles, *Leyendas de José hijo de Jacob
y de Alejandro Magno*, 1 vol. in-8°, Saragoza, 1880 ; Weil, *Biblische Legenden der Muselmänner*, 1 vol.,
Francfort, 1845, p. 100-126. La tradition musulmane fait de lui le ministre de deux rois amalécites
et lui attribue la mise en culture du Fayyoum et le creusement de plusieurs canaux dont un porte
encore le nom de Baḥr Yousouf, cf. Maqrizi, traduction Bouriant, fasc. ii p. 718-741.

[2] C et P ont : الذى وضعت المدينة بجانبه W ; الذى عليه مدار هذه المدينة . L'expression مدار
se trouve dans Edrisi, ٤٨, l. 12 لانها كانت دار امارة لمتونة ومدار ملكهم وسلك مدينة مراكش....
مهعـيـجـ , et *ibid.*, ٧٨, ١٧٣ et Abulfeda, *Historia anteislam.*, p. 148, l. 4.

[3] C a seul : بركة .

[4] W ajoute : ومنها انه ينقسم بارض الفيوم ماء يسيرا فيروى زراعات واراضى شتى وضياعا . Maqrizi,
traduction Bouriant, fasc. i, p. 202, dit de même : «Chose merveilleuse à son commencement, le
lit de ce canal est sans eau, un peu plus loin il devient humide comme un champ mouillé de
rosée, puis le cours de l'eau s'établit et il devient tel qu'on ne peut plus le traverser qu'en barque,
il se forme ainsi une artère principale d'où partent plusieurs ramifications qui se répandent par
tout le Fayyoum, arrosant les villages, les champs, les jardins et toutes les parties habitées.»

[5] Selon le *Livre de la création*, édité par Huart, t. III, p. 71, le corps de Joseph fut déposé dans
un sarcophage et enterré en plein Nil, là où l'eau se divise, plus tard il fut emporté par Moïse qui
selon Taʿlabi, *op. cit.*, p. 92, l'ensevelit dans le pays de Chanaan où il se trouve à présent : comme il
ignorait où était le corps, une vieille le lui indiqua à condition que Moïse lui rendrait l'usage de
ses jambes et de ses yeux, la rajeunirait et l'admettrait à côté de lui en paradis. Voyez encore Maqrizi,
traduction Bouriant, fasc. ii, p. 726 et 732, où il nous apprend que cette vieille se nommait Sarah,
fille d'Aser, fils de Jacob.

[6] *Coran*, xii, 46.

[7] Sur l'ange Gabriel, cf. Nawawi, *Biographical Dictionary*, éd. Wüstenfeld. p. 186.

y eut quelque dissentiment entre Joseph et le maître de l'Égypte[1], les Israélites
se réunirent auprès de Joseph et cela excita la haine des Amalécites, le roi dit à
Joseph : «Rends-moi mon royaume». Ils convinrent alors de tirer au sort et de
partager le pays; ce qui fut fait, et le côté occidental échut à Joseph. C'était le
pays de Bahnasâ qui ne se composait que de déserts sablonneux et de tells. Joseph
voulut y faire passer un canal tiré du Nil; il réunit dix mille ou selon d'autres cent
mille serviteurs, leur donna des pioches et des pelles[2] et leur ordonna de creuser du sud au nord[3]; ce travail dura trois ans et leur nourriture était fournie[4]
par les magasins de Joseph. Mais quand vint le Nil, il boucha tout l'espace creusé.
Il fit de même du côté du nord[5] jusqu'à ce que sept ans fussent écoulés, de sorte
qu'il en fut fatigué. Le seigneur Joseph fut rempli de chagrin. Or il arriva à
l'époque du creusement que les ouvriers enterrèrent les instruments dans la
montagne près de son extrémité vers le côté sud, et que le lendemain ne les trou-
vant plus, ils s'écrièrent : «Nous sommes volés!» (سرقنا) et de là vint le nom de
la ville située à cet endroit, Souriqnâ[6]. Dieu parla alors à Joseph et lui dit :
«Tu as eu recours à tes serviteurs et tes richesses, et tu n'as pas eu recours à
moi; par ma gloire et ma puissance, si tu avais imploré mon aide, j'aurais fait
couler l'eau dans ce canal en un clin d'œil». Joseph tomba prosterné devant Dieu
en disant : «Loué sois-tu, que tu es grand et que ta puissance est redoutable!».
Puis s'étant relevé, il ôta ses habits, revêtit le cilice, et sortit du côté du désert, se
prosternant et s'humiliant devant Dieu. Dieu lui dit alors : «Joseph, relève ta
tête, j'ai fait ce que tu désirais». Il donna un ordre à Gabriel et d'un coup de son
aile ou selon d'autres, avec l'extrémité des plumes de ses ailes, celui-ci, en un
clin d'œil, par la puissance de Dieu, ouvrit le canal depuis sa bouche méridio-
nale jusqu'au Fayyoum; Joseph éleva des ponts et bâtit Madinat al-Fayyoum[7].

[1] Selon Maqrîzi, traduction Bouriant, fasc. ii, p. 718, d'après ibn Wasif chah c'était ar-Rian
ibn al-Walid que les Coptes nomment Nabrouch. Joseph mourut sous le règne de son fils Darem.
— Selon la tradition rapportée par Maqrîzi, où il n'est pas question de Bahnasâ, on proposa à
Joseph de mettre en culture le Fayyoum qui servait de déversoir aux eaux du Nil.

[2] P et C, W زنابيل.

[3] P من لجهه القبلية عند فه من لجهة البحرية; W الى عند فه الآن.

[4] P W مؤنة.

[5] P C بحرية; W شرقية.

[6] Ce passage, depuis *il arriva*, jusqu'à *Souriqnâ*, manque à W et P; سرقنا, écrit : السرجنة, dans
l'atlas de la commission d'Égypte, est un village situé dans le district de Manfalout, province d'Assiout.

[7] Madinat al-Fayyoum, l'ancienne Arsinoë ou Crocodilopolis, capitale du Fayyoum, cf. Maqrîzi,
traduction Bouriant, fasc. ii, p. 718 et seq.; Ibn Haukal, p. 105 (*B. G. A.*, II); Moqadessi (*ibid.*, t. III,
p. 106, 351); Quatremère, *Mémoires sur l'Égypte*, t. I, p. 405; Amélineau, *Géographie de l'Égypte à
l'époque copte*, p. 337; Vansleb, *Relation*, p. 252-257; Wilkinson, *Modern Egypt*, p. 341-342.

Au dire de quelques-uns, le seigneur Joseph le véridique (sur lui la prière et le salut ainsi que sur tous les prophètes) employa mille jours à le creuser, et ce fut là l'origine du nom qui fut donné à ce pays [1]; et ce canal fut un fleuve d'eau courante depuis l'endroit où notre seigneur Gabriel l'ouvrit jusqu'à l'extrémité du Fayyoum. Quant au canal creusé par les serviteurs de Joseph [2] du côté sud et du côté nord, quand la crue du Nil ne le remplissait pas, le terrain était privé d'eau et on y semait des fèves et autres espèces analogues, tandis qu'au contraire, lorsque le canal creusé par Gabriel ne recevait pas la crue du Nil, il naissait à son extrémité des sources qui formaient un canal d'eau courante, particularité qui ne se rencontre que là [3]. Et parmi les bénédictions de ce canal, on peut citer ce fait qu'il se divise en un grand nombre de canaux dans le territoire du Fayyoum et arrose une grande quantité de jardins et de champs, en été et en hiver, ce qui n'arrive pas non plus pour les autres canaux. Une autre bénédiction étonnante, c'est que lorsque le Nil croît d'une façon insensible, la crue se fait sentir remarquablement dans ce canal, et encore que, à cause du voisinage du Nil, même quand la crue est faible, il arrose les villes et les villages voisins des provinces de Mellaouï [4], de Miniet ibn Khaṣib [5], et des provinces de Bahnasâ [6] et du Fayyoum et que le surplus se déverse à l'endroit

[1] Maqrîzi, traduction Bouriant, p. 729, dit que le travail dura soixante-dix jours, mais que le roi dit : « C'est là le travail de mille jours (*alf youm*)» d'où le nom de la ville. Mais ce nom vient en réalité du copte ⲫⲓⲟⲙ «le lac». L'ancien nom était en égyptien *P-iom n mere*.

[2] Tout ce passage depuis : *quant au canal*, jusqu'à : *lui est particulier*, manque à P et W.

[3] L'auteur répète ce qu'il a dit plus haut, à propos de cette particularité.

[4] Mellaouï, ville de la moudirieh d'Assiouṭ, peuplée de 10,000 habitants environ, en copte ⲙⲁⲛⲗⲁⲩ «dont Mellaouï est la transcription exacte avec le phénomène d'allitération bien connu, qui a fait passer la lettre *N* à *L*, phénomène parfaitement marqué par le *techdid* n (?). Cf. Amélineau, *Géographie*, p. 239-240. La forme copte est encore reproduite dans Ibn Batutah, *Voyages*, t. I, p. 100 qui l'appelle : مَنْلُوى. Abou Sâlih, *The churches and monasteries of Egypt*, cite, fᵒ 74ᵇ, les églises qui s'y trouvaient. Cf. Maqrîzi, traduction Bouriant, fasc. ii, p. 597, et Ali Pacha Moubârak, *Khiṭaṭ gadidah*, t. XV, p. 70-73.

[5] Miniet Ibn Khaṣib, ville très ancienne, s'appelait autrefois la nourrice de Khufu, cf. Champollion, t. I, p. 278; Quatremère, t. I, p. 243-246; Amélineau, p. 257-258; Abou-Sâlih, fᵒˢ 77ᵇ, 78ᵃ et 88ᵃ; Ali Pacha Moubârak, t. XVI, p. 51-56; *Meraṣid al-iṭṭilaʿ*, t. III, p. 167. Abul-fedâ, *Géographie*, traduction Reinaud, dit qu'il a vu le nom écrit Moniet abou-Khassyb et qu'il l'a entendu appeler Beni'l-Khassyb (t. II, 1ʳᵉ partie, p. 158). Sur ce Khassyb, cf. Al-Makin, p. 119; Abul-feda, *Annales*, t. III, p. 750 (note de Reiske); Ibn Batutah, *Voyages*, t. I, p. 97. Iaqoût, *Dictionnaire géographique*, t. IV, p. 675, vocalise Moniet abou-'l-Khouṣaib; cf. Maqrîzi, traduction Bouriant, fasc. ii, p. 603; Vansleb, *op. cit.*, p. 401-402.

[6] Bahnasâ, l'ancienne ⲡⲉⲙϫⲉ qui succéda à la ville d'Ὀξύριγχος. Cette ville autrefois très florissante est complètement déchue, elle est située dans la province le Min eh, district de Béni-Mazar. *L'État de l'Égypte* (Sacy-Abdallatif), p. 685, ne mentionne pas la ville. Ibn Batutah, *op. cit.*, t. I, p. 96,

appelé al-Gharaq[1], au point que l'on redoute sa trop grande abondance dans les
terres du Fayyoum et ceci lui est particulier.

(Le narrateur dit.) Joseph partagea le pays entre lui, ses frères et ses fils[2];
le territoire de Bahnasâ échut à Éphraïm, fils de notre seigneur Joseph[3]. Il
commença à le cultiver, tailla les pierres, bâtit les murs et les tours et les ponts
et fit une ville semblable à celle que son père avait bâtie dans le Fayyoum[4],
le canal la traversait en son milieu du sud au nord jusqu'à l'époque de l'islâm,
et nous en reparlerons, s'il plaît à Dieu, dans le récit de la conquête. (Le narrateur dit.) On y voyait un nombre qu'on ne peut dire de tours, de minarets et
de villages[5], elle fut habitée par une partie des enfants d'Israël, ils y firent des
maisons et des jardins et ainsi tout l'occident de Miṣr et le Fayyoum et le territoire
de Bahnasâ jusqu'à l'extrémité du Ṣa'îd du côté occidental, fut la propriété particulière des Israélites [ainsi que celui de Miṣr, du Fayyoum et celui de Bahnasâ
jusqu'au Ṣa'îd], personne ne la partageait avec eux[6]. Joseph fit de ses serviteurs
des fermiers et des laboureurs dans le Fayyoum, commença à la cultiver, planta
des arbres sur les bords du canal de Joseph du côté oriental et occidental, et les
oiseaux y firent entendre leurs chants, célébrant les louanges du Dieu puissant.

nous dit que de son temps c'était une grande cité avec des jardins et où l'on fabriquait d'excellentes étoffes
de laine. Abou'l-Feda, *Géographie*, t. II, 1, p. 153, dit qu'elle est le chef-lieu d'une province considérable, et qu'elle est située sur le canal de Joseph; tout le terrain situé entre le canal et la montagne est
arrosé par le canal de Joseph, et le terrain entre le canal et le Nil par des coupures faites au fleuve.
Bahnasâ est à la limite du Ṣa'îd al-adna (sur les trois Ṣa'îd, cf. II, 1, 141). Cf. Abou-Ṣâliḥ, f° 73ᵇ,
74ᵇ, 75ᵃ; Maqrîzi, trad. Bouriant, fasc. ii, p. 704; Ali Pacha Moubârak, *Khiṭaṭ*, t. X, p. 3 et seq.

[1] Al-Gharaq, cf. Amélineau, *op. cit.*, p. 388, ou Madinat al-Gharaq, ville du Fayyoum au sud;
cette ville n'est pas citée dans an-Nâboulsî; cf. Wilkinson, *Modern Egypt*, t. II, p. 350. Ali Pacha
Moubârak, *op. cit.*, t. XIV, p. 63, l'appelle الغرق السلطانى.

[2] W et P ajoutent : بنيه.

[3] Cf. Ṭâher ben Moṭṭahar, *Livre de la création*... édité par Huart, t. III, p. 71. «Joseph avait
épousé Zalikhâ qui lui avait donné deux fils, Éphraïm l'ancêtre de Josué fils de Noun, successeur
de Moïse et Manassé qui est le père de Moïse, le compagnon de Khiḍr (Ṭabari, t. I, p. 414 donne :
ميشا par faute de copiste). Sur Moïse fils de Manassé, cf. Ta'labi, *op. cit.*, p. 94.

[4] Selon Maqrîzi, traduction Bouriant, fasc. ii, p. 706, Bahnasâ fut bâtie du temps de Minaouš,
roi des Coptes.

[5] W donne : ابراج ورساتيق.

[6] Cette phrase est diversement corrompue, W donne : وذلك جميعه غربى مصر وارض البهنسا الى اخر
الصعيد من لجهة الغربية كلها مختصة ببنى اسرائل لايشاركهم احد غيرهم وجعل يوسف C; وذلك غربى مصر
وارض الغيوم فارض البهنسا الى اخر الصعيد من لجهة الغربية كانت مختصة ببنى اسرائل وكذا ارض مصر
وارض الغيوم وارض البهنسا الى ارض الصعيد لايشاركهم فيها غيرهم P; وكذلك غربى مصر وارض الغيوم وارض
البهنسا الى اخر الصعيد (من) لجهة الغربية كلها مختصة.

Les jardins et les plantations d'arbres et de fruits de toute espèce étaient si nombreux qu'on ne pouvait apercevoir les rives du canal. (Le narrateur dit.) Les femmes sortaient à leurs occupations, une corbeille sur la tête et un fuseau à la main et en un clin d'œil, leurs corbeilles se remplissaient de toute sorte de fruits sans qu'elles eussent besoin de rien toucher pour cela [1]. Mais lorsque les Israélites désobéirent à Dieu, renièrent ses bienfaits, et entrèrent dans la voie de la désobéissance, Dieu leur retira ses bienfaits et les rendit sujets des Amalécites, des Coptes et des Grecs [2], qui dominèrent sur eux, leur enlevèrent ces biens et possédèrent le royaume à leur place, parce que les Juifs avaient renié les bienfaits de Dieu et tué ceux [3] qui leur ordonnaient de *faire le bien et d'éviter le mal* [4]; ils firent d'eux des esclaves, des tailleurs de pierre, des menuisiers et firent travailler les femmes et les enfants de ceux qui étaient autrefois les maîtres. Les Israélites vécurent ainsi misérablement, accablés de maux et de chagrins, par suite des travaux qui leur étaient imposés et auxquels ils ne pouvaient suffire, jusqu'au jour où Dieu les délivra en leur envoyant Moïse (sur lui le salut ainsi que sur tous les prophètes). Mais ce récit n'est pas l'objet spécial de ce livre. Les Amalécites, les Coptes et les Grecs devinrent donc les maîtres des villes, des champs et des vergers [5].

(Le narrateur a dit.) Le premier qui posséda la ville de Bahnasâ fut le roi Chahloun [6] : il était prêtre et connaissait la science de l'architecture. C'est lui qui le premier bâtit un édifice de marbre sur le bord [7] du Nil, il y fit faire un petit

[1] On trouve la même idée dans le *Livre de la création*, édité par Huart, t. III, p. 137, à propos de Sabâ du Yémen : «On dit que l'ardeur du soleil ne pouvait les atteindre tellement les arbres étaient confus et pressés. La servante sortait de sa maison avec son panier sur la tête, marchait sans cueillir les fruits avec sa main et sans rien enlever de terre et s'en revenait avec son panier plein».

[2] W donne seulement : واعطا لغيرهم.

[3] W dit : les prophètes de Dieu.

[4] *Coran*, iii, 106.

[5] C donne : واحتوى على المدائن W ؛ وليس الكتاب يختص بذلك وقد احتوى على المدائن والمزارع et P : واحتوت العالقه والروم على المدائن. Ta'labi, *op. cit.*, p. 93, rapporte la légende suivante : Joseph avant de mourir dit aux Israélites qu'ils demeureraient adorant leur Dieu jusqu'à l'époque où un Copte orgueilleux viendrait qui les opprimerait longtemps, que le signe de sa venue serait le suivant : le coq que possédait Joseph cesserait de chanter au moment de la naissance de ce tyran et pendant tout son règne, jusqu'au moment où naîtrait leur libérateur Moïse; alors il chanterait de nouveau.

[6] L'histoire de Chahloun et de son fils Sourîd manque à W qui passe de suite à l'histoire de Jésus : mais elle se trouve dans le manuscrit de Paris. Ce roi est appelé Chahlouq dans Maqrîzi, traduction Bouriant, fasc. 1, p. 382, où il fait partie de la dynastie des rois qui ont régné à Amsous ou Miṣr. Maqrîzi emprunte ces légendes à ibn Wasif chah. P donne la leçon سهلوب.

[7] C صفت, lisez : ضَفّة.

bassin de cuivre renfermant une quantité d'eau mesurée; sur les bords de l'étang étaient deux aigles de cuivre, mâle et femelle. Au commencement du mois où le Nil augmente, il ouvrait cette maison et y convoquait les prêtres[1], alors un des aigles sifflait, si c'était le mâle, l'eau montait, si c'était la femelle, elle baissait, et on savait ce que serait la crue à l'augmentation de l'étang et chacun d'eux parlait au sujet de la crue du Nil. La chose une fois connue, ils faisaient les préparatifs et mettaient en état les digues du canal de Joseph. Il fit aussi un pont et dans la ville de Bahnasâ des merveilles en si grand nombre qu'on ne saurait les décrire, il l'orna de peintures admirables, fit faire un étang au milieu de la ville, y éleva une statue étonnante placée sur des colonnes et d'où l'eau s'élevait en l'air. Il bâtit sur le côté oriental à l'endroit appelé à présent al-Qaïs[2], une autre ville qu'il donna à son fils Sourîd, il creusa un souterrain avec des voûtes en pierre sous le canal de Joseph, allant de son palais à celui de son fils, solidement construit, et où il allait à cheval avec des flambeaux au moment de l'inondation du Nil et en d'autres temps, jusqu'à un endroit par où il sortait[3].

Après la mort de Chahloun, son fils Sourîd posséda le trône pendant cent quatre-vingt-dix-neuf ans[4]; il fit oublier son père par sa justice, sa bonne administration et ses bienfaits et son équité dans les jugements; il éleva des minarets et des bornes et fit au milieu de la ville une femme assise, tenant sur son sein un petit enfant qu'elle semblait allaiter et toutes les femmes qui étaient atteintes d'une maladie en quelque endroit de leur corps touchaient l'endroit correspondant de la statue, et aussitôt leur maladie et leur douleur disparaissaient. Si le lait d'une femme était en petite quantité, elle touchait les seins de la statue et son lait augmentait; si elle voulait que son mari éprouvât de l'affection pour elle, elle frottait le visage de la statue avec un peu de bonne huile, s'en frottait

---

[1] P ajoute : يتكلم كبير الكهان حتى يصفر احد العقابين, texte qui concorde avec Maqrîzi, cf. *infra.*

[2] C قبس qu'il faut corriger en قيس avec P. C'est la ville de Qaïs près de Bahnasâ, ainsi nommée à cause de Qaïs fils de Hârit, qui s'en empara du temps de ʿAmr fils d'al-ʿÂs; Maqrîzi, traduction Bouriant, fasc. ii, p. 599-600.

[3] P donne : يسير فيه راكبا بالشموع وغيرها فى زمن النيل وغيره حتى يطلع بالشمع وغيره من C; زمن النيل حتى يطلع. Il est à noter que les merveilles attribuées ici à Chahlouq sont totalement différentes de celles qu'énumère Maqrîzi, fasc. ii, p. 382-383 de la traduction Bouriant, t. I, p. 132 du texte arabe; mais on les retrouve dans Maqrîzi, *ibid.*, p. 379; comme étant dues à Khaslim, roi d'Amsous; auteur du premier miqiâs avec les deux aigles de cuivre.

[4] Selon Maqrîzi, traduction Bouriant, fasc. ii, p. 385, cent quatre-vingt-dix. Maqrîzi parle d'abord d'un miroir de cuivre où l'on voyait les différents pays, et décrit ensuite les propriétés de la statue représentant une femme assise (probablement un souvenir d'Isis allaitant Horus).

le visage et disait : «Je ferai telle et telle chose[1] [que votre époux ait de l'affection pour vous]» alors son époux revenait à elle, plein d'un amour violent. Si son fils était atteint de quelque mal, elle faisait de même et l'enfant guérissait par la permission de Dieu[2]. Si un accouchement était difficile, la femme frottait la tête du petit enfant et elle était facilement délivrée[3]. Si une femme adultère posait sa main sur la statue, elle tremblait, mais si elle était innocente, la main ne tremblait pas[4]; si une femme avait volé, sa main tremblait encore, jusqu'à ce qu'elle s'abstint de commettre de telles vilenies; si une femme était soupçonnée d'adultère ou d'autre chose par son époux, elle plaçait la main sur la statue, si elle était innocente, elle n'éprouvait rien, coupable elle était saisie de tremblement, de sorte que, à cette époque, l'adultère, les désordres et le vol diminuèrent[5].

Ce roi fit encore de son temps des œuvres nombreuses et étonnantes : ainsi, une statue appelée Bekr[6] qui guérissait de la folie(?) et des maladies et l'on reconnaissait quel malade serait guéri de sa maladie et vivrait et quel autre ne serait pas guéri et en mourrait. On dit que Sourîd posséda jusqu'aux oasis et à l'extrémité du Ṣaʻîd et de la Boḥairah, mais il habita surtout Bahnasâ et construisit un mur sur la frontière des oasis à l'occident et celle de la province à l'orient et Sourîd fils de Chahloun s'était déjà emparé de Miṣr; il réunit les prêtres et fit à l'extrémité de la province, vers les oasis, l'image d'un patrice[7]; il fit sur le sommet des sables un talisman enchanté représentant un cavalier de cuivre rouge sur un cheval de cuivre qui tournait du côté où le vent soufflait et quel que fût le côté d'où soufflait le vent, le sable, par l'ordre de Dieu, était ainsi arrêté et éloigné du pays[8]. Il fit encore une idole de pierre noire et la plaça

[1] Maqrîzi dit seulement : افعلن C ‏افعلوا كذا وكذا فيعطف عليها زوجها P ‏افعلى كذا وكذا; كذا وكذا يعطف عليكن زوجكن.

[2] Cette phrase manque à Maqrîzi.

[3] Le passage où Maqrîzi parle des règles est remplacé dans C et P par : اذا ارادت افتضاض البكر مسحت على وجهها بزيت طيب ومسحت فرج البكر يسهل افتضاضها.

[4] De même dans Maqrîzi, traduction Bouriant, fasc. ii, p. 385.

[5] Tout ceci manque dans MAQRÎZI, *ibid.*, qui ajoute que cette statue fut retrouvée et adorée après le déluge.

[6] MAQRÎZI, *ibid.*, parle d'une autre statue composée d'un grand nombre de substances mélangées et si quelqu'un souffrait d'une partie de son corps, il n'avait qu'à laver la partie correspondante de la statue et à boire l'eau qui avait servi au lavage, le mal cessait aussitôt.

[7] P وصنع على راس الاقليم صفة بطريق خلف الواحات عند عالى جبال الرمل مطلسما. Cette phrase paraît altérée dans les deux textes. Ce patrice assez surprenant provient sans doute du mot طريق «chemin», mal compris ou altéré par quelque copiste. C donne nettement صنع... بطريقا. La leçon primitive était évidemment : «Il fit dans le chemin des oasis une image représentant un cavalier...».

[8] On trouve dans Maqrîzi un grand nombre de talismans analogues.

sur la porte de la ville; quand une personne honnête entrait, l'idole riait, dans le cas contraire elle pleurait[1]. Il fit aussi un juge en pierre, assis dans l'eau, et quand deux adversaires venaient plaider devant lui, celui qui avait le droit pour lui, marchait sur l'eau, tandis que l'autre s'y enfonçait. Il fit encore d'autres merveilles. On rapporte qu'il connaissait parfaitement cet art, ainsi que son père[2]. C'est lui qui fit tailler les colonnes immenses et couvrir le sol de dalles dont l'énormité effraie; il fit extraire le plomb dans le Maghreb et la pierre dure à Assouân[3], même si elle était noire, et fit tout ce que fit le constructeur des pyramides, et même l'on dit que c'est lui qui les fit élever[4].

Il fit faire dans la ville de Bahnasâ un grand souterrain pour ses trésors, où l'on descendait par des degrés de marbre noir, au nombre de cent environ, conduisant à une porte d'acier enchantée, fermée par une serrure d'acier et y plaça comme gardiens des génies. Cette porte donnait accès à une voûte, solidement bâtie en pierres assujetties avec du plomb, s'étendant jusque dans le voisinage de la montagne du côté sud et qui aboutissait à sept salles bâties en marbre de diverses couleurs dont les plafonds étaient garnis de figures sculptées avec un art étonnant. Il en remplit six d'or, d'argent, de produits minéraux de toute espèce, de joyaux, de pierres précieuses et y fit étendre un tapis de soie brochée de fils d'or. Il inventa aussi les préparations médicinales qui placées sur le nez d'un cadavre le conservaient frais comme avant sa mort.

Chahloun ordonna à son fils Sourîd de le placer dans cette salle après sa mort, ainsi que ses femmes. Il fit des talismans : ainsi il fit venir des esclaves blancs, écrivit pour eux des mots magiques, les fit armer d'épées et ordonna de les mettre à mort. Alors les esprits[5] enchaînés par ces paroles magiques, entrèrent en eux et ils devinrent les gardiens du trésor. Il plaça de même aux portes des esclaves noirs, également armés[6]. La sortie de ce souterrain était placée à son extrémité. Il y fit mettre l'inscription suivante : «Que personne ne détruise ceci» et il le donna à son fils.

[1] Maqrîzi, traduction Bouriant, fasc. ii, p. 5o2, attribue ceci à Atrib.

[2] Cette phrase est peu claire : C donne : وكان اعلم بتدبير الصنعة وكثرة الكنوز هو وابوه; ان كان ابنه اعلم منه P وقيل ـ كثرة النكوز, de C semble une erreur due à la présence de ces mots une ligne plus haut, car là où C donne : وصنع عجائب كثيرة, P a : وصنع ايضا كنوز كثيرة.

[3] C من ناحيه السودان, P avec raison : من نحية أسوان. Sur Assouân, cf. Maqrîzi, traduction Bouriant, fasc. ii, p. 572-576.

[4] Cf. Maqrîzi, ibid., fasc. ii, p. 385.

[5] تدبرهم روحانية ذلك الكوكب; de même Ibn Khaldoun, éd. du Caire, t. II, p. 189 روحانية الاسماء.

[6] C donne : آلات من الحديد على الابواب, P ajoute : حرابا وسهاما وقيسا وركبهم على الابواب. Je suppose qu'il faut lire : رتّبهم.

A sa mort on le plaça sur un trône d'or et on le promena dans la ville de Bahnasâ pendant quarante jours. Puis on le mit dans ce souterrain, lui et ses femmes,
avec ses habits, ses ornements et sa couronne, et on mit sur lui et sur ses femmes,
un filet de pierres précieuses attachées à des fils d'or et d'argent; on plaça à
droite du trône un esclave blanc tenant une épée avec laquelle il faisait signe,
et un Zendji[1] à sa gauche dans la même position. Le souterrain fut défendu
par des talismans jusqu'à la mort de Chahriman, c'est-à-dire le père de
Chahloun[2], et la dynastie des Amalécites[3] finit et fut remplacée par celle des
Roum.

Le premier des Roum qui posséda Bahnasâ se nommait Roûmân et on dit
que les Roum[4] sont fils d'Ésaü fils d'Isaac, sur lui le salut, et la chose dura
ainsi jusqu'à Constantin Ier. Le Sourîd dont nous avons parlé, fut maître de la
Syrie, de Misr et régna sur les villes. Le premier qui posséda Bahnasâ de la
dynastie de Constantin le Grec, fut Qantâriôs : ce fut un grand roi; il partagea
le territoire de Bahnasâ en quatre-vingts districts ayant chacun à leur tête un
patrice qui commandait à une ville de sa province. Il posséda les oasis[5], et on
lui paya tribut. Il vécut du temps de Constantin[6] et du temps du Messie
(sur lui le salut). Il fut de ceux qui professèrent le christianisme et réunit les
évêques en vue du culte[7], ensuite ils se divisèrent[8] après Constantin Ier et les

[1] Les Zendj sont les habitants du Zanguebar. Comme le prouvent les quelques mots conservés
de leur langue (*Waklimi*, titre de leur roi dans Mas'oûdi, *op. cit.*, t. III p. 6, 29, lisez : *wafalme*, pluriel
de *mfalme* «roi», en souahili) c'étaient des populations de race cafre. Cf. Devic, *Le pays des Zendjs
et la côte orientale de l'Afrique.*

[2] Leçon de C qui n'a pas de sens; P donne : حتى مات شاهرمان واحيه سوريد ووضعا فى الكنز.
Lisez : شاهزمان؟

[3] Cf. Mas'oûdi, *op. cit.*, t. II, p. 413. L'Égypte a été gouvernée par «trente-deux pharaons, cinq
rois de Babylone, quatre rois parmi les rois de Mareb ou Amalécites, venus de Syrie, sept rois du
pays de Roum; enfin dix rois grecs». Les rois Amalécites sont (Mas'oûdi, *op. cit.*, t. II, p. 397) :
al-Walîd ibn Douma (cf. Maqrîzi, traduction Bouriant, fasc. ii, p. 406), son fils ar-Rayan (Maqrîzi,
ibid., t. II, p. 726 d'après Ibn 'Abd al-Hakam), Darem fils de Rayan (Maqrîzi, *ibid.*, t. II, p. 726, 407)
et Kamès fils de Madan (= Aksamès de Maqrîzi, *ibid.*, t. II, p. 408); quelques-uns, dit Mas'oûdi,
op. cit., t. II, p. 397, ajoutent al-Walîd fils de Mo'sab, le pharaon de Moïse. Maqrîzi, *ibid.*, t. II,
p. 718, 404, parle aussi d'un al-Walîd fils d'al-Raisan.

[4] C P بن اسحاق (lisez : عيصو) وقيل روم من ولد عيص. Cf. Ibn Khaldoun, t. II, p. 197 : وذهبت
جماعة من الاخباريين الى ان الروم من ولد عيصو بن اسحاق. Cette assertion est empruntée à Orose qui
nous apprend également que Didon, fondatrice de Carthage, descend d'Ésaü; cf. Ibn Khaldoun, *ibid.*
Sur la généalogie de Roum, cf. Mas'oûdi, t. II, p. 293.

[5] Sur les oasis, cf. Maqrîzi, *ibid.*, fasc. ii, p. 691 et 697.

[6] P a : قبل زمن قسطنطين.

[7] Allusion au concile de Nicée.

[8] P ثم تفرق دين النصارى على فرق.

Chrétiens sont divisés en catégories ou classes : le patriarche [1], l'évêque, le prêtre, le diacre, le domestique et le diacre chargé de l'encens [2] : et ils rompent le jeûne [3], lorsqu'ils jeûnent le dimanche et le samedi, à partir de midi; il ne leur est permis d'épouser qu'une seule femme; ils boivent du vin, mais sans aller jusqu'à l'ivresse, qui est un péché chez eux [4]; le samedi, jour de leur culte, ils communient et disent : «Ceci est ta chair et ton sang» faisant par là allusion au Messie (sur lui le salut); lorsqu'ils se séparent après la communion [5] ils se donnent un baiser; d'après leur loi (que Dieu les maudisse) les femmes héritent des deux tiers, l'homme d'un tiers; le divorce leur est inconnu. C'est un usage chez les Romains et les Francs [6] qu'aucun d'eux ne porte des bottines rouges, mais que le roi en porte une rouge et une noire [7]; aussi les compagnons du Prophète, que Dieu soit satisfait d'eux tous, les reconnaissaient-ils à cela dans les guerres. Leur roi ne mange qu'au milieu des femmes, des instruments et des chants; leur nourriture se compose en grande partie de kerdanagât, de modaqqaqât, d'isfidabâgat [8] et de chair de porc [9]. Ils connaissent la médecine et l'art du dessin où ils excellent au point que leurs

[1] P البطريق ; C البطريق الاول.

[2] P القسيس والمطران والدمستق صاحب العرف ; C الدمشوش, c'est le grec δομεστικός. L'*Abrégé des Merveilles*, traduction Carra de Vaux, p. 125, donne: les patriarches, les prêtres, les diacres, les mafrians, les domestiques chefs des troupes : والدمستق صاحب الفرق. Sur le pluriel : دماسق, voir SACY, *Chrestomathie arabe*, t. III, p. 67.

[3] C وهم يقطرون (lisez : يفطرون); P وهم يعظمون (lisez : يطلعون); l'*Abrégé* : ils rompent le jeûne le dimanche et ils déjeunent le samedi après midi.

[4] Le texte ajoute : ولا يدرون الغسل من الجنابة الا الذكر. L'*Abrégé*, après une phrase sur le dimanche donne : «Les Chrétiens n'approuvent pas l'usage de se purifier après certaines ablutions, ni celui des ablutions. Toute leur religion réside dans l'esprit».

[5] C a tort : فاذا تفرقوا بعد احد القربان ; P فاذا تفرقوا بعد ذلك اخذوا القربان, l'*Abrégé* ajoute : «(Ils se baisent l'un l'autre) et ils ne parlent pas avant de s'être purifié la bouche».

[6] Les Francs, manque à l'*Abrégé*.

[7] Il y a évidemment ici une lacune dans le texte. P a : اخفى احرين الا الملك فانه ولى وعقد لبس, il faut restituer : الا الملك وولى العهد يلبس; cf. IBN KHORDÂDBEH, éd. de Goeje, p. 81. Le titre du roi est Bâsili et il porte des vêtements de pourpre..... Il n'y a que le roi qui ait le droit de porter la pourpre et les bottines rouges, quiconque oserait en porter serait puni de mort; seulement l'héritier présomptif met une bottine rouge et une bottine noire. Cf. DIEHL, *Justinien et la civilisation byzantine au IVe siècle*, 1 vol. in-8°, Paris, 1901, p. 93.

[8] C كربجات مرققات اسفيدجات ; P etc. كردجايات مدققات; les kerdanagât sont une espèce de rôti, les modaqqaqât un mets fait de viande hachée menue, les isfidabâgat un ragoût de viande, d'oignon, d'huile, de beurre et de fromage.

[9] L'*Abrégé*, au lieu de viande de porc donne sikbâgât, et ajoute : «ils ont des orgues». Gahzat al-Barmaki, outre un traité de cuisine, avait composé un livre sur l'excellence du ragoût appelé سكباج, cf. IBN KHALLICAN, traduction Slane, t. I, p. 119, note 8.

peintres savent faire une figure avec une expression de joie sur le visage. Ils appellent leur roi ar-ragîm [1]. Leurs rois se marient et la justice règne parmi les sujets.

ARRIVÉE

DE NOTRE SEIGNEUR JÉSUS [2], FILS DE MARIE, À BAHNASÂ [3],

SA SORTIE DE MIṢR ET SON SÉJOUR [4].

Dieu (qu'il soit exalté) a dit : *«Nous avons fait du fils de Marie et de sa mère un signe pour les hommes et nous leur avons donné comme refuge un endroit élevé, tranquille et abondant en eaux [5]»*. Les historiens Masʿoûdi [6], Abou Gaʿfar aṭ-Ṭabarî [7], al-Waqîdî [8], Ibn Isḥâq [9], les biographes, les commentateurs, tels que

[1] M. Carra de Vaux suppose que la vraie leçon est : ملك الريم, roi de Rome. Cependant C a : يسمون ملكهم الرجيم. Tout ce passage du *Foutouḥ Bahnasâ* se retrouve à peu près textuellement dans l'*Abrégé des Merveilles*, p. 126-127.

[2] Sur Jésus, cf. *Coran*, passim (les passages indiqués dans Hughes, *Notes on muhammadanism*, 1 vol., 1894, London, p. 257; Weil, *Biblische Legenden der Muselmänner*, 1 vol. in-16, Frankfurt, 1845; Taʿlabi, *Qiṣaṣ al-anbia*, 1 vol. in-4°, Caire, 1308 hégire, p. 253-268; Ṭâher ben Moṭṭahar, *Livre de la création et de l'histoire*, éd. Huart, et les historiens musulmans : Ṭabari, *Annales*, éd. de Goeje; Ibn Khaldoun, *Kitâb al-ʿibar*, éd. du Caire, t. II, p. 143-153; Masʿoûdi, *Prairies d'or*.

[3] Maqrîzi, traduction Bouriant, fasc. ii, p. 704, dit que d'après un commentateur du *Coran* sur ce passage (xxiii, 52) le terme de colline désigne Bahnasâ, mais selon Ibn Batutah, *Voyages*, t. I, p. 188-189, c'est Damas qui est désigné par ce verset. Sur les traditions et légendes coptes relatives au séjour de Jésus en Égypte, cf. le R. P. Julien, *L'Égypte*, 1 vol. in-8°, Lille, 1891, p. 242-251, d'après quelques manuscrits arabes et coptes et Maqrîzi, éd. de Boulaq, t. I, p. 230 (= Bouriant, fasc. ii, p. 681-682) qui résume le *Synaxaire* copte. Il n'y est pas question de Bahnasâ; mais Cyriaque, évêque de Bahnasâ, a composé un sermon sur le séjour de Jésus et de sa mère à Bisous, à l'est de Bahnasâ, cf. de Slane, *Catalogue des manuscrits arabes de la Bibliothèque nationale*, 155, n° 9.

[4] W reprend ici. Tout ce qui précède à partir de *Le premier qui posséda Bahnasâ*, ne se trouve que dans P et C.

[5] *Coran*, xxiii, 52.

[6] Masʿoûdi, historien arabe, mort en 345 de l'hégire (956), auteur bien connu des *Prairies d'or;* cf. Brockelmann, *Arab. Lit.*, t. I, p. 145-146.

[7] Abou Gaʿfar M. b. Garîr aṭ-Ṭabari, né à Amul dans le Ṭabaristân en 224 (838), mort à Bagdâd en 310 (923), auteur d'*Annales*, et d'un commentaire du *Coran*, très important. Brockelmann, *Arab. Lit.*, t. I, p. 142.

[8] a. ʿAbd Allah M. b. ʿOmar al-Waqîdî né à Médine en 130 (747) mort en 207 (823), auteur du *Kitâb al-Maghâzi*, édité par Kremer, Calcutta, 1856; cf. Brockelmann, *Arab. Lit.*, t. I, p. 136.

[9] Moḥammad ben Isḥâq mort en 151 (768), auteur d'une vie du Prophète qui ne nous est connue que par la rédaction d'Ibn Hichâm, mort en 218 (834) et cf. Brockelmann, *Arab. Lit.*, t. I, p. 135. P et W ajoutent : ابن هشام.

Sa'îd ibn Gobáir [1], Sa'îd ibn al-Mosayyab [2], ibn 'Abbâs [3], Ta'labî [4] Zamakhšari [5] prétendent que le mot رِبْوَة désigne (mais Dieu sait mieux la vérité) la ville de Bahnasâ; d'autres disent que ce mot désigne Miṣr. Cette opinion se retrouve dans un grand nombre d'autres livres, de grandes histoires, de commentaires précieux et de livres de conquêtes étonnantes [6].

Le narrateur a dit. La naissance de Jésus eut lieu quarante-deux ans après

[1] Abou 'Abd Allah (ou Abou Moḥammad) Sa'îd ibn Gobair ben Hichâm al-Asadi de Koufâ, élève d'Ibn 'Abbâs et d''Abd Allah fils d''Omar, mis à mort par Ḥaggâg en 95 de l'hégire (714) à Wasit pour avoir pris part à la révolte contre 'Abd al-malik ibn Merwân. Cf. Mas'oûdi, *Prairies d'or*, t. V, p. 376-378; An-Nawawi, *Biographical Dictionary*, p. 278-279; Ibn Khallican, traduction de Slane, t. I, p. 564-567.

[2] Abou Moḥammad Sa'îd ibn al-Mosayyab, né à Médine, un des sept grands jurisconsultes de cette ville, élève de Sa'd fils d'Abou Waqqâs et de Abou Horairah, mort à Médine en 91 de l'hégire (709-710). Le nom de son père était al-Mosayyab, mais il disait : «Que Dieu récompense celui qui prononcera le nom de mon père al-Mosayyib». Cf. Ibn Khallican, traduction de Slane, t. I, p. 568-569; An-Nawawi, *op. cit.*, p. 263. C'était l'homme le mieux instruit de tous en ce qui concernait la loi réglant le divorce. Ibn Khallican, t. I, p. 565.

[3] Aboû'l 'Abbâs 'Abd Allah ibn 'Abbâs, cousin de Mahomet, né à la Mecque trois ans avant l'hégire (619) était considéré comme l'interprète le plus capable du *Coran*. Il donnait des leçons publiques un jour sur le *Coran*, un jour sur la jurisprudence, le lendemain sur la grammaire, le quatrième jour sur l'histoire (ايام) des Arabes, le cinquième sur la poésie, qu'il regardait comme très utile pour comprendre les difficultés du *Coran* : gouverneur de Bassora sous 'Ali, mort à Tai, en 687 (hégire 68). Cf. Slane dans sa traduction d'Ibn Khallican, t. I, p. 89, d'après la *Tab. al-fuqahâ*, *Tab. al Qurrâ* et *Siar as-salaf*, manuscrit de la Bibliothèque nationale, n°s 2093, 2094 (Brockelmann, *Arab. Lit.*, t. II, p. 47, donne 2048 par faute d'impression à corriger) et 2012. Sur le commentaire qui est attribué à Ibn 'Abbâs et imprimé à Bombay en 1302, cf. Brockelmann, *Arab. Lit.*, t. I, p. 190. Cf. Nawawi, *Biographical Dictionary*, p. 351-354, et l'index de Mas'oûdi, éd. Barbier de Meynard.

Après Ibn 'Abbâs, C et P ajoutent 'Ali fils d'Aboû Ṭâlib, qui manque dans W.

[4] Aboû Isḥâq A. b. M. b. Ibrahim at-Ta'labi, mort en 1036, auteur de l'*Histoire des prophètes* et d'un commentaire du *Coran;* cf. Nöldeke, *Gesch. des Qor'ans*, p. 76, et Brockelmann, *Arab. Lit.*, t. I, p. 350. Ta'labi ne dit pas cependant qu'il soit question de Bahnasâ, cf. *Qiṣâṣ al-anbia*, p. 256.

[5] Aboû'l Qâsim Maḥmoud ben 'Omar az-Zamakhšari, né à Zamakhšar en 1074 mort en 1143, auteur de nombreux ouvrages, et entre autres d'un commentaire du *Coran*, *al-Kaššâf 'an haqa'iq at-tanzîl*, imprimé à Calcutta en 1856 et au Caire en 1307 et 1308. Cf. Brockelmann, *Arab. Lit.*, t. I, p. 289-293; Barbier de Meynard, dans le *Journal asiatique*, 1875, t. II, p. 314. Ibn Khallican, traduction de Slane, t. III, p. 321-328.

[6] C كان الراوى قال عجيبة وفتوحات نفيسة وتفاسير عظيمة وتواريخ كثيرة من كتب جمع وقد مصر
مولد عيسى; P زمخشرى ومن تكلم فى هذا الكتاب العجيب والكلام الغريب الذى لوكتب بماء ذهب
على حماليق الحدق لكان قليل وقد جُمِيعَ (sic) ذلك من كتب... قالوا كان W ; وابن عباس ومن تكلم فى
هذا الكتاب... وقد جمع فيه كتب كثيرة... قالوا.

qu'Agoustous[1] (Auguste) fut monté sur le trône et dans la cinquante-deuxième année du règne des Aškanides [2]. Le trône appartenait alors à Qaisar roi de Roum, et Hidrous [3] (Hérode) était alors le grand gouverneur pour Qaisar et Qanṭâriôs était alors à Bahnasâ. Quand Hidrous fut informé de la naissance de Jésus, il voulut le faire périr, car on avait vu son étoile apparaître et reconnu par là qu'il venait de naître au moyen de calculs, et grâce à un livre qu'ils possédaient[4]. Dieu envoya un ange à Joseph le charpentier, l'informa de la résolution d'Hérode et lui dit : «Marie, sors de Miṣr, car si le roi s'empare de ton fils il le fera périr; mais après la mort d'Hérode, retourne dans ton pays». Le narrateur a dit. Joseph le charpentier fit monter Marie et son fils sur un âne qui lui appartenait et arriva avec eux dans le territoire de Bahnasâ. Il y a là un puits dans la chapelle, auquel on demande la guérison des maladies, et c'est celui où Marie et son fils firent leurs ablutions avant la prière et dont l'eau tantôt déborde et tantôt tarit. On dit que Marie et son fils à leur arrivée sur le territoire de Bahnasâ vinrent à l'endroit où est ce puits célèbre et que Joseph le charpentier revint laissant Marie près du puits. Il n'y avait pas d'eau à ce moment. Jésus demanda à boire et se mit à pleurer de soif. Marie fut affligée, mais le niveau de l'eau monta, de sorte que Jésus put boire, et depuis ce jour l'eau monte dans ce puits et l'on connaît ainsi le niveau de la crue du Nil. Les Chrétiens y font une fête encore de nos jours[5] et il y a là un couvent et des cultures. Marie et son fils se rendirent ensuite à Bahnasâ.

[1] C donne : افرسطوس ; P اقوسطون ; W ne donne pas ce nom.

[2] C اسكانيين بن افرسطوس ; P الطوائف لملوك الوقت ذلك فى المملكة وكانت السكانيين; W لمضى اثنتين واربعين سنة من ملوك الطوئف وكانت الرياسة بالشام ونواحيها لقيصر ملك الروم وهرقل كما تقدم فى فتوح الشام.

[3] P هيدروس ; W هيرودس. بالشام اليهود على العامل وكان Cf. Ibn Khaldoun, *op. cit.*, t. I, p. 199. من قبله (Octave) هيردوس بن انظفترو وعلى مصر ابنه عايش وولد المسيح لثنتين واربعين خلت من ملكه (d'après Orose). Ta‘labi, *op. cit.*, p. 256, parle également d'Auguste, des Aškanides et de Qaisar.

[4] Cette phrase se trouve dans Ta‘labi, *op. cit.*, p. 256. C'est un souvenir de l'étoile de l'Évangile et des prophéties relatives au Messie.

[5] C'est le puits dont parle Maqrîzi, traduction Bouriant, fasc. ii, p. 594. Argenous fait partie de la province de Bahnasâ; en dehors de la ville est une église avec un puits de petites dimensions pour lequel est instituée une fête que l'on célèbre le 25 Bašons. Les Chrétiens jugent de la hauteur qu'atteindra chaque année la crue du Nil d'après la hauteur où l'eau de ce puits s'élève au-dessus du sol. Vansleb, *Relation d'un voyage fait en Égypte*, 1 vol., 1678, Paris, p. 70-71, décrit la cérémonie : «Le soir précédant la nuit que la goutte tombe, le cadi avec l'ancien du village vont à cette église (de la Vierge) portant un petit cordon de coton, marqué de huit nœuds, éloignés les uns des autres d'un pouce, où il y a au bout un plomb attaché : l'on met ce cordon à l'orifice du puits

On rapporte d'après Moḥammad al-Bâqir fils d'ʿAli[1] que Jésus atteignit douze
ans accomplis lors de son séjour à Bahnasâ. Sa mère filait le lin et glanait les
épis à la suite des moissonneurs. Lorsque Marie vint à Bahnasâ, Jésus avait deux
mois et il était comme un enfant de deux ans[2]; à neuf mois sa mère le prit, le
mena à l'école et le confia au maître. Le maître lui dit : «Dis l'alphabet (abougad)»[3]. Jésus leva la tête et lui dit : «Sais-tu ce que signifient ces mots?». Le
maître voulut le frapper : «Ne me frappe pas, lui dit Jésus, si tu l'ignores, interroge-moi et je t'expliquerai (ce que tu ignores). — Parle, dit le maître. —
Descends d'abord de ton estrade», lui répondit Jésus. Le maître descendit et
Jésus s'asseyant à sa place commença ainsi : «L'a, ce sont les bienfaits (ala) de
Dieu[4]; le b, la gloire (behâ) de Dieu[5]; le g, la splendeur (gelal) de Dieu[6];
le d, la religion (dîn) de Dieu[7]; l'h, l'abîme de l'enfer, qui est el-hâwiyya[8], le
waw signifie malheur (waîl) aux habitants de l'enfer[9]; le ḥa, la rémission des
péchés à ceux qui implorent le pardon[10]; le k, c'est la parole (kalam) de Dieu qui

en présence d'une foule de peuple, de manière que le plomb touche la surface de l'eau, après cela
ils ferment bien la bouche du puits, y apposant même leur cachet. Le lendemain ils retirent la
corde et d'après le nombre de nœuds mouillés reconnaissent de combien de bras le Nil croîtra au
delà de seize, comptant un bras pour chaque nœud mouillé. Tous les historiens arabes parlent de ce
puits, on peut lire entre autres Georges le Mekkin (al-Makîn). »

C ديور. Sur le couvent d'Argenous, ou de Jésus, cf. Maqrîzi, traduction Wüstenfeld, *Geschichte
der Copten*, p. 99, n° 31.

[1] C donne : محمد ابن الباقر, ce qui est absurde : il faut lire : ابن على. Abou Gaʿfar Moḥammad,
fils de Zain al-ʿÂbidîn surnommé al-Bâqir, fut un des douze imams et le père de Gaʿfar aṣ-Ṣâdiq.
C'était un homme très savant : il naquit à Médine en 57 de l'hégire (676) et mourut en 113 (731),
il fut enterré à Médine; sur l'origine de son surnom de Bâqir, cf. Ibn Khallican, traduction Slane,
t. II, p. 579; Chablengi, كتاب نور الابصار فى مناقب آل بيت النبى المختار, 1 vol. in-8°, Le Caire, 1317,
p. 127-128.

[2] W وهو مع امّه شهرين, lisez : ابن شهرين avec P. Taʿlabi, *op. cit.*, p. 257, dit que Jésus un
jour après sa naissance avait l'apparence d'un enfant âgé d'un mois (d'après Moḥammad al-Bâqir).

[3] Les Arabes, pour soulager la mémoire, formaient avec les lettres des mots mnémotechniques,
et répartissaient ainsi l'alphabet : ابجد, *abougad*; هوّز, *howaz*; حطى, *ḥoṭai*; كلمن, *kolman*; سعفص,
saʿafaṣ; قرشت, *qaršat*; ثخذ, *tekhad*; ضظغ, *dazagh*. Cette division est due à Motâmir, cf. Caussin
de Perceval, *Essai sur l'histoire des Arabes avant l'islamisme*, t. I, p. 293.

[4] C P W الله آلاء; T (Taʿlabi) لا اله الا الله.

[5] P C W بها الله; T بهجة الله.

[6] C P W T جلال الله.

[7] C P W T دين الله.

[8] C هوّز الهام فى جهنم وفى; T هوية جهنم وفى الهاوية; P هوان جهنم; W هون جهنم وفى الهاوية
الهاوية.

[9] C ويل لاهل جهنم; T P ويل لاهل النار; W ويل لاهلها; T, W et P ajoutent pour le *za* avec raison;
T زفير اهل جهنم; W P زفير جهنم.

[10] C الحاطّة الخطايا عن المستغفرين (cf. *Coran*, II, 55), P W T حطت, etc...

ne saurait être changée [1]; le *ṣad*, une mesure (*ṣaʿoun*) pour une mesure [2]; le *t*, les serpents de l'enfer les mordront (*taqrouŝou*) [3]. » Alors le maître dit à Marie : « Prends ton fils et veille sur lui, Dieu lui a appris la sagesse et il n'a nul besoin de maître ».

Wahb [4] a dit : « Voici ce que nous a raconté al-Ḥosain fils de Ṣâliḥ [5], fils d'al-Ḥosain qui le tenait de Moḥammad fils de Ḥamdoun, qui le tenait de Ḥamdoun fils de Khâlid, qui le tenait de Hichâm al-Anṭâki qui le tenait d'al-Ḥakam ibn Nâfiʿ d'après Ismaʿil ibn Yaḥya, d'après Abou Moulaikah, d'après ʿAṭayah d'après Abou Saʿîd al-Khodri. Il a dit. L'Envoyé de Dieu a raconté que lorsque Jésus fut envoyé à l'école par sa mère, le maître lui dit : « Dis : au nom

[1] C P T W même leçon (cf. *Coran*, vi, 34, 115).

[2] P W C صاع بصاع والجزاء بالجزاء; T صاع بصاع.

[3] C والقاف قرب حيات جهنم من العاصيين; W تقرشهم; P donne ceci pour le ق; حيات جهنم donne ceci pour قرشت, تقرشهم حين تحشرهم اى تجمعهم. Comme on le voit, le texte le meilleur de ce récit attribué à Moḥammad al-Bâqir se trouve dans Ṭabari, et il reproduit l'ordre de l'alphabet hébreu et syriaque et de l'ancien alphabet arabe א,...الا الا الا; ד, לא ,ב; بها ;ר. جلال ;ד, דין ;ה, هاوية (*Coran*, 101, 6); ויל ,ו; زفير ,ז; حطى حطت للخطايا ,חטי; زين) P a (au lieu de زاى زاى); כלם ,כלם, كلام الله (le *noun* n'est pas représenté); צעפם, سعفص صاع بصاع; קרשת, قرشت تقرشهم. Cette anecdote est tirée de l'*Évangile de l'enfance*, chap. xlviii et xlix; cf. Thilo, *Codex apocryphus Novi Testamenti*, Leipzig, 1832, t. I, p. 123-124 et la version de la même anecdote d'après Kisai, *ibid.*, p. 155, qui ajoute l'explication des lettres تخذ et ظظ et se retrouve dans l'*Évangile de la nativité de Marie*; Tischendorff, *Evangelia apocrypha*, 1876, Leipzig, p. 100. Cf. Basset, *Apocryphes éthiopiens. Règles de saint Pacôme*, 1896, p. 13.

[4] Wahb ibn Monabbih est un personnage très connu, qui a introduit dans l'islamisme un grand nombre de légendes judéo-chrétiennes. Il mourut vers 110 (728) à Sana dans le Yémen. Cf. Ibn Khallican, *Dictionnaire*, traduction Slane, t. III, p. 672; Ibn Khaldoun, *Prolégomènes*; Ṭabari, *op. cit.*, 3ᵉ série, p. 2494; Lidzbarski, *De legendis quæ dicuntur propheticis arabicis*, Leipzig, 1893, p. 44-54; Cl. Huart, *Wahb ben Monabbih et la tradition judéo-chrétienne au Yémen*, dans le *Journal asiatique*, 1904, t. IV, p. 331. Cet isnad finissant à Wahb est évidemment faux, ʿAṭayah étant contemporain de Wahb.

[5] P donne : قال وهب حدثنا للحسين ومحمد بن للحسين المقرى حدثنا محمد بن احمد بن حمدون المذكر حدثنا حمدون بن خالد حدثنا احمد بن هشام ... اسمعيل ابو يحيى; W حدثنا للحسين ومحمد بن للحسن المقرى قال حدثنا للحكم محمد بن احمد بن حمدون قال حدثنا محمد بن حمدون ابن خالد قال حدثنا للحكم بن نافع عن اسمعيل عن ابن ابى مليكة عن عطية عن ابى سعيد للخدرى (Taʿlabi, p. 257) اخبرنا للحسين بن محمد بن للحسين المفسر باسناده عن ابن سعيد للخدرى. Abou Saʿîd al-Khodri, compagnon du Prophète, mort en 71 de l'hégire, enterré à Médine, cf. *Ousd*, t. II, p. 289, et t. V, p. 211. ʿAṭayah ben Saʿd, mort en 711 de l'hégire. Cf. Ṭabari, *op. cit.*, 3ᵉ série, p. 2494. Ibn Abi Moulaikah (ʿAbd Allah ben ʿObaid Allah). Cf. Ṭabari, index; Ibn Qotaibah, *op. cit.*, éd. Wüstenfeld, p. 240; al-Ḥakam ben Nâfiʿ est également cité dans l'index de Ṭabari.

FOUTOUH AL BAHNASA.

19

« du Dieu clément et miséricordieux ». Jésus lui répondit : « Peux-tu expliquer
« ces mots? — Je ne le puis », répondit le maître. Jésus lui dit alors : « Le *b* (de
bism), c'est la gloire de Dieu (*baha*), l'*s*, la grandeur (*senâ*) de Dieu; l'*m*, les
anges de Dieu », etc... [1].

Wahb a dit : « Voici le premier miracle que Jésus fit en public dans sa jeunesse.
Sa mère était dans sa maison à Bahnasâ du pays d'Égypte chez un dihqân (noble)
du roi où Joseph le menuisier l'avait fait descendre quand il l'amena de Miṣr;
cette maison était l'asile des pauvres. Or, on vola au dihqân une somme considérable dans son trésor et le dihqân était ami particulier du roi, maître de
Bahnasâ [2]; il ne porta pas ses soupçons sur les pauvres. Marie fut affligée du
malheur du dihqân [3]. Jésus voyant la tristesse de sa mère à cause du malheur
du dihqân, leur hôte, lui dit : « Mère, veux-tu que je t'indique où est l'argent du
« dihqân? — Oui, répondit-elle. — Dis-lui de réunir tous les pauvres qui étaient
« dans sa maison. » Marie informa le dihqân de ce qu'avait dit son fils. Quand ils
furent tous rassemblés, Jésus se dirigea vers deux hommes dont l'un était aveugle
et l'autre perclus (et ce dernier était porté par l'aveugle) et dit à l'aveugle :
« Lève-toi. — Je ne puis faire cela, répondit l'aveugle. — Comment donc,
« reprit Jésus, t'a-t-il été possible de commettre ce vol hier? » En entendant ces
paroles, ils frappèrent l'aveugle jusqu'à ce qu'il vint avec Jésus à l'ouverture du
trésor. « C'est là, dit Jésus, la ruse qu'ils ont employée hier, car l'aveugle a
« employé sa force et le perclus lui a prêté ses yeux. — C'est vrai, » dirent
l'aveugle et le perclus. On rendit au dihqân son bien qu'il replaça dans son trésor;
puis il dit à Marie : « Prends-en la moitié. — Je ne puis, répondit-elle. —

---

[1] Il est visible que dans cette rédaction la légende primitive a été altérée à dessein afin de montrer
dans Jésus un précurseur de Mahomet. De même dans l'*Évangile de Thomas* (Thilo, *Codex apocryphus*, p. 191), Jésus explique non plus les lettres hébraïques, mais celles de l'alphabet grec; dans
un autre apocryphe en arménien, dont parle Chardin, Jésus explique au maître que l'*a* est
formé de trois lignes perpendiculaires sur une ligne horizontale pour nous apprendre que le
commencement de toutes choses est une trinité en trois personnes. Or, cette description de l'*a* ne
s'applique qu'à l'alphabet arménien, cf. Chardin, *Voyage en Perse*, éd. Langlès, 1811, Paris, t. IX,
p. 114.

[2] C وكان خصيصا بالملك صاحب مدينة البهنسا. Cette phrase manque aux autres rédactions.

[3] Sur les dihqân, classe particulière de la noblesse chez les Perses, voir Mas'oûdi, *Prairies
d'or*, éd. Barbier de Meynard, t. II, p. 140, 241; t. IV, p. 422, 423; t. V, p. 337. Ce mot persan
désigne généralement une personne d'une ancienne famille persane possédant une propriété héré-
ditaire. Cf. *Shâh-nâmeh*, traduction Mohl, t. I, p. viii de l'introduction; Noeldeke, *Gesch. der Perser
u. Araber zur Zeit der Sassaniden*, p. 440. C'est à tort que M. Salmon, *Topographie de Bagdad*, p. 105,
voit dans ce mot un composé de *deh* + *qan* ou *khan*, et renvoie aux inscriptions turques de l'Orkhon.
Le turc n'a rien à faire ici. Le pseudo-suffixe *gan*, est persan et issu des suffixes — *ak* — *an*.

3.

«Alors, donne-le à ton fils. — Mon fils, répondit Marie, est encore plus grand «que moi et il ne reçoit rien d'une créature [1]. »

«Quelque temps après ce dihqân invita Jésus à un festin, où il réunit tous les gens de la ville et les traita pendant deux mois. A ce moment les rois et les grands des pays (voisins) vinrent voir Jésus, mais la nourriture et le vin étaient finis. Jésus fit apporter les cruches de vin qu'on avait remplies (d'eau) et avec la permission de Dieu, elles se trouvèrent remplies de vin [2]. Jésus avait alors douze ans, et les gens de Bahnasâ crurent en lui encore davantage ainsi que les habitants des villes, des villages et des hameaux depuis le pays de Miṣr jusqu'à celui de Bahnasâ, tant les rois que les autres gens de ces pays. »

As-Sadî a dit : «Jésus informait les enfants dans les écoles de ce que faisaient leurs parents, il disait à un enfant : «Va-t-en, car à ta maison on mange telle «et telle chose». L'enfant s'en allait et pleurait devant eux jusqu'à ce qu'on lui donnât ce qu'il demandait. Lui demandait-on qui le lui avait appris, il répondait : «Jésus». Ils le prirent donc en haine et ils recommandèrent à leurs enfants de ne pas le fréquenter. Jésus vint parler aux enfants au sujet de ce qu'avaient dit leurs parents et ils lui répondirent : «Nous ne suivrons pas d'autre que toi et «ce que tu as apporté d'auprès de Dieu, et nous te défendrons contre eux [3] ». Cela se répandit dans la ville; les principaux des patrices, des religieux et des prêtres [4] se réunirent, convoquèrent leurs enfants et leurs familles pour les avertir et leur dire de se méfier de Jésus, que ce n'était qu'un sorcier et un trompeur [5] et qu'il ne fallait pas le suivre. Ils les enfermèrent dans une maison,

---

[1] Ce passage est emprunté à peu près textuellement (sauf Bahnasâ qui remplace Miṣr) à Ta‘labi, Qiṣaṣ al-anbia, p. 257. On trouvera la même anecdote racontée par Kisai, d'après Wahb, dans Thilo, Codex apocryphus Novi Testamenti, 1 vol., 1832, Leipzig, p. 145, qui ajoute que Pococke dans ses notes à la Porta Mosis, en rapporte une analogue d'après le Kanz al asrar; elle est empruntée à la Guemara Sanhedrin, chap. xi. Cf. sur cette histoire : R. Dussaud, Histoire et religion des Nosaïris, 1 vol. in-8°, Paris, 1900, p. 37; R. Basset, Le mythe d'Orion et une fable de Florian, Revue des traditions populaires, t. IV, 1889, p. 616-621; Israel Lévy, L'aveugle et le cul-de-jatte (Revue des études juives), 1891, octobre-décembre, p. 199-205.

[2] Ce miracle, qui n'est autre que celui des noces de Cana, suit le précédent dans le texte de Ta‘labi à qui il est emprunté (sauf quelques variantes). Le miracle suivant, les enfants changés en porcs est également tiré de Ta‘labi, qui commence comme C par قال السدى. C change les noms propres; ainsi chez lui مصر devient Bahnasâ, الشام devient البلاد et plus icin, là où Ta‘labi dit : du vin de tel ou tel pays, C donne من ارض الفيوم.

[3] Cette phrase manque partout ailleurs.

[4] Même observation. T dit seulement : حبسوا عنه صبيانهم, il faut peut-être lire : بطارکة «les patriarches» dans C.

[5] Coran, v, 110, ان هذا إلّا سِحْرٌ مُبِينٌ; quelques-uns lisaient : ساحر مبين.

et chargèrent des esclaves et des délégués de subvenir à leurs besoins de chaque jour par peur de Jésus[1]. Jésus s'étant rendu à cette maison, la trouva fermée avec des gardiens à la porte; il les pria de lui ouvrir la porte; mais ils lui dirent : «Jésus, il n'y a pas là des enfants, ni des jeunes filles[2], mais des «porcs seulement. — Qu'il en soit ainsi, s'il plaît à Dieu», répondit Jésus. La porte ouverte, on ne trouva là que des porcs, selon la parole de Jésus. Cette affaire se répandit parmi les gens et on éprouva une crainte respectueuse à son égard[3]. »

As-Sadi a dit : «Lorsque Jésus et sa mère arrivèrent sur le territoire de Bahnasâ[4], ils descendirent dans un village chez un homme qui leur offrit l'hospitalité. Cet homme était boulanger du roi[5]; un jour, il rentra triste et affligé dans sa maison, au moment où Marie était chez sa femme. Marie lui demanda : «Qu'a «donc ton époux pour être ainsi triste et affligé? — Ne me le demande pas; répon- «dit la femme. — Informe-m'en, reprit Marie, peut-être que Dieu éloignera son «chagrin. — Sache, dit-elle, que le roi, elle voulait dire le roi de Bahnasâ[6], a «fixé à chaque habitant de ce village un jour où il doit lui présenter de la nourri- «ture et lui verser du vin, s'il y manque, le roi le punit, c'est aujourd'hui notre «jour et nous n'avons nul moyen d'y satisfaire. — Dis-lui de ne pas s'affliger, «reprit Marie, je dirai à mon fils de prier Dieu et il fera le nécessaire. » Marie rap- porta cet entretien à son fils Jésus qui lui dit : «Si je fais cela, il en résultera de «graves conséquences[7]. — Ne t'en inquiète pas, dit Marie, cet homme a été bon «pour nous et nous a bien reçus. — Dis-lui, reprit Jésus, lorsque le roi appro- «chera, de faire remplir ses marmites et ses jarres d'eau, ensuite préviens-moi. »

[1] Cette phrase manque aussi ailleurs.

[2] P ليس هنا احد.

[3] W ne dit pas où se passe ce miracle, mais il est évidemment tiré de TA'LABI, *op. cit.*, p. 257-258. Selon lui, il se serait passé non pas à Bahnasâ comme dit C, mais chez les Banou-Israïl, et Marie craignant pour son fils, se serait enfuie avec lui en Égypte. Selon Kisai (THILO, *Codex apocryphus Novi Testamenti*, p. 150) Jésus comme preuve de sa mission indique aux Juifs ce qu'ils mangent chez eux : mais comme ils demeurent incrédules, ils sont sur la prière de Jésus changés en porcs et meurent trois jours après. Cette légende est tirée de l'*Évangile de l'enfance*, chap. XL (cf. THILO, *Codex apocryphus Novi Testamenti*, p. 115) où Jésus métamorphose les enfants en béliers.

[4] P, C et W localisent l'histoire à Bahnasâ, mais Ta'labi dit qu'elle se passa lorsque Jésus fut arrivé chez les Juifs.

[5] Selon P, C et W; T dit seulement على رجل فاضافهم واحسن اليهما وكان ملك ذلك الوقت, جبارًا عنيدا, détail qui est nécessaire pour comprendre la révolte des habitants du pays, lorsque le fils est ressuscité. La source de T est aussi as-Sadî.

[6] Comme on le voit, C et P insistent pour montrer que le fait s'est passé à Bahnasâ.

[7] P C W وقع شئ; T وقع شرّ.

L'homme le fit et voici que le roi arriva : la terre trembla du bruit des tambours, des flûtes, des cymbales et des timbales. Jésus se mit en prières; l'eau des marmites fut changée en viande et en mets de toute espèce, et celle des jarres en un vin comme les gens n'en avaient jamais bu. Le roi alors mangea et but et il en éprouva une extrême satisfaction, puis il demanda au boulanger d'où venait ce vin : «C'est du vin du Fayyoum [1]», répondit-il. Mais le roi ne le crut pas «car, dit-il, on «m'apporte de là du vin et du raisin et ils ne valent pas celui-ci.» L'homme lui désigna alors un autre pays; mais le roi ne le crut pas davantage. Enfin, l'homme ne sut que répondre. Le roi lui dit : «Avoue-moi la vérité ou je t'infligerai un mau-«vais traitement.» L'homme [2] voyant que le roi était irrité lui dit : «J'ai chez moi «un jeune homme à qui Dieu accorde tout ce qu'il demande, c'est lui qui par ses «prières a changé l'eau en vin.» Le roi fut étonné. Il avait un fils dont il voulait faire son successeur sur le trône et qui était mort longtemps auparavant et qui lui était plus cher que personne. Il dit à son hôte : «Amène ce jeune homme dont «les prières ont changé l'eau en vin et dis-lui de prier Dieu pour qu'il ressuscite «mon fils.» L'homme vint à Jésus et l'informa de l'ordre du roi : «Je ne ferai pas «cela, dit Jésus. — Pourquoi? demanda l'homme. — Parce que, dit-il, si cet «enfant revient à la vie, il arrivera un grave événement [3].» L'homme alla informer le roi des paroles de Jésus : «Peu m'importe, dit le roi, pourvu que je revoie mon «fils vivant.» Et il fit appeler Jésus. Quand Jésus fut en sa présence, il le supplia au sujet de son fils : «Si je fais cela, dit Jésus, nous laisseras-tu aller où il nous «plaira, moi et ma mère? — Oui, répondit le roi.» Jésus adressa une prière à Dieu et ressuscita l'enfant. Mais quand les gens du royaume le virent rendu à la vie, ils coururent aux armes, en s'écriant : «Ce roi-ci nous a dévorés et main-«tenant que sa mort approche, il veut laisser son fils à sa place afin qu'il nous «dévore comme son père nous a dévorés; tuons-le donc [4].» Et Jésus et sa mère s'en allèrent; les miracles de Jésus sont nombreux, et parmi eux l'histoire du teinturier [5] est célèbre. Dieu sait le mieux la vérité.»

---

[1] T من ارض كذا وكذا.

[2] P الدهقان, ce qui contredit le texte, car plus haut il est appelé خبّاز.

[3] C شرّ; T شئ كثير (sic) P ; شئٌ عظيم.

[4] W فاقتتلوا; T فاقتلوه; P فاقتتلوها.

[5] On la trouve dans Thilo (*Codex apocryphus Novi Testamenti*, p. 150), d'après Kisai; l'islamisme l'a introduite chez les Persans; c'est pourquoi chez eux Jésus est le patron des teinturiers. Ta'labi la rapporte d'après عطاء, Kisai d'après Wahb ben Monabbih. On sait, comme l'a montré M. Basset, que c'est Wahb qui a fait connaître ces légendes chrétiennes aux Musulmans. La légende de Jésus teinturier est tirée de l'*Évangile de l'enfance*, chap. XL.

SUITE DE L'HISTOIRE DES ROIS DE BAHNASÂ[1].

Nous revenons au sujet de notre récit, le roi de Bahnasâ Qantâriôs. Les décrets de Dieu s'accomplirent, et ensuite il mourut, laissant pour successeur son fils Iskandrâs. Il conserva la dignité de son père pendant quatre-vingts ans et eut deux fils dont le premier reçut le nom de Toumâ[2] et le second celui de Botros, ils se partagèrent la ville et la fortifièrent au moyen de deux portes; Toumâ eut le côté sud où il fit élever une porte qui reçut le nom de Porte de Toumâ; Botros le côté nord. Ces deux rois régnèrent quarante ans. Toumâ eut un fils que l'on appela Roûmâs et Botros une fille d'une beauté extraordinaire à qui il donna le nom de Splendeur des femmes (Bahâ-an-nisâ) et c'est d'elle que la ville de Bahnasâ a tiré son nom qu'elle porte encore de nos jours.

Bahâ-an-nisâ apprit les sciences, la chevalerie, etc., et Toumâ la demanda en mariage pour son fils à son frère Botros; le mariage fut fait volontiers après que son père eut demandé pour elle la moitié du royaume, condition qui fut acceptée; ils professaient la religion chrétienne. Le mariage consommé, elle devint grosse d'un fils. Toumâ et Botros moururent alors et Roûmâs devint possesseur du royaume, mais ce fut un tyran, qui se conduisit mal, et abusa des femmes de ses sujets. En outre quand il s'asseyait sur son trône pour rendre la justice, il rendait des jugements iniques, tandis que Bahâ-an-nisâ, au contraire, se conduisait bien à l'égard des sujets, et les comblait de bienfaits. Roûmâs fit bâtir un portique supporté par quatre colonnes de marbre de diverses couleurs, de vingt coudées de hauteur, surmonté d'une coupole de marbre vert; sur la coupole était un grand lion d'or rouge, la gueule ouverte, deux pierres précieuses figuraient les yeux et les jambes étaient en argent orné de pierres : la nuit venue, ces pierres brillaient d'un tel éclat que les yeux en étaient éblouis. L'intérieur de la coupole du portique était revêtu d'or et d'argent et l'on y avait représenté toute sorte de figures. Dans le portique était placé un trône d'or rouge enchâssé de perles et de pierres précieuses; sur les quatre côtés du trône étaient quatre figures d'animaux : d'abord un lion, la gueule ouverte, avec deux yeux de rubis, qui paraissait s'élancer sur ceux qui entraient; ensuite un aigle d'émeraude verte, orné de perles et de corail, avec des yeux de cornaline rouge,

---

[1] Ce titre manque au texte. C et P seuls racontent cette histoire fabuleuse qui manque à W. Celui-ci après les miracles de Jésus, passe de suite au récit de la conquête.

[2] توما et بطرس = Thomas et Pierre.

perché sur une branche d'or rouge, les ailes éployées : on eût dit à le voir qu'il allait prendre son essor; dans ses ailes il portait de la poussière de musc d'une odeur très pénétrante; il tournait sur cette branche et le parfum se répandait sur le roi Roûmâs. Sur le troisième côté on avait figuré une gazelle de cornaline, ornée de perles et de pierres précieuses d'un grand prix réunies ensemble; on avait disposé pour elle un morceau de bois fait en argent, supportant une planche d'or sur laquelle se tenait la gazelle prête à s'élancer comme si elle voulait fuir le lion. Quand celui-ci se tournait de son côté, elle tournait grâce à des ressorts combinés avec ingéniosité. Enfin, on voyait un paon sur lequel étaient des colliers et des perles de toute sorte et dont les yeux étaient deux œils de chat admirables; toutes les fois que l'aigle se tournait vers lui, il tournait en s'éloignant, comme s'il eut voulu s'enfuir. Sur le sol était un tapis multicolore fait de toute sorte de soies brochées d'or[1] dont la longueur était de douze coudées; au-dessus était un voile de soie verte, orné d'or et d'argent. Louange à celui dont le royaume ne passe pas et dont la durée est éternelle.

Le narrateur dit : Quand le roi Roûmâs jugeait une affaire, on l'exposait à Bahâ-an-nisâ; si la sentence était juste, elle la rendait valable, sinon elle demandait un nouveau jugement. Mais quand le roi refusa d'écouter ses conseils, et se montra injuste envers ses sujets, les grands du royaume se plaignirent à elle, et elle en fut irritée. Alors elle alla trouver son mari qu'elle trouva entouré de jeunes filles jouant de toute sorte d'instruments et chantant : la salle où il buvait enfermait quatre cents jeunes filles, derrière lesquelles se tenaient des jeunes gens l'épée à la main, avec des cuirasses étoilées et des masses d'armes ornées d'or, qui veillaient à leur sûreté jusqu'au moment où les convives étaient plongés dans l'ivresse : alors ils se séparaient. Quand le vin leur eût fait perdre la raison, Bahâ-an-nisâ vint portant un morceau de bang qu'elle mit dans un verre. Toute la vaisselle était d'or, d'argent, d'émeraude et de cristal orné d'or et d'argent, la jarre du vin était de marbre sculpté avec art, longue de six coudées, et pleine de vin, et les échansons y puisaient pour remplir les coupes. Elle mit donc ce bang dans ce verre et le présenta au roi, qui sur-le-champ tomba étendu à terre : alors les convives se dispersèrent. Bahâ-an-nisâ prit un poignard et coupa la tête au roi, elle appela ensuite les jeunes gens qui creusèrent une fosse hors du palais et y jetèrent le cadavre; quant à la tête elle la plaça sur un grand poteau dans le palais[2]. Lorsque au matin les grands de la Cour, les principaux officiers tels

---

[1] ‭(?) من الذهب‬ et après — ‭على ليوان مبنا من الليحين‬ (lisez : ‭لُجَيْن‬) ‭الابيض فيه فراش‬ : P ajoute ‭وقبساط‬ C a ... ‭وقباب من الذهب الاحمر طوله‬.

[2] P ‭القصر‬ ‭على راس القبة التى للقصر من جهة الباب واخفوا الامر فى‬.

que les vizirs et les patrices voulurent entrer pour leur service habituel, ils aperçurent sa tête ainsi suspendue et changèrent de couleur. Bahâ-an-nisâ leur parla
ainsi : «Ne craignez rien, je n'ai fait ceci qu'à cause de vous, pour vous délivrer
de sa tyrannie». Ils la remercièrent et l'établirent comme reine. Le pouvoir lui
resta; elle fit du bien à ses sujets et fut obéie par les gens de tous les pays
jusqu'aux extrémités de l'Égypte; les princes la respectèrent jusqu'au Ṣa'îd et
jusqu'à Barqa[1], elle donna des fonctions aux sages, aux devins et aux savants.
Quand le terme fut venu, elle mit au monde un fils et éprouva de cela une très
grande joie : elle le nomma Tousadoun (توسدون)[2]. Quand il eut grandi, elle
le confia à un maître qui lui enseigna la magie, la divination et l'astrologie.
L'enfant apprit ces sciences. Sa mère elle-même était habile dans toutes les
sciences : on dit même qu'elle fabriqua une femme de métal qui rendait aveugle
sur-le-champ quiconque la regardait, si par hasard il méditait quelque trahison
contre la reine. Quand elle tenait conseil pour les affaires et que les grands
avaient pris leur place, on leur présentait cette statue qui était faite à sa ressem-
blance[3], de sorte qu'en la regardant ils croyaient voir la reine Bahâ-an-nisâ et
quiconque regardait cette statue et était aveuglé était immédiatement mis à
mort ou emprisonné par ordre de la reine, et quiconque ne la regardait pas
n'éprouvait aucun mal. Le peuple et les grands la craignirent et obéirent à ses
ordres : elle régna ainsi longtemps.

Le narrateur dit. Lorsque Toušal, roi d'Ašmounaïn[4], qui était devin et sorcier, apprit ces nouvelles, il voulut lui faire la guerre, afin de lui enlever son
royaume et de s'en rendre maître et cela quand le fils de Bahâ-an-nisâ était déjà
un jeune homme. La reine informée de ce dessein, convoqua les grands du
royaume et les principaux personnages, les consulta au sujet de son fils, mit la
couronne sur sa tête, le fit asseoir sur le trône et s'occupa de ses affaires au
sujet du roi ennemi. Toušal avait déjà réuni des troupes nombreuses depuis
l'extrémité du Ṣa'îd jusqu'aux limites de son royaume pour la combattre. A cette

[1] P الى حدّ الواحات وحدّ برقة; Barqa est décrite dans al-Bekri (*Journal asiatique*, 5ᵉ série, t. XII,
p. 422).

[2] P vocalise تَوَسْدون, Abou'l Maḥasin, t. I, p. 40, ترميل دون, un manuscrit de l'*Abrégé des Merveilles*, traduit par Carra de Vaux, A توسدون; M نوسيدون; Maqrîzi, Toumidoun.

[3] وهي على صورتها manque à P.

[4] Toušal, à ne considérer que le nom, paraît être une corruption de هوصال, dont les variantes
sont هرصال et فغال (Ibn Iyâs, *op. cit.*, p. 111). Quant à la légende elle-même, elle se retrouve
dans l'*Abrégé des Merveilles*, traduction Carra de Vaux, p. 189, sous une forme différente; c'est la
magicienne (qui n'est autre que la prétendue Bahâ-an-nisâ) et son fils, qui dépouillés du trône,
rassemblent une armée dans le Ṣa'îd, battent Chamroud (ou Nimroud) et s'emparent du royaume.

nouvelle, elle envoya des messagers et réunit des soldats depuis les oasis jusqu'à Miṣr[1] (c'est-à-dire la province de Gizeh[2]) : le roi de Ṭaḥâ aux colonnes, vint à son secours avec des troupes nombreuses; on équipa les troupes et on marcha jusqu'à Ašmounaïn[3]. Toušal sortit à leur rencontre avec une grande armée : la rencontre eut lieu à l'endroit appelé al-Marg, près d'Ašmounaïn. Tousadoun, fils de la magicienne Bahâ-an-nisâ, avait des troupes nombreuses et sa mère avait eu recours à la magie : elle avait des figures nombreuses qui remplissaient d'effroi et des feux qui brûlaient[4]; la lutte fut acharnée, mais Toušal fut mis en déroute et s'enfuit avec ses gens dans les montagnes et les vallées[5]. Tousadoun le poursuivit avec tant de vigueur qu'il l'atteignit et le fit prisonnier. L'on se réunissait pour contempler le courage de Tousadoun qui avait tué un grand nombre des soldats de Toušal, et en avait fait un grand nombre prisonniers. Il voulait les poursuivre[6] mais sa mère l'en empêcha et lui dit : « Retourne dans ton royaume, cela est préférable pour toi ». Il s'empara d'Ašmounaïn et revint ensuite en vainqueur à Bahnasâ. Il s'assit sur son trône, et fit amener Toušal : on attacha sa tête à une colonne et ses pieds à une autre[7]; ce Toušal, d'après ce que disent les Coptes dans leurs livres, avait une taille de vingt coudées; il plaça auprès de lui des gardiens jusqu'au jour de la fête; car les gens de Bahnasâ se réunissaient pour célébrer une fête à laquelle prenaient aussi part les gens des villes, des bourgs et des villages voisins dans l'endroit appelé le Meïdan au sud de la ville.

[1] Miṣr a plusieurs sens chez les Arabes : مصر, מצור « ville fortifiée », par exemple, *Coran*, ii, 58 اهبطوا مصرا فان لكم ما سألتم « allez dans quelque ville fortifiée, vous y trouverez ce que vous demandez » مصر, indéclinable : מצרים, l'Égypte; ou Memphis, منف, puis مصر, ou Babylone d'Égypte; cf. d'ailleurs, Maqrîzi, traduction Bouriant, fasc. i, p. 56 et seq.

[2] Gizeh, localité en face de Fostât Miṣr, cf. Maqrîzi, *ibid.*, fasc. ii, p. 605-609.

[3] Ašmounaïn, ville du Ṣaʿîd, cf. Maqrîzi, *ibid.*, fasc. ii, p. 709-711.

[4] Cette phrase se retrouve dans l'*Abrégé des Merveilles*, p. 189. Sa mère lui avait préparé toutes sortes de talismans capables de donner la mort et des machines incendiaires.

[5] *Abrégé des Merveilles*, p. 189 : « (Chamroud et ses frères) furent mis en déroute et se dispersèrent dans les montagnes ».

[6] C يبيبعم; P يتبعهم.

[7] Cf. *Abrégé des Merveilles*, p. 190. « On attacha la tête du captif à un pilier et ses pieds à un autre; sa taille, à ce que disent les Coptes, était de vingt coudées. La reine le fit déposer dans une maison et le confia à des hommes de sa garde qui devaient le tuer le jour de sa fête. Mais Chamroud poussa dans la nuit un cri si fort, que l'un des gardes en mourut de frayeur, et que les autres s'enfuirent. Quand la reine connut cette aventure, elle ordonna de le coucher à terre et elle vint en personne ordonner d'allumer du feu près de lui. Puis, elle commanda qu'on lui coupât les membres l'un après l'autre et qu'on les jetât dans le feu, ce qui fut fait et ainsi on en finit avec lui. » Ce passage manque à Maqrîzi, traduction Bouriant, fasc. ii, p. 581, règne de Toumidoun ben Todaresân.

Ensuite Tousadoun fit mettre Toušal en prison, car la fête approchait, mais au milieu de la nuit Toušal poussa un cri si effrayant que la moitié des gardiens mourut et que le reste s'enfuit. La mère de Tousadoun ayant appris cela, fit amener Toušal en sa présence. Sur son ordre on alluma un feu, on coupa Toušal en morceaux, membre par membre, qu'on jeta à mesure dans le feu jusqu'à ce qu'il n'en restât rien.

Cependant Tousadoun était devenu homme [1], il était devin, astrologue, calculateur, il connaissait les sciences et l'architecture. Il se fit bâtir par les démons au milieu de la ville une coupole de marbre qui tournait avec la sphère céleste, et où il dessina toutes les constellations. Grâce à elle on connaissait les secrets des étoiles et de la nature, et les événements qui avaient lieu dans les pays divers au moment où ils se produisaient.

Après qu'il eut régné quelque temps, sa mère la magicienne mourut, et lui ordonna de déposer son cadavre dans une figure de marbre bleu pourvu de talismans et enchanté après lui avoir recommandé de ne pas mettre sur elle du benjoin (?) [2], d'enduire son corps avec une certaine préparation afin que les membres ne se dessèchent pas, et de l'enterrer sous le canal de Joseph. On obéit à ses ordres, et quoique morte, elle leur donnait des informations merveilleuses et répondait à toutes les questions qu'on lui faisait. Son fils fut obéi et craint et elle se montrait à eux sous une forme telle qu'on n'en a jamais vue de semblable [3].

Son fils régna cent ans.

(Le narrateur dit.) Il fit de son temps un porteur d'eau avec une outre d'eau sur son dos et le plaça dans une maison de la ville [4]. Les gens de la ville poussaient un cri et ils trouvaient leurs demeures remplies de l'eau nécessaire pour

---

[1] Cf. *Abrégé des Merveilles*, p. 190 : «Et ainsi on en finit avec lui. Le roi grandit, devint prêtre, astrologue et magicien; les satans lui bâtirent une coupole de verre sphérique qui faisait un tour pendant que la sphère céleste en faisait deux; ils représentèrent dessus les étoiles; avec cet appareil on connaissait les secrets de la nature et les sciences du monde. Après qu'il eut régné six ans (Maqrîzi : soixante) le roi perdit sa mère; elle avait recommandé qu'on déposât son corps sous une idole de la lune, après qu'on l'aurait embaumé; après sa mort, elle continua à les instruire de plusieurs merveilles et à leur répondre lorsqu'ils l'interrogeaient. Le peuple vénéra son fils parce qu'il se présentait à lui sous différentes formes. Il régna cent ans. En mourant il ordonna de faire une idole de verre transparente en deux morceaux, d'y placer son corps après l'avoir enduit d'aromates, de souder les deux parties de l'idole et de la dresser dans le temple. On lui célébrait une fête chaque année dans laquelle on lui apportait des offrandes; il commanda aussi qu'on enterrât sous lui ses trésors. On fit comme il l'avait ordonné.» Tout ce passage se retrouve dans Maqrîzi, fasc. ii, p. 382.

[2] Leçon obscure. C ان يمنع عنها اللبي من اللعين شياً عليها يجعل لا ان أمرت P ; ان يمنع عنها اللبي. Le texte paraît altéré.

[3] Le texte primitif devait sans doute avoir le masculin, comme dans l'*Abrégé* cité plus haut.

[4] Ce paragraphe manque à Maqrìzi et à l'*Abrégé des Merveilles*.

4.

28   É. GALTIER.

boire, se laver, etc. Cela dura jusqu'au moment où Dieu fit aux hommes le don de
l'islamisme. ʿAbd al-ʿAzîz [1] gouverneur de la ville sous le califet des Omeyyades
voulut ouvrir la maison où était le porteur d'eau; on ne put l'en empêcher.
La maison ouverte, on n'y trouva que le porteur d'eau avec son outre vide sur
les épaules et le lendemain le prodige cessa. (Le narrateur a dit.) Il fit élever
aussi une autre maison où il écrivit les noms des Arabes, de leurs chefs, de leurs
califes, des compagnons ainsi que le portrait d'ʿOmar ibn al-Khaṭṭâb et leur
parla de Khâlid fils d'al-Walîd, et comment il viendrait avec un grand nombre
de compagnons assiéger Bahnasâ et comment leur royaume serait détruit par sa
main, si l'on ouvrait cette porte à laquelle il fit mettre des serrures d'acier avec
défense à ses successeurs de jamais l'ouvrir, car cela causerait leur ruine; il fit
encore représenter dans cette maison les images des Arabes, celles des principaux
compagnons à cheval et la lance sur l'épaule. Cette porte demeura toujours
fermée jusqu'au moment où al-Boṭloûs la fit ouvrir lors de la venue des compagnons et de Khâlid fils d'al-Walîd et nous raconterons cela dans le récit de la
conquête, s'il plaît à Dieu [2].

La narrateur a dit. Quand le moment de sa mort approcha, il ordonna de
faire une idole de marbre [3] en deux morceaux, d'enduire son corps de préparations parfumées au musc, de le placer à l'intérieur de cette figure, d'ajuster
ensemble les deux moitiés et de célébrer une fête annuelle en son honneur et
de la déposer dans le grand trésor de la ville, ce que l'on fit [4].

 Son fils Toumânos lui succéda [5] : il imita à l'égard de ses sujets la conduite

[1] ʿAbd al-ʿAzîz ben Merwân, gouverneur d'Égypte en 685, succéda à ʿAbd ar-Raḥmân ben
ʿOqbah en 65 de l'hégire, et mourut en fonctions en 85 selon Ṣoyouṭi (*Ḥusn al-moḥâḍera*, t. II, p. 8).
Ibn Khallican, traduction Slane, t. III, p. 453, nous apprend qu'Hélouan était sa résidence et
qu'il y mourut. Selon Ibn ʿAbd al-Ḥakam cité par Ṣoyouṭi, t. II, p. 8, il s'y était retiré à cause
de la peste, il fut enterré dans le cimetière de Fosṭâṭ. Son poète favori était Noṣaib ibn Riah, surnommé Abou'l Ḥagna, dont Ṣoyouṭi cite deux vers. Cf. sur ce poète, Ibn Qoṭaibah, *Aš-ši'r wa-š-
šo'ara*, éd. du Caire, 1322, p. 92-93, et l'édition du même ouvrage par de Goëje, et Ibn Khallican, traduction Slane, t. III, p. 306. Sur ʿAbd al-ʿAzîz, cf. Wüstenfeld, *Statthalter*, et Maqrîzi,
Khiṭaṭ, t. I, p. 302. On a une estampille de verre à son nom, cf. Casanova, *Mémoires publiés par les
membres de la Mission archéologique française du Caire*, t. IV, p. 367.

[2] Nous avons ici une nouvelle version d'une légende arabe bien connue, localisée à Tolède
(cf. *Abrégé*, p. 121) et sur laquelle on peut consulter R. Basset, *Légendes arabes d'Espagne (La maison fermée de Tolède)*, in-8°, 19 pages, Oran, 1898.

[3] C من الروم; P من الرخام .

[4] Pour le passage correspondant de l'*Abrégé des Merveilles*, cf. plus haut.

[5] Dans l'*Abrégé*, le successeur est appelé Sarbâq. Il faut en rapprocher le passage de Maqrîzi,
traduction Bouriant, fasc. II, p. 382, qui a échappé à M. Carra de Vaux.

de son père et de sa grand'mère Bahâ-an-nisâ la magicienne, ses sujets le craignirent et le respectèrent unanimement : il professa le christianisme. (Le narrateur dit.) Les Berbères et leur roi appelé Siriâq entendirent parler de lui. Siriâq,
roi de Sicile, dans le Maghreb[1] rassembla des troupes pour une expédition
contre Bahnasâ. Toumânos en fut informé quand ils atteignirent les oasis. Il
envoya contre eux un patrice avec des troupes nombreuses accompagné de prêtres
avec des objets enchantés de toute sorte; le roi envoya contre eux des chefs avec
une grande armée pour les combattre : les gens de Bahnasâ furent vainqueurs
et firent un grand nombre de prisonniers qu'ils amenèrent d'Alexandrie à
Damsîs[2] et entrèrent sur le territoire de Bahnasâ. Le roi fit allumer des feux
et y fit jeter les prisonniers l'un après l'autre. Leur chef était muet, il entra à son
tour dans le feu, mais quand il sentit la chaleur il voulut s'enfuir. On l'amena
au roi qui l'interrogea; le prisonnier fit des aveux, le roi l'amena dans la forteresse où il le fit pendre[3] à une grosse colonne. On l'appela « le pendu » : c'était
le roi des ennemis en personne. On écrivit sur la colonne : « Celui-ci est un tel
fils d'un tel, le conquérant de l'Orient et de l'Occident[4] ». Quant au reste des
prisonniers, on les relâcha en leur disant : « Vous mériteriez la mort pour avoir
suivi celui qui voulait porter le désordre sur la terre, mais le roi dans sa bonté
vous pardonne et vous ordonne de sortir de ce pays ». Ils s'en allèrent dès qu'ils
eurent appris que leur vie était sauve, et partout où ils passaient ils racontaient
les merveilles dont ils avaient été témoins. Les gens de Bahnasâ ne faisaient rien

[1] Ce Siriâq qui fit une expédition contre Toumânos, correspond au descendant de Tarbis, fils
d'Adam (*Abrégé*, p. 191) et au roi de la lignée de Fouracha ben Adam (MAQRÎZI, *ibid.*, p. 382) qui vient
de l'ʿIrâq pour conquérir l'Égypte. Le rédacteur du *Foutouh* a confondu les noms et abrégé la légende
qui n'est plus claire chez lui. En effet, dans Maqrîzi et l'*Abrégé*, il vient en Égypte déguisé en
marchand, le roi averti par un songe fait passer les étrangers à travers un feu qui a la propriété
de brûler ceux qui lui veulent du mal. Dès que son ennemi sent que le feu va le dévorer, il avoue
ses mauvais desseins et est mis à mort par le roi. Il n'est nullement question d'une bataille comme
dans le *Foutouh Bahnasâ*. Au reste tout ceci dans Maqrîzi et l'*Abrégé*, est antérieur au déluge.

[2] P donne رمسيس, Ramsis; MAQRÎZI, *ibid.*, p. 282 : « Ils arrivèrent d'abord à Alexandrie, puis
à Assouân, et enfin au jardin construit par Miṣrâm et où se rendit le roi Shariâq ». Il faut dans
Maqrîzi, lire Amsous (au lieu d'Assouân) avec l'*Abrégé*, p. 192, que reproduit Maqrîzi. Au reste
Amsous, comme le suppose M. Casanova, n'est qu'une altération pour Ramsès (ou Pithom), ce
qu'appuierait la leçon de P, si ce n'était pas par hasard et en changeant Amsous (امسوس) en
Ramsès (رمسيس), par faute de copiste qu'il a rencontré la vraie leçon.

[3] A partir d'ici, notre texte suit de près l'*Abrégé*, p. 192-193, jusqu'à « le roi fit une expédition dans l'Occident ».

[4] *Abrégé*, p. 190 : « qui régna sur la Syrie, il a désiré secrètement la ruine de ce royaume et il
a recherché ce qu'il n'a pu atteindre, dans une pensée injuste et coupable. C'est pourquoi il a été
puni ». Ceci manque à Maqrîzi.

sans la permission du roi et désormais personne n'eut plus le désir de venir jusqu'à Bahnasâ, ni du Ṣa'îd, ni de l'Occident, ni de Miṣr[1].

(Le narrateur dit.) Le roi fit de son temps de nombreuses merveilles : un
canard de cuivre qui se tenait sur une colonne. Si un étranger pénétrait dans le
pays ou dans son voisinage, le canard battait des ailes; on saisissait l'étranger
et on le forçait à dévoiler son dessein et le but de son voyage[2]. Le roi fit une
expédition dans l'Occident, y fit de grandes plantations, et y plaça de nombreux
signaux qui indiquaient le chemin de l'Occident[3]. Il mourut après un règne de
cent trois ans[4].

Le narrateur a dit. Son fils Rikâmanous[5] lui succéda : c'est le grand-père
d'al-Boṭloûs sous le règne duquel Bahnasâ fut conquise par les Arabes. Il imita
la conduite de son père et comme lui professa le christianisme. Il fit bâtir au
milieu de la ville une immense église avec des portes nombreuses, quarante,
dit-on, qui se commandaient l'une l'autre et en faisaient le tour. Quand un
étranger entrait, il entrait par une porte, et en tournant[6], il sortait par la porte
par laquelle il était entré, stupéfait de la grandeur de l'édifice et du nombre
de statues. Le roi avait pour cela fait cuire des briques, tailler des pierres,
extraire[7] le marbre bariolé de diverses couleurs, élever à l'intérieur des colonnes
de marbre polychrome, et construire des sanctuaires de cuivre d'Andalousie et
de bois sculpté de diverses couleurs avec des figures admirables. L'église avait
quatre portes dont chacune avait dix coudées d'élévation et sept de largeur; à
l'intérieur de chaque porte on en avait ajusté une autre, ce qui faisait un total
de trois cent soixante portes plus petites, toutes parfaitement construites selon les
règles de l'art. A mesure qu'un jour s'écoulait à partir du Niroûz[8], une porte

[1] *Abrégé* : «les rois perdirent la pensée de rien entreprendre contre l'Égypte».

[2] *Abrégé*, p. 193; Maqrîzi, traduction Bouriant, fasc. ii, p. 381.

[3] *Abrégé*, p. 193 : «On conduisit aussi vers les villes de l'Occident un canal dérivé du Nil, sur les bords duquel on éleva des demeures et des monuments; et l'on planta des arbres sur les rives». Maqrîzi, *ibid*.

[4] *Abrégé*, p. 193 : «cent trente ans»; Maqrizi de même.

[5] Maqrîzi et l'*Abrégé* continuent la suite de leur dynastie imaginaire par Sahlouq ou Chahlouq; P ارْكانوس.

[6] C دخله من باب قيدروس ويدخل من الباب الذي «par la porte Qîdarôs et il entrait (lisez : il sortait) par la porte par laquelle il était entré»; P فيدور avec raison.

[7] حلب, lire : جلب «amener», d'où جلاب, celui qui amène (des esclaves).

[8] Commencement de l'année chez les Perses (cf. Masʿoûdi, *Index*), et chez les Égyptiens, Maqrîzi, *Khiṭaṭ*, éd. de Boulaq, t. I, p. 267-269. Ces trois cent soixante portes rappellent les trois cent soixante fenêtres du temple de Dendérah, cf. Maqrîzi, traduction Bouriant, fasc. ii. p. 690. On ne voit pas d'ailleurs comment notre auteur arrive à son total. *Niroûz* correspond au sanscrit *nava-raucah*, *novus dies*.

s'ouvrait d'elle-même et une autre se fermait. Il avait fait élever quatre coupoles
supportées chacune par quatre colonnes de marbre sculpté et se faisant face,
ornées de fines gravures d'or et de lapis-lazuli. Les murs de l'église étaient
aussi couverts de figures d'hommes, de bêtes sauvages, d'oiseaux et de cercles.
Chaque coupole différait de l'autre par les dessins, le sol était pavé de marbres
de diverses couleurs, recouverts par des tapis, des coussins et des couvertures
depuis la porte jusqu'au milieu du sanctuaire et de l'autel[1]. On pénétrait dans
le sanctuaire par une porte d'acier incrustée d'or et d'argent fermée par des
serrures d'or et d'argent; la largeur du sanctuaire était de trente[2] coudées : il
était bâti en pierres de toutes couleurs, surmonté d'une coupole énorme reposant
sur quatre colonnes de fer. La coupole était de marbre de couleurs diverses,
bleu, blanc, rouge et noir recouvert d'un réseau d'or et d'argent dont chaque
maille avait quatre coudées de longueur[3]. A l'intérieur de la coupole était une
deuxième coupole de marbre et de lapis-lazuli sur laquelle on avait tracé la
figure des étoiles, du soleil et de la lune, et tournant grâce à des ressorts ima-
ginés par les architectes et les savants. A chaque ouverture de la coupole corres-
pondait à l'intérieur une autre ouverture d'ivoire[4]; il y avait là douze ouvertures
de cuivre pourvues de talismans. A mesure qu'une heure de la journée était
écoulée une porte s'ouvrait d'elle-même et une se refermait de même : la hauteur de la coupole était de cinquante coudées. La grande coupole portait à son
sommet une figure d'homme en cuivre longue de cinquante coudées, debout,
tenant à la main une épée enchantée avec laquelle elle faisait signe vers l'intérieur.
Quand un étranger entrait dans le pays, cette figure décrivait un grand mouvement de rotation. On dit que cela arrivait lorsqu'une armée se dirigeait vers la
ville, et qu'elle était encore à trois journées de distance; les habitants faisaient alors leurs préparatifs en conséquence. A l'intérieur de l'église étaient
deux statues d'or représentant le Messie, et Notre-Dame Marie (le salut soit sur
eux) et à côté d'eux d'autres statues recouvertes de voiles de soie de diverses
couleurs, brochée d'or et d'argent.

Le roi avait fait aussi une autre merveille que l'on plaçait devant lui à savoir :
un vase de cristal dans lequel il mangeait lui et ses convives et dont le contenu,

---

[1] ومن داخل الباب الى صدر الهيكل اعمدة من الرخام وجعل هناك بيت الهيكل وبيت القربان G

[2] P soixante.

[3] Ou peut-être avec des fenêtres en or et en argent dont chacune avait... C... مشبكة بشبابيك
كل شبكة P ;كل شباك ...

[4] ولباب القبة من داخل الباب بٰب اخر P ;وباب القبة من داخلها بٰب آخر C.

loin de diminuer, restait toujours le même[1] : une table d'onyx vert portée par quatre pieds d'or, avec des images d'or représentant des oiseaux et que l'on plaçait devant lui quand il s'asseyait à l'église; les dimensions en étaient de dix coudées en long et autant en large, et elle tournait grâce à des ressorts[2], et présentait ainsi à chacun des convives les mets qui lui faisaient envie parmi ceux dont elle était garnie[3]. Le roi fit faire aussi une jarre de cristal, habilement ciselée, pourvue de talismans, et reliée à l'influence de la sphère céleste que l'on plaçait devant lui quand il voulait boire : alors les dihqâns, les patrices et les domestiques[4] venaient et le roi leur faisait verser la boisson qui leur plaisait, que ce fut une boisson enivrante ou n'importe quelle autre : on appelait les jeunes filles et les musiciens, l'on chantait et l'on buvait du vin et d'autres boissons. Le roi vécut ainsi quarante ans, puis il mourut. On l'ensevelit dans cette église avec sa couronne, son costume et ses qabâ[5]; après l'avoir enfermé dans un cercueil d'or, on le déposa dans un souterrain qu'il avait fait préparer, où se trouvaient ses richesses et ses trésors, et où l'on descendait par un escalier de trente degrés. Il avait garni ce souterrain de talismans, l'avait fait fermer par une porte de fer, et y avait placé des gardiens[6]. Dieu est le plus savant.

(Le narrateur dit.) Après lui son fils Qaïdaros (قيدروس)[7] monta sur le trône, il fut le père d'al-Botloûs (que Dieu le maudisse)[8] : mais, quoiqu'il fut craint des autres princes, il ne fut pas si habile dans les sciences que son père : il aima les femmes et les belles esclaves, se plut à bâtir des palais et fut juste envers ses sujets. Il bâtit à Bahnasâ du nord à l'ouest de la ville un palais dont les murs avaient quarante coudées de hauteur, et qui renfermait une grande allée de palmiers et un grand étang et dont le toit était fait de plaques de marbre sculpté. Il fit encore dans la ville, vers ce qui suit le côté nord, un grand étang rempli d'une eau qui y était amenée du canal de Joseph par des conduits de plomb

---

[1] P ‏ياكل فيه ثم يُوزن ملانا ويوزن فارغا فيجدونه وزنا واحدا لا يزيد ولا ينقص‎.

[2] Les Apocryphes coptes parlent d'une table analogue à laquelle mangeaient le Christ et ses disciples. *Les Apocryphes coptes*, publiés par Revillout (*Patrol. orient.*, t. I, fasc. II, p. 135).

[3] ‏من غير ان تمس بشي‎.

[4] ‏الدماشقة‎. Le pluriel de ‏دماستق‎ (δομεστιχος) est d'habitude ‏دُمُسق‎. Cf sur ce pluriel, SACY, *Chrestomathie arabe*, t. III, p. 67. Le copiste a écrit à tort ‏ش‎ pour ‏س‎.

[5] (*sic*) ‏اقبيت‎; sur le ‏قَباء‎, sorte de vêtement dont la forme n'est pas déterminée avec précision, cf. DOZY, *Dictionnaire des noms des vêtements chez les Arabes*, 1 vol., Amsterdam, 1845, p. 252.

[6] P ajoute : ‏وكان ملك ثلاثة واربعين سنة والله اعلم‎.

[7] P ‏قندوس‎.

[8] P vocalise ‏بُطلوس‎, et la scansion exige ‏ُ‎, cf. l'hémistiche de la qasidah finale, ‏وبُطّلوسهم ذاك اللعين قتلته‎.

solides et autour duquel il planta une innombrable quantité d'arbres. Autour de
cet étang il fit élever sur des colonnes de marbre, des chambres dont le marbre
fournit les matériaux, avec des portiques entre les arbres aboutissant à cet étang,
et dont le plafond était fait de bois incrusté de lapis-lazuli, d'or et d'argent et
ornées d'un grand nombre de figures, et conduisant à un vaste château avec des
murs de pierre taillée et sculptée, hauts de cinquante coudées. Ce château renfermait
une vaste salle dont le sol était pavé en marbre et le plafond de bois incrusté
d'or, d'ivoire et d'ébène, peint et sculpté avec deux iwâns qui se faisaient face
ayant quarante coudées en longueur et autant en largeur : entre eux était un atrium
de marbre coloré avec une coupole de cristal brillant, portée par quatre colonnes
d'or et d'argent de dix coudées de long. Dans le bassin on voyait quatre jets
d'eau de cinq coudées, disposés avec art pour verser l'eau de l'étang dans le bassin
et quatre lions d'or enchâssé de perles et de pierres précieuses dont la gueule
ouverte vomissait l'eau dans le bassin, d'où elle s'élevait grâce à un grand śaḍir-
wân[1] de marbre de diverses couleurs jusqu'à la coupole et jusqu'au plafond de
la salle. De là elle retombait en pluie grâce à l'habileté des architectes, sans
qu'aucun de ceux qui étaient assis dans cet iwân fut mouillé, et était ensuite
ramenée à l'étang. Autour de la salle étaient des fenêtres d'or et d'argent. Dans
chaque iwân il avait fait placer un trône de vingt coudées de long et de large dont
les pieds étaient faits de défenses d'éléphant, incrustées d'or et d'argent et représentant des figures. Il bâtit un autre château sur quatre longues colonnes d'environ cinquante coudées d'élévation; ce pavillon était bâti sur des fondations de marbre taillé de trente coudées surmontées de planches d'or brillant; il le bâtit en pierres
taillées de sorte que son élévation au-dessus des colonnes était de quarante coudées.
Au-dessus il fit faire une coupole de marbre coloré à l'intérieur de laquelle
étaient des dessins ornés d'or et d'argent; au sommet était une statue d'or qui
tournait en suivant le soleil dans sa course. Il fit faire une colonnade sur le côté
de l'église depuis le milieu du berba jusqu'à son palais et fit élever sur elle une
voûte dont il plaça la sortie dans le berba ancien. Il y entrait par une porte
secrète, lui et ses femmes et marchait dans ce passage jusqu'à son château. Le
palais et le berba existent encore de nos jours et il en reste des ruines. Les compagnons et les Musulmans détruisirent ces travaux. Il se fit faire aussi un grand
tapis, pareil à celui qui fut fait pour Chosroès, roi de Perse, dont la longueur était
de soixante coudées. Il s'y asseyait avec ses dihqâns au fort de l'hiver, quand les
fleurs et la verdure ont disparu. Sur ce tapis étaient tracées des fleurs de toute

---

[1] Ce mot signifie fontaine avec bassins et jet d'eau et quelquefois tuyau; cf. Dozy, *Supplément
aux dictionnaires arabes*, t. I, p. 715.

espèce au moyen de fils d'or, d'argent, de soie, de perles, de corail et d'autres
matières. Ce tapis était unique en son genre à cette époque. Il fut après lui la
propriété de son fils al-Boṭloûs et les Musulmans (que Dieu soit satisfait d'eux
tous) s'en emparèrent et se le partagèrent, comme nous le raconterons plus loin,
s'il plaît à Dieu. Le narrateur dit. Il mourut après trente-sept ans de règne, et
fut également enterré dans l'église que nous avons décrite.

Après lui régna al-Boṭloûs sous le règne duquel la ville fut prise par les
Musulmans. Le narrateur dit. Lorsque le Prophète envoya (une armée) contre
lui, il régnait depuis soixante-dix ans (mais Dieu sait le mieux la vérité), et c'était
un cavalier redoutable et un héros robuste, en pleine possession de son royaume,
à qui l'on payait tribut depuis les oasis jusqu'à Barqa, dominant sur un grand
nombre de pays depuis le Ṣaʿîd jusque près d'Ašmounaïn et jusqu'à Meïdoum,
vers le nord. Il avait sous ses ordres quatre-vingts patrices qui le servaient et lui
obéissaient. Après que Miṣr fut conquise par les Musulmans, il empêcha ceux qui
étaient sous ses ordres de faire la paix avec les Musulmans en disant : « Quiconque la fera sera mis à mort, ses biens seront pillés, ses maisons seront
détruites, ses enfants massacrés et ses femmes déshonorées ». Cet ordre les
remplit tous de crainte jusqu'au moment où les Musulmans eurent pris Miṣr,
Gizeh, la Boḥairah et Alexandrie. Mais la prise de ces villes ou il avait autrefois
conquises le remplit de terreur. Les Musulmans en furent alors les maîtres et se
dirigeant vers le sud vinrent camper à Ahnâs. Et Dieu, qu'il soit loué et exalté,
est le plus savant.

RÉCIT

DE LA CONQUÊTE DE BAHNASÂ

ET DES ÉVÉNEMENTS QUI S'Y PRODUISIRENT[1] ET DES AVANTAGES

QUI S'Y RENCONTRENT ET DE CE QUI ARRIVA AUX COMPAGNONS DU PROPHÈTE,

QUE DIEU (QU'IL SOIT EXALTÉ) LEUR FASSE MISÉRICORDE À TOUS.

Les récits des narrateurs s'appuient sur des isnâds parfaits remontant à ceux
qui ont été témoins de la conquête[2]; tels sont les biographes et les historiens

[1] وما جرى فيها من الحوادث manque à W.

[2] C ajoute : الغتح واصحاب السير P ؛ الغتح من اصحاب السير W ؛ الغتح وعاين فضائل من اصحاب السير.

al-Waqîdî (que Dieu lui fasse miséricorde)[1], Abou Ga'far aṭ-Ṭabarî[2], Ibn Khal-
likan[3], dans son histoire intitulée : *Le commencement et la fin*, Moḥammad ibn
Isḥâq, ibn Hichâm (que Dieu leur fasse miséricorde), dont chacun dans son récit
a ajouté[4] au récit de l'autre à cause de la divergence de la narration faite par
les compagnons qui ont assisté à la conquête et vu les événements. La plus
grande partie provient des plus illustres des compagnons et de leurs chefs, tels
que 'Abd Allah, fils d''Amr, fils d'al-'Âṣ[5] qui commandait l'armée en Égypte et
son frère Moḥammad, Khâlid ibn al-Walîd, et son fils Solaiman, et Qais fils

[1] «Les documents relatifs à l'histoire musulmane furent transmis durant les premiers siècles
par tradition arabe d'un ḥâfiz à un autre; et ces personnes eurent grand soin de ne pas faire subir
le plus léger changement aux narrations qu'ils avaient reçues. Le ḥâfiz qui communiquait un récit
de ce genre à son élève ne négligeait jamais d'indiquer d'abord la série des personnes qui se l'étaient
transmis jusqu'à lui, et cette introduction ou support (isnâd) est la plus sûre preuve que ce qui suit
est authentique. Le nombre toujours croissant de ces récits devint à la longue un fardeau pour la
mémoire et il parut nécessaire d'écrire les plus anciens, de peur qu'ils ne tombent dans l'oubli. Un
des premiers et des plus importants de ces recueils fut l'*Histoire des guerres des Musulmans* par Ibn
Isḥâq, dont nous possédons seulement une partie, la vie de Mahomet avec des notes et additions
de son dernier éditeur, Ibn Hichâm; l'*Histoire de l'islâm* par Ṭabarî fut faite d'une façon analogue,
car ce n'est qu'un recueil de narrations individuelles précédées de leurs isnâds.» IBN KHALLICAN,
Biographical Dictionary, translated by Mr. Guckin de Slane, 4 vol. in-4°, t. I, p. 22. La critique des
traditions et des isnâds forme chez les Musulmans une science particulière qui se subdivise en
plusieurs branches; cf. le *Taqrîb* d'an-Nawâwi, traduit et annoté par M. Marçais, dans le *Journal
asiatique*, 1900, 9ᵉ série, t. XVI, p. 320 et seq. Sur le sens du mot صحيح appliqué à un isnâd, cf. *ibid.*,
p. 480.

[2] W ابو جعفر الطبرانى.

[3] P ابن خل كان; sur ce nom, cf. SACY, *Chrestomathie arabe*. Ibn Khallican (1211-1251), auteur
d'un dictionnaire biographique bien connu, n'est pas l'auteur d'un ouvrage portant ce titre; l'histoire
intitulée : *al-bidâja wan-nihâja*, a pour auteur Aboû'l-Fidâ Isma'il ben 'Omar ben Kaṭîr 'Imâd ad-
din (1301-1373); cf. BROCKELMANN, *Arab. Lit.*, t. II, p. 49.

[4] وكل منهم دخل حديثه فى حديث الاخر W؛ وكل زاد فى حديته على حديث الاخر C.

[5] Sur 'Amr ibn al-'Âṣi, le conquérant de l'Égypte, cf. IBN KHALLICAN, traduction Slane, t. IV,
p. 552; NAWAWI, *Biographical Dictionary*, p. 478-479. On trouve aussi fréquemment l'orthographe
ibn al-'Âṣ, mais la forme correcte est al-'Âṣî. 'Abd Allah fils d''Amr ibn al-'Âṣî embrassa l'islamisme
avant la conversion de son père et obtint du Prophète la permission de lui écrire pour lui faire
connaître sa nouvelle foi. Il reprocha souvent à son père sa conduite turbulente et séditieuse. Il
avait obtenu le respect général par sa dévotion et sa science, il mourut en 72 de l'hégire (691-692)
âgé de soixante-douze ans. On ne connaît pas avec certitude l'endroit où il mourut, les uns disent
la Syrie, d'autres l'Égypte ou la Mecque ou Ṭaif (note de Slane dans IBN KHALLICAN, *op. cit.*, t. II,
p. 208, n° 3, d'après le *Talqih*, manuscrit 361, f° 40). Selon IBN QOTAIBAH, *Ma'arif*, éd. Wüstenfeld,
p. 141, il serait mort en 65 de l'hégire; il avait un frère nommé Moḥammad qui fut un des compagnons du Prophète; selon al-Waqîdî, il combattit à la bataille de Ṣiffin avec courage et mourut
sans enfants (*Ousd al-ghâbah*, t. IV, p. 327-328).

d'Hobairah al-Mourâdî[1], et al-Miqdâd, fils d'al-Asouâd al-Kindî. Maisarah fils de
Masrouq al-'Absî[2], Zobair fils d'al-'Awwâm al-Asadî et son fils 'Abd Allah[3], et
Darâr, fils d'al-Azouar et parmi les cousins du Prophète al-Fadl fils d'al-'Abbâs fils
d''Abd al-Mottalib[4], al-Fadl, fils d'Abou Lahab, fils d''Abd al-Mottalib, Ga'far
et 'Ali, fils d''Aqîl, et 'Abd Allah fils de Ga'far[5], parmi les fils des califes 'Abd
ar-Rahmân fils d'Abou Bekr aṣ-Ṣiddîq, 'Abd Allah fils d''Omar fils d'al-Khaṭṭâb,
et Abân fils d''Otmân ben 'Affân[6] (et nous abrégeons la liste de peur d'être
trop long) dont chacun a fait le récit de ce qu'il a vu lors de la conquête et des
combats auxquels il a assisté.

Nous nous sommes mis à écrire ce livre en prenant pour base la vérité, afin
de confirmer l'excellence de l'Envoyé de Dieu et de ses compagnons, car sans eux
ce pays ne serait pas devenu la propriété des Musulmans et cette religion[7] ne se
serait pas répandue; ils se sont montrés fermes dans leurs guerres[8] à l'Orient et
à l'Occident, de sorte que les ennemis se sont enfuis devant eux; ils ont versé à
flots leur sang sur la terre et ont fait des richesses des ennemis un objet de pillage et de butin pour les Musulmans. Dieu a mis dans le cœur des ennemis leur
crainte et leur terreur, ils sont les étoiles qui guident à la droite voie et les protecteurs, ils ont commencé les lois et psalmodié le *Coran* : c'est à leur sujet que
Dieu a dit pour les honorer et applaudir les Musulmans : «*Parmi les croyants,*

[1] Qais fils d'Hobairah al-Mourâdî; on lit à son sujet dans l'*Iṣâba* : « Qais fils d'Hobairah; al-Kalbi
le cite souvent dans le *Foutouh ach-Châm;* il vint du Yémen lorsqu'on proclama la guerre sainte sous
le califat d'aṣ-Ṣiddîq ».

[2] Un des neuf qui furent envoyés au Prophète par les Banou-'Abs, cf. *Ousd*, t. IV, p. 436-437
et la citation de l'*Iṣâba*, dans *The conquest of Syria*, ed. by W. Nassau Lees, p. 15.

[3] Sur Zobair, cf. plus loin. 'Abd Allah fils de Zobair, naquit vingt mois après l'hégire, ce fut le
premier qui naquit à Médine lors de l'islâm; il aspira au califat, s'empara du Ḥigâz, de l''Irâq, du
Yémen, de l'Égypte; assiégé dans la Mecque par al-Ḥaggâg, il y fut tué et pendu là où il était
tombé. Ibn Batutah, *Voyages*, éd. Sanguinetti, t. I, p. 334; *Ousd*, t. III, p. 161-164; Mas'oûdi,
index des *Prairies d'or;* Ibn Khallican, *op. cit.*, éd. de Slane, t. IV, p. 392, 536; t. III, p. 509-624;
Quatremère, *Mém. sur la vie d''Abdallah fils de Zobair*. — Il avait deux frères, 'Orwa ibn az-Zobair,
Ibn Khallican, *op. cit.*, t. II, p. 199-201, et Mous'ab; cf. *ibid.*

[4] Sur al-Fadl fils d''Abbâs, et al-Fadl fils d'Abou Lahab, cf. plus loin. Ce dernier manque dans W.

[5] 'Abd Allah fils de Ga'far, neveu d''Ali fils d'Abou Ṭâlib, né en Abyssinie pendant la première
émigration, mort en 80 de l'hégire selon les *Nougoûm*, cités par Slane (Ibn Khallican, t. III, p. 627),
ou en 90 selon Ibn Qotaibah, *Ma'arif;* cf. Mas'oûdi, *index*.

[6] بن عفان manque à W.

[7] C علم الدين; W هذا الدين المتين.

[8] سرایاهم est le nom que l'on donne aux expéditions dont le Prophète confia le commandement
à ses lieutenants, on les appelle aussi بعوث; les autres sont appelées غزوة, note de M. Barbier de
Meynard à Mas'oûdi, *Prairies d'or*, t. IV, p. 466.

*il y en a qui ont été fidèles à leur pacte avec Dieu, il y en a qui ont rempli leur vœu,
d'autres qui attendent et qui n'ont point changé*[1] ».

(Le narrateur a dit.) Voici ce que nous rapporte Abou 'Abd Allah Moḥammad
ibn Moḥammad al-Moḥaddit̲ al-Maqqarî[2] : «J'ai lu de nombreux récits de
conquêtes, j'y ai trouvé des excès et des lacunes,.de même [3] des histoires copiées
sur d'autres, et je suis allé à Bahnasâ afin de visiter son cimetière à cause des
avantages, du gain, du bien et des joies que procure cette visite : elle efface en
effet les péchés, dissipe les chagrins, orne les caractères, augmente les richesses,
procure le secours contre les ennemis et éloigne le mal et les vices, tant y est
grand le nombre des chérifs et des martyrs qui ont donné leur vie à Dieu et ont
péri en combattant pour sa cause[4] afin de mériter sa merci et dont Dieu (à lui
l'excellence et la faveur) a dit : «Dieu a acheté aux Musulmans leur vie et leurs
«biens en leur donnant le paradis : ils seront vivants dans ces jardins mangeant
«et buvant comme Dieu l'a dit dans son livre caché : *Ne croyez pas que ceux qui
«ont péri en combattant pour Dieu-sont morts : au contraire ils sont vivants auprès
«de leur maître pourvus de toutes les choses nécessaires*[5]. » Nous avons donc visité le
cimetière au point du jour et nous avons vu ce qu'il contenait de lumières, nous
avons visité les tombeaux des chérifs excellents et nous espérons que le Dieu puissant et miséricordieux nous délivrera du fardeau de nos péchés et de nos iniquités
et nous mettra au nombre des suivants de Mahomet le pur, l'élu (sur lui la meilleure des prières et le salut ainsi que sur sa famille, et ses compagnons les purs,
les généreux). Après que notre visite eut été achevée, que ce signe eut lui pour
nous, que nous eûmes été informé de ces chefs glorieux, de leur constance dans
les expéditions de la guerre sainte, quelques amis m'interrogèrent au sujet de la
conquête de Bahnasâ, afin que ce récit éloignât d'eux la tristesse et le mal. Mon
esprit fut touché par cette demande, mes yeux y consacrèrent de longues veilles,
je lus les récits de conquête et les historiens et je ne pris aucun repos[6] avant
d'avoir compilé ce livre. Il est semblable à la perle solitaire dont on ne connaît
ni la valeur, ni le prix; sa lecture repose les âmes, fait cesser en elles le chagrin
et la tristesse, raffermit les cœurs pour la guerre sainte et aide à faire régner la

[1] *Coran*, xxxiii, 23.

[2] W المصرى.

[3] C كل ذلك ; W وكذلك.

[4] Sur son chemin, expression coranique. De là l'expression persane «il a fait cela comme
œuvre pie» *der rahe Khodà*.

[5] *Coran*, iii, 163.

[6] C تجببت الراحات ; W المراحات.

justice dans les villes. J'ai donc composé pour *mériter la faveur du Dieu*[1] généreux, et aspirant à la magnifique récompense, le livre que voici. »

Après la formule : «Au nom du Dieu clément et miséricordieux[2], louange à Dieu, seigneur des créatures, et la prière et le salut sur notre seigneur Mahomet, le dernier des prophètes et des envoyés ainsi que sur sa famille, ses épouses et tous ses compagnons, *l'avenir est pour ceux qui craignent*[3] *et la guerre seulement contre les injustes*[4], voici ce que m'ont rapporté des narrateurs en qui j'ai confiance, parmi ceux que j'ai cités plus haut (puisse Dieu être satisfait d'eux). »

Il dit : «Après que 'Amr fils d'al-'Âṣ (que Dieu soit satisfait de lui) eut conquis Miṣr, Alexandrie, la Boḥairah et le côté nord de l'Égypte, le Ṣa'îd était occupé par les Nubiens, les Berbères, les Daïlemites, les Esclavons, les Grecs et les Coptes, mais les Grecs grâce à leur nombre avaient la suprématie[5]. (Le narrateur dit.) Alors 'Amr fils d'al-'Âṣ consulta les compagnons sur la direction à prendre; les troupes devaient-elles marcher à l'Orient ou à l'Occident? et quelle mesure fallait-il prendre? Les compagnons furent d'avis d'envoyer au commandeur des croyants 'Omar fils d'al-Khaṭṭâb, un messager avec une lettre afin de l'informer de la situation et de lui demander de quel côté il fallait marcher. 'Amr se fit apporter un encrier et du papier et écrivit au commandeur des croyants la lettre que voici : «Au nom du Dieu clément et miséricordieux, de la part du servi-
«teur de Dieu 'Amr fils d'al-'Âṣ, gouverneur pour le commandeur des croyants
«de l'Égypte et des pays voisins, au serviteur de Dieu 'Omar fils d'al-Khaṭṭâb,
«que Dieu (gloire à lui) soit satisfait de lui! sur toi le salut, et la miséricorde
«de Dieu et ses bénédictions. Je remercie et je loue le Dieu unique, je prie pour
«le prophète Moḥammad, que Dieu répande sur lui ses prières et ses bénédic-
«tions. Je salue les mohâgir et les anṣâr qui sont à Médine, louanges et grâces
«soient rendues à Dieu! Émir des croyants, j'ai conquis Miṣr et le côté nord
«de l'Égypte, Alexandrie, Tarougah[6] et Damiette, il ne reste plus à l'islâm ni
«ville, ni village à conquérir dans la partie nord du pays, Dieu a glorifié les

[1] *Coran*, LXXVI, 9.

[2] W الحمد لله بعد.

[3] *Coran*, VII, 125; XXVIII, 83.

[4] *Coran*, II, 189.

[5] W وكان اكثرهم روما.

[6] C تروجه manque à W. Tarougah, à une demi-journée de Damiette; cf. IBN BATUTAH, *Voyages*, t. I, p. 48; elle est mentionnée sous le nom de Toroge par Guillaume de Tyr (*Histor. occidentaux des Croisades*, t. I, p. 929 et dans l'état des villes de 1375; cf. 'ABD AL-LATIF, éd. Sacy, p. 663, et ALI PACHA MOUBÂRAK, *Khiṭaṭ gadîdah*, t. IX, p. 32 et seq.

«Musulmans, a humilié les Polythéistes et a élevé notre religion [1]. Les compagnons
«de l'Envoyé de Dieu se sont réunis, chefs, nobles, mohâgir et anṣâr et demandent
«à l'émir des croyants s'ils doivent marcher vers le Ṣaʿîd ou l'Occident; c'est à
«toi d'ordonner, émir des croyants, quant à eux, ils veillent dans cette guerre
«sainte et ils ont donné leur vie à Dieu, seigneur des créatures. Nous attendons
«ta réponse, émir des croyants, et nous comptons sur tes prières au tombeau du
«dernier des prophètes et des envoyés, Moḥammad [2], que Dieu répande sur lui
«ses prières et ses bénédictions. » Il ajouta ensuite ces vers :

Nos glaives tranchants se plaignent dans nos mains de la soif, et nos lances pleurent de notre
[éloignement et de notre abandon.
La guerre te désire, ô excellent de louange, toi qui as établi solidement la religion par la
[conquête et la victoire.
Les chevaux des braves ont couru vers les ennemis, les magnanimes Banou-Chaibah [3] et les
[Banou-Fihr [4].
Et Loway [5] s'est précipité sur les ennemis avec Maʿad [6] et Ghâlib et les chefs de Makhzoum [7]
[généreux guerriers couverts de gloire.
Ils désirent courir aux ennemis et s'exposer au péril de la mort, et les livrer à leurs épées et à
[leurs lances.
Montés sur des chevaux de noble race, couverts de leurs cuirasses, qui brillent dans la poussière
[de la bataille comme des tisons.
Suivis de tout brave guerrier, fidèle à ses promesses, habile à charger, dont on voit la cuirasse
[brillante, solidement fixée sur la poitrine,
Qui regarde la mort dans la poussière des batailles comme un gain, et qui gagne par la mort
[des ennemis la suprême récompense.

Le narrateur dit : «Quand ʿAmr ibn al-ʿÂṣ eut fini ces vers, il les lut aux
compagnons; puis il plia la lettre, la scella, appela un des compagnons, nommé
Sâlim Nagâḥ al-Kindî [8], lui confia la lettre et lui fit donner une chamelle

[1] Allusion à *Coran*, IX, 40.

[2] Nous attendons — Moḥammad, manque à W.

[3] Les Banou-Chaibah, famille coraichite, qui descendait de Chaibah fils d'ʿOṭmân fils d'Abou
Ṭalḥa. Cf. CAUSSIN DE PERCEVAL, *Essai sur l'histoire des Arabes avant l'islamisme*, 3 vol., 1848, t. III,
p. 248, note 1.

[4] Fihr, fils de Mâlik, fils de Naḍr, fils de Kinâna, ancêtre de la tribu qui donna Mahomet à
l'Arabie, cf. *ibid.*, t. I, p. 194.

[5] Loway, fils de Ghâlib, fils de Fihr, cf. *ibid.*, t. I, p. 230.

[6] Maʿad, fils d'ʿAdnân, les noms de Loway, Maʿad, Ghâlib, désignent l'ancêtre de la tribu et
sont employés pour la tribu elle-même.

[7] Les Banou-Makhzoum, famille coraichite, cf. CAUSSIN DE PERCEVAL, *Essai*, I, *passim*.

[8] C سالم نجاح الكندى; W سالم بن جميعة الكندى.

excellente[1]. Il se mit en selle sur son dos et partit se dirigeant vers Médine, en
récitant les vers suivants :

Je marche vers Médine avec confiance et j'espère obtenir le bonheur dans le paradis [2].
Et j'espère qu'Il me fera obtenir bientôt de me réunir à lui et qu'il me donnera ce qui fait l'objet
[de mes désirs.
Ô ma chamelle, hâte ta course vers le Prophète [3] sans te laisser accabler par la fatigue.
Salue-le et récite-lui des paroles sincères et belles [4].
Ô le plus noble des hommes et des génies, ô toi qui es un honneur pour la ville et l'endroit.
Sois demain pour moi dans le lieu de réunion [5] un intercesseur; car c'est toi qui intercèdes [6]
[pour tout pécheur.

Le narrateur dit : «Et il ne cessa pas de marcher nuit et jour jusqu'à ce qu'il
fut arrivé à Médine l'excellente [7], la fidèle (que la meilleure des prières et le
salut soient sur celui qui l'habite), et ce fut après la prière de l'après-midi. Il entra
dans la ville, fit agenouiller sa chamelle à la porte de la mosquée, l'entrava [8]
avec l'extrémité de la bride et entra dans la mosquée du Prophète (que Dieu
répande ses prières et ses bénédictions sur son noble tombeau) : il fit ses ablutions, fit une prière de deux rak'ah entre le jardin [9] et la chaire, puis s'avançant
aperçut 'Omar, fils d'al-Khaṭṭâb assis. Sâlim a dit : «Je le saluai, il me rendit
« son salut et me serra la main. En me voyant venir à lui avec joie, il avait dit :
«*Sâlim apporte une lettre d'Égypte : sois le bienvenu, Sâlim.* Et j'aperçus, à sa
«droite l'émir des croyants [10] 'Ali fils d'Abou Ṭâlib, et à sa gauche 'Otmân, fils

[1] عشرى se dit d'un dromadaire dont l'état d'immobilité apparente dure dix jours après sa
naissance, un tel animal est très estimé, Dozy, *Dict.*, t. II, p. 130.

[2] في غرف الجنان ;غُرَف expression coranique, xxxix, 21 *bis*, les chambres supérieures; de même
فوز *Coran*, iv, 17, etc.

[3] P الى قبر النبى.

[4] C حسن البيات par faute d'impression.

[5] معاد, *Coran*, xxviii, 85.

[6] C اذا ما قيل هذا العبد عانى C ;من النيران ياكنز الامان P ;فانت مشفع فى كل حانى.

[7] طيبة est aussi le nom de Médine.

[8] L'attacha avec le عقل, corde qui se met à une jambe du chameau et lui tient le genou plié, en
liant le canon avec l'avant-bras.

[9] W قبر. «Entre le tombeau et le minbar est un espace semblable à une cour, il se trouve en
contre-bas et est dallé en marbre. On l'appelle Rauḍah et on prétend que c'est un des jardins du
paradis, car le Prophète a dit : «Entre mon tombeau et mon minbar se trouve un jardin qui est un
«des jardins du paradis.» Naṣiri Khosrau, *Sefer nameh*, éd. Schefer, 1 vol., 1881, Paris, p. 167;
D'Herbelot, *Bibliothèque orientale*, au mot *Médine*.

[10] W dit simplement على.

« d''Affân et autour de lui les chefs des mohâgir et des anṣâr, al-'Abbâs fils d''Abd
« al-Moṭṭalib[1], 'Abd ar-Raḥmân fils de 'Aouf[2], Sa'îd fils de Zaid[3], Ṭalḥa fils
« d''Abd Allah[4] et les autres compagnons du Prophète. Je lui tendis la lettre :
« *Qu'y a-t-il derrière toi, Sâlim? me dit-il, puisses-tu être sauvé en ce monde et
« dans l'autre*[5], *s'il plaît à Dieu. — Rien que le bien, la bonne nouvelle et la
« tranquillité, émir des croyants*, répondis-je. (Sâlim a dit :) Lorsqu'il eut lu la lettre
« il se réjouit[6], son visage s'éclaira et il la tendit à 'Ali fils d'Abou Ṭâlib, puis
« à 'Otmân; ensuite il la lut aux assistants qui se réjouirent de la bonté de Dieu,
« de sa miséricorde et de l'aide qu'il accordait à la religion islamique. Le butin
« était déjà arrivé à Médine quelques jours auparavant et l'émir des croyants en
« avait fait le partage aux compagnons. » (Le narrateur dit :) « 'Omar consulta
'Ali fils d'Abou Ṭâlib et les compagnons qui étaient là, et 'Ali fut d'avis que 'Amr,
fils d'al-'Âṣ ne devait pas partir lui-même, mais qu'il devait préparer un corps[7]
de dix mille hommes afin de jeter plus de frayeur dans le cœur des ennemis, et
en donner le commandement à Khâlid, fils d'al-Walîd, car il était l'épée de
Dieu. 'Omar s'écria : « Tu as raison, père de Ḥasan, car le Prophète de Dieu a
« dit : *Certes, Khâlid est un des glaives de Dieu*, ou selon un ḥadît : *Certes, Khâlid*

---

[1] Al-'Abbâs fils d''Abd al-Moṭṭalib (abou'l Faḍl), oncle du Prophète, mort à Médine en 32 de
l'hégire (652-653); cf. Nawawi, *Biographical Dictionary*, p. 331-332; Mas'oûdi, index des *Prairies
d'or; Ousd*, t. III, p. 109-112; Ibn Qotaibah, *Ma'arif*, p. 58.

[2] 'Abd ar-Raḥmân fils de 'Aouf, un des huit premiers convertis à l'islamisme, et un des dix à qui
Mahomet promit le paradis, prit part à toutes les guerres de Mahomet, fut un des six chargés de choisir le successeur d''Omar, mourut à Médine en 32 de l'hégire. Il avait acquis de grandes richesses
dont il dépensa une partie pour la cause de Mahomet. Cf. Mas'oûdi, index; Ibn Qotaibah, p. 121,
122; Nawawi, p. 385-387; *Ousd*, t. III, p. 313-317; Ibn Khallican, traduction Slane, t. III, p. 3,
note 3; Ibn Saad, *Biographien*, t. III, fasc. 1, p. 87.

[3] Sa'îd fils de Zaid, un des dix à qui le paradis fut promis, épousa la sœur d''Omar, Faṭimah
fille d'al-Khaṭṭâb, se convertit avant 'Omar et assista à toutes les guerres du Prophète sauf Badr, et
au siège de Damas. Sa prière était exaucée : ainsi une femme l'ayant accusé de lui avoir pris une
terre, devint aveugle. Il mourut en 50 ou 51 de l'hégire. Nawawi, p. 280-281; *Ousd*, t. II, p. 306-
308, sur son père Zaid, cf. *The conquest of Syria*, ed. by Nassau Lees, p. 17.

[4] Ṭalḥa fils d''Obaid Allah, un des huit premiers convertis; un des dix à qui le paradis fut promis, fit partie du Conseil chargé de pourvoir à la succession d''Omar, commanda l'avant-garde de
l'armée envoyée contre la Perse, marcha contre 'Ali et fut tué par Merwân à la journée du Chameau,
il fut enseveli à Bassora; cf. Mas'oûdi, *Prairies*, t. IV, *passim;* Ibn Qotaibah, p. 117-121; Nawawi,
p. 323-325; *Ousd*, t. III, p. 59-62; Ibn Saad, t. III, fasc. 1, p. 152. P, C et W ont Ṭalḥa fils d''Abd
Allah à tort.

[5] Jeu de mots sur : سالم, nom propre qui signifie aussi celui qui est sain et sauf.

[6] W a seulement فرح واستبشر وكانت تلك الغنائم.

[7] C ajoute à tort : هو après جيشا.

« *est l'épée de Dieu qui ne rentre jamais dans le fourreau tant que ses ennemis sont là.* »
(Le narrateur dit :) Sâlim dormit là cette nuit; au matin, il fit ses ablutions,
et la prière du matin dans la mosquée du Prophète, et alla trouver 'Omar le
commandeur des croyants, pour prendre la réponse à son message.

« 'Omar se fit apporter un encrier et du papier et écrivit la lettre suivante :
« Au nom du Dieu clément et miséricordieux, de la part du serviteur de Dieu
« 'Omar fils d'al-Khattâb à son délégué sur l'Égypte et les pays voisins, 'Amr fils
« d'al-'Âs, sur toi le salut, la miséricorde de Dieu et ses bénédictions. Je loue le
« Dieu unique, celui qui est le seul Dieu et je prie pour son prophète Mohammad
« (que Dieu répande sur lui ses bénédictions et le sauve); le salut sur les com-
« pagnons du Prophète qui t'entourent, mohâgir et ansâr. J'ai lu ta lettre et j'ai
« compris ton message; quand tu auras lu la mienne, implore le secours de Dieu,
« fais marcher la cavalerie [1], et envoie les émirs, un dans chaque région [2] afin
« qu'ils y établissent les lois [3] de l'islâm et qu'ils y enseignent ses prescriptions.
« Puis fais équiper dix mille cavaliers d'entre les compagnons du Prophète dont
« tu donneras le commandement à Khâlid, fils d'al-Walîd. Fais partir avec lui
« az-Zobair fils d'al-'Awwâm, al-Fadl fils d'al-'Abbâs, al-Miqdâd fils d'al-Aswad
« al-Kindî, Ghânim fils d''Iyâd al-Aš'arî [4], Mâlik al-Aštar [5], Dou-l-kila' al-
« Himiari, les émirs à drapeau, et tous les émirs à qui tu ordonneras de marcher
« contre les villes, et d'inviter les habitants à embrasser l'islâm. Ceux qui y
« consentiront auront les mêmes droits que nous, ceux qui refuseront seront
« soumis à la giziah; en cas de refus ce sera la guerre et le combat. Implorez le
« secours de Dieu et soyez persévérants. Quand vous assiégerez une ville, faites

[1] C رابط‎; P W اربط‎.

[2] P لكل بلد امين‎.

[3] C شعائر‎.

[4] P وغانم وعياض‎; W et C ont غانم بن عياض الاشعرى‎. Ce personnage m'est inconnu, il faut évidemment lire : عياض بن غانم‎. Un عياض بن غنم الاشعرى‎ est cité dans le *Foutouh ach-Châm*, éd. Lees,
p. 161. L'annotateur, p. 104, suppose que dans ce passage il doit être question de celui qui porte le
surnom de فهرى‎, qui d'après l'*Isâba*, conquit la Mésopotamie et mourut en 20 de l'hégire (cf. *Ousd*,
t. IV, p. 164). Il n'existe pas d'autre personnage de ce nom; l'*Ousd*, t. I, p. 164, cite un عياض‎
الاشعرى‎, mais il est dit fils d''Omar, عر‎, et donné comme ayant habité Koufa.

[5] C à tort الاشترى‎. اشتر‎ se dit de celui dont les paupières sont pendantes, l'*Isâbah* dit que cela
lui vint d'une blessure à la tête reçue à la bataille de Yarmouk. Mâlik b. al-Hârit b. 'Abd Yaghout
an-Nakhai, était un compagnon du Prophète, il assista à la bataille de Yarmouk où il perdit un œil,
à celle du Chameau et à Siffin où il combattit pour 'Ali, qui lui donna le gouvernement de l'Égypte; il
mourut empoisonné en s'y rendant. On dit que ce fut à l'instigation de Mo'awiah. Cf. MAS'OÙDI, t. IV,
passim; IBN KHALLICAN, traduction Slane, t. IV, p. 536; WAQIDI, *Conquest of Syria*, ed. by Nassau Lees,
p. 79, notes.

«des incursions dans les pays environnants. J'ai ouï dire qu'il y avait en Égypte
«deux villes, appelées l'une Ahnâs[1] et l'autre Bahnasâ, cette dernière plus belle,
«mieux défendue, plus grande et plus difficile à prendre, et qu'elle est gouvernée
«par un patrice cruel, impie et sanguinaire, appelé al-Botloûs; c'est le plus
«important des patrices d'Égypte et il possède les oasis. Ne pénétrez pas dans
«le Ṣaʿîd, avant d'avoir conquis ces deux villes. Je te recommande la crainte de
«Dieu, en secret et ouvertement, à toi et à tes compagnons; protège l'opprimé
«contre l'oppresseur, fais observer le bien et éviter ce qui est mal, protège le
«droit du faible contre le fort, et tu ne seras pas plus tard exposé à être blâmé
«devant Dieu[2]. Demeure à Miṣr et envoie les troupes en expédition. Si tu as
«besoin de secours, écris-moi, je t'enverrai les secours nécessaires; l'aide vient de
«Dieu; je demande à Dieu pour vous la victoire et le secours. Louange à Dieu,
«maître des mondes.» Puis il plia la lettre, la scella du sceau du Prophète et la
donna à Sâlim. Celui-ci prit congé des compagnons après avoir fait ses ablutions
et une prière de deux rakʿat. Il implora Dieu au tombeau de son envoyé et ne cessa
pas de voyager avec rapidité de nuit et de jour jusqu'à ce qu'il arrivât en Égypte.

Il trouva ʿAmr fils d'al-ʿÂṣ et les compagnons campés à Gizeh à cause des pâtu-
rages du printemps pour les bêtes[3]. Il était assis avec les compagnons dans sa
tente, qui avait appartenu au roi des Coptes; elle était en soie bleue, rouge et
jaune, ornée de figures de toutes les couleurs[4], large de trente coudées; à l'intérieur étaient étendus des tapis qui avaient appartenu aux Coptes, sur lesquels il
était assis avec les compagnons, s'entretenant avec Khâlid, al-Miqdâd, al-Faḍl
fils d'al-ʿAbbâs, Ghânim, Zobair, et tous les émirs, en tout semblable à l'un
d'eux.

Sâlim a dit : «Je fis agenouiller ma chamelle et derrière la tente j'entendis
«ʿAmr qui disait sans m'avoir vu[5] : *Sâlim tarde bien, à ce qu'il me semble. —
«Il ne tardera pas à arriver*, répondit Khâlid. J'entravai ma chamelle et je me
«hâtai de me présenter à eux. De l'intérieur de la tente Khâlid m'entendit

---

[1] Ahnâs, à 16 kilomètres de Béni-Soueif, sur la rive droite du Baḥr Yousouf, sur le site de
l'ancienne Héracléopolis. Dans l'antiquité la ville portait le nom de ⳡⲏⲥ d'où le copte *Hnes*
(ⲎⲚⲎⲤ) et l'arabe *Ahnâs*. C'est le Hiniusi des inscriptions assyriennes et le חנס de la Bible. Cf. sur
cette ville, Amélineau, *Géographie*, p. 196-198; Yakout, t. I, p. 409; Ibn Douqmaq, p. 5; Edrisi, éd.
Dozy et de Goeje, p. 58; Abou-Ṣâlih, fol. 92 a; Ali Pacha Moubârak, *Khiṭaṭ gadîdah*, t. VIII, p. 102.

[2] لومة لائم, *Coran*, v, 59.

[3] P W وكان زمان الربيع.

[4] *Ornée de figures de toutes les couleurs* manque à W.

[5] لم يرن manque à W.

« venir[1] et dit : *Sâlim?* — *Me voici, père de Solaiman, répondis-je.* — *Sois le bien-*
« *venu, Sâlim et que Dieu te fasse vivre.* M'avançant, je saluai ʿAmr fils d'al-ʿÂṣ,
« Khâlid, et les autres émirs et je tendis la lettre à ʿAmr ibn al-ʿÂṣ. Il la lut, en
« comprit le contenu, et la tendit à Khâlid, qui la lut, et après lui Zobair et les
« autres émirs : ils furent tous remplis de joie. »

. Le narrateur dit : « Ensuite ʿAmr consulta les émirs, car ils ne faisaient rien
sans avoir tenu conseil ensemble, c'est pour cela que Dieu les a loués dans son
livre vénérable par ces paroles : « *Leurs affaires étaient délibérées entre eux* [2] ». On
lui conseilla de rappeler les émirs et les troupes dispersées à Gizeh, et dans la
Boḥairah à l'Orient et à l'Occident, d'ordonner aux troupes de se mettre en ordre
et de se diriger vers le Ṣaʿid et de se confier en Dieu conformément à sa parole
(qu'il soit loué et exalté) : « *Si tu as résolu de faire quelque chose, pose en Dieu ta*
« *confiance, car Dieu aime ceux qui se confient en lui* [3]. » Le narrateur de cette
conquête étonnante et de cette guerre émouvante et extraordinaire dont on ne
peut lire la pareille que dans ce livre[4] a dit : « Après que Miṣr et le pays du
Nord eurent été conquis, les compagnons se dispersèrent dans les villes, les
uns à Alexandrie, les autres à Tarougah, à Damsîs[5], à Damiette[6], à Rosette[7]
et à Balbais[8]; le plus grand nombre se trouvait dans la Boḥairah[9] à l'endroit

---

[1] W ولم يرني بعينه ولا غيره ولا علم بى.

[2] *Coran*, XLII, 36.

[3] *Coran*, III, 53.

[4] W وتوكلوا على الله قال الراوى وكانت الصحابة.

[5] Damsîs, ville située à quatre parasanges de Samannoud; cf. Edrisi, éd. Dozy et de Goeje,
p. 149, 151, 153, 158, du texte arabe; Yakout, *Lexicon geogr.*, t. II, p. 577.

[6] Damiette, l'ancienne Timiathi, cf. Quatremère, *Mémoires géographiques*, p. 350, joua un grand
rôle à l'époque des Croisades; elle fut détruite en 1250 par les Musulmans (Reinaud, *Extraits des
histoires arabes des Croisades*, p. 477-481) et rebâtie en amont du fleuve; on y fabriquait des étoffes
de l'espèce dite *dabiki* (Edrisi, p. 187); au sud-ouest de la ville est le couvent copte de Sittî
Damiana; sur Damiette, cf. Yakout, t. II, p. 602-606, et pour son histoire, Maqrîzi, *Khiṭaṭ*, traduction Bouriant, fasc. II, p. 633-666; sur la Damiette actuelle, Reclus, *Afrique septentrionale*,
p. 594.

[7] Rosette, ville bien connue sur la branche occidentale du Nil; Reclus, *op. cit.*, p. 596-597;
cf. D'Anville, *Mémoires*, p. 76; Abu'l Feda, traduction Reinaud, t. II, p. 169; Yakout, p. 781-782.

[8] Balbais, au nord-est du Caire, l'ancienne Φελβης, était la capitale du Ḥauf et la résidence des
gouverneurs; bâtie sur le canal appelé Baḥr ibn Monedja (Sacy, *Chrestomathie*, t. II, p. 34), cf. Maqrîzi,
traduction Bouriant, t. II, p. 526-527 et surtout Quatremère, *Mémoires géographiques sur l'Égypte*,
p. 52 et seq. où l'on trouvera les principaux textes des auteurs arabes.

[9] La Boḥairah, province, correspondant au nome Maréotique des anciens, la ville principale
était Damanhour (Abu'l Feda, t. II, p. 145). L'*État de l'Égypte*, dans Sacy, *ʿAbdallatif*, p. 659-668,
ne cite aucun lieu nommé al-Manzaleh.

appelé al-Manzalah ou Manzalah, al-Qaʻqaʻ fils dʻAmr al-Tamîmî[1], Hišam fils d'al-Mirqâl[2], Maisarah fils de Masrouq al-ʻAbsi, al-Mosayyab fils de Nagabah al-Fezârî[3]. ʻAmr convoqua les courriers et les messagers d'entre les compagnons du Prophète tels que ʻAbd Allah fils d'Onaîs al-Gohanî[4], Ḥâtib fils d'Abou Baltaʻah[5], ʻAmr fils d'Omayyah[6] aḍ-Ḍamri et d'autres, écrivit les messages, et les expédia aux émirs. Ils lui obéirent tous avec promptitude, car ils étaient plus désireux de la guerre sainte dans le chemin de Dieu que ne l'est d'eau pure un homme altéré. Ils laissèrent dans les villes et les campagnes des troupes pour les garder et les défendre contre les ennemis et se dirigèrent en hâte vers Miṣr, et firent halte autour de la ville. Dès que ʻAmr en fut informé (dit le narrateur) il se dirigea vers le côté oriental et entra dans le palais du gouvernement près de la mosquée dʻAmr[7] où les nobles émirs vinrent le saluer. Ce fut le mercredi,

[1] Qaʻqaʻ fils dʻAmr (C P عمر) at-Tamîmi. On dit qu'il assista à la mort du Prophète, se distingua dans la guerre de Perse à Qâdisiyah et ailleurs; il était renommé par sa bravoure; il prit part à la bataille du Chameau et habita Koufah; c'est de lui qu'Abou Bekr a dit : «La voix de Qaʻqaʻ dans la bataille vaut mieux que mille hommes». Ousd, t. IV, p. 507; Masʻoûdi, t. IV, passim.

[2] Hâchim fils d'al-Mirqâl est inconnu. Je suppose qu'il faut lire Hâchim b. ʻOtbah al-Mirqâl; cf. Masʻoûdi, t. IV, et V passim; son nom était Hâchim fils dʻOtbah, fils d'Abou Waqqâṣ surnommé al-Mirqâl, cf. Ousd, t. V, p. 49 où il est dit que Hâchim fils dʻOtbah était appelé Nâfiʻ et que son neveu était Abou Hâchim. Qotaibah, Maʻarif, p. 124.

[3] C P ابن يحيى; W ابن نجيبة. Il faut lire : ابن نجبة. C'est sous ce nom qu'il est cité à la page 51 du Waqidi, éd. Lees (The conquest of Syria). On ne trouve pas ce nom dans l'Ousd; l'Iṣâba cité par Lees, p. 75 (notes), dit : المسيب بن نجبة بفتح النون وللجيم بعدها موحدة بن ربيعة بن رباح بن عون بن هلال بن سمع بن فزارة الفزارى له ادراك وقد شهد القادسية وفتوح العراق فى ما ذكر ابن سعيد. وقال ابن ابى حاتم عن ابيه قتل مع سليمان بن صرد فى طلب دم للحسين سنة خمسة وستين.

[4] C للجهنى; P للجُهَينى; W والسعاة وعرو بن امية الضمرى ... استدعى. ʻAbd Allah fils d'Onaîs al-Anṣâr connu sous le nom d'al-Gohani, cf. Ibn Qotaibah, p. 142; Ousd, t. III, p. 119-121. Nawawi, p. 334-335, il mourut en 74 de l'hégire.

[5] Ḥâtib fils d'Abou Baltaʻah, ambassadeur du Prophète auprès du Moqauqis d'Égypte (Masʻoûdi, Prairies d'or, t. IV, p. 158, 159) mourut à Médine en 30 de l'hégire. Cf. Ibn Qotaibah, p. 162; Ousd, t. I, p. 360-362; Ibn Saad, III, 1, p. 80. P à tort ابن ابى بليغة.

[6] ʻAmr fils d'Omayyah aḍ-Ḍamri, compagnon du Prophète, ambassadeur du Prophète en Abyssinie, mort à Médine vers 70. Cf. Nawawi, p. 472-473; Ousd, t. IV, p. 86; Ibn Qotaibah, p. 32.

[7] La mosquée dʻAmr fut la première mosquée bâtie en Égypte, elle fut agrandie en 673, par la démolition d'une partie de la maison dʻAmr; vingt-cinq ans après, la mosquée tout entière fut démolie et rebâtie sur une plus grande échelle. La mosquée actuelle représente à peu près la mosquée rebâtie par ʻAbd Allah ibn Ṭâhir et restaurée par Mourad bey en 1798. Cf. E. K. Corbett, History of the mosque of ʻAmr at Old Cairo (J. of the Roy. Asiat. Soc.), N. S. 1891, XXII; Lane Poole, The History of Cairo, 1 vol. in-16, 1902, London, p. 42 et seq.; Maqrîzi, Khiṭaṭ, t. II, p. 246; Soyouṭi, Ḥusn al-moḥâḍera, 2 vol., Caire, 1299, t. II, p. 177-180.

dixième jour de Rabî' I, l'an 21 de l'ère du Prophète (sur lui la meilleure des prières et le salut) ou selon d'autres l'an 22, mais Dieu, louange à lui, sait mieux la vérité. »

Le narrateur dit. Nous tenons de 'Abd Allah ibn Mohammad, il a dit : «Nous tenons de 'Obaidah fils de Nâfi', d'après Abou Hagîfah[1], d'après Gâbir fils d"Abd Allah al-Anṣârî[2], et ce récit est transmis par Mohammad-ibn-Salamah[3]; il a dit : «Lorsque les émirs et les troupes des compagnons furent arrivés à Miṣr, «ils restèrent là le mercredi, jeudi et vendredi. Quand le vendredi béni fut «arrivé, 'Amr fit la khotbah et dirigea la prière, puis la prière achevée, il dit aux «fidèles de ne pas se disperser, afin qu'il leur lût la lettre de l'émir des croyants, «'Omar fils d'al-Khaṭṭâb. La prière finie, il monta en chaire, loua et glorifia «Dieu, pria pour son Prophète et son envoyé, puis on leur lut la lettre. La «lecture achevée, ils se précipitèrent à l'envi vers lui comme des lions terribles[4] «vers leur proie et s'écrièrent unanimement : « *Nous avons entendu et nous obéissons,* «*nous donnons nos vies pour la cause de Dieu et pour lui obéir, nous demandons* «*la guerre sainte et nous désirons la récompense céleste et nous sommes avides (de* «*gagner) le paradis.* » (Il a dit:)'Amr plein de joie leur répondit: « *L'émir des croyants* «*m'ordonne de mettre à votre tête l'épée de Dieu et celui qui le venge de ses ennemis, le* «*guerrier redoutable, et le héros invincible, Khâlid fils d'al-Walîd.* » (Le narrateur dit:) Khâlid avait été l'ami de 'Amr au temps du paganisme et ils s'étaient tous deux convertis à l'islamisme le même jour. 'Amr se tournant vers Khâlid lui dit : «Approche-toi de moi, père de Solaiman». Il s'approcha de lui et 'Amr était un dihqân chez les Arabes[5]; il leur dit : «Compagnons du Prophète qui êtes ici rassemblés, vous êtes tous gens de naissance et je ne l'emporte en rien sur vous, parmi vous il y en a qui se rattachent au Prophète par leur parenté ou leurs ancêtres, ce qui est pour vous un droit à la supériorité[6], vous êtes de nobles émirs et je ne suis que comme l'un d'entre vous; vous savez que Khâlid est un ami de Dieu et du Prophète, et que c'est lui qui tire vengeance de ses ennemis; vous et moi, nous obéissons à l'émir des croyants à cause de l'obéissance due à Dieu et

---

[1] W عن ابيه حجيفة.

[2] Gâbir fils d"Abd Allah al-Anṣâri est cité par Mas'oûdi, t. V, p. 266-267. Dans l'article d''Abd Allah fils d'Onais, *Ousd*, III, p. 120, l. 6, il est dit que des traditions venant de lui ont été transmises par ses fils au nombre desquels est un Gâbir b. 'Abd Allah. D'autre part un Gâbir b. 'Abd Allah al-Anṣâri est cité dans l'*Ousd*, t. I, p. 206. Cf. Ṣoyouṭi, éd. du Caire, 1299, p. 107-108 et Nawawi, p.184-185.

[3] W بذلك ابن سلمة.

[4] C ضاربة; W ضارية.

[5] وكان دهقانا عند العرب manque à P et W.

[6] وله حق وفضل manque à P et W.

à son prophète Moḥammad. Sachez donc que l'émir des croyants a mis Khâlid à la tête de l'armée et lui ordonne de marcher vers le Ṣaʿîd à cause des conquêtes que Dieu a faites par sa main et des humiliations que par sa main il a infligées aux armées ennemies. ⁊ Le narrateur dit : Al-Faḍl fils d'al-ʿAbbâs se précipita en disant : « Émir, nous donnons nos âmes et nos vies pour obtenir la satisfaction de Dieu (gloire à lui), ne désirant par là qu'être admis à contempler plus tard son visage[1] : or Khâlid est un des meilleurs d'entre eux, un des héros de l'islâm, un des défenseurs de la religion du Roi qui connaît tout. S'il mettait à notre tête un esclave abyssin, nous obéirions à ses ordres pour obtenir la satisfaction de Dieu, à plus forte raison lorsque notre chef est Khâlid, qui est de nos plus nobles[2] et dont les mérites n'ont jamais été niés ni lors du paganisme[3], ni sous l'islâm. ⁊ (Il dit :) Le visage de ʿAmr et de Khâlid brilla de joie en voyant que l'on acceptait le commandement de Khâlid et il leur ordonna d'aller camper à Gizeh près des Pyramides.

Le narrateur dit[4] : Ils sortirent de la mosquée d'ʿAmr, campèrent là où on le leur avait ordonné et se mirent à s'équiper et se préparer pour le départ : l'un arrangeant son épée, l'autre sa lance, un autre sa cuirasse, puis ils se dirigèrent vers l'Occident. ʿAmr fit dresser sa tente près de la pyramide orientale et chacun se mit à dresser la sienne à côté jusqu'à ce qu'ils fussent tous réunis. Le narrateur dit en s'appuyant sur al-Waqîdi, ibn Isḥâq et ibn Hichâm (que Dieu ait pitié d'eux tous) : Quand l'armée fut complète et que commença le mois de rebiʿ II de l'année susdite, ʿAmr fit avec ses compagnons la prière du matin, puis il partit aussitôt à pied entouré d'une troupe de musulmans, avec Khâlid fils d'al-Walid, al-Miqdâd fils d'al-Aswâd, Zobair fils d'al-ʿAwwâm, al-Faḍl fils d'al-ʿAbbâs le hachémite, et ʿAbd ar-Raḥmân fils d'Abou Bakr aṣ-Ṣiddîq, ʿAbd Allah fils d'ʿOmar fils d'al-Khaṭṭâb[5], Ḥâchim fils d'al-Mirqâl, al-Mosayyab

---

[1] P W ‏ولا نريد بذلك الا رفعة عند الله‏.

[2] P W ‏وسيد من سادات قريش‏.

[3] Ou plus exactement de l'ignorance. Sur cette expression, cf. FLEISCHER, *Vermischtes*, *Z. D. M. G.*, t. XV, p. 384.

[4] Depuis : le narrateur dit à — tous réunis, manque à W.

[5] ʿAbd Allah fils d'ʿOmar (Abou ʿAbd ar-Raḥmân) un des plus éminents d'entre les compagnons par sa piété, son savoir et ses vertus; il jouissait auprès de tous les Musulmans d'une grande influence dont il n'abusa jamais en faveur d'aucun parti pendant les guerres civiles : pendant soixante ans on vint de toutes parts le consulter pour recevoir de lui des traditions. Il mourut à la Mecque en 73 (692-693). Al-Bokhâri dit que les traditions les plus authentiques sont celles qu'a données Malik, d'après Nâfiʿ sur l'autorité du fils d'ʿOmar. Cf. MASʿOÛDI, t. IV et V (index); NAWAWI, p. 356-362; IBN QOTAIBAH, 92, 184-245; *Ousd*, t. III, p. 227-531.

fils de Naǧabah[1] al-Fezârî, al-'Abbâs fils de Mirdâs[2] as-Solamî, les fils d''Abd al-Mottalib et les autres nobles émirs, jusqu'au sommet d'une colline élevée dominant les troupes.

En les voyant ainsi tous réunis il ressentit une grande joie. Il ordonna à Khâlid de faire défiler les troupes. Les émirs, les chefs ayant drapeau, s'avancèrent et chaque émir fit défiler sa troupe et ses cousins devant 'Amr qui les passait en revue. (Il dit :) Leur nombre s'élevait, dit-on, mais Dieu est le plus savant, à soixante mille. Il choisit dix mille cavaliers qui étaient des lions redoutables, couverts de cuirasses fabriquées par David[3], ceints de glaives indiens[4], armés de lances khattiennes[5], montant des chevaux arabes, c'était l'élite de la nation de Mahomet, la meilleure des créatures (que Dieu répande sur lui ses bénédictions et le sauve). (Le narrateur dit :) 'Amr leur adressa le discours suivant : «Émirs et nobles excellents ici rassemblés, Khâlid est votre général, écoutez-le et obéissez à ses ordres, n'ayez qu'une volonté, descendez contre les villes et les forteresses, faites des incursions contre les gens des villages, mais n'attaquez personne avant de l'avoir appelé à l'islâm et invité à dire la profession de foi : «Il n'y a pas d'autre Dieu que Dieu et Mahomet est son envoyé»; s'ils refusent exigez le payement de la giziah[6], s'ils la refusent la guerre et que *Dieu juge entre vous, et il est le meilleur des juges*[7]. Envoyez des éclaireurs, et que ces éclaireurs soient seulement pris parmi les guerriers célèbres à la guerre et dans les combats; répétez fréquemment le nom de Dieu; ne fuyez jamais, mais raffermissez vos esprits; que le nombre des ennemis ne vous effraye pas, car vous êtes destinés à la victoire. Dieu n'a-t-il pas dit dans son livre vénérable et précieux : «*Que de fois de petites troupes ont vaincu des troupes considérables avec la permission de Dieu, et Dieu est avec ceux qui sont fermes*[8]». Rendez bonnes vos intentions et rendez fermes vos attaques, vous *l'emporterez et Dieu est avec vous*[9].

---

[1] C بن يحيى; W بن نجية.

[2] Al-'Abbâs fils de Mirdâs as-Solamî, se convertit deux ans avant la prise de la Mecque, assista à sa conquête, se rendit ensuite dans sa famille, n'habita ni la Mecque ni Médine, il était poète et s'était interdit l'usage des vins avant Mahomet; cf. *Ousd*, t. III, p. 113-114. Nawawi, p. 333; Ibn Qotaibah, p. 171.

[3] C'est-à-dire «excellentes». David est regardé chez les Arabes, sur l'autorité du Coran, comme l'inventeur des cuirasses, cf. à ce sujet, Schwarzlose, *Die Waffen der alter Araber*, p. 331-332.

[4] Les anciens Arabes tiraient leurs épées de l'Inde, cf. Schwarzlose, *l. l.*, p. 127.

[5] Sur cette épithète, cf. *ibid.*, p. 217.

[6] عن بيد وهم صاغرون. *Coran*, ix, 129. Sur cette expression, cf. plus loin.

[7] *Coran*, vii, 87; x, 109.

[8] *Coran*, ii, 250.

[9] *Coran*, xlvii, 37.

Vous êtes tous des guerriers excellents et célèbres, vous avez embrassé l'islâm avant les autres; compagnons du Prophète, vous avez combattu en sa présence; vous n'avez nul besoin de mes recommandations. Que Dieu répande sur vous ses bénédictions. » Ils répondirent tous ensemble : « Nous entendons et nous obéirons à Dieu et à son envoyé (que Dieu lui accorde ses bénédictions et le salut), nous désirons la guerre sainte pour obtenir la bienveillance de Dieu (qu'il soit exalté). » Le narrateur dit : Ensuite ʿAmr appela parmi les compagnons du Prophète ceux qui portaient un étendard. Le premier qui se présenta fut Khâlid fils d'al-Walîd.

Zobair fils d'al-ʿAwwâm [1] le suivit monté sur son cheval qui avait une tache blanche au front, et armé de pied en cap [2]. ʿAmr lui donna un drapeau et le commandement [3] de cinq cents cavaliers, compagnons du Prophète. Il s'avança devant les soldats en agitant son drapeau et récitant ces vers :

Je suis Zobair, qui ai pour père al-ʿAwwâm, lion courageux, héros magnanime [4]
Chef qui abat ses ennemis et se précipite dans la mêlée; les cavaliers robustes fuient devant moi.
Au jour de la bataille, je suis le premier à l'attaque, et mon zèle fait triompher l'islâm.

Le narrateur dit : Il appela ensuite al-Faḍl fils d'al-ʿAbbâs et lui donna le commandement de cinq cents cavaliers, compagnons du Prophète, Faḍl saisit le drapeau et l'agita en récitant ces vers :

Je suis al-Faḍl, al-ʿAbbâs est mon père, je suis un cavalier de ceux qui descendent dans
[l'arène [5], et qui écrasent leur adversaire [6]

[1] Abou ʿAbd Allah az-Zobair fils d'al-ʿAwwâm, de la tribu de Qoreïch et de la famille d'Asad, cousin de Mahomet, un des dix à qui le Prophète promit le paradis. Persécuté par les Arabes païens, il se réfugia en Abyssinie, et accompagna plus tard le Prophète à Médine. Il était à Badr le seul qui combattit à cheval; à la prise de la Mecque, il portait l'étendard de Mahomet. Jaloux d'ʿAli, il prit parti pour ʿAišah et fut tué après la bataille du Chameau, dans une vallée près de Bassora appelée Wadi's sabaʿ, *Ousd*, t. II, p. 196-199. Iʙɴ Kʜᴀʟʟɪᴄᴀɴ, traduction Slane, t. IV, p. 391-392; Mᴀsʿoùᴅɪ (index); Cᴀᴜssɪɴ ᴅᴇ Pᴇʀᴄᴇᴠᴀʟ, *Essai*, I, ɪɪɪ (*passim*); Nᴀᴡᴀᴡɪ, p. 250-253; Aʙoᴜ'ʟ Fᴇᴅᴀ, *Annales moslem.*, t. I, p. 298-301. L'élégie composée par sa femme est donnée dans Aʙoᴜ ʿOṣᴀɪʙɪᴀʜ, *Journ. asiat.*, 1885, t. V, p. 442.

[2] شَاك سلاحه, sur les dérivés de شك se rapportant à l'armement, cf. Sᴄʜᴡᴀʀᴢʟosᴇ, *Die Waffen der alten Araber*, 1 vol. in-8°, 1886, Leipzig, p. 344-345.

[3] امْرَة. Cf. sur ce mot, Eᴅʀɪsɪ, éd. de Goeje, p. 271; Mᴀǫʀìᴢɪ, *Histoire des sultans Mamelouks*, traduction Quatremère, I, 1, p. 2, note 4.

[4] Je ne donne point toutes les variantes de P, ni de W, ce qui serait peu utile d'ailleurs pour le lecteur qui n'a point de texte sous les yeux : j'en indiquerai seulement quelques-unes : au reste P se rapproche en général plutôt de W que de C; ainsi au lieu de بطل هام de C, P et W ont فارس الاسلام.

[5] C'est-à-dire « qui sortent des rangs pour provoquer un ennemi en combat singulier ».

[6] C هراس; P هواس; W حراس.

J'ai un glaive tranchant, qui anéantit les ennemis [1] et fend les crânes et les mâchoires.
Les ennemis et les êtres vils périssent sous ses coups [2]; il n'y a dans ce glaive que le mal-
[heur [3].

Puis il appela Ziyâd fils d'Abou Sofiân, fils d'al-Ḥârit, fils d'ʿAbd al-Moṭṭalib [4]; c'était un cavalier redoutable, un héros courageux, il lui donna cinq cents cavaliers à commander et un drapeau. Ziyâd le saisit et récita ces vers :

Je suis le cavalier célèbre; que de batailles où j'ai assisté; le tranchant de mon épée coupe les
[rebelles en deux [5].
Et dans les guerres ma lance, lorsque les dangers s'accumulent, perce mon adversaire [6].
Mon courage n'a pas cessé de s'exercer dans la mêlée, et d'autre part, mon esprit est droit et
[réunit toutes les nobles qualités.
Je me précipite sur les ennemis avec force et je les anéantis d'un coup de mon glaive brillant [7]
Je conduis à la mêlée, moi de la race de Hâšim, et nos étoiles rayonnent de générosité [8]
Je suis le fils d'Abou Sofiân de la lignée de Hârit; les ennemis meurent sous mes coups, quand
[je charge pour porter secours (aux miens) [9].

Après lui s'avança al-Faḍl fils d'Abou Lahab [10]; il lui donna le commandement de cinq cents cavaliers et un drapeau. Faḍl l'agita en récitant ces vers :

Je suis le héros brave comme un lion, qui ne cesse pas un jour de plonger sa lance dans la
[poitrine des ennemis,
Et de leur faire boire les coupes de la mort, en les frappant à la gorge avec le tranchant de son
[épée,
Malheur aux ennemis à cause de moi; certes, je leur donnerai à tous pour demeure le tombeau.

---

[1] P W قاطع للراس.

[2] C والادرجاس الاعدا; P والانجاس; W بلا الباس.

[3] C ولا يكون فيه الا الباس; W وما علّى فيهم من باس; P وما على من امرهم من باس.

[4] Cette généalogie est fausse, car Abou Sofiân fils d'al-Ḥârit fils d'ʿAbd al-Moṭṭalib n'eut pas de postérité, cf. Ibn Qotaibah, p. 61; quant à l'autre Abou Sofiân, fils de Ḥarb, fils d'Omayya, fils d'ʿAbd Chams, il est père du calife Moʿawiah qui fit légitimer Ziyâd fils d'Omayyah, comme fils d'Abou Sofiân, cf. sur ce Ziyâd, Ibn Qotaibah, p. 176; Ibn Khallican, traduction Slane, t. IV, p. 247; Masʿoûdi (index); Nawawi, p. 256-257.

[5] C كم لى وقائع; W P يوم الوقائع; C للمعاند قاطع; P الوقائع قاطع فى; W الجاجم قاطع فى.

[6] C عند حروبهم; W P ما زال طائلا; C اذا احتكم الاهوال للضد قاطع; P W اذا التحم الاعدا. للضد قامع. Je traduis «perte», d'après قامع «dompte»; car قطع ne se dit pas d'une lance, on emploie طعن.

[7] C وافنيهم ضربا; W P واشبعهم ضربا.

[8] P حاية البرايا البدور الطوالع; W حاة البرايا كالبدور.

[9] W منى وكل منازع; P اذ اجيب نازع.

[10] P continue par les vers, انا ابن عقيل.

Le narrateur dit. Après lui s'avança 'Abd ar-Raḥmân fils d'Abou Bekr aṣ-Ṣiddiq [1] qui reçut également le commandement de cinq cents cavaliers et un drapeau; il le prit et l'agita en disant ces vers :

Je marcherai contre les ennemis avec résolution, et un cœur sincère rempli d'un beau désir,
Suivi de héros et de chefs semblables à des lions, braves dans la mêlée, troupe magnanime.
Avec eux j'anéantirai les ennemis de la religion tous ensemble et je ne craindrai pas cette troupe
[vile,
Quand je me précipiterai dans la mêlée, chargeant avec ma lance et ayant en main mon épée.

Après lui s'avança 'Abd Allah fils d"Omar fils d'al-Khaṭṭâb [2], il reçut le commandement de cinq cents cavaliers et un étendard qu'il agita en prononçant ces vers :

Par Celui qui a fait descendre les versets du Coran dans les sourates, et a envoyé le pur, l'Élu
[de Moḍar
Je n'hésiterai pas à aller à la rencontre des ennemis, quand même ils viendraient de tous côtés
[aussi nombreux que les grains de sable [3]
Jusqu'à ce que je les aie exterminés sous mes coups et que je les aie laissés tous sans exception
[étendus sur le sol, défigurés par les blessures [4],
Ayant avec moi des chefs braves, couvert de gloire, des héros, qui au jour de la guerre sont
[puissants dans les combats [5]
Nous sommes la troupe magnanime qu'a envoyé la première le lion de la mêlée, le généreux
['Omar.

Après lui s'avança Ga'far fils d"Aqîl qui, après avoir reçu l'étendard, récita ces vers :

Je suis le fils d"Aqîl, issu de Loway et de Ghâlib, chef vaillant, vainqueur des vainqueurs,
Protecteurs dans la bataille, fidèles, mines de pureté, dont la généreuse demeure [6] est la
[station des caravanes,
On ne connaît pas d'autres bienfaits que les nôtres, ni d'autre générosité que celle avec laquelle
[nous répandons les bienfaits,

---

[1] 'Abd ar-Raḥmân fils d'Abou Bekr combattit à Badr avec les polythéistes, se convertit ensuite, mourut en 53 de l'hégire près de la Mecque; il assista à la bataille du Chameau avec 'Aišah, cf. Ibn Qotaibah, p. 37; Mas'oûdi, t. IV, p. 180, 181, 334; Nawawi, p. 377-378.

[2] Ce personnage se trouve dans W et manque à P.

[3] ‏حماة ابطالهم كا الدبر‏ W.

[4] ‏جشا مخدوشة الصدر‏ W; ‏رما مشروخة الصور‏ C.

[5] ‏الى الوقائع يوم لحرب مبتدر‏ W.

[6] ‏تنوخ الركائب‏ P; ‏الى جود يمنانا مسير الركائب‏ W.

Notre gloire est au-dessus de tout éloge, et notre éloge [1] est fait chez les Arabes de race pure
[et parmi les guerriers,
C'est nous qui faisons descendre le malheur chez les oppresseurs quand nos cavaliers les ren-
[contrent et font jouer sur eux nos glaives tranchants.

(Le narrateur dit :) Ensuite s'avança son frère al-Faḍl fils d'ʿAqîl [2] qui récita
ces vers :

Mon nom est al-Faḍl des Banou ʿAqîl et je marche à la guerre sans hésitation,
Armé d'un glaive tranchant et poli, j'extermine tout infidèle, ignorant [3].
Nous suivons et nous acceptons la vérité qui ne change point,
La religion du Prophète pur, de l'Envoyé Mahomet, le désiré et l'espéré,
Qui a apporté aux hommes la doctrine du Dieu unique et le tahlîl, la sagesse du Coran et
[la révélation,
L'apôtre très pur, l'intercesseur accepté, qui a été appelé l'ami, qui a montré la droite voie.
Il a un drapeau à la grande ombre, sous lui sont les Envoyés sans changement
Dieu lui a donné la préférence sur tous, et une supériorité parfaite; que la bénédiction du
[Dieu glorieux soit sur lui
Et sur sa famille en entier, et sur chacun de ses membres en particulier ainsi que sa faveur
[en laquelle nous espérons.

Le narrateur dit : Ensuite s'avança al-Miqdâd fils d'al-Aswâd al-Kindî [4] qui
récita ces vers :

Je suis al-Miqdâd, qui au jour de la bataille perce mon adversaire de ma lance flexible.
Et dans la mêlée brille mon épée polie et tranchante contre les partisans de l'erreur
Je marche suivi des chefs de la race de Kindah dont les coups de lance sont célèbres [5] au jour
[de la lutte

[1] W كتائب كل فوق من شرفا علا وتناوّنا ; au lieu de C الثنا فوق, P a السماء فوق.
[2] Aucun des enfants d'ʿAqîl ne porte le nom de Faḍl, cf. Nawawi, p. 426-427.
[3] P et W continuent ainsi : P صلى الرسول ; W التنزيل فى المعبوث المرسل الرسول احمد عم ابن انا. Tous les vers qui suivent manquent à P et à W عليه الملك الجليل. Tous les vers qui suivent manquent à P et à W.
[4] Al-Miqdâd fils d'ʿAmr fils de Ṯaʿlabah, de la tribu de Kindah, fils adoptif d'al-Aswâd b.
ʿAbd al-Yaghouṯ, un des premiers compagnons de Mahomet, et qui assista à toutes ses batailles.
A Badr il était le seul musulman qui combattit à cheval, et fut surnommé à cause de cela fâris
al-islâm. Il assista à la conquête de l'Égypte, mourut à al-Djorf près de Médine, en 33 de l'hégire,
âgé de 70 ans. Il transmit plusieurs traditions dont quelques-unes furent acceptées par Bokhâri.
Ousd, t. IV, p. 409-410; Masʿoûdi (index); Sprenger, Das Leben des M. (index); Ibn Qotaibah, p. 134;
Nawawi, p. 585-586. Chez les Druses il est considéré comme l'incarnation de l'âme universelle
(Sacy, Exposé de la religion des Druses, t. II, p. 249), et chez les Nosaïris, il est le premier des cinq
yatims, cf. Huart, La poésie religieuse des Nosaïris, Journ. asiat., 1871, t. XVI, p 239; sur al-Miqdâd,
cf. encore Hamaker, Liber de expugnatione Memphidis, p. 74.
[5] W الطعن يجيبه.

Malheur à cause de nous aux ennemis et aux Romains lorsque les cavaliers se joindront dans
[la mêlée.
Nous les y laisserons semblables à des troncs de palmier[1] que les cavaliers frappent de
[leurs épées[2].

Le narrateur dit : Après lui s'avança ʿAmmâr fils de Yâsir al-ʿAnsi[3] qui récita
ces vers :

Je suis le chef, le cavalier aux charges répétées, sous l'épée duquel tombent les troupes de
[guerriers infidèles[4]
Quand les cavaliers chargent, je ne refuse pas de charger[5], car au jour de la bataille je
[suis ʿAmmâr[6]
Et mon intercesseur est Mahomet, l'élu[7], que le Dieu unique et puissant répande ses béné-
[dictions sur lui.
Et sa famille et ses compagnons choisis, tant que la nuit et la lumière du jour se succéderont.

Le narrateur dit : Après lui s'avança ʿAbbâs fils de Mirdâs as-Solami[8] qui
récita ces vers :

Je suis ʿAbbâs à l'esprit droit[9]; avec moi sont les nobles des Banou-Solaim[10]
Qui m'aident à humilier les impies[11], lorsque la mêlée semble être une nuit épaisse
Et mon épée au fer étincelant[12] brille aux yeux des polythéistes comme la mort inévitable[13]

[1] W وهم صرى كاجحاز النخيل.

[2] نصل signifie la pointe de l'épée ou de la lance, et s'emploie pour désigner l'épée,
cf. SCHWARZLOSE, *Die Waffen der alten Araber*, p. 163.

[3] Après chaque nouveau personnage le texte répète la même phrase : «il lui donna le
commandement», etc. Ammâr fils de Yâsir العنسى (et non العبسى comme donne le texte, cf. ṢOYOUṬI,
Ḥousn, éd. du Caire, 1299, p. 137) vint du Yémen à la Mecque et se convertit à l'islamisme,
il périt à Ṣiffin âgé de 94 ans, Ṣoyouṭi dit qu'il fut envoyé en Égypte par ʿOtmân : en tout cas à
l'époque de notre texte, il aurait environ 78 ans, ce qui est peu vraisemblable, cf. IBN QOTAIBAH,
p. 272, 131; IBN KHALLICAN, traduction de Slane, t. I, p. 541; MASʿOÛDI, t. IV, *passim*, t. V, p. 80;
Ousd, t. IV, p. 43-47. IBN SAAD, *Biographien*, t. III, fasc. 1, p. 186.

[4] P W انا الهمام الفارس الكرار; الفرقه الكفار C; عصبة الكفار manque à P.

[5] W بلا انكار; فلا انكر C.

[6] W الحرب انا عار P; وقام سوق للحرب من عار.

[7] احمى لدين المصطفى المختار W P; وسيلتى محمد المختار C.

[8] ʿAbbâs fils de Mirdâs était un des chefs des Banou-Solaim, cf. *Ousd*, t. III, p. 113-114;
CAUSSIN DE PERCEVAL, *Essai*, t. II, p. 548, 557, etc., t. III, p. 217, 259; 261-263. NAWAWI, p. 333,
cf. p. 48, note 2.

[9] NAWAWI, p. 333, vocalise سُلَيْم, mais la rime exige ici سَلِيم, ce mot est d'ailleurs ainsi vocalisé
dans P. Les Banou-Solaim habitaient la partie du Negd, limitrophe du Ḥigâz.

[10] W براء مستقيم P; ذو الراى قويم.

[11] C لنا حاة البغى لما; P W طغاة الراى.

[12] C ماضى للحديد احمى; P W مطلق للحديد احمى.

[13] W الموت العمم.

Avec elle j'anéantis les impies dans tout pays, et je tue les partisans du mensonge et de l'iniquité
Nous sommes les Banou-Solaim, les meilleurs des gens, qui conduisons à la droite voie [1].

Après lui s'avança Abou Dougânah al-Anṣâri [2], qui reçut le commandement de cinq cents cavaliers et un drapeau; il le saisit et l'agita en déclamant ces vers :

Je marche au nom du Dieu unique et bienfaisant, ouvertement contre les impies et les rebelles.
Je leur ferai sentir les coups d'une épée indienne qui anéantit les coupables.
Je ferai triompher la religion [3] du Souverain rétributeur à qui appartiennent la gloire, la
[puissance et la royauté
Religion qu'a apportée le meilleur des hommes, Moḥammad de la race d'ʿAdnân, à qui nous
[devons le Qorân
L'honoré, dont la dignité est grande, que le Dieu, de qui viennent les faveurs prie pour lui
Et sa famille et les frères et les compagnons tant que la colombe fera entendre son gémissement
[dans les rameaux.

Le narrateur dit : Ensuite s'avança Ghânim fils d'ʿIyâḍ al-Ašʿari [4] qui récita ces vers :

Nos nobles cavaliers et ma tribu savent que lorsque se lève un adversaire je suis al-Ašʿari [5]
Le chef courageux, qui renverse les ennemis dans les combats, et dans la guerre sainte défie
[les champions des ennemis,
Dont la main sait manier le glaive poli et brillant, ainsi que la lance au jour où les guerriers
[se heurtent.
Malheur aux chiens de Romains, lorsqu'ils viendront à moi et apercevront son éclat brillant.
Je tuerai avec ce glaive les cavaliers les plus braves d'entre eux et je leur ferai goûter la douleur
[du suprême châtiment.

[1] *Coran*, i, 5.

[2] Abou Dougânah Semmâk, fils de Kharcha, combattit à Oḥod, la tête ceinte d'un bandeau rouge, ce qui indiquait qu'il se battrait en désespéré et pénétra jusqu'au milieu des Qoraichites : quand Mahomet fut renversé, ce fut lui qui le couvrit de son corps; il prit part sous Abou Bekr à la journée d'Aqraba contre Mosailamah et y périt. Il laissa des descendants, à Médine et dans l'ʿIrâq. On dit aussi qu'il assista à la journée de Ṣiffin, mais le fait est incertain. Cf. Ibn Qotaibah, p. 136; *Ousd*, t. V, p. 164, et t. II, p. 352-353 *s. v.* سماك; Caussin de Perceval, t. III, *passim;* Ibn Saad, III, ii, p. 101.

[3] P W والعـب وآله — صلى عليه الملك العدنان المصطفى انصر دين, etc.

[4] Cf. plus haut, p. 42, note 4.

[5] P W عنترى المعامع فى قوم هام — اشعرى الغوارس انتسب اذا انى : le premier hémistiche du vers 2 de C est devenu le deuxième hémistiche du vers 1 de W P qui n'ont que quatre vers, le vers 3 de W est : الجُوْذرى الغزال حومات واحوم — مسكر للغوارس التلاطم يوم.

Ensuite s'avança Abou-Darr al-Ghifâri[1] qui reçut un drapeau et récita ces vers :

Je marcherai sans hésitation[2] contre les ennemis, car mon cœur désire la bataille et la guerre
Je suis plein d'une ardeur qui abattra les ennemis, et j'espère le salaire et la récompense[3]
Si un jour de bataille tous chargeaient ensemble, ils seraient à mes yeux comme des chiens
Je les confondrai sans hésiter avec mon glaive, orné de pierres précieuses, et affilé.

Le narrateur dit : Ensuite s'avancèrent et défilèrent après lui les émirs et les émirs à drapeaux tels que al-Qa'qa' fils d"Amr at-Tamîmi, al-Moghîrah fils de Šo'bah at-Taqifî[4], Maisarah fils de Masrouq al-'Absî, Mâlik al-Aštar an-Nakha'î, Dou'lkilâ' al-Himiâri, al-Walîd et Moḥammad fils d'Abou Ma'bad al-Gohanî[5], Hišam fils d'al-Mirqâl et 'Oqbah fils d"Amir al-Gohani[6], 'Ali, Ga'far et 'Abd Allah fils d"Aqîl, fils d'Abou Ṭâlib al-Hâšimî[7], al-Mirqâl et Gâbir fils d"Abd Allah al-Anṣâri, Rifa' fils de Zohair al-Mouḥâribî[8], 'Adî fils de Ḥâtim at-Ṭâï[9] et bien d'autres[10] car nous abrégeons cette liste de peur d'être trop longs. (Le narrateur

[1] Abou Darr al-Ghifâri (Goundab ibn as-Sakan), se convertit à la Mecque, n'assista ni à Badr, ni à Ohod, ni au Fossé, car il était retourné dans son pays, il revint plus tard à Médine et y mourut en 32 de l'hégire. Ibn Qotaibah, p. 130; Mas'oûdi, t. IV, p. 268-274, 279; Ousd, t. V, p. 186-188; Nawawi, p. 714-715.

[2] C ارتياب; W اكتثاب; P اكتناب = اكتثاب.

[3] والثوب P; الغوز فيهم بالثواب W; الاجور والثواب C.

[4] Al-Moghîrah fils de Šo'bah (Abou 'Abd Allah) de la tribu de Taqîf. Son oncle 'Orwa se convertit à l'islamisme et fut tué par sa tribu. Moghîrah assista à la conquête de la Syrie et à la bataille de Nehavend. 'Omar le nomma gouverneur de Baṣra. Il mourut à Koufa en 50 de l'hégire laissant un fils nommé 'Orwa. Cf. Mas'oûdi, *Prairies d'or* (index); Ibn Qotaibah, p. 150; Ousd, t. IV, p. 406-407. Ibn Khallican, traduction de Slane, t. II, p. 485, note 4 où le nom est écrit à tort Moghairah, erreur que Slane a corrigée t. II, p. 633, note 14, et Hamaker, p. 101.

[5] Je ne sais qui est al-Walîd, non plus que Moḥammad fils d'Abou Ma'bad. Un Abou Ma'bad al-Gohani est cité Ousd, t. V, p. 299, comme compagnon, sans autres détails.

[6] 'Oqbah b. 'Amir b. 'Abs b. 'Amr b. 'Adi b. 'Amr b. Roufa'at al-Gohani habita Damas, puis l'Égypte qu'il gouverna pour Mo'awiah, y mourut en 58 : assista à la bataille de Ṣiffin et à la conquête de la Syrie, ce fut lui qui annonça à 'Omar la prise de Damas : Nawawi, p. 426. Ibn Khallican, traduction de Slane, t. I, p. 35, dit à tort que c'est lui qui a fondé Qairouan, dont la fondation est généralement attribuée à 'Oqbah ibn Nâfi'. Ṣoyouṭi, p. 126, ne cite que 'Oqbah ibn Nâfi', 'Oqbah b. Kerim et 'Oqbah b. al-Ḥâriṭ. Sur 'Oqbah, cf. Ousd, t. III, p. 415-417.

[7] Sur 'Aqîl et ses fils, cf. Nawawi, p. 426-427.

[8] C رفاعة; W روبيعة. Je ne trouve point ce personnage dans les ouvrages que j'ai pu consulter.

[9] 'Adî b. Ḥâtim b. 'Abd Allah b. Sa'd, dont le père est célèbre chez les Arabes par sa générosité, son fils qui était chrétien, se convertit à l'islamisme, assista à la conquête de l''Irâq et de la Syrie et mourut en 69 de l'hégire âgé de 120 ans. Ibn Qotaibah, p. 185-160; Mas'oûdi (index); Ousd, t. III, p. 392-394; Caussin de Perceval, *Essai*, t. III, *passim*.

[10] P ajoute à cette liste عقبة بن معيط, lisez 'Oqbah fils d'Abou Mo'aiṭ, fils d'Abou 'Amr, fils d'Omayyah, cf. Ibn Qotaibah, p. 35; Caussin de Perceval, *Essai*, t. I, iii.

dit :) Quand l'armée fut complète et qu'ils furent prêts à partir, 'Amr fils d'al-'Âs et les autres compagnons sortirent pour leur dire adieu et les troupes défilèrent et les pelotons se succédèrent l'un après l'autre, ayant derrière eux les jeunes gens et les enfants jusqu'à ce qu'ils arrivassent à Gizeh où ils campèrent à un endroit appelé la grande prairie [1] près de ces villes, villages et hameaux [2]. Puis les éclaireurs partirent en avant, pour découvrir l'ennemi.

Il y avait à Dahchour [3] un patrice élevé en dignité relevant d'Armânoûs [4] le maître d'Ahnâs, et la nouvelle s'était répandue dès le premier jour que les compagnons se préparaient à marcher vers le Ṣa'îd et les rois s'envoyaient réciproquement des messages. (Le narrateur dit :) Cette nouvelle arriva au patrice d'Abnâs, et c'était un cavalier solide, et un chien maudit, Dieu le fasse périr! qui prétendait rivaliser de pouvoir avec al-Boṭloûs; mais al-Boṭloûs, roi de Bahnasâ, que Dieu le maudisse! était plus fort dans l'attaque, d'une puissance supérieure, disposait de plus de ressources et d'un plus grand nombre d'hommes, et commandait à un territoire plus étendu. Il lui écrivit donc au sujet de cette invasion, ainsi qu'à Roušâl [5], prince d'Ašmounain et Qiraqîs [6], chef de Qefṭ, qui commandait jusqu'à Akhmîm [7]; il écrivit aussi à al-Kaikalag, maître d'Assouân, dont l'autorité s'étendait jusqu'à 'Aden, jusqu'à la mer salée, le pays des Nubiens et des Boga et le pays des Nègres. Les gens furent informés de la marche des Arabes vers le Ṣa'îd et les rois s'écrivirent et les gens du Ṣa'îd furent en mouvement, jusqu'aux oasis, semblables aux vagues de la mer, et leurs cœurs furent saisis de terreur.

(Le narrateur dit :) Cependant Maksouḥ [8], roi des Boga, et 'Alîq [9], roi des Nubiens, se hâtèrent de réunir les soldats et les troupes qu'ils avaient autour d'eux dans le pays des Nouba, des Boga et des Berbers et vinrent à Assouân. (Il dit :) Le roi des Boga avait avec lui treize cents éléphants, porteurs de tours de cuir

---

[1] المرج الكبير.

[2] رستاق, en persan «campagne, division administrative» ce mot est l'équivalent du mot persan رستا, *rusta* «campagne», dérivé selon une phonétique régulière de l'ancien mot *rustak*, emprunté par les Arabes à l'époque où la finale *k* subsistait, et qui de l'arabe est repassé en persan. Cf. Darmesteter, *Études iraniennes*, t. I, p. 268.

[3] Dahchour, village au sud du Caire sur la rive gauche du Nil, cf. Ali Pacha Moubârak, *Khiṭaṭ gadîdah*, t. X, p. 67-69.

[4] Armanoûs; P, W, Marinos مارنوس; W continue après اهناس par وكان فرسا مكينا.

[5] W روسال.

[6] W اقراقس.

[7] C أخيم.

[8] P مكشوح; W comme C.

[9] P غليق.

superposé, couvert de plaques de fer, dont chacune contenait six nègres nus, de
haute taille, les épaules et le milieu du corps couvert de peaux de panthères et
d'autres animaux, armés de boucliers, de lances, de kourbaches, d'arcs, de
frondes, de massues de fer, et faisant résonner des tambours et des cornes; ils
étaient au nombre de vingt mille.

(Le narrateur dit.) Quand ils furent près d'Assouân, on sortit à leur rencontre
avec des troupes nombreuses; ils firent connaître le motif de leur arrivée et on
s'empressa de les accueillir et de leur fournir des vivres, maïs, orge, viande de
porc, canne à sucre, viande de hyène et d'autres bêtes sauvages. On leur fit
faire halte, et on leur donna l'hospitalité pendant trois jours. Ensuite le patrice
d'Assouân leur adjoignit une troupe nombreuse qui devait faire route avec eux.
Ils marchèrent et arrivèrent chez le prince de Qeft, maître de la ville forte[1] voisine
de Qous, qui leur fit la même réception et leur adjoignit un nouveau détachement[2]. Ils arrivèrent de là chez Roušal, roi d'Ašmounaïn qui les traita de même et
leur adjoignit un détachement. De là ils arrivèrent à Anşena qui était sous l'autorité
d'un patrice élevé en dignité, qui était à la fois un guerrier solide et un prêtre
astrologue et dont le pouvoir s'étendait à l'orient et à l'occident jusqu'à Ṭaḥâ et
Ahrit[3]. Anşena était une grande ville située sur les bords du Nil, occupée par
des troupes nombreuses, renfermant de grandes merveilles, défendue par une
citadelle de pierre noire, haute de trente coudées; dans l'intérieur de la ville
étaient des châteaux, des chambres, des constructions à étages[4], des églises, des
citadelles sur des colonnes de marbre et d'autres matières[5]. Le narrateur dit. Cette
ville fut longtemps assiégée par les Musulmans et c'est là que périrent ʿObâdah
fils d'aş-Şamit et plusieurs autres compagnons (que Dieu soit satisfait d'eux),
puis elle fut prise, détruite et les habitants massacrés sans qu'il en échappât un.

Le narrateur dit. Nous reprenons la suite de ce récit étonnant et de cette
guerre émouvante et extraordinaire. Lorsque les soldats arrivèrent sous les murs
d'Anşena, le patrice Girgîs fils de Qâbous fils d'Anşena[6] le Grec, sortit à leur
rencontre, leur donna l'hospitalité et des vivres, et les traita bien. Il fit partir
avec eux son cousin nommé Qîṭârôs avec quatre mille cavaliers; ce Qîṭârôs
était un cavalier redoutable. Ils ne cessèrent pas de marcher jusqu'à leur arrivée

[1] C قلعة; W قرية.
[2] W وساروا الى انصنا.
[3] W ne cite ni Ṭaḥâ ni Ahrit.
[4] C W قلاع; P بربات.
[5] C وغيره الى داخل المدينة; W وغيرها فى المدينة. *Cette ville — Lorsque les soldats*, manque à W.
[6] *Fils d'Anşena* manque à W.

à Bahnasâ[1] dont le patrice se nommait Qaloușnâ (قلوصنا)[2], [c'était un des patrices d'al-Boṭloûs], qui les reçut et les traita avec honneur[3]. Le narrateur dit. Le pervers al-Boṭloûs, ayant été informé de leur approche sortit à leur rencontre avec cinquante mille chevaliers d'entre les patrices, couverts de cuirasses ornées d'or et de robes (قبا) à dessins, brodées d'or et d'argent, la tête couverte de mitres ornées de perles et de pierres précieuses, montés sur des chevaux et des montures[4] dont les selles étaient d'or, et dont les flancs étaient couverts d'étoffes de soie de diverses couleurs, brochées d'or et d'argent. Il avait avec lui cinquante croix, sous chacune desquelles marchaient mille cavaliers. Chaque croix, d'une longueur de quatre empans, était d'or ciselé, avec une grenade d'or et d'argent à l'extrémité, dont l'éclat était semblable à celui des étoiles; ils marchaient en grande pompe en faisant retentir un si grand nombre de tambours, de flûtes, de cornes et de cymbales que la terre en tremblait. Ils étaient suivis de chameaux et de mulets chargés de vaisselle d'or et d'argent et de vins de toutes sortes et de troupeaux de moutons et de bœufs[5]. Quand ils arrivèrent à l'endroit que nous avons mentionné et qu'al-Boṭloûs vint à leur rencontre, les princes et les patrices mirent pied à terre et ils se saluèrent de part et d'autre. Puis le conseil s'ouvrit au sujet des Arabes et al-Boṭloûs leur tint ce discours : «N'excitez pas la convoitise des Arabes, ni à votre sujet ni au sujet de votre pays. Il en est des Arabes comme des loups : si on les laisse faire ils vous dévorent, si on se défend, ils fuient et périssent. Soyez donc fermes et pleins de résolution. J'ai déjà envoyé des messages pour vous à Singab[6] roi de Barqa, et au patrice des oasis et avant peu ils viendront à votre secours. Si je ne craignais que les Arabes ne se précipitassent sur le pays que je gouverne, en apprenant que j'en suis sorti pour vous suivre, de sorte qu'une partie serait occupée à vous combattre tandis que l'autre envahirait mon territoire, qui dépourvu de défenseurs, tomberait entre leurs mains, je vous suivrais et je combattrais avec vous contre eux. » Kirmâs, le Grec qui plus tard se convertit à l'islamisme et qui faisait partie de ce conseil et parla avec al-Boṭloûs, rapporte que ce dernier prononça ces paroles[7] : «Princes et patrices ici assemblés, j'ai parcouru les livres anciens et j'y ai vu que les

[1] W بوادى بهنسا.
[2] W قلوصا.
[3] P ثم ساروا الى البهنسا.
[4] W ajoute والجنائب.
[5] W الجاموس.
[6] W سنجار; P شيغارف.
[7] W attribue à tort ces paroles à Kirmâs.

Arabes une fois maîtres de Bahnasâ et de son territoire n'éprouveront que peu de résistance dans le Ṣa'îd[1] ».

(Le narrateur dit.) Ce discours persuada les princes. Il choisit alors parmi les patrices vingt mille des plus célèbres par leur force, leur vaillance et leur mérite, mit à leur tête le chef des villages nommé Boulaṣ[2], païen orgueilleux, et lui donna une croix d'or enrichie de pierres précieuses et un étendard de soie et de satin jaune broché d'or portant une image du soleil, ainsi que tout ce qui lui était nécessaire en fait de chevaux de bataille[3], de pavillons, de grandes tentes, de tentes en étoffes de soie colorée à dessins, d'ustensiles d'or et d'argent, de coffres incrustés[4] d'or et d'argent, de chevaux et de mulets, couverts de housses de soie colorée, dont quelques-uns portaient les ustensiles susdits, les tentes et les pavillons.

(Le narrateur dit.) Les troupes partirent et les détachements se suivirent l'un l'autre jusqu'auprès de Bibâ al-Koubra[5] dont le patrice Sindâras[6] sortit pour les recevoir. Il leur donna l'hospitalité et fit partir avec eux dix mille cavaliers, choisis parmi les patrices les plus braves sous le commandement d'un patrice nommé Dâros[7] qui égalait le patrice des villages en force, en bravoure et en mérite. Ils partirent ensuite pour Barnašt[8] où, le patrice qui était l'égal du grand patrice, chef des patrices du pays, les rejoignit et ils continuèrent leur marche, remplissant de leur multitude la terre à l'orient et à l'occident. Maintenant que nous avons raconté ce qui se passait chez eux, revenons aux compagnons du Prophète[9].

Ceux-ci étaient, comme nous l'avons dit, campés près de Dahchour; les

---

[1] قام ل « être capable de résister ». Dozy (*Dict.*, t. II, p. 433) ne cite que l'exemple suivant tiré du glossaire de Badroun : إذا P et W — . ما قامت له معه قائمة والاثار الغريبة القديمة الكتب فانا نجد فى ملكوا البهنسا ونواحيها لايقوم للسعيد بعد ذلك قائمة ابدا.

[2] P بولَص.

[3] جنيب « cheval mené en laisse ».

[4] C مزمك. Sur le sens de ce mot, cf. Quatremère, *Hist. des sultans mamelouks*, t. II, p. 307; W a ملوة.

[5] Bibâ al-Koubra, village de la moudirieh de Beni-Soueif, cf. Amélineau, *Géogr.*, p. 74-75; Ali Pacha Moubârak, *Khiṭaṭ gadîdah*, t. IX, p. 3-4.

[6] W comme C.

[7] P كَادرس; W دارديس.

[8] Barnašt, village de la moudirieh de Gizeh.

[9] Traduction libre de la formule de transition bien connue dans les récits arabes et fréquente dans les *Mille et une Nuits* : هذا ما جرى لهؤلاه واما ما كان من... .

espions [1] musulmans étaient des Banou-Ṭay [2] et Madhig, qui s'étaient déguisés
en Arabes chrétiens et s'étaient mis à explorer le pays; ils se mêlèrent aux soldats de l'armée des chrétiens; ils étaient habiles et pleins de prudence. En voyant
une armée aussi considérable, ils furent effrayés. (Le narrateur dit.) Nous tenons
ceci de Sinân ibn Qais ar-Rab'ï, d'après Ṭârif ben Maksouḥ el-Fazârî, d'après
Zeid ben Ghânim at-Ṭa'labî, qui vit la guerre et fut témoin de la conquête comme
soldat du corps de Khâlid fils d'al-Walîd. Il a dit : «Tandis que nous étions
occupés à préparer tout ce qui nous était nécessaire pour le départ, les espions
arrivèrent et informèrent Khâlid de l'arrivée de l'armée ennemie et de sa multitude : «Avez-vous épié les détachements avec soin? leur demanda-t-il. — Oui,
«émir des croyants, dirent-ils, ils sont au nombre de deux cent cinquante mille
«hommes, Nubiens, Boga, fellaḥ et gens de tribus, ils ont fait de grands pré-
«paratifs et ont avec eux treize cents éléphants, portant sur leur dos des soldats,
«comme lors de la guerre de l'Irâq.» Le narrateur dit. En entendant cette nouvelle, une partie des émirs fut saisie de trouble, d'autres raffermirent leur courage par ces paroles : «*Dis, il ne nous arrivera que ce que Dieu a décrété, il est notre
«maître et c'est en Dieu que les croyants posent leur confiance*» [3]. Quant à Khâlid, il
dit : «*Il n'y a de force et de puissance que dans le Dieu élevé et grand* [4]». Puis il récita
le verset suivant du livre de Dieu, qu'il soit exalté : «*Ceux dont la foi, lorsqu'on
«leur a dit : les ennemis se réunissent contre vous, craignez-les, a été augmentée et qui ont
«dit : Dieu nous suffit et c'est un excellent gardien*», *ceux-là se sont retirés comblés de la
«grâce de Dieu et sa bonté, aucun mal ne les a atteints; ils ont cherché la satisfaction
«de Dieu, et la bonté de Dieu est grande* [5].» Puis il récita le verset : «*Que de fois
«une petite troupe en a vaincu une plus considérable par la permission de Dieu, Dieu
«est avec ceux qui persévèrent* [6].» Khâlid dit ensuite aux compagnons : «Ne vous
tourmentez pas pour ceci et soyez fermes, *vous l'emporterez et Dieu avec vous* [7]
et vous vaincrez [8] : leur multitude n'est pas plus considérable que celle qui a
combattu à la bataille de Yarmouk ou à celle d'Agnâdain, et malgré cela Dieu
vous a rendus maîtres de leur territoire, de leurs villes, de leurs maisons, de

[1] C اعيان; W عيون.
[2] Tribus d'origine yéménique, cf. Caussin de Perceval, *Essai* (*index*).
[3] *Coran*, ix, 51.
[4] *Coran*, xviii, 37.
[5] *Coran*, iii, 167-168.
[6] *Coran*, ii, 250.
[7] *Coran*, xlvii, 37.
[8] *Coran*, v, 61, etc.

leurs palais et de leur capitale [1] qui est comme la couronne splendide de leur royaume, Dieu vous a rendus maîtres du pays du Nord, vous avez tué [2] leurs princes et leurs patrices; la Syrie, l'Yémen, l''Irâq et le Ḥigâz sont tombés en vos mains : les pays, les grandes villes, les villes ont été humiliées devant vous; si vous avez besoin d'un secours, il vous viendra de tous côtés; *vous étiez un petit nombre, et Dieu a augmenté ce nombre* [3]; *vous étiez sur le bord d'une fosse de feu et Dieu vous en a sauvés* [4]. Vous avez combattu avec le prophète de Dieu et vaincu avec lui, secourus par les anges généreux [5] et Dieu vous a, par la bouche de son prophète Moḥammad (que Dieu répande sur lui ses bénédictions et lui accorde le salut) fait la promesse suivante : *Certes il vous rendra maîtres de la terre* [6]. »

Il a dit (gloire à lui et il est le plus véridique des diseurs [7]) : «*Dieu fait cette promesse à ceux d'entre vous qui croient et qui font le bien, il les rendra maîtres de la terre comme il l'a fait pour ceux qui les ont précédés et il établira solidement pour eux la religion qu'il leur a choisie et il leur fera échanger la crainte pour la sûreté, ils m'adoreront et ne me donneront aucun associé* [8] et le Prophète (que Dieu répande sur lui ses bénédictions et lui accorde le salut!) est le véridique, le fidèle, le sincère, et *Dieu ne rompra pas sa promesse* [9], et celui de vous qui sera tué pour la cause de Dieu ira *vers le repos, le parfum et le jardin de plaisir* [10], et celui d'entre eux qui sera tué pour la cause de Satan *obtiendra l'eau bouillante et les flammes de l'enfer* [11], soyez fervents et persévérants et ayez bon espoir [12], car le paradis est à l'ombre des épées [13], remerciez Dieu et *souvenez-vous de ses bienfaits* [14], car il vous a choisis avant toute autre nation et a fait de vous les défenseurs de sa religion et les suivants de son Prophète, vous avez été ses compagnons avant

[1] C ناج عرهم W ; تاج ديار عرهم.
[2] W ماية من ملوكهم.
[3] *Coran*, VIII, 84.
[4] *Coran*, IV, 99.
[5] Selon les historiens musulmans, le Prophète fut souvent secouru par les anges; ainsi à Bedr, Gabriel à cheval et à la tête de 5,000 anges chargea les infidèles et les mit en fuite.
[6] *Coran*, XXIV, 54.
[7] Cf. *Coran*, IV, 121.
[8] *Coran*, XXIV, 54.
[9] Cf. *Coran*, XIII, 31 et *passim*.
[10] *Coran*, LVI, 88.
[11] *Coran*, LVI, 93, 94.
[12] Cf. *Coran*, VIII, 47; VIII, 48; XLI, 30.
[13] Maxime attribuée à Mahomet, cf. Mas'oûdi, *op. cit.*, édit. Barbier de Meynard, t. IV, p. 171.
[14] *Coran*, II, 231.

tous et votre mérite l'emporte sur toutes les nations comme l'envoyé de Dieu l'emporte sur tous les prophètes. »

Le narrateur dit. A ces paroles de Khâlid, les visages des compagnons brillèrent de joie et ils s'écrièrent : «Émir, nous voici tous prêts à donner nos âmes et nos vies pour la cause de Dieu, en vue d'obtenir sa satisfaction, ne voulant par là *qu'être admis à contempler la face de Dieu*[1] (gloire à lui)». (Il dit[2].) Ensuite Khâlid envoya en toute hâte Zaid, fils de Mou'arrig al-Tanoukhî[3], à 'Amr fils d'al-'Âs pour lui faire connaître la situation. Celui-ci laissa à sa place à Misr son cousin Khârigah, homme plein de piété, lui recommanda ses sujets, lui confia le commandement de deux mille compagnons[4] et partit accompagné de quatre mille cavaliers semblables à des lions terribles, et (dit le narrateur) marcha jusqu'à ce qu'il eut rejoint l'armée.

Lorsqu'il fut arrivé auprès d'eux, ils le saluèrent et lui dirent : «Ta présence était inutile ici, ô émir. — Je le sais, répondit-il, mais vous êtes à l'entrée du territoire ennemi, et il ne me convenait pas de rester en arrière de vous[5]. » Ils accueillirent cette réponse avec joie et se préparèrent au combat. Tous les jours les espions sortaient pour avoir des nouvelles de l'ennemi.

Le narrateur dit. Un jour al-Fadl fils d'al-'Abbâs, fils d''Abd al-Mottalib, sortit du camp avec son frère 'Abd Allah fils d'al-'Abbâs, fils d''Abd al-Mottalib, Ga'far fils d''Aqîl[6] et ses deux frères 'Ali et Moslim, 'Abd Allah fils d'az-Zobair et Solaiman fils de Khâlid, fils d'al-Walîd[7], Mohammad fils de Farhat, fils d''Abd Allah, 'Abd Allah fils d'al-Miqdâd[8], 'Abd Allah fils d''Omar, fils d'al-Khattâb et 'Abd Allah fils d''Amr, fils d'al-'Âs, 'Omar fils de Sa'îd, fils d'Abou Waqqâs[9],

---

[1] *Coran*, xxx, 37.

[2] W قال الواقدى.

[3] Je ne trouve aucun renseignement sur ce personnage; W يزيد بن معرج.

[4] W أخرج معه أربعة آلاف فارس وترك فى مصر نحوا من أربعين فارسا.

[5] W ان اقعد عنكم.

[6] Pour Ga'far, 'Ali et Moslim, fils d''Aqîl, cf. p. 1.

[7] Ce Solaiman n'est pas cité dans l'*Ousd* : Khâlid était appelé Abou Solaiman et il eut un très grand nombre d'enfants dont quarante périrent de la peste en Syrie, Ibn Qotaibah, *op. cit.*, p. 136.

[8] Je ne trouve point ces deux personnages dans les ouvrages que j'ai pu consulter.

[9] Sa'd fils d'Abou Waqqâs fut la troisième personne que Mahomet convertit à l'islamisme, il avait dix-sept ans. Il fit toutes les guerres du Prophète et fut employé comme gouverneur par 'Omar et 'Otmân. Il mourut à 'Aqîq, à dix milles de Médine (50 ou 58 de l'hégire). Cf. Mas'oûdi (index); Sprenger, *Das Leben M.* (index); Nawawi, p. 275-278; Ibn Qotaibah, *op. cit.*, p. 124. Il avait un frère, 'Âmir, fils d'Abou Waqqâs, cf. *Ousd*, t. III, p. 97. C P W ont عمر بن سعيد ou سعيد. Il faut sans doute lire 'Âmir ben Sa'd ben Abi Waqqâs, car Nawawi (p. 276) nous apprend qu'il eut pour fils Mohammad, Ibrahim, 'Âmir et Mous'ab.

Moḥammad fils de Maslamah al-Anṣârî [1], ʿAbd ar-Raḥmân fils d'Abou Bekr aṣ-Ṣiddîq, Ziyâd fils d'Abou Sofiân et Ziyâd fils d'al-Moghîrah, suivis d'environ quatre cents chefs illustres, d'entre les fils des compagnons et des émirs à drapeaux et de seize cents soldats du commun d'entre les mohâgir et les anṣâr, revêtus de leurs cuirasses, ceints de leurs épées, armés de leurs lances [2] et le bouclier au dos [3], et marchèrent jusqu'à un couvent voisin appelé le couvent du Messie [4], situé sur le flanc de la montagne, pour épier l'ennemi.

(Le narrateur dit.) Tout à coup ils aperçurent un nuage de poussière épaisse qui s'éleva jusqu'à la voûte du ciel et se demandèrent si cette poussière était due à des animaux sauvages ou à du bétail. Mais al-Faḍl fils d'al-ʿAbbâs leur dit : «Ce n'est pas là la poussière soulevée par des bêtes sauvages, car si cela était, le nuage se diviserait et se partagerait en nuages successifs; cette poussière est soulevée par une troupe de soldats avec un attirail de guerre, car lorsque les chevaux frappent le sol de leurs pieds, la poussière s'élève jusqu'à la voûte des cieux. » (Le narrateur dit.) Nous tenons le récit suivant d'Abou Ziyâd [5], d'après ʿAbd Allah fils d'Abou Mâlik al-Khawlânî, d'après Ṭâriq fils de Šihâb al-Gorhomî [6], d'après ʿAbd ar-Raḥmân fils d'Abou Horairah [7] (que Dieu soit satisfait d'eux tous). Il a dit. Tandis que nous parlions avec al-Faḍl le nuage de poussière en s'entr'ouvrant nous montra dix mille cavaliers avec des enseignes et des croix. En nous apercevant ils firent entendre des paroles indistinctes dans

---

[1] C بى سلمة; W P بى مسلمة; Moḥammad fils de Maslamah al-Anṣâri assista à toutes les guerres du Prophète; il mourut à Médine en 43, à 79 ans. Il aurait donc eu 57 ans à cette époque; cf. Nawawi, *op. cit.*, p. 119-120, Masʿoûdi (index); Sprenger, *Das Leben M.* (index); *Ousd*, t. IV, p. 330-331; Soyouti, *op. cit.*, p. 133; Ibn Qotaibah, p. 137.

[2] اعتقل se dit de la lance que le cavalier porte entre sa cuisse et son étrier (cf. Hariri, p. 178 et Motanabbi, p. 25, 9 بين ساقِهِ ورِكابه) quand il n'attaque pas l'ennemi; cf. d'ailleurs à ce sujet, Schwarzlose, *Die Waffen der alten Araber*, p. 50.

[3] La حجفة et le كَرَزة sont des boucliers de peau à l'origine, cf. *ibid.*, p. 353, 355; تنكّب se dit d'une chose que l'on porte sur les épaules et s'emploie aussi pour l'arc (cf. *ibid.*, p. 40).

[4] Couvent du Messie. Ce couvent est cité dans Hamaker, *Liber de expugnatione Memphidis*, p. 104, l'éditeur déclare ne pas l'avoir trouvé cité, ni dans Maqrîzi, ni ailleurs.

[5] W هريرة . عن ابى هريرة . . . . عن ابى مالك P ابو زياد عن ابى مالك; ابو زياد.

[6] Un Ṭâriq ben Šihâb est cité dans l'*Ousd*, t. III, p. 48, où il est appelé البجلى et non al-Gorhomi.

[7] Il y a sans doute erreur dans C; W donne Abou Horairah dont le nom était ʿAbd Allah ou ʿAbd ar-Raḥmân, qui était à Khaïbar avec le Prophète : Mahomet lui accorda de retenir facilement les traditions et plus de huit cents personnes en ont rapporté d'après lui; il fut gouverneur de Bahreïn pour ʿOmar et mourut à Médine en 57 de l'hégire. Ibn Qotaibah, p. 147; Nawawi, p. 760-761; *Ousd*, t. V, p. 315-317; de Slane (trad. d'Ibn Khallican), t. I, p. 570, note 1.

leur langue, puis aussitôt nous chargèrent comme un seul homme. (Le narrateur dit.) Ḍirâr fils d'al-Azouar s'était séparé de nous avec cent compagnons des plus braves et ils suivaient dans la montagne un chemin autre que la grande route. (Il dit.) Tout à coup ils aperçurent le nuage de poussière qui, en se dissipant, leur fit voir le corps ennemi dont nous venons de parler. A cette vue, ils ne doutèrent pas que leur perte ne fut certaine. Ḍirâr s'élança en s'écriant : « On ne peut éviter la mort ». En un clin d'œil l'ennemi les chargea et les entoura; ils reconnurent qu'il était impossible d'éviter le combat; l'ennemi les joignit œil contre œil, et les deux partis en vinrent aux mains. Les Musulmans résistèrent comme le font des gens de cœur, quand ils sont entourés de tous côtés par de vils infidèles, et par Dieu, quel excellent guerrier se montra Ḍirâr ce jour-là, mais en un instant un grand nombre des compagnons de Ḍirâr furent tués, le cheval de Ḍirâr tomba et renversa son cavalier qui fut fait prisonnier avec la plupart des suivants. (Le narrateur dit.) Leur adversaire était le chef des patrices, maître de Bibâ al-Koubra[1]. Les ennemis lièrent Ḍirâr et ses compagnons les mains derrière le dos et les attachèrent sur leurs chevaux et les envoyèrent vers le gros de l'armée.

Cependant un esclave affranchi[2] d'ʿAbd ar-Raḥmân fils d'Abou Bekr aṣ-Ṣiddîq, nommé Sâlim[3], avait échappé aux ennemis. Il alla à bride abattue trouver Khâlid et l'informa de ce qui était arrivé, ainsi que ʿAmr (que Dieu soit satisfait d'eux). (Il dit.) Cette nouvelle les affligea beaucoup. Khâlid voulait courir en personne à leur secours, mais ʿAmr l'en empêcha. Aussitôt al-Mosayyab fils de Nagabah al-Fazârî[4] et Rafiʿ fils d'ʿOmairah aṭ-Ṭayyî[5] s'élancèrent avec mille compagnons, emmenant avec eux un des gens de Gizeh, qui s'était converti à l'islamisme, pour les guider par un chemin autre que la grande route et s'y mirent en embuscade dans le voisinage du couvent. Comme ils avaient devancé le patrice qui emmenait Ḍirâr et ses compagnons, et qu'ils cherchaient en vain les traces des ennemis, le guide leur dit : « Mon avis est que les ennemis ne sont pas encore arrivés, mettez-vous donc ici en embuscade ». Les ennemis qui escortaient Ḍirâr et ses compagnons étaient au nombre de cinq cents cavaliers.

[1] W رأس ‏وكان; C وكان راس ; وكان الذى قاتلهم رأس .

[2] Sur مولى et le sens de ce mot, cf. Goldziher, *Muhammedanische Studien*, I, p. 104 et seq.; Doutté, *Notes sur l'Islam magrebin* (*Revue des religions*, 1900, p. 30).

[3] Ce personnage manque dans l'*Ousd*.

[4] C à tort بن يحى ; W بن نحيبة .

[5] Rafiʿ était brigand lors du paganisme, un chacal (ذئب) l'invita à aller trouver le Prophète; il se convertit et mourut vingt ans avant ʿOmar. Cf. *Ousd*, t. II, p. 155-156, et Wâqidi, édit. Nassau Lees, p. 61; d'après l'*Iṣâba* et ʿ*Abd al-Barr*.

(Le narrateur dit.) Khawlah fille d'al-Azouar [1] avait été fort affligée de savoir son frère prisonnier. En apprenant que al-Mosayyab fils de Yaḥya al-Fezâri, Rafi' fils d'ʿOmairah aṭ-Ṭayyî et leurs compagnons allaient partir à la recherche de son frère, son cœur se remplit de joie; elle se leva en hâte, revêtit sa cuirasse et sa lâmah [2] et alla trouver Khâlid. Déjà al-Mosayyab, Rafi' et leurs compagnons étaient sur le point de partir pour délivrer les prisonniers : «Émir, dit-elle à Khâlid, par le pur, le purifié, la meilleure des créatures de Dieu, notre seigneur Moḥammad (que Dieu répande sur lui ses bénédictions et lui accorde le salut), je t'en prie, laisse-moi partir avec eux, peut-être assisterai-je au combat, et les aiderai-je, c'est ce que je désire le plus au monde». Khâlid dit à al-Mosayyab et à Rafi' : «Vous connaissez son courage et sa bravoure, prenez-la avec vous. — Entendre c'est obéir», répondirent-ils, et ils allèrent se poster à l'endroit dont nous avons parlé. Tandis qu'ils se tenaient ainsi en embuscade près du couvent, ils aperçurent un nuage de poussière. Rafi' et al-Mosayyab dirent à leurs compagnons : «Réveillez votre courage et raffermissez votre résolution, et abordez vos ennemis avec des cœurs fermes et des intentions pures et excellentes». La troupe réveilla ses esprits et se tint dans l'attente de l'ennemi qui apparut bientôt, entourant Dirâr, que les cordes dont il était solidement garrotté faisaient souffrir et qui récitait ces vers :

Je t'en prie, va annoncer à ma tribu et à Khawlah que je suis prisonnier des ennemis, les
[mains liées par des entraves.
Entouré de Grecs [3] infidèles et réduit à l'impuissance [4].

---

[1] Sur Khawlah, cf. Waqidi, édit. Lees, p. 92; l'annotateur n'a trouvé aucun renseignement sur cette héroïne qui joue un grand rôle dans les *Foutouḥ*, et je n'ai pas été plus heureux que lui. Nawawi (p. 839) dit qu'elle était fille de Mâlik ben Taʿlabah qui paraît devoir être identifié avec al-Azouar, car son nom était (*Ousd*, t. III, p. 39) Mâlik ben Aous ben Goḍaimah ben Rabiʿah ben Mâlik ben Taʿlabah.

[2] Sur la *lâmah* ou cotte de mailles, cf. Schwarzlose, *Die Waffen*, p. 333.

[3] علج, plur. علوج, sur ce mot, cf. Hariri, *Séances*, édit. Sacy, t. I, p. 383 : هم كفار العجم وقال ابن سعيد فيما نقله من تواريخ المشرق, Ibn Khaldoun, édit. du Caire, t. II, p. 184, وقيل كفار الروم عن البيهقى وغيره ان يونان هو ابن علجان بن يافث ولذلك يقال لهم العلوج; cf. Reinaud, *Invasions des Sarrazins en France*, p. 282.

[4] لا اعيد ولا ابدا, Dozy, *Suppl. au Dict.*, t. II, p. 146, renvoie à Lane, p. 2189, qui donne les sens suivants : «ne rien dire pour la première ou la deuxième fois, ne rien dire d'original». Je pense que cette expression a un sens voisin de la traduction que j'ai proposée. On trouve, au reste, une expression analogue dans ce vers d'Ibn Noubâta, cité par Ibn Khallicau :

ان هجرتك اذ هجرتك وحشة ۞ لا العود يذهبها ولا الابداء

«Je vous ai quitté par suite d'un sentiment d'aversion que *rien* ne peut effacer.»

Si j'étais sur mon coursier rapide[1], ayant en main la poignée[2] de mon glaive tranchant,
Je ferais goûter aux chiens de Grecs ma vengeance[3], et je leur ferais vider dans la mêlée la
[coupe de la plus amère douleur.
O mon cœur, meurs de tristesse, de chagrin et de soupirs, et vous, mes larmes, coulez sur
[ma joue,
Jusqu'à ce que je revoie ma tribu[4] et Khawlah autour de moi et que je retrouve l'amitié dont
[ils m'entouraient.
Mon cheval a bronché et je suis tombé à terre[5], le destin a voulu que je ne pusse atteindre
[mon but.
Que le Dieu de l'ʿarch[6], mon Seigneur, répande à jamais ses bénédictions sur le Seigneur
[élu entre tous, qui a obtenu la droite voie[7].

Le narrateur dit. Sa sœur lui cria de l'embuscade où nous nous trouvions :
«Dieu a exaucé ta prière, accepté tes supplications et entendu le secret que tu
lui confiais; tes ennemis ne te poursuivront pas de leurs insultes. Me voici, moi,
ta sœur Khawlah.» Puis au cri de «Dieu est grand» elle chargea l'ennemi. Rafiʿ,
al-Mosayyab et leurs compagnons suivirent son exemple. Gobair fils de Sâlim
a dit[8]. Lorsque nous poussâmes le cri de «Dieu est grand», nos chevaux
hennirent à ce cri par une sorte d'instinct venu de Dieu; après un combat de
quelques instants, les ennemis furent tués jusqu'au dernier et Dieu délivra Dirar
et ses compagnons de captivité. Nous nous emparâmes des chevaux des ennemis,
de leurs dépouilles et de leurs armes. (Il dit.) Et ce fut là le premier butin des
Musulmans dans le Saʿîd[9]. (Le narrateur dit.) En voyant Dirâr délivré, sa sœur
fut remplie de joie et l'embrassa. Dirâr remonta sur son cheval impatient de

---

[1] P C المهذب; W الحجل.

[2] قائم ou قائمة, cf. sur ce mot SCHWARZLOSE, *Die Waffen d. Araber*, p. 113, 114, 156; C P وقائم القضب; W العضب (sur le mot cf. SCHWARZLOSE, *op. cit.*, p. 180 et seq.).

[3] W بالخذل نقة لا ذلت جمع الروم اذلال نقة; P = C sauf نقة.

[4] W فلو ان اقواى وخولة عندنا.

[5] P انتبذت على الوغى; W انتنيت على الثرى.

[6] L'ʿarch (العرش) est le trône divin qui se trouve au-dessus du septième ciel; le كرسى est le
trône inférieur qui se trouve au-dessous du septième ciel : tous deux se trouvent dans le monde
supérieur, العالم الاعلى ou عالم البقاء; l'ʿarch est le plus grand et se meut en 71,000 années autour
du zodiaque. Cf. FLEISCHER, *Cat. der arab. pers. und türkisch. Handsfchriften d. Leipz. Rathsbibliothek*,
p. 491, col. 2, et p. 530, col. 2; FLÜGEL, *Schaʿrani u. sein Werk über die Muhammed. Glaubenslehre*
(*Z. D. M. G.*, t. XV, p. 28), cités par WOLLF, *Muhammedanische Eschatologie*, 1 vol., 1872, Leipzig,
p. 2.

[7] Ce vers manque à P et W.

[8] Je ne sais qui est ce Gobair.

[9] *Dans le Saʿîd* manque à W.

combattre[1], reprit sa lance qu'il trouva à terre et lâchant la bride à son cheval,
courut aux Grecs en récitant ces vers :

Louange éternelle à toi, ô mon Seigneur, à tout moment, à toi qui as mis fin à mes chagrins[2],
[à ma tristesse et à mon affliction.
J'ai donc obtenu ce que j'espérais de bonheur, j'ai été réuni à mes amis et la maladie dont
[je souffrais est guérie[3].
J'anéantirai les chiens de Grecs dans toutes les rencontres et mon Seigneur miséricordieux
[sera l'appui de mon zèle.
Malheur aux chiens de Grecs, si ma main les saisit, je leur ferai goûter ma vengeance avec
[mon épée[4].
Et je les laisserai tous, étendus sur le sol, et ils auront bu la coupe du trépas de ma main[5].

(Le narrateur a dit.) A peine Ḍirâr avait-il achevé ses vers que l'on vit venir
des chevaux qui fuyaient et en voici la cause. Lorsque les Romains se précipitèrent sur al-Faḍl fils d'al-ʿAbbâs, il poussa un cri ainsi que ses cousins et ses
compagnons, et sans se laisser effrayer par le nombre des ennemis, ils tinrent
ferme comme le font les gens de cœur; la mêlée augmenta et le désir (de
vaincre) devint plus grand (des deux côtés) : le sang coula, le ciel s'obscurcit,
le combat s'échauffa et le nombre des amis diminua; la meule de la guerre
tourna, les coups de pointe et les coups d'estoc se multiplièrent, les combattants
se précipitèrent avec furie, les héros poussèrent des cris rauques, le massacre
devint plus terrible, les combats (singuliers) devinrent plus nombreux, les têtes
volaient sous les coups d'épée, les yeux s'obscurcissaient[6], les dangers augmentaient et les guerriers au beau visage[7] disparaissaient. On ne distinguait plus
les Musulmans dans la mêlée, à cause de la multitude des ennemis, et eux ne se
reconnaissaient entre eux qu'aux cris de guerre[8] «Dieu est grand», et «Il n'y

[1] W عريانا.

[2] فرج ;مغرج أحزانى signifie «faire cesser» la peine, le malheur qui accablent quelqu'un et amé-
liorer sa situation, de là le titre de plusieurs ouvrages connus : الفرج بعد الشدة; cf. le ḥadit n° 19
اعلم ان النصر مع الصبر والفرج مع الكرب. Aš-Šobrakhîtî, Al-foutouḥat al-wahabiyah biśarḥ al-arbaʿin,
1 vol. in-8°, Le Caire, p. 144.

[3] C'est-à-dire la douleur que lui causait son éloignement de ses amis; cette expression est
fréquente dans les poésies amoureuses.

[4] P به سوف اعلوه بقوة هتى; P ajoute ce vers qui manque à C et W.
بعد حسام مزهف طالع به   ه   على راسه فوق التراب بضربتى

[5] كا رمة منه واشفى علتى P ; كا رمة فى الارض من عظم ضربتى W.

[6] Mot à mot : «les yeux fondirent».

[7] «Les lunes», expression très fréquente en arabe pour décrire la beauté.

[8] شعار désigne le mot par lequel les Musulmans se reconnaissaient dans la mêlée au commencement de l'islâm. Cela était nécessaire, attendu que les deux partis étaient composés d'Arabes; le cri
des compagnons, du temps de Mahomet était يا منصور امت امت (Waqidi, édit. Lees, p. 52, note 33).

a de Dieu que Dieu », et à leurs vœux pour l'apôtre, le Prophète qui est comme une lampe éclatante. Par Dieu, al-Faḍl fils d'al-'Abbâs, et ses cousins tinrent ferme, comme tiennent les gens de cœur et irritèrent ces misérables païens. Avec quel courage combattit Faḍl [1], excitant le feu de la guerre de sa personne; tantôt il renversait l'aile droite sur l'aile gauche et tantôt l'aile gauche sur l'aile droite, et tout en combattant, il tenait l'étendard de sa propre main. Quels braves que Moslim fils d'Aqîl et ses frères; ils firent un tel massacre d'ennemis que le sang coulait sur leurs cuirasses, comme si c'eût été des foies de chameau [2]. Quel brave que Solaiman fils de Khâlid, fils d'al-Walîd, qui périt à l'affaire du couvent près de Tanbada [3], dans un village appelé Dehrout [4]; avec lui périrent 'Abd Allah fils d'al-Miqdâd, fils d'al-Aswâd al-Kindî, et un grand nombre d'autres compagnons (que Dieu soit satisfait d'eux tous), et cela sera raconté plus tard, s'il plaît à Dieu. Moḥammad fils de Maslamah al-Anṣâri a dit [5]. Ce fut un combat à mort et nous crûmes que ce serait là le jour de la résurrection [6]. Le narrateur dit. Le massacre continua et le sang coula du lever du soleil à son coucher et il y eut un nombre considérable de Grecs qui périrent. (Il dit.) Al-Faḍl fils d'al-'Abbâs se précipita sur un patrice [7] de haute taille qui, sur son cheval, ressemblait à une tour en or et lui porta un coup de lance dans la poitrine; l'on vit sortir la pointe brillante derrière son dos. (Il dit.) A cette vue,

---

[1] دَرَّ الفضل الله. Lane (*Ar. Dict.*, p. 813) nous dit que ce terme signifie « que ta bonne action soit attribuée à Dieu », c'est un terme de louange; ainsi en parlant à un homme éloquent, à un poète, ces mots signifient : vous êtes divinement doué; d'après les lexicographes arabes, voici l'origine de cette expression : un homme en ayant vu un autre traire une chamelle, s'étonna de l'abondance de son lait et prononça ces mots, voulant dire par là qu'une telle abondance de lait venait de Dieu. On dit aussi simplement الله; je ne crois pas m'éloigner du sens en traduisant : avec quel courage combattit Faḍl. Cf. sur cette expression Harîri, *Séances*, édit. Sacy, t. II, p. 418, et la note de M. Barbier de Meynard dans son édition des *Colliers d'or* de Zamakhšari.

[2] P W كقطع اكباد. Cette expression se retrouve plusieurs fois dans notre texte.

[3] W قريبا من طرا. Tanbada, dans le district de Beni-Mezar, province de Minieh; cf. Quatremère, *Mém. géogr.*, t. I, p. 341; Amélineau, *Géogr.*, p. 479; Hamaker, *Liber de expugnatione Memphidis*, p. 113, citant le *Foutouḥ Bahnasâ*, écrit طبندى. Ali Pacha Moubârak, *Khiṭaṭ gadîdah*, t. XIII, p. 44-45.

[4] Dehrout W P دهروط; C, Deriouṭ, village du district de Beni-Mezar, province de Minieh : sur les divers Dehrout, cf. Maqrîzi, traduction Bouriant, f. p. 601, texte I, p. 205, et *Khiṭaṭ gadîdah*, t. XI, p. 3-4.

[5] C بن سلمة à tort.

[6] Sur le jour de la résurrection comme symbole de terreur, cf. Quatremère, *Sultans mamelouks*, t. I, p. 95; Ibn Khallican, t. I, p. 5 خطب اقام قيامة الافاق; d'où le turc قويردى قيامت.

[7] *Bitriq* « patrice et patriarche »; selon les Arabes, un patrice commandait dix mille hommes, et avait sous ses ordres un tarkhân (ترخان) et un qomas (قومس) commandant à cinq mille et deux cents hommes.

les Grecs firent appel à leur bravoure et la lutte reprit avec ardeur entre eux et
nous; quarante cavaliers musulmans et quatre-vingts[1] des polythéistes périrent.

A ce moment un nuage de poussière s'éleva et monta vers le ciel; quand elle
se dissipa nous reconnûmes les drapeaux de l'islâm et un corps de cavalerie
musulmane d'environ deux mille hommes; au premier rang nous aperçûmes des
cavaliers illustres et des chefs braves; l'un d'eux était al-Miqdâd et les autres
Ziyâd et al-Qa'qa' fils d"Amr at-Tamîmî et Šourḥabîl fils d'Ḥasanah[2], secrétaire
de l'envoyé de Dieu. (Il dit.) Ils étaient suivis de deux mille cavaliers. Sans
hésiter, al-Miqdâd se précipita sur les ennemis au plus fort de la mêlée en récitant ces vers :

Je suis al-Miqdâd, celui qui court à la bataille[3], mon épée et ma main ne frappent pas en
[vain et peuvent se mesurer avec toute autre[4].
Quand le danger est le plus excessif, je suis au-devant de tous, ayant en main ma lance
[longue et flexible[5].
Mon courage bien connu méprise les ennemis[6]; les héros et les tribus en ont été témoins[7].
Aucun guerrier n'ose sortir des rangs ennemis contre mon épée, et nul parmi les hommes n'ose
[se mesurer dans l'arène avec moi.

Le narrateur dit. Il se précipita dans la mêlée, suivi par Ziyâd fils d'Abou
Sofiân, fils d'al-Ḥaret, fils d"Abd al-Moṭṭalib, qui récitait ces vers :

Je suis Ziyâd, fils d'Abou Sofiân, dont le père et le grand-père appartiennent aux plus nobles
[des Arabes purs.

---

[1] W trois cents, et il ajoute لكن الرجل ما قتل منا حتى قتل جماعة من الروم.

[2] Šourḥabîl fils d'Ḥasanah, le compagnon du Prophète, Ḥasanah était le nom de sa mère, son
père était 'Abd Allah fils de Mouṭâ'; il se convertit de bonne heure et émigra en Abyssinie, puis à
Médine, assista à la campagne de Syrie et en fut gouverneur pour 'Omar. Il mourut de la peste à
Amawas en 18 de l'hégire, le même jour qu'Abou 'Obaidah. Nawawî, p. 312-313; Ibn Qotaibah,
p. 165; *Ousd*, t. II, p. 390-391; Maqrîzi, t. I, p. 295, dit d'après 'Abd al-Ḥakam que les deux fils de
Šourḥabîl, Rabîah et 'Abd ar-Raḥmân assistèrent à la conquête. Šourḥabîl est comme formation
analogue à Amru-al-Qaïs (l'homme de Qaïs), c'est un composé de شرحب + ايل «l'homme de Dieu»,
formation analogue à Šaraḥil. Sur ces noms composés avec ايل, cf. Blau, *Zur hauranischen Alterthums-
kunde*, *Z. D. M. G.*, XV, 442.

[3] W اكبر صائل ا.

[4] W طائل اطوال الاعداء على وسيفى; P طائل مازال.

[5] Sur les épithètes de «longue» et «mince» appliquées à la lance, cf. Schwarzlose, *Die Waffen*,
p. 234 et 236.

[6] W العدا تردع; P تقهر العدا.

[7] P W لها شهدت ابطال بين القبائل.

Mon cousin est Aḥmed al-ʿAdnani [1]; j'ai un glaive tranchant de l'Yémen [2].
Et une lance pour tout coupable d'entre ces chiens sans religion [3].

Le narrateur dit. Ensuite il se précipita au milieu des ennemis, renversa l'aile droite sur l'aile gauche, l'aile gauche sur l'aile droite et se précipita sur le centre; les Grecs reculèrent devant lui et s'enfuirent et lui les frappait de tous côtés. Après lui chargea al-Qaʿqaʿ fils d'ʿAmr at-Tamîmî, en disant ces vers :

Je suis le chef, le cavalier al-Qaʿqaʿ, lion courageux, lion redouté (obéi).
J'ai une épée qui perce les poitrines [4], qui fend les crânes et les côtes [5].
Qui enlève le désir de vivre, renverse les forts et les citadelles.
Celui qui désire une querelle, fuit grâce à elle devant moi quand les cuirasses se touchent.
Les ennemis craignent toujours en moi un bras redoutable, et un chef sans défaut et vaillant.

Le narrateur a dit. Après lui chargea Šourḥabîl, fils d'Ḥasanah, secrétaire de l'envoyé de Dieu, en disant ces vers :

Défenseurs de l'Islam, chargez, et proclamez ouvertement la formule de l'unité de Dieu [6]
Faites goûter malgré eux à ces gens la coupe de la mort [7], voici un glaive tranchant contre
[l'ennemi.
Faites avec lui voler leurs têtes et évoluez dans la mêlée, frappez avec la lance que voici.
Mourez dans la mêlée, comme des guerriers vaillants, et ne cessez pas de leur porter des
[coups, dans la lutte.

Ensuite les cavaliers se précipitèrent, l'un suivant l'autre, quand déjà Ziyâd fils d'Abou Sofiân s'était, comme nous l'avons dit, précipité en chargeant sur les ennemis. Il courut au grand patrice, maître de Bibâ al-Koubra et le frappa de son épée à l'épaule droite, l'épée brillante ressortit par l'épaule gauche. Il poussa le cri de « Dieu est grand », auquel répondit le même cri des Musulmans,

---

[1] C'est-à-dire Moḥammad descendant d'ʿAdnân, descendant d'Heber par Ismael, père de la deuxième branche des Arabes, dont la première est Qaḥtan. Les historiens arabes donnent la généalogie de Mahomet non seulement jusqu'à ʿAdnân, mais même jusqu'à Adam. Cf. Masʿoûdi, édit. Barbier de Meynard, t. IV, p. 115, d'après Ibn Hichâm.

[2] P W مع حسام ثم ريح ثانى.

[3] P W اطعن كل كافر جبان وكل قلب (كلب P) ناقص الايمان.

[4] P W مع حسام يبرئ الاوجاع.

[5] P ne donne que les deux premiers vers; W ajoute ياويل اهل الشرك والنزاع منى اذا فى الحرب طال الباع; les autres vers manquent à W.

[6] P W على الاعداء بالسيف الصقيل.

[7] W الطويل الرمح السمهرى بلذع — جهرا الموت حياض اذيقوهم; ce vers est le dernier dans P. W ajoute ensuite وموتوا فى الوغى قوما كراما — شداد فى المعامع والنزول; dans P ce vers est avant le précédent.

l'écho des montagnes répéta ce cri[1] et les bêtes sauvages et domestiques en furent effrayées; la terre trembla sous les sabots des chevaux, et chaque émir se précipita sur un patrice et le tua. Le narrateur dit. En un instant les Grecs tournèrent le dos et cherchèrent leur salut dans la fuite, sans regarder à côté d'eux, poursuivis par les Musulmans, qui massacraient les fuyards et les faisaient prisonniers; la déroute continua jusqu'à Gazra et Meidoum[2].

Tandis que Ḍirâr et ses compagnons revenaient, tout à coup ils aperçurent les Grecs en fuite, comme nous venons de le dire, et les cavaliers musulmans à leur poursuite, tuant, faisant des prisonniers et dépouillant les morts. Ceux-ci ignoraient ce qui était arrivé à Ḍirâr et à ses compagnons. En les voyant, ils les saluèrent, les félicitèrent d'être sains et saufs. Ḍirâr leur raconta son aventure avec les polythéistes. Ils firent jonction avec al-Mosayyab et ses compagnons qui leur montrèrent le champ de bataille couvert de morts, ce qui leur causa une grande joie.

Le narrateur dit. Cependant, après le départ d'al-Faḍl et de ses compagnons, 'Amr et Khâlid étaient en proie à l'anxiété et Khâlid dit à 'Amr : «Père d''Abd Allah, je crains qu'al-Faḍl et sa troupe ne se soient égarés et que les éclaireurs des Grecs ne les fassent prisonniers. — C'est aussi ma pensée, père de Solaiman, répondit 'Amr, que me conseilles-tu? puisse Dieu te favoriser de sa bonté. — Mon avis, dit Khâlid, est d'envoyer derrière eux une autre troupe d'éclaireurs. — Excellent avis, reprit 'Amr.» Il fit mander az-Zobair fils d'al-'Awwâm et Abou-Ḍarr al-Ghifâri et les informa de son dessein. Khâlid voulait partir avec eux, mais Zobair l'en empêcha en prenant Dieu à témoin qu'il partirait seul. Il choisit un certain nombre de cavaliers et ils marchèrent jusqu'à ce qu'ils rencontrassent le détachement de leurs compagnons, qu'ils trouvèrent vainqueurs des Grecs, comme nous l'avons dit. Les compagnons réunirent alors les dépouilles, les chevaux et les armes et revinrent vers le camp, pleins de joie et d'allégresse. Le narrateur dit. Ils amenaient avec eux six cents prisonniers; ils firent entendre le tahlîl et le takbîr et la prière pour Mahomet, l'apôtre, le pur[3]; les Musulmans leur répondirent par les mêmes cris. En voyant les dépouilles et les prisonniers, ils furent pleins de joie et se saluèrent. 'Amr, Khâlid et les autres émirs vinrent les saluer et pressentirent que Dieu (qu'il soit loué et

---

[1] La même idée se retrouve dans le *Foutouḥ ach-Châm*, cf. Wâqidi, *The conquest of Syria*, publié par Nassau Lees, page 6, ligne 15 et la note.

[2] Le premier nom paraît altéré; il n'y a pas de localité de ce nom; Meidoum est situé dans le voisinage d'Aṭfiḥ et est bien connu par ses pyramides.

[3] *Coran*, xv, 89, et *passim*.

72   É. GALTIER.

glorifié), leur donnerait la victoire[1]. Ils montrèrent les prisonniers à ʿAmr et à
Khâlid, et après avoir allumé des feux dans la prairie, ils passèrent la nuit à
psalmodier le *Coran*, implorant le Dieu unique qui accorde les grâces, s'inclinant et se prosternant devant lui. Voilà, dit le narrateur, ce qui arriva à ces
nobles et vaillants chefs, que Dieu soit satisfait d'eux tous.

Quant aux polythéistes qui s'étaient enfuis, ils ne s'arrêtèrent qu'à leur camp,
déçus et humiliés. (Il dit.) En les voyant en cet état, les princes et les patrices
leur demandèrent : «Que vous est-il arrivé? Et qui est cause de ce malheur?»
Ils leur racontèrent tout, du commencement à la fin, et ce récit leur causa une
grande tristesse et une grande peine, à cause de la perte de leurs compagnons
qui avaient péri dans le combat et de ceux qui avaient été faits prisonniers.
Ils se préparèrent à combattre les Musulmans[2]. Le narrateur dit. Ils prirent
leurs armes, montèrent sur leurs chevaux, leurs chameaux et leurs éléphants,
se couvrirent de leurs ornements et partirent en hâte, au bruit de tambours, de
flûtes et de cymbales innombrables. Qaïs fils d'al-Ḥârit[3] dit. Après ce combat
les Musulmans restèrent immobiles dans leur camp une journée, mais le lendemain, après la prière du matin, tandis que l'on attendait des nouvelles (car à
chaque instant les plus braves des émirs et des héros montaient à cheval et couraient la campagne pour espionner l'ennemi), ils virent une poussière s'élever et
demeurer suspendue en l'air, puis aperçurent des chevaux et des hommes aussi
nombreux que des sauterelles qui se répandent dans les champs ou les eaux d'un
torrent qui se précipite avec vitesse; la terre trembla du bruit des tambours, des
flûtes, des cornes, on entendit un bruit confus de hennissements[4] et un cliquetis
de brides. Les émirs revinrent pour informer ʿAmr, Khâlid et les compagnons du
Prophète de l'arrivée de l'ennemi.

Le narrateur dit. Aussitôt on entendit crier dans le camp : «Au combat, au
combat[5], cavaliers de Dieu, montez à cheval, désirez le paradis, cherchez la
récompense, ne fuyez pas devant les ennemis de Dieu, tournez-vous vers Dieu

---

[1] نصر est exactement «le secours» : النصر من لله للعبد اى اعانته لد يقال نصر الغيث البلد اذا اعانه, Aš-Šobrakhîti, *Al-foutoûḥât al-wahabiyah bišarḥ al arbaʿin*, على النبات والنصير والناصر فى اللغة المعين
p. 144.

[2] *En les voyant en cet état — Le narrateur dit* manque à W.

[3] Qaïs fils d'al-Ḥârit ou al-Ḥârit ben Qaïs ben ʿOmairah était le grand-père de Qaïs ben Rabiʿah,
les Arabes portaient devant lui leurs procès; il avait quatre-vingts femmes quand il se convertit; le
Prophète lui ordonna d'en choisir quatre. *Ousd*, t. IV, p. 210-211.

[4] W ازدحام الخيل.

[5] نفر «partir en expédition» : نغير «attaque», cf. Quatremère, *Hist. des sultans mamelouks*, t. II,
p. 121.

et faites intercéder pour vous Moḥammad (que Dieu répande sur lui ses bénédictions et le sauve). » Il dit. Les Musulmans coururent[1] à leurs cuirasses et les
revêtirent, se ceignirent de leurs épées, prirent leurs lances, montèrent à cheval,
déployèrent leurs drapeaux, s'ornèrent[2], purifièrent leurs cœurs de la tromperie, leur esprit de toute pensée mauvaise, et donnèrent leurs vies pures pour
la cause de Dieu[3]. Le narrateur dit. En un instant ils furent prêts et debout,
Khâlid disposa son armée pour la bataille, secondé par 'Amr. Il dit. Il plaça
au centre les gens renommés pour leurs coups de lance et d'épée, tels que al-
Faḍl fils d'al-'Abbâs et ses cousins d'entre les chérifs des Banou-Hâchim[4], à
savoir : Ga'far, 'Ali, Moslim fils d''Aqîl, fils d'Abou Ṭâlib, Ziyâd fils d'Abou
Sofiân, fils d'al-Ḥaret, fils d''Abd al-Moṭṭalib, et d'autres héros aussi redoutables;
à l'aile droite az-Zobair fils d'al-'Awwâm, al-Miqdâd fils d'al-Aswad al-Kindi,
Mosayyab fils de Yaḥya al-Fezâri[5]; à l'aile gauche al-Qa'qa' fils d''Amr at-
Tamîmî, Hiśam fils d'al-Mirqâl, Ghânim fils d'Iyâḍ al-Aś'arî, Abou Ḍarr al-
Ghifâri, Gâbir fils d''Abd Allah al-Anṣâri et d'autres (que Dieu soit satisfait d'eux
tous). Il dit. Khâlid et 'Amr restèrent au centre avec 'Abd ar-Raḥmân fils
d'Abou Bakr aṣ-Ṣiddìq, 'Abd Allah fils d''Omar, fils d'al-Khaṭṭâb, 'Oqbah fils
d''Âmir al-Gohanî et les autres émirs et porteurs d'enseignes d'entre ceux des
compagnons qui avaient assisté aux batailles avec l'envoyé de Dieu. 'Abd Allah fils
de Zaïd[6] a dit, d'après Abou 'Oumâmah al-Anṣâri[7] qui était de ceux qui portaient un drapeau. Tandis que nous nous préparions au combat, les enseignes des
polythéistes flottèrent, leurs drapeaux se montrèrent, et leur brillant appareil
lança des éclairs, les croix se dressèrent dans l'air[8], nous les entendîmes

---

[1] W اﻟﻰ ﻗﺪوﻣﻬﻢ وﻟﺒﺴﻮا.

[2] C اﻟﻰ زﯾﻨﺘﻬﻢ ﻓﺎﻇﻬﺮوﻫﺎ; je corrige اﻇﻬﺮوﻫﺎ.

[3] Mot à mot : «dans la voie de Dieu », expression coranique.

[4] Les Banou-Hàchim étaient une des vingt-cinq branches des Qoreichites, cf. Mas'oùdi, *Prairies d'or*, t. IV, p. 121.

[5] Lisez fils de Naḡabah comme plus haut. Tous les personnages ici énumérés ont déjà été l'objet d'une note.

[6] Je ne trouve point ce personnage.

[7] Il y a plusieurs Abou 'Oumâmah al-Anṣâri; il est difficile de dire duquel il est question. *Ousd*, t. V, p. 138-139. Ibn Qotaidah, p. 157, peut-être est-ce Abou 'Oumâmah al-Bahilî; cf. Soyouṭi, *Ḥusn al-moḥaḍera*, p. 137.

[8] On sait que les troupes grecques portaient une croix en guise de drapeau. De même dans An-Nowairi, *Hist. de la province d'Afrique et du Maghreb*, tr. par de Slane (*Journ. asiat.*, 1841, t. IX, p. 107) : «Le prince des Grecs était à cheval et encourageait ses troupes; il avait avec lui la croix et portait un diadème, vu son rang élevé ».

proférer des blasphèmes confus dans leur langue[1], ils poussèrent en avant leurs éléphants, et leurs soldats s'avancèrent pour le combat. Le narrateur dit. A ce spectacle les Musulmans purifièrent leurs pensées, sans se laisser effrayer par la multitude[2] qu'ils avaient sous les yeux, ils adressèrent des prières suppliantes à leur Créateur, implorèrent l'aide de leur Roi et multiplièrent leurs prières pour leur prophète Mahomet, l'envoyé de Dieu, et marchèrent aux ennemis jusqu'à ce qu'ils fussent tout près d'eux et pussent les apercevoir de près. Alors les ennemis tirèrent la bride de leurs chevaux et les chaînes des éléphants, car Dieu avait jeté l'effroi dans leur cœur.

Il dit. Alors de leurs rangs sortit un patrice de leurs plus grands, semblable à une tour crénelée d'or, dont on ne voyait que les yeux[3], accompagné d'un cavalier des Arabes chrétiens, et qui cria d'une voix forte : «Holà, Arabes, envoyez quelqu'un d'entre vous au roi pour lui parler». Les Musulmans en informèrent ʿAmr et Khâlid. Ce dernier voulait aller vers lui, mais les émirs l'en empêchèrent. A ce moment al-Miqdâd se précipita hors des rangs en jurant que personne autre que lui n'irait trouver le patrice. ʿAmr et Khâlid lui dirent : «Vois, père d'ʿAbd Allah, ce que veut cet infidèle et appelle-le à la parole qui délivre et sauve au jour du châtiment; *s'ils refusent impose-leur la capitation*[4] et s'ils la refusent, ce sera le combat à main armée, jusqu'à ce que Dieu décide entre nous, et *Il est le meilleur des juges*[5]». Le narrateur dit. Al-Miqdâd monta à cheval et courut vers le patrice, qui n'était autre que le patrice Boulaṣ, maître des villages, l'impie maudit, patrice du pervers al-Boṭloûs, envoyé par les princes et les patrices. Quand il l'aperçut, il lui adressa la parole en langue arabe et lui dit : «Bédouin, es-tu l'émir de l'armée? — Non, répondit-il. — C'est lui seul, dit le patrice, que je veux interroger au sujet d'une proposition d'où résultera peut-être un avantage pour nous et pour vous. — Fais-la moi connaître, répondit al-Miqdâd, car chez nous si quelqu'un fait une chose d'où résulte un profit pour la religion et un avantage pour les Musulmans, on l'approuve et il est autorisé par l'émir à le faire. Fais-moi donc connaître ton dessein.» Le patrice lui

---

[1] طمطم, comparez بربر «bredouiller» le sanskrit *varvaras*, les zomzommim des Hébreux; cf. Renan, *Histoire des langues sémitiques*, p. 291. طمطم s'emploie généralement pour désigner un parler barbare et inintelligible, et s'applique spécialement à la langue de l'Abyssinie et du Yémen, cf. Sacy, *Anthol. grammaticale*, p. 64.

[2] W من عدوهم au lieu de عددهم.

[3] «Le blanc des yeux et le contour des paupières.»

[4] *Coran*, IX, 29. Sur عن يد وهم صاغرون, cf. Dozy, *Dict.*, s. v. يد.

[5] *Coran*, X, 109; XII, 80.

répondit : «Je ne conférerai avec personne autre que l'émir, et s'il éprouve à
mon égard quelque crainte, je déposerai mes armes». Al-Miqdâd lui répondit
en riant de ses paroles : «Malheur à toi, ennemi de Dieu, quand bien même vous
seriez, toi ou ceux qui te ressemblent en nombre double et armés, je ne m'en
soucierais nullement; si un d'entre nous se trouvait seul en face de mille d'entre
vous[1], il marcherait à votre rencontre, sans que cela le fît hésiter en rien. Le
secours vient de Dieu, et le Prophète nous a appelés à la guerre sainte pour la
cause de Dieu et à la mort dans la bataille; nous savons que ce monde est péris-
sable, nous n'aspirons qu'à la face de Dieu, et nous nous soucions peu de vous,
fussiez-vous aussi nombreux que les petits cailloux (du désert), car le secours ne
vient que de Dieu. Interroge-moi sur ce qui te plaît. — Je n'écouterai, répondit
ce maudit, que les paroles de l'émir de l'armée, il est donc inutile de continuer
cet entretien. — Nous avons, répondit al-Miqdâd, deux émirs, un qui a le
suprême commandement et un autre qui commande les troupes; lequel des deux
demandes-tu? — Fais-moi connaître leurs noms. — Le premier se nomme 'Amr
fils d'al-'Âs, et le second Khâlid fils d'al-Walîd. — C'est lui que je demande,
dit le patrice, car j'ai beaucoup entendu parler de lui, et ses prouesses extraordinaires font le sujet des conversations chez les Grecs.» Le narrateur dit. Ce
maudit avait entendu parler de Khâlid, de sa force, de son courage[2], il savait
que c'était lui qui prenait les villes et les forteresses, qui humiliait et abattait les
ennemis, qu'il était à la tête de toutes les guerres et de toutes les batailles, qu'il
avait conquis la Syrie et l'Irâq, tué ceux des ennemis qui étaient semblables à
des lions redoutables, conquis le Yémen, Zabîd[3] San'a et 'Aden, tué Mosailamah[4] le menteur, et qu'il anéantissait les armées en faisant voler les têtes
des soldats, et le maudit voulait être témoin de son courage et de sa bravoure,
se disant en lui-même : «Peut-être que par quelque ruse ou tromperie, je par-
viendrai à le tuer, ma gloire l'emportera sur celle de tous les Grecs, et cet
exploit brisera la loi des Arabes; si je ne peux rien contre lui, j'entendrai du

---

[1] A l'origine il n'était pas permis à un Musulman de fuir s'il avait à combattre moins de onze
infidèles, cf. *Coran*, vIII, 66 «s'il y a parmi vous vingt hommes fermes, ils l'emporteront sur deux
cents» mais ce verset est abrogé par le suivant où le croyant ne doit résister qu'à deux infidèles.

[2] *Il savait — peut-être que par ruse*, manque à W.

[3] Zabîd, dans le Yémen, en face de l'Abyssinie, cf. YAQoûT, édit. Wüstenfeld, t. II, p. 915; IBN
BATOUTAH, *Voyages*, édit. Defreméry et Sanguinetti, t. II, p. 166-167; Sanâ, YAQoUT, t. III, p. 420;
IBN BATOUTAH, *op. cit.*, t. II, p. 176; 'Aden, YAQOUT, t. II, p. 621; IBN BATOUTAH, *op. cit.*, t. II, p. 177.

[4] Cf. C. DE PERCEVAL, *Essai*, t. III, p. 374. الكذاب est le nom par lequel est aussi désigné
Mosailamah.

10.

moins le discours qu'il me tiendra ». Le narrateur dit. Al-Miqdâd tournant les
rênes de son cheval, revint vers ses compagnons : « Voici, leur dit Khâlid, al-
Miqdâd qui revient; cet ennemi de Dieu veut sans doute me parler à moi-même,
si c'est là son désir, j'irai, et si je m'aperçois qu'il médite quelque trahison, je
ferai voler sa tête de dessus ses épaules avec le tranchant de cette épée et
j'appellerai à mon aide Dieu, le Roi qui connaît tout. » Tandis que Khâlid
parlait ainsi, al-Miqdâd arriva et fit connaître à 'Amr et Khâlid son entretien
avec le patrice. Khâlid courut en hâte revêtir sa cotte de mailles de guerre; les
principaux d'entre les compagnons du Prophète se suspendirent à lui (pour
l'arrêter), mais il prit Dieu à témoin que rien ne l'empêcherait de sortir des
rangs. Il partit et s'arrêta en face du patrice. Celui-ci se gardant contre lui, tout
en méditant sa trahison, résolut de l'attaquer à l'improviste; Khâlid lui dit :
« Eh bien! patrice, voici Khâlid, que lui veux-tu? ne cherche pas à me jouer
quelque tour, car je suis la source de toutes les ruses; dis-moi seulement ce que
tu veux. — Dis-moi toi-même ce que tu veux de nous, répondit le patrice,
expose l'affaire entre nous et épargne le sang des soldats. Sache que tu auras à
rendre compte de tes actions devant Dieu; s'il y a dans le monde quelque chose
que tu désires, nous n'en serons pas avares à ton égard, tu recevras cela comme
une aumône, car vous êtes la plus pauvre des nations, et avant vos conquêtes,
vous étiez, dans votre pays, en proie à la disette et à la faim; vous mouriez
exténués, faute d'une nourriture suffisante. Vous vous êtes emparés des pays et
vous avez imposé votre joug aux habitants, vous vous êtes rassasiés de viande,
vous avez pris pour montures des chevaux de prix, vous vous êtes ceints d'épées
indiennes, enrichies de pierres précieuses, vous vous êtes revêtus de cuirasses
davidiennes, et de pauvres et misérables vous êtes devenus fortunés. Si vous
nous demandez quelque chose comme aumône, nous vous le donnerons par
bonté de cœur, mais ne convoitez pas notre pays comme vous avez convoité
ceux d'autres peuples. Contentez-vous du peu que nous vous donnerons. »

Le narrateur dit. Lorsque Khâlid (que Dieu soit satisfait de lui et fasse du
paradis sa demeure) entendit ces offres du patrice, il lui répondit : « Chien de
chrétien, le plus vil de ceux qui se sont plongés dans l'eau du baptême, Dieu
dans sa miséricorde a envoyé à toutes les créatures [1] notre Seigneur Moḥammad,
Dieu par lui nous a fait sortir du sentier de l'erreur et nous a délivrés de l'ignorance, nous étions dans l'aveuglement, il a ouvert nos yeux, nous étions égarés,
il nous a remis dans la droite voie, par lui il nous a enseigné dans le désert à

----

[1] الثقلين, aux hommes et aux génies, cf. Lane, *Dict.*, s. v.

vivre selon le bien [1], nous étions en petit nombre, il nous a multipliés par lui,
nous étions humiliés et par lui il nous a couverts de gloire, nous étions divisés,
par lui il nous a réunis, par lui il a rendu l'ignorant savant dans la religion,
par lui il a ouvert les cœurs fermés, les oreilles sourdes, les yeux aveugles, il a
rendu vainqueur par ses mains et sa langue celui qui prononce ces paroles :
« Il n'y a pas d'autre Dieu que Dieu ». Et c'est là la parole élevée, grâce à laquelle
la prière est devenue l'affirmation de l'unité de Dieu, la nation, celle de
Mohammad, le peuple, celui du Seigneur, la profession de foi, celle de l'Islâm,
sa famille, maîtresse d'un rang élevé et ses compagnons membres de sa famille,
compagnons dont il est satisfait (que Dieu répande sur eux ses bénédictions et
leur accorde le salut), par lesquels les grâces descendent sur toutes les affaires.
Et sache, patrice, que Dieu (qu'il soit béni et exalté), a dit : *La terre est à Dieu,
il la donne en partage à qui il veut de ses serviteurs* [2], et que nous avons pris de
nos propres mains, grâce à Dieu, de quoi nous passer de vos aumônes; Dieu a
rendu licites pour nous vos biens, il a placé vos épouses et vos enfants [3] dans
une condition telle que nous pouvons sans crime nous en emparer, il nous a
faits héritiers de votre terre et de votre pays, et vous a dépouillés jusqu'au
moment où vous direz : Il n'y a pas d'autre Dieu que Dieu et Mahomet est
l'envoyé de Dieu. Si vous confessez l'unité de Dieu, vous protégerez votre vie et
vos biens, si vous refusez, vous serez soumis à la capitation; si vous la refusez,
ce sera la guerre entre vous et nous jusqu'à ce que Dieu décide, et *il est le
meilleur des juges* [4], et *il donne la victoire à qui il veut* [5] et sache que la guerre et
la bataille nous plaisent plus que la paix. Quant à prétendre, comme tu le fais,
que notre nation est la plus faible de toutes, sache qu'à nos yeux vous n'êtes pas
plus que des chiens; un seul d'entre nous, avec l'aide de Dieu, en combattra
mille d'entre vous, et ce n'est pas là le discours d'un homme qui demande la
paix. Si tu as été poussé par le désir de me gagner ainsi, séparé de mes compagnons, tu es encore loin de ton but; si c'est le combat que tu désires, nous
voici tous deux face à face, loin de nos compagnons; allons! prends donc le parti
que tu voudras, je suffis seul contre toi et tes compagnons, s'il plaît à Dieu. »

Le narrateur dit. A ces discours de Khâlid, le maudit et traître Boulas,

---

[1] τὴν καλὴν πολιτείαν serait une traduction plus exacte, une bonne « police », comme disent les
écrivains du xvie siècle.

[2] *Coran*, vii, 125.

[3] اولاد لنا; sur le sens de لنباح, cf. *Journ. asiat.*, t. XII, 1848, p. 13.

[4] *Coran*, x, 109; xi, 80.

[5] *Coran*, xxx, 4.

le patrice répondit vivement : «Je ne te répondrai qu'avec cette épée». Et la saisissant, il la tira, s'approcha de Khâlid et le saisit à la cuirasse et au baudrier, ils s'étreignirent tous deux. Le maudit patrice appela ses compagnons à son secours en criant : «A moi, accourez, car la croix m'a rendu maître de l'émir des Arabes». Les patrices sans foi coururent vers lui de tous côtés, de sorte qu'il y eut bientôt un escadron d'environ deux cents hommes qui, tirant leurs épées, se précipitèrent vers Khâlid. En les voyant venir à lui, Khâlid fit un soubresaut comme un lion, et excitant son coursier par un cri, se dégagea du patrice, au moment où les Grecs l'entouraient et où une deuxième troupe accourait. Il se mit à frapper sur eux à coups d'épée, à droite et à gauche, en long et en large, tandis que le maudit patrice cherchait à le tuer et criait : «Malheur à vous, saisissez-le avant qu'il ne vous échappe».

Le narrateur a dit. Sur une colline élevée, près de l'armée des Grecs, se tenaient Ḍirâr fils d'al-Azwâr, al-Faḍl fils d'al-ʿAbbâs, ʿAli fils d'ʿAqîl, ʿAbd Allah fils de Gaʿfar, ʿAbd Allah fils d'ʿOmar, fils d'al-Khaṭṭâb, ʿAbd Allah fils d'ʿAmr, fils d'al-ʿĀṣ, ʿAbd Allah fils de Ṭalḥa, Solaiman fils de Khâlid, fils d'al-Walîd et ʿAbd Allah fils d'al-Miqdâd. En voyant les épées tirées, ils poussèrent un cri et se dirent : «Khâlid est cerné», et ils se précipitèrent sur leurs chevaux comme des lions furieux, mais Ḍirâr fils d'al-Azwar devança les autres sur le lieu du combat en récitant ces vers :

C'est toi, ô mon Dieu, en qui je me confie en toute occasion, pardonne-moi mes péchés quand
le terme sera arrivé.
Tu m'as jugé digne de la meilleure des œuvres, ô mon Seigneur; efface, ô mon Dieu et mon
[Seigneur, toutes mes erreurs.
Je suis Ḍirâr, le cavalier, le chef intrépide, je n'ai, ô mon Dieu, pas d'autre espérance que
[toi [1].
Me voici avec mon épée à portée de nos ennemis, j'anéantirai avec elle tous les Grecs, jusqu'à
[ce qu'il n'en reste aucune trace [2].

Le narrateur dit. Nous tenons de Rifâʿt ibn Qaïs. Il a dit : Je tiens de Ḥâmid fils d'ʿIyaḍh d'après son père, d'après son grand-père, d'après Nâfiʿ fils d'ʿAlqamah ar-Rabiʿî [3]. Il a dit. J'étais dans le centre de l'armée d'ʿAmr le jour de la bataille dans la prairie de Dahchour. Il a dit. Tandis que nous attendions l'issue de la

[1] باى على الاعداء اخى اخى المتصل W ; P (sic) سيفى على الاعداء اخى مستطال.

[2] اقع سيفى P ; اقع بسيفى الروم حتى يضمحل — مالى سواك فى الامور أمل W.

[3] Un Nâfiʿ fils d'ʿAlqamah est cité sans autres détails comme ayant habité la Syrie et connu le Prophète, *Ousd*, t. V, p. 11, P نافل. Cet isnâd doit être rétabli ainsi : حدّثنى رفاعه بن قيس عن حروان بن هبيرة عن ماجد بن العاص عن جده نافد بن علقه الرعينى قال.

conférence, nous vîmes les épées tirées et les Grecs entourer Khâlid. Nous nous précipitâmes en toute hâte en un seul corps formé des chefs les plus célèbres à la guerre, montés sur les meilleurs chevaux, de l'extrémité de l'aile droite et nous les atteignîmes, mais Ḍirâr et ses amis nous avaient devancés et parmi eux ce fut Ḍirâr fils d'al-Azwar qui arriva le premier sur le détachement grec; il avait le corps nu, sans autre vêtement que son pantalon, l'épée à la main et rugissait comme un lion. Sa troupe le suivait et lui était en avant sur son cheval lancé à toute bride comme un lion dévorant. Il agitait son épée en dirigeant son cheval vers le patrice Boulaṣ. (Il dit.) Son cœur trembla et il s'écria : «Khâlid, éloigne-moi ce démon et tue-moi toi-même, ne me laisse pas périr sous ses coups, car j'augure mal de son arrivée sur moi. — Non, traître, répondit Khâlid, voilà celui qui te tuera sans que tu puisses l'éviter, c'est lui qui a tué les plus braves du temps, qui a tué Ouardân, qui a tué le roi des Turcomans, c'est lui qui anéantit les adorateurs des idoles et des croix, et ceux qui renient le Miséricordieux. » Il dit : Tandis que nous étions à converser, voici que Ḍirâr arriva, agitant son épée, il poussa un cri dans le visage du patrice et lui dit : «Ennemi de Dieu et du Prophète, ta traîtrise et ta trahison envers l'ami de l'envoyé de Dieu ne te serviront de rien », et il voulut le frapper de son épée, mais Khâlid lui cria : «Attends, Ḍirâr, mon ordre pour le tuer ». Cependant les compagnons du Prophète étaient arrivés et chacun cherchait à le frapper le premier, mais Khâlid leur cria : «Attendez mes ordres avant de le frapper ». L'ennemi de Dieu, Boulaṣ (que Dieu le maudisse), attendait sa destinée, car Ḍirâr l'avait saisi, arraché de l'arçon de sa selle et l'avait jeté à terre où il tomba évanoui, faisant avec ses doigts signe à Khâlid et criant : «Grâce. — Chien de chrétien, lui répondit Khâlid, on ne fait grâce qu'aux croyants[1], et tu es un infidèle qui refuse de reconnaître Dieu, le roi qui rétribue, tu as voulu user de ruse avec nous, et *Dieu est le plus habile en ruses*[2], *et il n'y a que les gens rusés et méchants qui sont victimes de leurs ruses*[3]. » Et à l'instant Ḍirâr le frappa de son épée à l'épaule droite, la lame brillante sortit par l'épaule gauche, le maudit tomba baigné dans son sang, Dieu envoya son âme dans le feu de l'enfer, et *c'est là une triste demeure!*[4].

---

[1] W لاهل الامان وانت.

[2] *Coran*, iii, 47.

[3] *Coran*, xxxv, 42, manque à W.

[4] *Coran*, xiv, 34. «Les traditions que les Musulmans ont conservées de leurs conquêtes et qu'ils se sont transmises les uns aux autres, rapportent que toutes les fois qu'un infidèle était tué, ils disaient : «Dieu s'est hâté d'envoyer son esprit en enfer»; et quand un croyant périssait martyr de

Alors les compagnons se précipitèrent sur les polythéistes et commencèrent à jouer de l'épée. Le narrateur dit. En se voyant ainsi attaqués, tous les Grecs chargèrent, on fit avancer les éléphants et les hommes qu'ils portaient, armés de lances et de nerfs de bœuf. Les Musulmans accoururent à leur rencontre avec des cœurs prêts à la mort et des intentions sincères; les deux troupes se heurtèrent et les deux partis s'entre-choquèrent, la mêlée devint intense et la lutte furieuse, les rangs se disposèrent et les détachements marchèrent en avant; les âmes s'envolèrent, les têtes furent coupées, les hommes tombèrent et les bravos rugirent; le champ de bataille s'étendit, le massacre et la calamité augmentèrent, le ciel s'obscurcit, la poussière vola, les chevaux avec leurs pieds firent jaillir des étincelles, les nègres poussèrent des cris indistincts et blasphémèrent le Miséricordieux, la poussière s'éleva, les infidèles grognèrent[1], la mêlée devint ardente, les maux et les chagrins augmentèrent, les corps furent près de se fondre, des ruisseaux de sang coulèrent comme sortant de gros tuyaux, la terre en fut arrosée, les combattants se heurtèrent comme des vagues de tous côtés, le sol fut couvert de gens étendus, renversés, tués ou blessés, la mort vola sur les vils infidèles, les malheurs du ciel fondirent sur les nations[2]. On ne voyait que fuyards de tous côtés, les têtes semblaient semées à la volée[3], la terre sans habitants devint un désert, les hommes n'étaient plus qu'au nombre de quinze, les régions étaient sens dessus dessous, le sang était versé à flots de la vaisselle des corps, les vies intactes périssaient, les corps étaient dépouillés violemment de leurs âmes, les cous ne se distinguaient plus, tant ils étaient pleins de blessures, le feu de la guerre s'était allumé et ne s'éteignait pas, les corps étaient couverts de masses de sang coagulé semblables à des foies, la poussière était si intense que les yeux étaient devenus chassieux, les têtes volaient, les glaives brillaient, et la mort poussa les âmes comme le chamelier qui fait avancer ses chameaux en chantant; ce jour-là ses conseils ne furent d'aucune utilité au conseilleur, ni ses gémissements à celui qui gémissait,

sa foi, ils disaient : « Dieu a envoyé en hâte son esprit en paradis ». Tàhir ben-Mottahar, *Le Livre de la Création et de l'Histoire*, édit. par Huart, t. II, p. 97.

[1] P continue par « les soldats des éléphants combattirent »; cf. plus loin.

[2] اشرفت شواهق الآفات على الطوائف : les malheurs sont comparés à des montagnes élevées qui menacent d'écraser de leur masse. Il est difficile de rendre d'une façon satisfaisante cette description bizarre pour notre goût et qui ne se compose que d'une multitude de détails entassés au hasard et exprimés en termes amenés par la rime.

[3] نثر, expression bien connue, se dit de l'argent que l'on jette à la volée aux assistants. — Cette description est plus abrégée dans W.

les mauvaises actions furent visibles, et celui qui se sauva en cette journée, gagna véritablement. Le narrateur a dit. Les soldats des éléphants combattirent vigoureusement, dirigèrent les éléphants, et les divisèrent en quatre détachements dont l'un fut placé à l'aile droite[1], l'autre à l'aile gauche, le troisième au centre et le quatrième devant l'armée[2]; les Nubiens, les Bogahs et les Grecs poussaient de grands cris. Quel courage montra l'émir Khâlid! Que de gens tombèrent sous ses coups ce jour-là! Tantôt on le voyait au centre, tantôt à l'aile droite, tantôt à l'aile gauche. Il en fut de même de l'émir 'Amr fils d'al-'Âṣ, d'az-Zobair fils d'al-'Awwâm, d'al-Miqdâd fils d'al-Aswad al-Kindî, d'al-Faḍl fils d'al-'Abbâs, d'al-Qa'qa' fils d''Amr at-Tamîmî, de Ghânim fils d''Iyâḍ al-Aš'arî à l'arrière-garde avec les enfants, les femmes et les jeunes gens. Le narrateur dit. 'Abd ar-Raḥmân fils d'Abou Bekr aṣ-Ṣiddîq, 'Abd Allah fils d''Omar, Hišam fils d'al-Mirqâl s'attachèrent à un fort détachement de plus de mille cavaliers, Grecs et Noirs, et se jetèrent au milieu d'eux. Parmi eux était un grand patrice d'entre les patrices de la province nommé Gabriel fils de Michel[3], portant au cou une croix brillante d'or rouge, attachée à une chaîne d'argent. En voyant le péril qui le menaçait, lui et ses compagnons, il se hâta de saisir la croix et l'embrassa, et les yeux fixés sur elle, il lui demandait son secours. Ensuite les Grecs, poussant des cris dans leur langue, entourèrent les compagnons du Prophète et voulurent s'en emparer, mais 'Abd ar-Raḥmân fils d'Abou Bekr aṣ-Ṣiddiq se dirigea vers ce patrice et le chargea. Il portait sur sa cuirasse une riche étoffe de soie à dessins; sa tête était couverte d'un casque brillant comme une étoile, et il était ceint d'un baudrier orné de pierreries. Ils s'entre-choquèrent et se heurtèrent sur leurs chevaux et se frappèrent de leurs épées; les regards des deux armées se tournèrent vers eux. 'Abd ar-Raḥmân frappa le patrice à la gorge d'un coup d'épée et lui coupa la tête. Le narrateur a dit. A ce spectacle les Grecs chargèrent tous ensemble 'Abd ar-Raḥmân et ses compagnons comme un seul homme, mais les compagnons du Prophète se montrèrent fermes devant cette attaque, comme des gens de cœur. Chacun d'eux était trop occupé de lui-même pour pouvoir porter secours à son voisin, et ils virent leur perte assurée. 'Abd ar-Raḥmân fut gravement blessé à la main tandis que son sang coulait sur sa cuirasse. Sentant sa main appesantie par la blessure, il prit son épée de la main gauche. Hišâm fils d'al-Mirqâl, atteint de dix blessures au corps et au

---

[1] ‫يلى ما‬, à l'endroit qui fait suite à l'aile droite.

[2] W ‫ما يلى العسكر‬, mais C donne ‫امام العسكر‬.

[3] W ‫عرنان بن ميخائيل‬.

visage, essuyait sans cesse le sang qui en coulait. Ils virent la mort de près, tant la lutte était furieuse et les ennemis nombreux. Ce fut une journée mémorable.

Le narrateur dit. Al-Faḍl fils d'al-ʿAbbâs et ses cousins étaient tantôt à l'aile droite, tantôt à l'aile gauche, et ils chargèrent sur les flancs des Grecs jusqu'à ce qu'ils arrivassent à l'endroit où se défendaient ʿAbd ar-Raḥmân fils d'Abou Bakr aṣ-Ṣiddîq, ʿAbd Allah fils d'ʿOmar et Hišam fils d'al-Mirqâl. Ils trouvèrent ʿAbd ar-Raḥmân entouré par les Grecs, ayant son cheval blessé sous lui. Ses deux compagnons le protégeaient; ʿAbd Allah fils d'ʿOmar[1] le défendait, tantôt avec son épée, tantôt avec sa lance, le sang coulait sans cesse de ses blessures, et ʿAbd ar-Raḥmân[2] avait reçu six blessures légères aux mains et au corps. En les voyant en cet état, al-Faḍl et ses compagnons, qui étaient au nombre de vingt, se hâtèrent, et au cri de «Dieu est grand», se précipitèrent au milieu des Grecs où ils rejoignirent ʿAbd ar-Raḥmân et ʿAbd Allah. Al-Faḍl frappa à la tête un des cavaliers qui entouraient ʿAbd ar-Raḥmân; l'épée fendit le casque et la coiffe[3] et descendit jusqu'à la mâchoire; il tomba baigné dans son sang et Dieu envoya son âme dans le feu *et quelle mauvaise demeure c'est!*[4]. Quand l'ennemi de Dieu tomba de son cheval, ʿAbd ar-Raḥmân courut au cheval, l'enfourcha et ils combattirent avec tant d'ardeur qu'ils les forcèrent à fuir loin de leurs compagnons.

Le narrateur dit. A l'extrémité de l'aile gauche se tenait le détachement des Aous et des Ḥamadân[5]; un escadron de Grecs et de noirs les chargea; ils étaient si couverts de blessures et les Grecs et les noirs si nombreux qu'ils furent obligés de reculer et de quitter leur position; ils prirent la fuite devant eux. Abou Horeira, son cousin ʿAbd Allah et Mâlik al-Aštar leur crièrent: «Compagnons, ne tournez pas le dos et ne cherchez pas à fuir la mort; elle vous atteindra partout; voulez-vous être un objet de honte parmi les Arabes? Quelle sera demain votre excuse auprès de l'envoyé de Dieu? N'avez-vous pas entendu sa parole: «*Ne leur tournez pas le dos*[6]; *quiconque leur tournera le dos, à moins que ce ne soit*

---

[1] C عبد الرحمن par erreur.

[2] W ʿAbd Allah fils d'ʿOmar.

[3] الرفادة. Ce mot manque à l'index de SCHWARZLOSE, *Die Waffen der alten Araber.*

[4] *Coran*, xiv, 34.

[5] Aous, tribu issue de Cahlân, par ʿAmr-Mozaikiya, qui s'établit à Yatrib vers 300 avant J.-C.; ce furent eux qui appelèrent Moḥammad à Yatrib, cf. CAUSSIN DE PERCEVAL, *Essai sur l'histoire des Arabes avant l'islamisme* (index); les Banou-Ḥamadân étaient une branche des Madḥig, cf. *ibid.*, t. I, p. 202, etc.

[6] *Coran*, viii, 15.

pour combattre ou pour rallier une troupe, attirera sur lui la colère de Dieu et sa demeure sera l'enfer, et c'est là un triste voyage [1]; mon Dieu, mon Dieu, le paradis est à l'ombre des épées, et le lieu de réunion est la piscine du Prophète [2]. » Mais les fuyards, sans jeter les yeux sur eux, ni entendre leurs reproches, continuèrent à fuir jusqu'à ce qu'ils eussent rejoint Ghânim ibn 'Iyâḍ al-Aš'ari et les femmes et les enfants qui l'entouraient [3].

Le narrateur dit. En voyant ces guerriers qui fuyaient, les femmes coururent à eux en poussant des cris, et comme à la journée de Yarmoûk, frappèrent les chevaux à la tête de leurs bâtons et crièrent : « Où courez-vous ! Ce n'est pas ainsi que faisait le Prophète, il était ferme dans le combat et ne reculait pas, même quand il était reconnu, séparé de ses compagnons et attaqué par les plus braves; il ne fuyait pas, quelque affreuse que fût la mêlée; *c'est là un bel exemple que vous donne le Prophète* [4]; retournez au champ de bataille; là sont les délices du paradis et la satisfaction du Clément, du Miséricordieux ». Alors ils retournèrent au combat et Khawlah bint al-Azwar se conduisit là bravement.

Il dit. Cependant Ghânim fils d'Iyâḍ [5] était avec Qaïs fils d'al-Ḥârit et Rifâ't fils de Zohair al-Moḥarebî [6], et cinq cents des plus braves et des plus valeureux compagnons du Prophète; en la voyant ainsi combattre, il s'écria : « Le paradis, le paradis [7], compagnons de Mahomet ». Se précipitant autour de lui comme des lions furieux, ils chargèrent tous ensemble, comme un seul homme, avec des intentions pures et un cœur ferme. Les Grecs plièrent devant cette attaque, et il en périt un nombre considérable. Le narrateur dit [8]. Les épées ne cessèrent pas de frapper et le sang de couler, les soldats de tuer et les héros de renverser, depuis le lever du soleil jusqu'à l'ʿaṣr, et Dieu donna la victoire aux Musulmans.

Il dit. Cependant les éléphants renversaient sans cesse les compagnons de l'envoyé de Dieu et les soldats qu'ils portaient leur lançaient une grêle de flèches.

---

[1] *Coran*, viii, 16.

[2] La piscine du Prophète est alimentée par les eaux du fleuve Kawṭar; c'est là que les croyants, après avoir franchi le pont Ṣiraṭ se désaltèrent avant d'entrer au paradis, et apaisent leur soif pour jamais. Cf. Pockocke, *Porta Mosis*, not. misc., p. 292. W قبر المصطفى.

[3] C'était l'usage chez les Arabes de se faire suivre à la guerre de leurs femmes et de leurs enfants.

[4] *Coran*, xxxiii, 21.

[5] W غانم; C بن عياض.

[6] W المخزومى.

[7] W النجدة.

[8] W قال الواقدى.

Alors Moufrig fils de Ouyainah al-Fezâri [1], courut à l'éléphant qui servait de guide aux autres [2] et lui enfonça dans l'œil sa lance qui s'y embarrassa. Moufrig lâcha sa lance et l'éléphant s'enfuit [3] après avoir jeté à terre et écrasé sous ses pieds les soldats qu'il portait sur son dos. Tous les autres éléphants le suivirent et s'enfuirent derrière lui en jetant à terre les soldats qu'ils portaient et les écrasant sous leurs pieds. Moufrig cria à ses compagnons : « En avant, frappez-les à la trompe et aux lèvres, car ces blessures sont mortelles pour eux ». Alors les Banou-Fezara, les Banou-Niḍar [4] et les Banou-'Abs se hâtèrent de les frapper aux endroits indiqués, et en tuèrent cent soixante ainsi que les soldats qu'ils portaient sur leurs dos. Le narrateur dit. Et les combattants continuèrent à fuir et à charger, à massacrer et à combattre avec opiniâtreté jusqu'à ce que vint la nuit qui sépara les deux partis. Les Grecs et les Soudaniens rentrèrent dans leurs positions et les Musulmans revinrent à leurs tentes.

Il dit. Les Musulmans comptèrent leurs morts; ils étaient au nombre de deux cent quarante, à qui Dieu avait donné la gloire du martyre et qu'il avait jugés dignes d'entrer dans la félicité. Les polythéistes, de leur côté, avaient perdu cinq mille hommes, Nubiens, Bogahs et Grecs. Le narrateur dit. Les deux armées passèrent la nuit à s'observer; jusqu'au matin, les Musulmans enterrèrent leurs morts, en récitant le Coran et priant pour le Prophète, le plus noble des hommes et des génies, sa famille et ses compagnons. Quand Dieu fit briller la lumière éclatante de l'aurore, les Musulmans firent la prière du matin, et réparèrent le désordre du combat. Tout à coup les Grecs et les noirs du Soudan s'avancèrent contre eux tous ensemble en nombre et bien armés [5], se montrèrent avec leurs ornements et prirent position sur cinq rangs dont chacun

[1] Je ne trouve aucun مغرج dans l'*Ousd*.

[2] W, à 400.

[3] W برطع هاربا.

[4] W بنو قراد; les Fezara, branche des Ḍobyan qui prit part à la guerre du fossé contre Mahomet, les Banou-Niḍar, descendants de Niḍar fils de Ma'add, père d''Adnân, qui fut le père des principales tribus du Ḥigâz et du Negd, ses enfants furent 'Iyâḍ, Anmar, Rabi'a et Moḍar, nés vers 31 avant J.-C.; leur rencontre avec l'homme qui cherche un chameau est bien connue. Cf. C. de Perceval, *Essai sur l'histoire des Arabes*, t. I, p. 187-188. — Les Banou-Ghatafân, issus de Moḍar, étaient répandus dans le Negd sur les confins du Ḥigâz, ils se divisaient en deux branches, Achga et Baghîḍ; ce dernier comprenait deux sous-tribus, 'Abs et Ḍobyan, fils de Baghîḍ. Ils habitaient le canton de Charabba entre les parallèles de Yaṭrib et de la Mecque. Cf. l'histoire de cette tribu, *op. cit.*, t. II, p. 411, 424 et seq. La guerre de Dâhis entre 'Abs et Ḍobyan est bien connue.

[5] عدد وعديدهم, sur عدة et عُدّة, cf. Quatremère, *Sultans Mamelouks*, t. I, p. 238.

était de quarante mille hommes devant lesquels étaient placés cinquante mille fantassins [1].

Qais fils d'ʿAlqama [2] a dit : «Je suis allé en Syrie et dans l'ʿIrâq et j'ai vu les armées des Chosroès et des Garâmiqah [3], les batailles de Yarmoûk et d'Agnâdain, j'ai vu l'affaire de Miṣr et des Coptes, j'ai été témoin de la prise d'Alexandrie et de Damiette, mais je n'ai rien vu de semblable à la multitude des Grecs et de Nègres dans les prairies de Dahchour et à l'ardeur avec laquelle ils combattirent. » (Le narrateur dit.) Quand nous les vîmes à cheval, nous montâmes sur nos chevaux et nous disposâmes nos rangs pour la bataille. (Il dit.) Khâlid monta à cheval et se mit à parcourir les rangs en disant : «Musulmans, ni en Égypte ni dans le Ṣaʿîd, vous ne verrez plus, après cette bataille, une armée ennemie aussi nombreuse; si vous l'arrêtez et si vous êtes vainqueurs, personne après cette journée ne pourra vous résister. Combattez donc courageusement dans cette lutte sainte, pour obéir au maître des créatures. Faites, par votre constance et votre victoire, triompher la religion. Prenez garde de fuir, car cela vous ferait entrer dans le feu de l'enfer; soyez fermes, épaule contre épaule, brandissez vos épées [4] et ne chargez pas avant mon ordre. »

Le narrateur dit. Quand les Grecs virent les compagnons du Prophète prêts à combattre, ils s'encouragèrent réciproquement et le patrice Boṭros, frère de Boulaṣ, qui avait péri, leur dit : «Sachez que si vous êtes vaincus aujourd'hui, personne ne se lèvera pour vous défendre contre eux [5], votre pays sera la proie des Arabes, ils feront vos femmes prisonnières et en useront comme des esclaves; soyez donc fermes, chargez comme un seul homme, sans vous disperser; faites marcher devant vous les éléphants et les fantassins derrière eux [6]; sachez que trente d'entre vous n'ont à lutter que contre un seul homme, appelez à votre secours la croix et elle vous aidera à vaincre. »

Le narrateur dit. Cependant ʿAmr et Khâlid dirent aux compagnons du Prophète : «Qui ira à la découverte de l'armée ennemie avec la perspective du paradis comme récompense? — Moi», répondit al-Faḍl fils d'al-ʿAbbâs, et,

---

[1] والمشاة بين ايديهم خمسون الفا W ; خمسون الفا C .

[2] Je ne trouve pas de renseignement sur ce Qais.

[3] Les Garâmiqah sont cités par exemple dans *The conquest of Syria*, édit. Lees, p. 102. Cette tribu était soumise aux rois de Perse; cf. *ibid.*, p. 23 (notes) et Masʿoûdi, *Prairies d'or*, t. VII, p. 119-120; t. VIII, p. 91.

[4] W n'a pas «brandissez vos épées».

[5] C لا تقوم لهم قائمة, il faut lire : لهم. Cette expression a été expliquée plus haut.

[6] C a «derrière vous», lisez ظهورهم.

s'élançant hors des rangs, il partit jusqu'à un endroit d'où il domina l'armée ennemie; il aperçut leur brillant appareil, les éclairs que lançaient leurs épées et leurs enseignes, leurs cuirasses brillantes et leurs étendards et leurs drapeaux dont les plis s'agitaient comme des ailes d'aigles. Les polythéistes, en le voyant, s'écrièrent : «C'est un des cavaliers arabes qui vient nous reconnaître, et c'est sans doute un de leurs éclaireurs. Qui s'élancera contre lui?» Trente cavaliers sortirent des rangs, courant à toute vitesse vers lui pour s'en emparer. (Il dit.) En les voyant, al-Faḍl revint en arrière, comme s'il fuyait devant eux, et galopa ainsi quelque temps pour les éloigner de leurs compagnons, puis tournant bride de leur côté, il courut au cavalier le plus proche et le frappa de sa lance dans la poitrine; la pointe brillante ressortit derrière le dos; il en frappa de même un second, puis un troisième; les autres, effrayés, prirent la fuite comme un troupeau de moutons. Il les poursuivit et l'un après l'autre il en tua vingt; le reste s'enfuit. Quand al-Faḍl fut près du gros de l'armée grecque, il tourna bride au galop et arrivé près des Musulmans, leur rapporta ce qu'il avait fait. «Tu as exposé ta vie, cousin de l'envoyé de Dieu (répondirent-ils). — Ils ont cherché à s'emparer de moi, dit-il, mais j'aurais eu honte que Dieu me vit fuyant devant eux, car il a dit (gloire à lui) : «O Prophète, *Dieu est suffisant pour toi et* «*pour les croyants qui te suivent*»[1]. J'ai tenu tête pour mon salut aux ennemis de Dieu; je me suis confié à lui et il m'a rendu vainqueur. Ils seront pour nous une proie, s'il plaît à Dieu (combien il est grand!). Il n'y a de puissance et de force qu'en Dieu, l'élevé, le grand. »

Le narrateur dit. En ce moment s'avancèrent ʿAmr fils d'al-ʿÂṣ et Khâlid, disposant leurs compagnons à droite et à gauche, au centre et aux ailes, comme ils l'avaient fait lors de la première bataille. Ils placèrent à l'arrière-garde Ziyâd fils d'Abou Sofiân, fils d'al-Ḥârit, fils d'ʿAbd al-Moṭṭalib avec deux mille cavaliers autour des femmes, des enfants et des troupeaux; avec eux étaient les femmes dont il a été parlé lors des batailles d'Agnâdain et de Yarmoûk, à savoir : Ghafirat[2] fille de Ghifâr, Omm-Abân fille d'ʿOtbah, sœur de Hind[3], Khawlah

---

[1] *Coran*, VIII, 65.

[2] P عقار بنت عقرة; W عفار بنت عفيرة; C عفار بنت, lisez sans doute عفيرة; cf. *Ousd*, t. V, p. 514, où deux femmes de ce nom sont citées, mais semblent être différentes de celle du texte.

[3] P اخت حولة, Omm-Abân, fille d'ʿOtbah (et non عتبة comme dit C) la Qoraïchite, tante de Moʿawiah; son mari Abân ibn Saʿîd ibn al-ʿÂṣ fut tué à Agnâdain, alors elle revint à Médine où elle épousa Ṭalḥa; elle n'a pas transmis de tradition du Prophète. Cf. *Ousd*, t. V, p. 564; sa sœur Hind, femme d'Abou Sofiân ben Ḥarb, surnommée la *mangeuse de foies* (MASʿOÛDI, *Prairies*, t. IV, p. 439), combattit à Ohod avec les infidèles; *Ousd*, t. V, p. 562; NAWAWI, p. 856.

fille d'al-Azwar, Mazroû'ah fille d''Amlâq [1], Salma fille de Zâri' [2], Labna fille
d'Awâr [3], Salma fille d'an-Na'mân [4], Hind fille d''Amr [5], Zainab al-Anṣâriyyah [6],
toutes célèbres par leur bravoure. Khâlid leur dit : « Filles des Arabes, vous
avez accompli des actions dont ont été satisfaits Dieu, le Prophète et les Musulmans, et vous laisserez une gloire dont on s'entretiendra de génération en
génération. Les portes du ciel s'ouvrent devant vous, comme les portes de l'enfer
jettent des flammes devant vos ennemis. Je vous exhorte, si les Grecs et les
Noirs viennent jusqu'à vous, à combattre pour votre salut comme vous l'avez fait
aux journées d'Agnâdain et de Yarmoûk. Si vous voyez quelqu'un qui fuit,
courez à lui avec les bâtons et montrez-lui ses enfants en disant : « Où cherches-tu
« un refuge contre la mort, abandonnant ton fils et ta femme ? » — Émir, répon-
dirent-elles, père de Solaiman, rien ne peut nous réjouir davantage que de
marcher sous ta conduite pour frapper au visage les Grecs et les Nègres à droite
et à gauche, afin que nous n'ayons pas à nous excuser de ne pas l'avoir fait. »
Khâlid les remercia et retourna vers l'armée rangée en bataille. Il parcourut les
rangs à cheval afin d'exhorter les guerriers à bien combattre : « Soldats, Dieu,
qu'il soit loué et glorifié, a dit dans son livre vénérable : « *Ô vous qui croyez, si*
« *vous aidez Dieu, il vous aidera et fortifiera vos pas* » [7], combattez ceux qui renient
Dieu et son Prophète et donnez vos vies pour la cause de Dieu, car elles sont sa
création et son bien, soyez fermes dans la lutte contre les ennemis de Dieu,
combattez pour vos femmes et vos enfants et ne chargez pas sans mon ordre ;
que vos flèches partent comme si elles sortaient d'un seul arc, car lorsqu'elles
sont toutes lancées à la fois, il y en a peu qui manquent le but. *Ô vous qui*
croyez, soyez fermes, patients et soyez en alerte et craignez Dieu, afin que vous
réussissiez [8], et sachez que vous ne verrez plus du côté du sud, c'est-à-dire
le Ṣa'îd, une armée semblable à celle-ci, car ses princes, ses patrices et
ses chefs sont ici. » Le narrateur a dit. Les soldats, après avoir écouté ce

---

[1] P W بنت حملوق, inconnue; P passe ensuite à سلمى بنت النعمان.

[2] W ذراع m'est inconnu.

[3] Inconnue à l'*Ousd*.

[4] *Id.* C سليمى.

[5] C عمر; P W عمرون; Hind, fille d''Amr l'anṣâriyah, sœur d''Abd Allah fils d''Amr et tante de Gâbir
fils d''Abd Allah; al-Wâqidi a rapporté un ḥadîṭ d'elle. *Ousd*, t. V, p. 562.

[6] Il y a plusieurs Zainab l'anṣâriyyah; ce surnom ne suffit pas à la déterminer; cf. *Ousd*, t. V,
p. 463 et seq. Ces noms d'ailleurs se retrouvent dans le *Foutouḥ ach-Châm*, édit. Lees, p. 104.

[7] *Coran*, xlvii, 8.

[8] *Coran*, iii, 200.

discours, lui répondirent : «*Dieu nous suffit, et c'est un excellent mandataire*» [1].

Ensuite Khâlid se plaça au centre avec ʿAmr fils d'al-ʿÂṣ, ʿAbd ar-Raḥmân fils d'Abou Bakr, Qais fils d'Hobairah, Rafiʿ fils de ʿOyainaḥ, al-Mosayyab fils de Naggabah [2] al-Fezârî, Dou-l-Kilâʿ al-Himiâri, Rabiʿah fils d'ʿAbbâs, Mâlik al-Aštar, al-ʿAbbâs fils de Mirdâs as-Solamî et les autres émirs, et ils marchèrent contre les Grecs avec tranquillité [3] et gravité, se confiant dans le Dieu unique et fort, qui est puissant et qui pardonne, et priant pour son prophète l'Élu. En voyant ce mouvement des Musulmans, les Grecs et les Noirs marchèrent contre eux tous ensemble : la terre dans toutes les directions en fut remplie. Les deux armées se rencontrèrent et les deux partis se heurtèrent; au-dessus de l'armée ennemie on voyait flotter les enseignes et briller les croix, et on entendait leurs voix qui blasphémaient et poussaient des cris impies et rebelles.

Le narrateur dit. Tandis que les deux armées étaient dans cette situation, on vit sortir des rangs des Grecs un moine avancé en âge, qui était vénéré parmi eux; il était vêtu d'une robe noire [4], coiffé d'un bonnet haut [5] et ceint d'une ceinture [6]. Il cria en langue arabe : «Lequel de vous est l'émir? Qu'il vienne conférer avec moi et écouter mes offres au sujet de ce qui nous divise.» L'émir Khâlid vint à lui; le moine lui demanda : «Es-tu l'émir de l'armée? — C'est là, répondit Khâlid, le nom que l'on me donne, tant que j'obéirai à Dieu et à la Sounna du Prophète; dans le cas contraire, ils ne m'obéiront plus et je ne suis plus leur chef. — C'est par cela, dit le moine, que vous nous avez vaincus, mais sache, émir, que tu marches contre un pays qui a échappé à la puissance de tous les rois, contre lequel aucun d'eux n'a rien pu, ni rien osé, et dans lequel nul n'a pu entrer sauf toi et les tiens. Avant toi les rois ont essayé, mais ils ont été renversés, déçus dans leur espoir, et la victoire n'est pas une chose durable. Les princes m'ont envoyé vers vous pour vous faire quelques offres; si vous les acceptez, nous réunirons pour vous de grandes richesses; chacun de vous recevra un

---

[1] *Coran*, III, 167.

[2] C بن يحي.

[3] سكينة. Le sens original de ce mot et ses sens dérivés sont bien connus; il a été l'objet d'une étude de Goldziher.

[4] جبة «robe à manche», cf. Dozy, *Dict. des noms de vêtements*, p. 107.

[5] قلنسوة, sorte de bonnet haut que les auteurs arabes mentionnent souvent comme étant la coiffure des moines; Dozy, *ibid.*, p. 365.

[6] زنّار désigne une ceinture, mais cette ceinture n'était portée que par les Chrétiens ou les Juifs; la ceinture des Musulmans était appelée حزام. Dozy, *ibid.*, p. 196.

habit, une coiffure et un dinar, et tu recevras toi-même cent dinars et dix habits; chacun de vous aura une charge de blé et une d'orge. Tu en recevras dix toi-même, et votre maître aura pour sa part dix mille dinars, cent habits et cent charges, mais vous vous retirerez de ce pays, et, par là, vous prendrez un excellent parti pour votre sûreté, car nous sommes aussi nombreux que les sauterelles qui se répandent. Ne nous croyez pas d'ailleurs semblables à ceux que vous avez déjà combattus : Persans, Grecs, Syriens et Coptes, car cette armée se compose de Nouba, de Bogah, de nègres Soudaniens, de Grecs et de grands d'entre les patrices et les évêques, et elle est innombrable. En outre, nous rassemblons pour vous combattre une autre armée à laquelle vous ne pourrez résister, composée de gens du Soudan, des Oasis et de Barqa, et avant que vous ayez le temps d'y songer, le renfort sera là, prêt à nous aider; en outre, sache que jusqu'à présent les autres princes ne sont point venus en personne, mais qu'ils ont seulement envoyé des soldats pour vous combattre à leur place ».

Khâlid lui répondit : «Dieu est témoin que nous ne nous retirerons qu'à une de ces trois conditions : ou vous embrasserez la religion musulmane qui est la nôtre, et vous mettrez ainsi vos vies en sûreté ainsi que vos richesses, ou bien vous payerez la capitation, étant en état d'humiliation, ou bien nous combattrons afin que Dieu décide, et il est le meilleur des juges. Vous dites que vous êtes aussi nombreux que les sauterelles, mais Dieu nous a promis le secours par la bouche de son prophète Mahomet, et a fait descendre du ciel cette promesse dans son livre vénéré. Il a dit (combien il est grand!) : «*Dieu les tourmentera par* «*vos mains, et fera leur malheur; il vous donnera son secours contre eux; il guérira* «*les poitrines des Musulmans et il éloignera la rage de leurs cœurs, et Dieu tourne vers* «*lui qui il veut, Dieu sait et il est sage*» [1]. Quant à ton offre de nous donner des vêtements et des turbans, sache qu'avant peu nous vous enlèverons vos vêtements, vos coiffures, vos villes, et tout ce qui s'y trouve. Vous deviendrez notre propriété, comme le sont devenus la Syrie, l'Irâq, l'Yémen, Miṣr, le Ḥigâz et leurs habitants. »

La narrateur dit. Après avoir entendu ces paroles, le moine dit : «Je m'en retourne informer mes compagnons de ta réponse, car je suis venu de la part d'al-Boṭloûs, maître de Bahnasâ; il m'avait envoyé au roi d'Ahnâs, et les rois et les patrices s'étaient mis d'accord pour vous faire ces offres. J'étais leur envoyé auprès de vous, je m'en retourne auprès d'eux pour leur faire savoir ta réponse. » Le moine s'en retourna à l'endroit d'où il était venu et informa ses compagnons

[1] *Coran*, ix, 14 et 15.

du résultat de l'entrevue; ils envoyèrent des messages à leurs chefs, et ils envoyèrent leurs éclaireurs au combat.

Le narrateur dit. Ensuite les Grecs et les Nègres se mirent en mouvement et firent avancer les éléphants devant lesquels étaient des soldats armés d'arcs, d'épées, de boucliers, de nerfs de bœuf et de javelots courts [1]. (Il a dit.) Al-Faḍl fils d'al-ʿAbbâs, Rifaʿat fils de Zohaïr al-Moḥarebî, al-Qaʿqaʿ fils d'ʿAmr aṭ-Tamîmi, Šourḥabil fils d'Hasanat, secrétaire de l'envoyé de Dieu, al-Miqdâd fils d'al-Aswad al-Kindi, Moʿâḍ fils de Gabal [2] poussèrent des cris et dirent : «Musulmans, les jardins célestes s'ouvrent pour vous, les anges vous regardent et les jeunes filles aux grands yeux se parent pour vous.» Puis, ils récitèrent cette parole de Dieu : «*Certes Dieu a acheté aux croyants leurs personnes et leurs biens pour le paradis qu'ils auront; ils combattront dans le sentier de Dieu, ils seront tués et tueront, selon la promesse en vérité dans la loi, l'Évangile et le Coran et qui est plus fidèle à son pacte que Dieu! Réjouissez-vous donc pour le pacte que vous avez fait avec lui, car c'est là la suprême félicité*» [3].

Il dit. Ensuite ils disposèrent leurs rangs, et Khâlid s'avançant leur dit : «Écartez-vous les uns des autres [4] et soyez fermes; sachez qu'ils sont plus nombreux que vous dix fois et même davantage. Résistez-leur jusqu'à l'heure de l'ʿaṣr; c'est l'heure du secours contre les ennemis de Dieu. Gardez-vous de tourner le dos et de mettre votre espoir dans la fuite; vous attireriez sur vous la colère du Tout-Puissant. Marchez à l'ennemi avec la bénédiction de Dieu et son aide.»

Le narrateur a dit. Les Nègres, les Berbers, les Noubas, les Bogah s'avancèrent en se pressant les uns les autres; quand les deux armées se rencontrèrent, les soldats des éléphants lancèrent des flèches si nombreuses qu'on eut dit des sauterelles qui volaient ou un torrent qui se répandait; plusieurs soldats furent tués et quelques braves blessés. L'émir Khâlid frappait avec son épée tantôt sur l'aile gauche, tantôt sur l'aile droite. Or, parmi les soldats des éléphants qui se composaient de Soudaniens et de Berbers, du pays qui est au-dessus de Souakin,

---

[1] مزرق. Cf. Schwarzlose, *Die Waffen...*, p. 212.

[2] Moʿâḍ fils de Gabal, fils de Hind, fille de Sahl, eut pour fille Omm ʿAbd ar-Raḥmân et deux fils, qui moururent avec lui de la peste d'ʿAmawas à trente-trois ans, mais il y a discussion sur ce point; il assista au combat de Badr selon Waqîdi et mourut en 18 de l'hégire; on n'est pas d'accord sur la couleur de sa peau, selon les uns il était blanc, selon les autres noir et beau de visage. Ibn Qotaibah, p. 130-131; Nawawi, p. 559-561; *Ousd*, t. IV, p. 376-377; Ibn Khallican, tr. Slane, t. IV, p. 554.

[3] *Coran*, IX, 112.

[4] W اقرنوا المواكب.

il y avait [1] des Nègres appelés Qouwwâd, dont la lèvre supérieure était percée et portait un anneau de cuivre. Dans la bataille, ces Qouwwâd ne combattaient que lorsque la lutte était le plus intense et le plus vive, et que le combat était le plus ardent. (Il dit.) C'étaient des noirs de taille gigantesque, ayant chacun dix coudées de haut. Au moment de les amener au combat, on plaçait dans cet anneau une chaîne longue dont les deux extrémités étaient libres. L'un d'eux [2] en saisissait une, un autre l'autre et, en marchant à l'ennemi, ils tiraient ces Qouwwâd vers l'endroit où la guerre faisait rage. Et ce spectacle produisait un grand effet sur l'ennemi [3]. Si cela ne suffisait pas, on amenait les Qouwwâd, on lâchait leurs chaînes et on leur donnait de longues massues de fer, dont ils frappaient les cavaliers et les chevaux qu'ils assommaient du même coup. Parmi eux, il y en avait aussi qui combattaient du haut des éléphants [4].

Le narrateur dit. Quand les deux armées se rencontrèrent, ces Qouwwâd sortirent des rangs; ils étaient couverts de peaux de panthères; à leurs épaules pendaient des peaux semblables; leurs poitrines et le milieu de leur corps étaient couverts de ces mêmes peaux; le reste du corps et leurs têtes étaient nus. Ils tenaient à la main leurs massues et des soldats Nubiens, Bogah et de Souakin tenaient l'extrémité des chaînes; eux-mêmes se tenaient parmi les troupes, attendant le signal de l'attaque. Leur aspect effroyable remplit de terreur les Musulmans, dont les uns rappelèrent leur courage, tandis que d'autres se laissaient aller à leur frayeur.

Le narrateur dit. Alors Botros, frère du Boulaṣ qui avait été tué, chargea monté sur un cheval de haute taille, et revêtu de cuir d'éléphant. Il combattit très vaillamment ce jour-là, tantôt frappant de son épée ou de sa lance, tantôt

---

[1] من السودان والبربر سواكن W.

[2] ‪لح بين الفريقين والا زحفوا بهم‬ et continue par ‪في كل طرف منها واحد من البربر‬ W واطلقوا السلاسل.

[3] Lisez يكبر ذلك, au lieu de يكبروا.

[4] Ce passage n'est pas un produit de l'imagination de notre auteur, mais se retrouve ailleurs, par exemple : *Abrégé des Merveilles*, tr. par Carra de Vaux, p. 63-64 : «Les îles des Zendj. Il y a dans cet archipel une peuplade appelée les *Mokhazzam*, dont les individus ont le nez et le menton fendus. On place dans la fente une chaîne; chaque guerrier tient un de ces hommes par l'extrémité de la chaîne, le conduit et l'empêche d'avancer jusqu'à ce que sonnent les trompettes rompant la paix. Alors on attache la chaîne à leur cou et on les lâche pour le combat. Personne ne peut leur résister; ils déchirent et dévorent quiconque s'oppose à eux et aucun d'eux ne quitte son rang qu'il ne soit tué.» Voyez aussi la *Relation des Voyages des Arabes et des Persans dans l'Inde et à la Chine dans le IXe siècle de l'ère chrétienne*, publiée par Reinaud, 2 vol. in-18, Paris, 1845, t. I, p. 137, où Abou Zeyd parle de ces combattants qui portent au nez un anneau auquel sont attachées des chaînes.

12.

lançant des flèches; environ vingt cavaliers d'Azd et de Madḫig périrent sous ses coups [1]. Le narrateur a dit. Je tiens de Khâlid fils d'Aslam [2], d'après Ṭarîf ben Ṭâriq qui était avec Azd [3]. (Il dit.) En voyant ce patrice se comporter aussi vaillamment, les Azd reculèrent devant lui et s'enfuirent. Tout à coup un cavalier s'avança au galop sur son cheval, jusqu'auprès de l'ennemi; il avait le corps nu et chantait ces vers :

Ma main tient une épée et une lance, et elle ne cesse pas, infidèles, d'accomplir sur vous son
[œuvre de destruction [4],
Je vous laisserai étendus au milieu du champ de bataille; on vous verra morts, prisonniers ou
[en déroute [5],
Ou bien comme des troupeaux qui faisaient la sieste dans un désert et dont le pasteur s'est
[endormi, les oubliant [6],
Chacun de vous à son réveil verra sa mort assurée et il pleurera sur lui-même et se désespérera,
[mais ce sera un vain repentir [7],
Nous sommes les lions et vous êtes la proie; chaque lion s'élancera sur son adversaire et le mettra
[en pièces [8].

Le narrateur dit. Ensuite Ḍirâr s'écria : «Je suis Ḍirâr fils d'al-Azwar; c'est moi qui ai tué les rois de Syrie, qui ai fait triompher la religion musulmane, qui soumets les vils païens; c'est moi qui ai tué Boulaṣ le chien, l'impie blasphémateur dont l'âme est descendue dans le feu de l'enfer.» A ces paroles, les Grecs le reconnurent et reculèrent. Ḍirâr fut saisi d'un désir de massacre et se précipita sur eux. Botros demanda : «Qui est ce Bédouin, qui est toujours nu et frappe tantôt avec l'épée, tantôt avec la lance? — C'est, lui répondit-on, Ḍirâr fils d'al-Azwar». Le maudit demeura stupéfait et s'écria : «C'est là le meurtrier de mon frère, je le vengerai». Et il voulut courir à sa rencontre, mais il fut devancé par Dilâṣ [9], chef des patrices de la province, qui s'écria : «Ce sera moi qui le vengerai».

---

[1] Cette phrase manque à W.

[2] P بن مسلم ; C W بن اسلم . Je ne trouve aucune mention de ce personnage, non plus que du suivant.

[3] P من الازد W C ; طريف بن طارق وكان مع الازد .

[4] P W قادما جئت السومان عدّاة ; (ابيد P) اذل .

[5] W اتركهم شبه الرخام اذا مشى — عليه شجاع لا يزال مصادما . La leçon C n'a pas de sens.

[6] P W وإلا كاغنام مضين بقفرة — واصبح مولادها عن السعى نائما .

[7] Manque à P et W.

[8] W قادم... P, id. وقد ملك الليث الغضنفر جمعها — واصبح فيها بالغالب حاطما .

[9] P دليص ; W بولص .

Le narrateur a dit. Ensuite lui et Ḍirâr se précipitèrent l'un sur l'autre; ils
firent de longues évolutions et en vinrent aux mains, mais au bout d'un court
espace de temps, Ḍirâr dirigea contre lui la pointe de sa lance et l'atteignit à la
poitrine; la lance perça la cuirasse et sortit brillante derrière son dos. Il tomba
la tête en avant, baigné dans son sang, et Dieu envoya son âme dans le feu : et
quelle triste demeure! « Ce n'est pas là un homme, mais un génie, s'écria Botros,
et les hommes ne peuvent vaincre les génies. » Le narrateur dit. Il revêtit alors
sa cotte de mailles de guerre, ceignit sa tête d'un bandeau de perles fraîches et
mit une autre cuirasse sur la première [1] et sortit, voulant épouvanter Ḍirâr,
monté sur son grand cheval alezan qui était des plus rapides, et voulut le frapper
de sa lance. Mais il fut devancé par Ŝoum Adaras [2], un des patrices du pays qui
jura que personne autre que lui ne sortirait des rangs. Il lança son cheval qui
partit sous lui comme un éclair rapide et chargea Ḍirâr en criant : « Allons,
viens combattre ». Ḍirâr ne le fit pas attendre [3] et se précipita sur lui. Le patrice
tira une croix d'or suspendue à son cou et la baisa. Dhawar se mit à rire : « Vous
implorez le secours de vos croix, dit-il, nous nous implorons celui du Dieu
unique, bienfaisant, *qui n'a ni père ni fils* [4], ni égal ». Les deux adversaires, dans
leur lutte, firent preuve d'une adresse qui frappa d'étonnement les spectateurs [5].
Mais 'Amr, Khâlid et les autres émirs crièrent à Ḍirâr : « Pourquoi cette mol-
lesse, Ḍirâr, quand le ciel est déjà ouvert pour toi et que le feu pétille pour tes
ennemis? ». Le narrateur dit. L'ardeur de Ḍirâr se réveilla : il chargea le patrice
que les Grecs encouragèrent de leurs cris; la lutte devint furieuse, l'ardeur du
soleil se fit sentir à tous deux, et le feu de la guerre augmenta d'intensité entre
eux au point que leurs bras s'amollirent et que leurs chevaux furent sous eux
couverts d'écume. Il dit. Le patrice fit signe à Ḍirâr de mettre pied à terre, car
il avait mis lui-même pied à terre par compassion pour son cheval. Tout à coup,
un cavalier des patrices d'Ahnâs lui amena un cheval couvert d'une housse de
soie, sur lequel le patrice s'élança. Alors Ḍirâr saisit à l'oreille son cheval et
lui cria : « Sois ferme avec moi en cet instant, sinon je me plaindrai de toi
au prophète de Dieu ». Il dit. Les yeux du cheval versèrent des larmes, il hennit,
et courut plus rapidement que d'habitude. Il dit. Ḍirâr et le patrice coururent

---

[1] C عنده ليس, lisez لبس.

[2] P ادُرش سوم; W ادرس شدم.

[3] W فلم يفهم ضرار ما يقول.

[4] *Coran*, iii, 113; W donne seulement الملك الحيان.

[5] W ثم رای كل منهما ما ادهش الناس.

l'un sur l'autre. Ḍirâr chargea, le visa du talon de la lance, le renversa et, après s'être emparé du cheval, voulut tuer le patrice. Tout à coup un escadron de Grecs accourut sous les ordres du chien Roušâl[1], roi d'Ašmounein, et entoura Ḍirâr. Roušâl portait une couronne d'or. En voyant l'attaque de cet escadron de Grecs et la couronne qui brillait sur la tête de Roušâl, les émirs eurent peur pour Ḍirâr et dirent à Khâlid : «Pourquoi restons-nous ici sans porter secours à notre compagnon que les Grecs entourent?» Khâlid se précipita avec dix de ses meilleurs combattants, al-Faḍl fils d'al-ʿAbbâs, fils d'ʿAbd al-Moṭṭalib, son frère ʿAbd Allah fils d'ʿAbbâs, Gaʿfar, Moslim et ʿAli fils d'ʿAqîl, fils d'Abou Ṭâlib, ʿAbd Allah fils de Gaʿfar, fils d'Abou Ṭâlib, ʿAbd Allah fils d'ʿOmar, fils d'al-Khaṭṭâb, ʿAbd ar-Raḥmân fils d'Abou Bakr aṣ-Ṣiddîq, ʿAbd Allah fils d'ʿAmr, fils d'al-ʿÂṣ, ʿAbd ar-Raḥmân fils d'al-Miqdâd, fils d'al-Aswad al-Kindî. Ils lâchèrent les rênes à leurs chevaux et mirent leurs lances en arrêt, tandis que Ḍirâr, entouré par les Grecs, leur résistait vaillamment. Ils arrivèrent à lui et lui crièrent : «Réjouis-toi, Ḍirâr, Dieu te sauve[2], et éloigne de toi la peine, la crainte et le trouble : ne crains pas les infidèles et appelle à ton secours le Dieu unique et puissant». Ḍirâr leur répondit : «Combien proche est la délivrance que Dieu nous envoie dans le malheur!».

Le narrateur dit. Quand les guerriers se rencontrèrent et que les héros coururent vers les héros, Khâlid courut au galop sur le lieu de la lutte vers le patrice à la couronne, tandis que Ḍirâr était aux prises avec son adversaire qui cherchait à s'enfuir. Ḍirâr se jeta à bas de son cheval et le poursuivit jusqu'à ce qu'il l'eut atteint. Il jeta ensuite sa lance et, tous deux, se prenant par les épaules, cherchèrent à se renverser. L'ennemi de Dieu ressemblait à un rocher détaché d'une montagne, tandis que Ḍirâr était mince de corps, mais Dieu lui avait donné la ruse, la force, le courage et un extérieur qui effrayait[3]. Comme cette lutte se prolongeait, Ḍirâr saisit son adversaire par les parties molles du ventre[4] et le

---

[1] P W شاول.

[2] الغرج comme dans l'expression فرج عنه ou الغرج بعد الشدة.

[3] W حولا وقوة.

[4] مراق البطن. Sur cette expression, voici ce que dit Avicenne, كتاب القانون فى الطبّ, Rome, 1 vol. in-fº, 1593, p. 597 : «La première chose du ventre que l'on trouve c'est la peau, ensuite au-dessous le premier tégument, الغشا الاول, ces deux parties se nomment مراقّ, viennent ensuite les muscles (lisez عضل au lieu de فضل), puis le péritoine, باريطاون, puis l'épiploon, ثرب, puis les intestins, امعا.» Cette édition d'Avicenne n'est pas indiquée dans Brockelmann qui cite cependant l'édition de *Kitâb an-nagât* de 1593. Ces deux ouvrages font partie du même volume, quoique le second ait une pagination spéciale. Pour le dire en passant, ce dernier ouvrage ne contient que la logique, la physique et la métaphysique.

tira vers le sol, puis, l'enlevant dans ses bras, le précipita à terre. L'ennemi de Dieu cria, appelant les patrices à son secours. Les Grecs, les Nègres et les compagnons du Prophète poussèrent un cri. Rapidement, Ḍirâr s'accroupit sur la poitrine de l'ennemi de Dieu qui poussait sous lui des cris comme un chameau, et, tirant son épée, il le frappa à la gorge et le tua. Le patrice poussa un cri qui fut entendu des deux armées.

Il dit. A cette vue, les Grecs et les Nègres se précipitèrent tous ensemble sur les compagnons du Prophète, tandis que Ḍirâr se levait de dessus sa poitrine, couvert de sang, en agitant la tête de son ennemi. Remontant sur son coursier, il poussa le cri de «Dieu est grand». Les Musulmans répétèrent ce cri; les deux armées se mêlèrent, les deux troupes s'approchèrent l'une de l'autre et les braves se frappèrent; la mêlée devint terrible et le combat furieux; la sueur coula, les yeux furent arrachés, les maux augmentèrent, et les malheurs se multiplièrent; le Ciel s'enténébra et les meules de la guerre tournèrent; les coups d'estoc et de pointe firent rage, les poitrines furent dans l'angoisse, et la situation devint terrible; les moyens (de salut) devinrent difficiles, les épaules furent brisées. On ne voyait que du sang qui bouillonnait, des mains qui volaient, des chevaux qui galopaient. Les Nègres, les vils porteurs de chaînes s'avancèrent, frappant de leurs massues de fer, et cette journée fut une journée terrible. Les braves périrent et les lâches s'enfuirent éperdus.

Cependant 'Amr fils d'al-'Âṣ, selon son habitude, exhortait les soldats à combattre. «Soldats, souvenez-vous des palais du paradis [1], ô vous qui savez le Coran par cœur et vous qui jeûnez le mois de ramaḍân.» Ces mots ranimèrent leur ardeur et raffermirent leurs cœurs. Il dit. Les nègres, porteurs de chaînes, frappaient sans cesse les chevaux et les cavaliers et les tuaient d'un coup; les soldats des éléphants lançaient aussi leurs flèches et frappaient de leurs lances. Ce massacre dura jusqu'à l''aṣr; déjà un grand nombre de soldats avaient péri des deux côtés. Cependant Khâlid avait atteint son adversaire Rouṡâl, le vil impie égaré dans l'erreur; il lui enfonça dans la poitrine sa lance dont la pointe brillante ressortit derrière le dos; Rouṡâl tomba à terre [2]; Dieu envoya son âme dans les flammes, et c'est une triste demeure.

Le narrateur dit. Quand la calamité fut grande, Rifâ'at fils de Zohair al-Moḥârebî prit cinq cents cavaliers de Lebid, des Banou-Mâlik et de Moḥârib, et courut aux éléphants en disant : «Allons, chefs des Arabes, frappez-les aux yeux!» Il

[1] غرف, les chambres hautes.

[2] C سريعا, lisez certainement صريعا.

s'approcha de l'énorme éléphant blanc qui précédait les autres (c'était le chef
des cinq cents éléphants), tenant son épée à la main et récitant ces vers :

Ô toi, au corps immense [1], tu es venu à la rencontre d'une grande douleur;
Aujourd'hui tu es pour les âmes une cause d'affliction, jusqu'à ce que l'on te voie étendu dans
[la fosse du tombeau [2].

Il dit. Il le frappa aux lèvres de son épée, l'éléphant s'enfuit, et bientôt
s'agenouilla. Sur son dos était un Nègre [3] dans une tourelle de cuir. Il dit. Quand
l'éléphant tomba, ce Nègre se leva tenant une énorme massue dont il porta
un coup à Rifâ'at. Celui-ci esquiva le coup et le frappa sur l'épaule droite de son
épée qui ressortit étincelante par l'épaule gauche. L'ennemi de Dieu tomba
baigné dans son sang et Dieu envoya son âme dans le feu, et c'est une triste
demeure. Les Arabes atteignirent les soldats des éléphants et se mirent à donner des coups de lance dans les yeux de ces animaux. Les éléphants s'enfuirent.

Le narrateur dit. Khâlid, al-Miqdâd et les émirs dont on a parlé marchèrent
contre les Qouwwâd dont nous avons fait la description plus haut, en demandant le secours et la fermeté à Dieu, maître de la terre et des cieux, créateur
des créatures. Deux cavaliers se plaçaient l'un à droite et l'autre à gauche; ils
tuaient ceux qui tenaient la chaîne [4], puis, saisissant chacun une extrémité de
la chaîne, ils lâchaient la bride à leurs chevaux. Les Nègres étaient entraînés par
eux comme des chameaux égarés. Ils leur arrachaient ensuite leurs massues et
les faisaient périr de la plus misérable des morts. Le combat, le massacre et la
terreur ne cessèrent que lorsque la nuit vint séparer les combattants et qu'un
grand nombre de soldats eût péri des deux côtés [5]. Chez les Musulmans, cent
trente-cinq combattants périrent en martyrs; parmi eux étaient les chefs suivants : Marwân fils de Moṣ'ab, Sinân fils de Nâfi', Hanzalah fils de Nâfi', Mâlik
fils de Râchid, Hizâm fils de Ma'ad, 'Âzim fils de Ḥâzim [6]; les autres étaient
gens du commun; nous ne donnons d'ailleurs qu'une liste abrégée de peur d'être

---

[1] C من جثة, vers faux; ajoutez avec P W من ذى.

[2] C لدى; P W على.

[3] W قام علج; C علج; W عدة من السودان W.

[4] C يقتلون; W يقبضون مساك السلاسل.

[5] W ajoute فاما المسلمون فقد قتلوا منهم اثنى عشر الفا من الملوك والبطارقة خمسة عشر بطريقا وملكا من السودان وغيرها وبات المسلمون يتحارسون الى الصبح (قال الراوى رحمه الله) وكان قد اتخن. P donne les noms de C.

[6] Je ne trouve aucun de ces noms ni dans l'*Ousd*, ni dans l'*Iṣâbah*, ni dans *Soyouti*; P سنان بن رافع.

trop long. L'armée ennemie perdit douze mille Grecs ou Nègres et quinze princes ou patrices. Les deux armées passèrent la nuit à s'observer jusqu'au matin.

Le narrateur dit. Un grand nombre de Musulmans furent couverts de blessures dans cette bataille : une partie s'occupa à ensevelir les morts, une autre à panser les blessés, une autre à réciter le Qoran, une autre à prier, et une autre à dormir. Khâlid et al-Miqdâd fils d'al-Aswâd al-Kindî, az-Zobaïr fils d'al-'Awwâm, 'Abd ar-Rahmân fils d'Abou Bakr aṣ-Ṣiddîq et quelques autres chefs zélés firent des patrouilles jusqu'au matin autour de l'armée des Musulmans.

Le narrateur dit. Quand le matin parut et que le muezzin cria : « Venez à la prière », les Musulmans se levèrent pour la prière avec des cœurs obéissants et des intentions pures et 'Amr fils d'al-Âṣ dirigea la prière du matin et Dieu fit descendre sur sa langue après la fatiḥa [1], la sourate de la victoire [2] d'abord et la sourate des rangs [3] ensuite. Ensuite ils se tournèrent vers Dieu, lui demandant de leur donner le secours contre leurs ennemis. Il dit. La prière achevée, ils coururent à leurs chevaux et les montèrent, ceignirent leurs épées, prirent leurs lances, donnèrent leurs vies à Dieu et se rangèrent en bataille, tandis que les émirs les exhortaient à combattre. Ils avaient placé à l'arrière-garde Râfi' fils de 'Omairah aṭ-Ṭaggi [4], al-Ḥârit fils de Qais [5] et Rifa'at fils de Zobair [6] avec cinq cents cavaliers.

Le narrateur dit. Nous tenons de 'Obadah fils de Râfi' : il a dit. Nous tenons de Sâlim fils de Mâlik, d'après 'Abd Allah fils de Hilâl [7] qui était dans le détachement de Râfi'. Après que les rangs eurent été disposés, que l'attaque eut commencé et que la mêlée fut intense, tandis que chacun était occupé de soi-même et que nous défendions les femmes et les enfants [8] et que les femmes dont il a été question combattaient avec le plus grand acharnement, un grand détachement de patrices, de Nègres et de Bogahs, suivi d'environ seize cents cavaliers et des éléphants, se sépara de l'armée ennemie. Nous ne nous en aperçûmes pas à cause de la fureur du combat. Ils séparèrent du reste une fraction importante des bêtes, des soldats, des femmes et des enfants, comprenant plus

---

[1] C'est comme on le sait la sourate I, qui commence le livre الكتاب فاتحة.

[2] Sourate XLVIII.

[3] Sourate LXI; W donne seulement بسورة الفتح الصبح.

[4] Râfi' ibn 'Omairah ou Râfi' ibn 'Amr, cf. *Ousd*, t. II, p. 155, mort en 23.

[5] Il y a plusieurs personnages de ce nom; cf. *Ousd*, t. I, p. 343.

[6] Je ne trouve pas ce nom.

[7] L'*Ousd*, t. III, p. 261, cite deux 'Abd Allah fils d'Hilâl.

[8] Le texte de C n'a pas de sens, il faut rétablir la lacune avec W.

de deux mille chameaux et deux cents femmes, des bagages, etc. Avec eux se trouvaient Zaïd fils de Ribâḥ al-Bekri [1], ʿAbbâd fils d'ʿÀsim al-Fihri [2] et cent cavaliers. Ils combattirent furieusement jusqu'à ce qu'ils fussent couverts de blessures, et les femmes se défendirent avec les massues, les épées et les poignards avec un courage admirable. Par Dieu, quelle résistance ne firent pas Ghafîrah fille de Ghifâr [3], et Salmah fille de Zâhir, et leurs émules! Avec quel courage elles combattirent, blessées à la tête par les coups d'épée, le visage couvert du sang qui coulait, et criant : «Pour Dieu, pour Dieu, filles des Arabes, combattez pour vos vies et vos enfants et vos petits-enfants, sinon vous tomberez aux mains des infidèles Grecs et des Nègres : combattez, et que Dieu nous délivre et nous sauve, ou bien mourons en martyrs pour la foi!» Il dit. Il périt là quinze cavaliers musulmans à qui Dieu décréta la gloire du martyre et à qui il fit obtenir le bonheur éternel. Le narrateur dit. Les Grecs poussèrent devant eux ces femmes et ces enfants. Alors un cavalier d'entre les compagnons alla prévenir Khâlid, qui prenait part au plus furieux combat. Il dit. Les Musulmans poussèrent un cri et une troupe d'émirs sortit du milieu de la mêlée; c'étaient al-Faḍl fils d'al-ʿAbbâs, ʿAbd Allah fils d'ʿOmar, fils d'al-Khattâb, ʿAbd ar-Raḥmân fils d'Abou Bekr aṣ-Ṣiddîq, Ziyâd fils d'Abou Sofiân, ʿAbd Allah fils d'Abou Ṭalḥa [4], Ḍirâr fils d'al-Azouar et d'autres émirs auxquels se joignirent six cents des plus braves cavaliers arabes. Ils rencontrèrent les premiers cavaliers ennemis qui se dirigeaient du côté des Grecs [5]. Il dit. Ḍirâr et al-Faḍl fils d'al-ʿAbbâs leur crièrent : «Où allez-vous, ennemis de Dieu?» (Il dit.) Les Grecs et les Nègres revinrent en arrière et une mêlée furieuse commença. Ḍirâr courut au chef des Nègres et lui enfonça dans la poitrine sa lance, dont la pointe brillante sortit derrière son dos. Al-Faḍl, de son côté, frappa de sa lance un grand patrice à la gorge; la pointe brillante sortit derrière sa tête : les deux chefs ennemis tombèrent baignés dans leur sang et Dieu envoya leurs âmes dans l'enfer, et c'est une triste demeure. (Le narrateur dit.) Les émirs s'élancèrent comme des lions, tuant et faisant des

[1] W زايد.

[2] W الغنوى; P العنوى.

[3] W عفيرة بنت غفار.

[4] W بن طلحة C ;عبد الله ابن اى طلحة ʿAbd Allah fils d'Abou Ṭalḥa, Zaid ben Sahl fils d'al-Aswad, frère par sa mère d'Anas ben Mâlik; assista avec ʿAli à Ṣiffin, mourut, dit-on, à Médine, sous le califat de Walid fils d'ʿAbd al-Mâlik; il serait né en 8 de l'hégire et aurait toujours habité Médine, selon Moḥammad ben Saʿd et par suite aurait eu treize ans à l'époque du Foutouh Bahnasâ. NAWAWI, p. 349-350; *Ousd*, t. III, p. 188-189.

[5] W ادركوهم عند اول الجبل هم يريدون جهة الغيوم.

prisonniers jusqu'à ce qu'ils en eussent fait un grand carnage. Quand les compagnons [1] virent ce qui était arrivé à leurs gens, ils jetèrent le butin qu'ils tenaient, et les cavaliers coururent vers l'ennemi, ramenèrent les captifs et les
femmes et délivrèrent les prisonniers musulmans. Les femmes les aidèrent avec
les bâtons, les épées et les poignards en frappant les chevaux à la tête avec les
bâtons et les épées : ils tombaient en entraînant leurs cavaliers; les femmes
s'accrochaient au cavalier, le tiraient à terre et le tuaient. Un grand nombre de
Grecs, de Nègres et de Bogah et d'autres soldats périrent ainsi sous leurs coups.
Le narrateur dit. A ce spectacle, les Grecs et les autres soldats tournèrent le
dos et s'enfuirent, poursuivis par les Musulmans qui tuaient et faisaient des
prisonniers. Un grand nombre périt ainsi : environ six cents Grecs et Nègres
furent faits prisonniers. Les Musulmans revinrent avec leurs chevaux, leurs
armes et leurs dépouilles comme butin.

Le narrateur dit. Voilà ce qui se passa à l'arrière-garde; pendant ce temps, les
deux armées combattaient avec rage, et la mêlée était terrible; on frappait à
coups d'épée et de lance; les soldats, les cavaliers et les braves tombaient : la
guerre s'était levée sur ses jambes [2]; les coups pleuvaient sur les nuques, les
cavaliers couraient et les braves chargeaient; les lâches fuyaient épouvantés : les
meules de la guerre tournaient, les coups d'épée et de lance se multipliaient, les
mains étaient coupées et les têtes volaient; les oiseaux de la mort planaient sur
eux, et les maux descendaient sur ceux auxquels ils étaient destinés; la mêlée
était terrible, le désir (de tuer) augmentait, et l'oiseau de la mort volait [3]; les
poitrines étaient dans l'angoisse, la situation devenait terrible, la poussière
volait, la constance se relâchait, les émirs combattaient avec les drapeaux, les
dommages augmentaient; les Nègres faisaient entendre des bredouillements
dans leur langue et les Grecs poussaient des cris confus, faisant retentir leurs
bouqât [4], perçant de leurs lances et atteignant de leurs flèches. Les esprits
étaient dans le trouble et les yeux aveuglés : la poussière volait et le jour devenait ténébreux; on entendait crier [5] : «Soyez fermes, Musulmans, soyez fermes
en ce jour; ô secours de Dieu, descends». Les Musulmans résistaient en braves qui
aspirent comme récompense à contempler la face du Dieu glorieux et magnanime.

---

[1] W, mieux : «A cette vue, ils jetèrent leur butin et s'enfuirent, et les Musulmans s'élançant,
ramenèrent», etc.

[2] قام الحرب على ساق, expression bien connue.

[3] N'est pas W, répété dans C par erreur. Toute cette description est fort abrégée dans P.

[4] C بغواتها à tort; W ببوقاتها (crécelles ou trompettes).

[5] W كان شعار المسلمين.

Quel courage et quelle bravoure montrèrent al-Faḍl fils d'al-ʿAbbâs, az-Zobair fils d'al-ʿAwwâm, al-Miqdâd fils d'al-Aswâd al-Kindî, ʿOqbah fils d'ʿÂmir, al-Mosayyab fils de Nagbah [1] al-Fezârî et les chérifs et leurs émules d'entre les émirs! Le narrateur a dit. Ce jour fut un jour d'épreuve et *Dieu fit subir alors aux croyants une belle épreuve* [2], leur pardonna leurs péchés, purifia leurs cœurs, les honora du martyre, leur donna *le bien et l'accroissement* [3] et les réunit aux martyrs de l'époque précédente, l'époque de l'envoyé de Dieu (qu'il répande sur lui ses bénédictions et le sauve). Il dit. Khâlid fils d'al-Walîd, ʿAmr fils d'al-ʿÂṣ, al-Qaʿqaʿ fils d'ʿAmr, Saʿid fils de Zaid [4] combattirent en désespérés. Le narrateur dit. Les éléphants avec leurs soldats s'avancèrent et les Grecs et leurs braves, les Nègres et leurs éléphants combattirent : les éléphants allaient contre les chevaux des Arabes, et les hommes qui se tenaient sur leur dos leur lançaient des flèches nombreuses comme des sauterelles qui se répandent; que d'yeux furent crevés en cette journée [5]! On n'entendait que le froissement des épées et le choc des lances : « Ô mes yeux! », criait l'un; « ô mes mains! », criait l'autre; les éléphants écrasaient les soldats et les Nègres atteignaient les braves. Le narrateur dit. En voyant la situation périlleuse des Musulmans, Rifâʿt fils de Zohair al-Moḥaribî alla trouver ʿAmr et Khâlid et leur dit : « Émirs, si cette situation périlleuse dure encore quelque temps nous périrons jusqu'au dernier. — Quel est ton avis, père de Hâzim? demanda Khâlid. — Je vous conseille, répondit-il, de réunir des linges, que nous plongerons dans de l'huile et de la graisse, puis, les piquant au bout de nos lances, nous les allumerons : nous ferons amasser par nos soldats de l'aurone [6] et d'autres plantes dont nous remplirons des sacs que nous placerons sur le dos des chameaux sans selle, pendant que nous occuperons l'ennemi en combattant; alors les cavaliers, avec leurs lances ainsi prêtes, pousseront les chameaux vers l'ennemi, et, après avoir allumé le feu, poseront la pointe des lances sur les flancs des chameaux, qui, en sentant le feu, se précipiteront sur les ennemis incapables de leur résister, et le secours vient de Dieu, qu'il soit loué et glorifié. »

---

[1] C يحي; W كجيبة comme plus haut.

[2] *Coran*, VIII, 17.

[3] *Coran*, X, 27.

[4] سعيد; W سعد. Il est difficile de dire de quel Saʿd fils de Zaid il est question, cf. *Ousd*, t. II, p. 289.

[5] Il semble qu'il y ait ici un souvenir de l'adresse des Nubiens lors de leur guerre contre les Musulmans.

[6] قيصوم. Cf. AVICENNE, *Qanoun*, Rome, 1593, 1 vol. in-fol., p. 248, où le mot est écrit قيسوم.

Le narrateur a dit. ʿAmr et Khâlid trouvèrent ce conseil excellent et l'en remercièrent. D'un commun accord, ils désignèrent des gens pour s'occuper des préparatifs, tandis que le combat continuait. En peu d'instants, tout fut prêt pour ce stratagème. Mille cavaliers des plus braves formèrent un détachement, placèrent ces linges enduits de graisse et d'huile à la pointe de leurs lances, placèrent les sacs pleins d'aurone et d'autres herbes sur le dos des chameaux, les allumèrent et approchèrent leurs lances du flanc des chameaux. Il dit. En sentant les lances sur leurs flancs et le feu sur leurs dos, les chameaux se précipitèrent sur les Grecs et les Nègres. A ce spectacle, les éléphants, devenant furieux, brisèrent leurs chaînes, foulèrent aux pieds leurs conducteurs, jetèrent à terre les soldats qu'ils portaient et les écrasèrent sous leurs pieds. Les chevaux des Grecs et leurs bêtes eurent peur et leurs mulets et leurs hommes s'enfuirent. Le narrateur dit. Les Musulmans jouèrent de l'épée contre les ennemis de Dieu et les percèrent de leurs lances et de leurs flèches. Al-Mosayyab fils de Nagbah al-Fezârî a dit. Nous vîmes des oiseaux semblables à des aigles, planer sur nous; chacun d'eux se mit à frapper de ses ailes le visage et la tête des Grecs, puis enfonçant ses serres dans les yeux, il les jetait à terre. Quelques instants après, et c'était alors un peu après la prière de l'ʿaṣr, ils tournèrent le dos et cherchèrent leur salut dans la fuite, poursuivis par les Musulmans qui en massacrèrent et en firent prisonniers autant qu'ils voulurent, jusqu'au moment où la nuit vint et où le ciel se remplit de ténèbres.

Le narrateur dit. Les fuyards coururent jusqu'au village appelé ad-Deir, et Ellahoun, Ahnâs et Meidoûm, poursuivis toute cette nuit par les compagnons; l'armée ennemie s'éparpilla et se dispersa de tous côtés; environ cinq mille cavaliers furent faits prisonniers; les Musulmans frappaient les fuyards du haut de leurs chevaux et en tuèrent un nombre incalculable[1]. Râfiʿ fils d'Asad al-Gorhomî[2] a dit. Quand nous revînmes sur le champ de bataille, nous trouvâmes la terre couverte de morts, tant Grecs que Nègres, Bogah et autres. (Il dit.) Un grand nombre de cadavres des Musulmans étaient mêlés aux leurs, et on ne les eût pas reconnus si les Chrétiens n'eussent tenu une croix dans leurs mains, tandis que les Musulmans n'en avaient pas. Cette particularité nous permit de les reconnaître. Nous coupâmes des branches de palmier et des roseaux, et nous plaçâmes une branche de palmier et un roseau sur chaque cadavre, et cela sur le champ de bataille. Puis nous les mîmes ensemble et nous les comptâmes; il y en

[1] Cette phrase manque à W.
[2] W Râfiʿ fils d'Azd al-Gohari. Je ne trouve aucun personnage de ce nom.

avait quatre-vingt-dix mille sans compter un nombre immense qui furent tués dans les montagnes et les chemins ; les Musulmans perdirent cinq cent trente-cinq émirs ou soldats dont nous ne citons ni les noms ni les surnoms de peur d'être trop long.

Le narrateur dit. Les Musulmans réunirent les troupeaux et le butin et en firent le partage : 'Amr fils d'al-'Âṣ en retira le cinquième pour le trésor et écrivit une lettre au commandeur des croyants, 'Omar fils d'al-Khaṭṭâb, pour lui annoncer la victoire et lui détailler le cinquième du butin qu'il avait retiré. Puis appelant l'émir Hišam fils d'al-Mirqâl, il lui donna trente cavaliers d'entre les meilleurs des compagnons et lui donna l'ordre de partir pour Médine. Les Musulmans restèrent dans la prairie, les cinq jours qui suivirent la bataille, afin de se reposer, de laisser cicatriser leurs blessures[1] et de laisser à ceux qui poursuivaient l'ennemi le temps de revenir. (Il dit.) Ensuite les compagnons se réunirent, entrèrent chez 'Amr fils d'al-'Âṣ et lui demandèrent l'autorisation de marcher vers le sud. 'Amr la leur accorda, prit congé d'eux, pria pour eux et leur dit : «Je regrette de vous voir me quitter, et si ce n'était l'ordre du commandeur des croyants qui ne me permet pas de vous accompagner, je ne vous eusse pas laissés partir seuls». Ensuite il s'en retourna avec trois mille cent vingt cavaliers. Il périt dans cette bataille huit cent quatre-vingts compagnons à qui Dieu décréta le martyre et qui obtinrent la félicité : on dit aussi que le nombre des morts fut de neuf cent quarante[2] d'après des versions différentes, mais Dieu sait le mieux la vérité.

Le narrateur (que Dieu, gloire à lui! ait compassion de lui) dit. Je n'ai écrit ce livre étonnant et le récit de ces conquêtes émouvantes et extraordinaires dont le pareil n'a point été composé, qu'en prenant pour guide la vérité, et le secours vient de Dieu, qu'il soit exalté. Lorsque les Musulmans s'emparèrent des pays[3], les habitants se soumirent à eux, et les infidèles, les impies, les rebelles furent humiliés devant eux[4]; ils sont les hommes excellents. les nobles, les émirs pieux, les mobâgir et les anṣâr, compagnons de Mahomet, le prophète choisi, qui ont conquis les capitales avec leurs épées, ont humilié les rois[5] et

---

[1] Ce membre de phrase manque à W.

[2] W وقيل الف وقيل تسعماية واربعون.

[3] C العباد لهم اتت البلاد, je corrige en دانت; peut-être العباد a-t-il le sens de «tribus arabes chrétiennes».

[4] W وذلك ببركة الصحابة.

[5] Le mot الطغاة désigne les rois des infidèles, par exemple dans Ibn Khallican, tr. Slane, t. III, p. 478 : «Je chargerai sur le tâghîa du peuple de Loderik et je le tuerai». Cf. sur ce mot Sacy, Chrest., t. III, p. 332.

les infidèles, ont plu par leurs actions au Dieu puissant et qui pardonne et ont vendu leurs vies au Dieu unique et souverain pour les jardins où coulent les fleuves [1].

Le narrateur dit. Quand les fuyards furent arrivés auprès des patrices et des princes et leur eurent appris la déroute, la terreur saisit leurs cœurs; ils ne surent quel parti prendre ni que faire. (Il dit.) Le patrice d'Ahnâs et al-Boṭloûs, roi de Bahnasâ, furent profondément affligés de la défaite de leurs patrices. Ils mirent leur confiance dans les murs de leur ville [2], et se mirent à emmagasiner tout ce qui leur était nécessaire pour soutenir un siège, car ils se dirent : « Les Arabes s'empareront inévitablement de notre pays [3]. » Ils en furent fermement convaincus; les patrices et les princes du Ṣaʿîd eurent la même conviction et ils se désespérèrent.

Le narrateur dit. Cependant ʿOmar fils d'al-Khaṭṭâb, commandeur des croyants, reçut la lettre, les prisonniers et le butin. Cela lui causa une grande joie. Il lut la lettre à ʿAli fils d'Abou Ṭâlib, à ʿOtmân fils dʺAffân, à ʿAbd ar-Raḥmân fils dʺAouf, et à al-ʿAbbâs fils dʺAbd al-Moṭṭalib, oncle de l'Envoyé de Dieu; ils en ressentirent une grande joie et louèrent Dieu d'avoir fait triompher la religion de l'islâm. Le commandeur des croyants, ʿOmar fils d'al-Khaṭṭâb, partagea le butin entre les habitants de Médine et en prit sa part comme s'il eut été simplement l'un d'entre les Musulmans. Puis il écrivit la réponse à la lettre, la scella, la donna à Hišam fils d'al-Mirqâl en lui ordonnant de la porter à ʿAmr fils d'al-ʿÂṣ, qu'il engageait dans cette lettre à conquérir le Ṣaʿîd.

Le narrateur dit. Quant à ʿAmr fils d'al-ʿÂṣ, il ne revint pas à Miṣr avant d'avoir partagé le butin entre les compagnons, les autres auxiliaires du Prophète et les premiers convertis à l'islâm [4]; puis il retourna à Miṣr après avoir fait préparer l'armée pour le départ. Le narrateur a dit. Avant de se séparer, ʿAmr fils d'al-ʿÂṣ, Khâlid et les compagnons tinrent conseil sur la direction à prendre. Ils convinrent d'envoyer en éclaireurs mille cavaliers avec Qais fils

---

[1] *Coran*, ix, 1 1 2 et *passim*.

[2] عوّل; ce verbe se rencontre fréquemment dans le *Foutouḥ ach-Châm* et dans le *Foutouḥ Bahnasâ;* cf. *The conquest of Syria*, éd. Nassau Lees, p. 2, l. 4 عوّل ان يبعث جيوشها الى الشام. Hamaker, *Liber de expugnatione Memphidis*. . . ., p. 1 1 9, a donné une note sur ce mot. عول على, que je traduis par « mettre sa confiance dans », se rencontre par exemple dans la *Lamiat al-agam* de Tograi, vers 49, واتما رجل الدنيا ورواحدها من لا يعول فى الدنيا على رجل. Ce sens paraît ressortir d'ailleurs du contexte; les patrices battus en rase campagne n'espèrent plus pouvoir résister que derrière les remparts de leur ville.

[3] تيقنوا ان لابد للعرب من ارضهم W; ارضنا وبلادنا C.

[4] العحابة وفضل اصحاب الولاء واهل السابقة W; وتفقد اهل البلاد واهل السابقة C.

d'al-Ḥârit et une troupe d'émirs dont faisaient partie Rifaʿh fils de Zohair al-Moḥarebî, al-Qaʿqaʿ fils d'ʿAmr at-Tamîmî, ʿOqbah fils d'ʿÂmir al-Goḥanî et Douʿ-l-kilâʿ al-Ḥimiâri; ils devaient traverser le pays, accorder l'aman à ceux qui se soumettraient et le demanderaient, leur imposer la capitation, combattre ceux qui refuseraient de la payer et laisser en paix ceux qui se convertiraient.

Le narrateur dit. Khâlid et le reste de l'armée se dirigèrent vers la ville d'Ahnâs, la plus grande ville du sud après Bahnasâ et al-Koura[1], qui était fortifiée et remplie de cavaliers et de toutes espèces de machines. (Le narrateur dit.) A cette nouvelle le roi d'Ahnâs réunit les patrices dont l'armée avait été mise en déroute et dont l'ardeur était éteinte[2] par suite de la fuite de leurs gens, tint conseil avec eux[3] et leur dit : «Préparez-vous et combattez pour vos femmes et vos enfants[4], sinon vous deviendrez les esclaves des Arabes qui feraient de vous tout ce qu'ils voudraient, comme cela est arrivé à d'autres. Si vous voulez faire la paix avec eux, nous la ferons, afin de voir comment ils se comporteront[5].» (Il dit.) Par ce discours, le maudit, séduit par Satan, le lâche en proie à l'erreur voulait seulement éprouver les patrices et leur courage. Ils lui répondirent : «Nous ne livrerons notre pays qu'après avoir été vaincus; nous entasserons toutes nos richesses dans cette ville forte et nous combattrons. Si nous sommes vaincus, nous soutiendrons le siège derrière ses murailles.» Cet avis prévalut dans l'assemblée. Ceux qui le partagèrent vinrent en personne et avec leurs biens à la ville, les autres demeurèrent chez eux. Il en fut de même chez les patrices de Bahnasâ; les uns se transportèrent dans la ville avec leurs femmes, leurs enfants et leurs biens; d'autres demeurèrent dans d'autres villes, résolus à rester là, à combattre et à soutenir un siège.

Le narrateur dit. Cependant Khâlid et l'armée approchaient d'Ahnâs précédés des émirs qui servaient d'éclaireurs; ils faisaient des incursions sur les bords du fleuve et dans les villages; ils faisaient la paix par un traité avec ceux qui, sortant à leur rencontre, la demandaient, leur imposant un impôt, l'obligation de fournir des fourrages[6], des vivres et des logements à l'armée; ceux qui se

---

[1] W بعد الكورة.

[2] خمدت نيرانهم وكلمتهم, mot à mot : «dont les flammes et la parole étaient éteintes».

[3] C شاورهم, lisez شاورهم.

[4] W وامولكم.

[5] C a rempli la lacune à sa façon; W donne صالحناهم حتى يعلم ما يكون من بطارقته فاجابوه, «nous ferons la paix». Ajoutez فقال ذلك الملعون حتى يعلم «le maudit ne disait cela que pour éprouver les patrices».

[6] علوفة, cf. sur ce mot QUATREMÈRE, *Histoire des Mongols* de Rachid ad-din, p. 369.

montraient hostiles étaient invités à se convertir à l'islamisme; s'ils refusaient, on exigeait d'eux la capitation; s'ils la refusaient, on combattait contre eux. Ils continuèrent ainsi à faire des incursions dans le pays jusqu'à ce qu'ils fussent dans le voisinage d'Ahnâs. L'ennemi de Dieu fut informé de leur approche; il dit : «Il faut que j'aille à leur rencontre et que je les combatte afin de voir ce qu'ils feront». Il sortit de la ville et se tint près des murailles sans s'en éloigner. Le narrateur dit. Des quatre portes de la ville, il en fit fermer trois, fit ouvrir la porte orientale, fit sortir les tentes, les pavillons et une grande partie des munitions et des équipements militaires et dit : «Si nous rentrons dans la ville sans combattre, la convoitise des Arabes sera encore augmentée». Ensuite il disposa les patrices et passa en revue ses troupes, qui s'élevaient à cinquante mille hommes, et leur dit : «Soyez fermes et combattez pour vos enfants et vos femmes et ne soyez pas les premiers à être pris». Ils se préparèrent et attendirent l'arrivée des compagnons.

Le narrateur dit. Lorsque Khâlid approcha de la ville, il appela az-Zobair fils d'al-'Awwâm, lui donna mille cavaliers, émirs et autres, et lui ordonna de marcher en avant. Il fit de même à l'égard d'al-Fadl fils d'al-'Abbâs, en lui ordonnant de suivre Zobair. Il appela ensuite Maisarah fils de Masroûq al-'Absî, lui donna mille cavaliers et lui ordonna de suivre al-Fadl; il appela ensuite Ziyâd fils d'Abou Sofiân et lui ordonna de suivre Maisarah avec mille cavaliers; il appela ensuite al-Miqdâd, ensuite Mâlik al-Aśtar, et, donnant à chacun mille cavaliers, les fit partir à la suite des précédents; puis Khâlid se mit en marche avec le reste des troupes.

Il dit. Nous tenons de 'Aoun fils de Sa'îd. Il a dit. Nous tenons de Hiśam fils de Nâfi' d'après Râfi' fils de Mâlik al-'Alouî [1]. Il a dit. J'étais dans le détachement de Zobair fils d'al-'Awwâm. Quand nous fûmes au milieu du pays, nous marchâmes contre les habitants; nous fîmes une incursion sur les rives du fleuve et nous trouvâmes un troupeau de vaches et un troupeau de menu bétail gardés par des bergers. En nous apercevant, ils abandonnèrent leurs troupeaux et s'enfuirent; nous poussâmes les bêtes devant nous. Un peu plus loin nous découvrîmes des hommes, des femmes et des enfants : c'étaient des chrétiens, Grecs et autres, chargés de meubles et d'ustensiles [2]. Ils s'enfuirent à notre vue. Avec eux étaient vingt cavaliers des Arabes chrétiens de Lakhm, de Djodam, et

[1] Râfi' fils de Mâlik. Un personnage de ce nom est cité dans l'*Ousd*, t. II, p. 157, mais ne paraît pas être le même que celui du texte.

[2] W راونا فها وغيرهم من القبط ونصارى مشرفة صبيان.

d'autres tribus[1], accompagnés de trente cavaliers d'entre les patrices; avec eux était un grand patrice dans un brillant appareil[2]. Il dit. En nous voyant ils prirent la fuite. Nous courûmes sur eux et nous lançâmes contre eux nos cavaliers; nous les atteignîmes bientôt et les fîmes prisonniers. Interrogés, ils nous dirent appartenir à différents villages et se diriger vers la ville d'Ahnâs. Invités à embrasser l'islamisme, ils refusèrent. Nous voulions les tuer, mais az-Zobair nous en empêcha en disant : «Attendons d'être en présence de Khâlid, il décidera de leur sort». Nous continuâmes d'avancer jusque dans le voisinage d'Ahnâs, et nous découvrîmes les grandes tentes, les pavillons et les tentes.

Le narrateur a dit. Az-Zobair fit entendre le tahlîl, le takbîr et la prière pour le prophète, l'apôtre, le prédicateur. Les Musulmans répondirent par des cris semblables dont la terre trembla. Les Grecs sortirent devant leurs tentes pour nous regarder et l'ennemi de Dieu, Mârinôs[3] le pervers, fils de Michel l'égaré, fils d'Ahnâs[4] les regardait, entouré de chambellans, d'officiers de la cour et de patrices, revêtus de robes de soie à dessins, la tête ornée de couronnes incrustées de perles et de pierres précieuses et tenant en main des masses d'or et des épées : ils se tenaient à côté du roi, à droite et à gauche. Le narrateur dit. Quand nous nous dirigeâmes vers eux, ils crièrent contre nous, parlèrent indistinctement[5] dans leur langue et prononcèrent des paroles de blasphème; notre troupe leur paraissait méprisable. En approchant d'eux, az-Zobair agita son drapeau en récitant ces vers :

Gens d'Ahnâs, impies et infidèles, garde de Satan composée de traîtres.
Voici venir à vous les lions de la guerre, les meilleurs de sa troupe guerrière, montés sur les
[plus célèbres des chevaux rapides[6].
Si vous n'acceptez pas nos offres, vous ne trouverez qu'humiliation et nous tuerons tout chien
[et tout pervers qui se trouve parmi vous.

Le narrateur dit. Puis il fit halte près de la troupe; peu après s'avança al-Faḍl fils d'al-'Abbâs, entouré des plus nobles et des plus illustres d'entre ses

---

[1] P C من جذام وغيرهم.
[2] W ajoute فاخرة qui manque à C.
[3] W مارنوس; C مانوس.
[4] Manque à W; P a un mot peu lisible qui correspond à Ahnâs de C.
[5] C طمطموا; W وطنوا.
[6] C مشكور; W مشكول.

cousins. Il poussa le cri de «Dieu est grand» que tous répétèrent, et agitant son
étendard, il récita ces vers :

O gens d'Ahnâs, chiens impies, les lions de la guerre viennent à vous pour anéantir les transgres-
[seurs des lois [1].
Reconnaissez qu'il n'y a pas d'autre Seigneur que Dieu, ou vous verrez s'approcher de vous un
[grand malheur.
Et reconnaissez que Dieu a envoyé Aḥmed, l'excellent prophète, pour montrer la voie à ses
[créatures.
Sinon nous vous anéantirons avec nos épées, et nous tuerons quiconque d'entre vous se mon-
[trera rebelle [2].

Le narrateur dit. Et il fit halte à côté de Zobair; peu après Maisarah fils de
Masroûq al-'Absi s'avança et poussa le cri de guerre : «Dieu est grand». Les
compagnons le répétèrent et firent entendre le tahlîl, le takbîr, et la prière et le
salut sur l'apôtre, le prédicateur qui est comme une lampe qui éclaire; Maisarah
agita son drapeau et récita ces vers :

Nous sommes venus à Ahnâs accompagnés de tout brave, montés sur des chevaux célèbres et
[de race [3].
Si ses habitants se soumettent à nous, nous les louerons pour leur action, sinon nous les
[anéantirons avec nos épées indiennes.
Nous détruirons Ahnâs et nous massacrerons ses habitants, s'ils refusent la religion du prophète
[Moḥammad.

Et il fit halte près d'al-Faḍl. Comme le soleil était près de se coucher, Ziyâd
fils d'Abou Sofiân arriva avec ses compagnons : ils poussèrent le cri de «Dieu est
grand», et leurs frères les Musulmans leur répondirent par le tahlîl et le takbîr.
Puis secouant son drapeau, il récita ces vers :

Allons, courons à Ahnâs, famille d'Hâchim, troupe fidèle de l'élu, race de magnanimes [4].
Frappez avec force de vos glaives [5], coupez les têtes et fendez les crânes.
Pour faire triompher la religion de Moḥammad le Hachemite, Prophète de la bonne direction,
[envoyé de Dieu de la race de Hâchim.

[1] W P الحرب فاصغوا مغاليا.
[2] Ce vers manque à P et W.
[3] W P اجراد! «qui a le poil fin», c'est-à-dire «de race».
[4] W الاعاظم.
[5] C الحسام; P ضرب الرقاب; W ضرب السهام.

Le narrateur dit. Les compagnons de l'Envoyé de Dieu passèrent la nuit à réciter le Coran, à prier pour Mahomet, le plus noble des enfants d'ʿAdnân, et à veiller jusqu'à ce que l'aurore brillât comme un éclair. A ce moment arriva al-Miqdâd avec ses compagnons. En approchant, ils poussèrent le cri de «Dieu est grand», auquel répondirent les Musulmans. Agitant son drapeau, il récita ces vers :

Je suis le cavalier qu'on loue [1] sur tout champ de bataille, qui fais triompher la religion du
[Hachemite, à qui Dieu a donné son appui [2].
Peut-être obtiendrai-je la félicité auprès de notre Dieu; ô quelle félicité pour celui qui deviendra
[l'hôte de Moḥammad!
Nous tuerons les adorateurs de la croix sans en épargner un, avec des lances de Khaṭṭ et des
[épées indiennes.

Le narrateur dit. Et ils firent halte près de Faḍl. Il dit. Tous les émirs de la troupe dont nous avons parlé arrivèrent l'un après l'autre, jusqu'à ce qu'ils fussent tous réunis. En nous voyant, les défenseurs d'Ahnâs crurent que notre troupe était la seule qui marchât contre eux. Nous demeurâmes cette journée en repos.

Le lendemain, au lever du soleil, un nuage de poussière s'éleva au loin; quand il se dispersa nous distinguâmes des chevaux arabes, des casques âdites, des cuirasses davidiennes, des épées indiennes, des lances khattiennes, des héros du Ḥigâz, des enseignes islamiques et des étendards mahométans, et des voix s'élevant firent entendre le tahlîl et le takbîr, le tawḥîd, le taqdîs, le tamḥîd et le tamgîd [3] en l'honneur du Dieu grand et la prière pour celui qui a été honoré de la victoire évidente et du secours précieux, Moḥammad à qui Dieu a donné son appui, que Dieu répande sur lui ses bénédictions, ainsi que sur sa famille et ses compagnons, une bénédiction qui ne finit point, qui fait réussir tout fortuné et est avantageuse à quiconque en a besoin [4]. Les compagnons du Prophète leur répondirent par le tahlîl et le takbîr et dirent : «Combien béni est ce matin». Puis les émirs sortirent à leur rencontre. Au premier rang était le cavalier vaillant et le héros redoutable et terrible, le glaive de Dieu sur la terre, Abou Solaiman Khâlid, fils d'al-Wâlid (que Dieu soit satisfait de lui), et à son côté

---

[1] W مشهور; C مشكور.

[2] W وناصر دين للنبى محمد.

[3] Le tahlîl est la formule : «Il n'y a de Dieu que Dieu»; le takbîr : «Dieu est grand»; le tawḥîd est l'affirmation de Dieu; les autres mots signifient les louanges de Dieu.

[4] Tout ce passage est abrégé dans W et P dont la rédaction est identique.

Ghânim fils d'Iyâḍ al-Aš'arî, Abou Ḍarr al-Ghifâri, Abou Horeirah ad-Dawsi [1], et les autres émirs, et les mohâgir et les anṣâr [2].

Le narrateur dit. Quand les vils et infidèles Grecs aperçurent les Musulmans, leur contenance grave et inspirant le respect, la lumière éclatante qui brillait sur eux, ils pâlirent, furent remplis de honte et d'humiliation, et la terreur s'empara de leurs cœurs. Khâlid et les compagnons du Prophète qui l'accompagnaient firent halte, comme l'avant-garde, près d'Ahnâs, et chaque émir avec ses compagnons se choisit une place et ils demeurèrent là cette journée.

Le lendemain Khâlid réunit les principaux des compagnons du Prophète et leur demanda qui voudrait aller trouver le roi d'Ahnâs : « Moi, répondit al-Miqdâd. — Que Dieu te bénisse répondit Khâlid, tu iras vers lui, prends qui tu voudras pour t'accompagner. » Al-Miqdâd choisit Dirâr fils d'al-Azouar et Maisarah fils de Masroûq al-'Absî : « Invitez le roi à se convertir à l'islamisme, leur dit Khâlid, s'il refuse, il payera la capitation, s'il la refuse, ce sera la guerre, et j'espère qu'ils deviendront notre butin, s'il plaît à Dieu, qu'il soit exalté ! Prenez garde à la réponse que vous leur ferez, confiez-vous au Seigneur des Seigneurs et prenez vos précautions à leur égard en ce qui concerne votre vie. » (Il dit [3].) Ils partirent jusqu'à ce qu'ils fussent arrivés au camp des Grecs, où ils entrèrent foulant aux pieds de leurs chevaux [4] les tentes et les pavillons : « Qui êtes-vous ? leur crièrent les chambellans. — Des envoyés de l'émir Khâlid, répondirent-ils. » On informa de leur arrivée le patrice qui ordonna de les introduire. Quand ils furent près du patrice, les chambellans et les officiers de garde voulurent les faire descendre de leurs chevaux [5], mais, sans faire attention à leurs paroles, ils continuèrent à marcher ainsi jusqu'à la porte de la tente du roi. Là, s'arrêtant, ils demandèrent la permission d'entrer. Avant d'être introduits, ils lâchèrent [6] les brides de leurs chevaux que les jeunes serviteurs voulurent prendre, mais comme ils s'y opposaient, le patrice leur fit signe et ils les laissèrent. En entrant, ils trouvèrent le patrice assis sur un trône d'or rouge, enrichi de perles, de rubis et de pierres précieuses, entouré de patrices assis, de chambellans et des officiers de la cour debout, tenant en main des épées nues, des masses et des haches [7]. A leur vue il pâlit et fut frappé d'étonnement. Il leur fit signe de s'asseoir : « Nous ne nous assiérons point sur ce tapis, car cela nous est défendu ». Alors il ordonna d'emporter le tapis de soie; on étendit des nattes et un tapis de laine [8] et il leur

---

[1] W وأسمه عبد الرحمن. — [2] Ce qui suit manque à W. — [3] La lacune de W finit ici. — [4] W « les cordes » اطناب. — [5] W الارض للملك. — [6] C اطلقوا; W امسكوا. — [7] الاطبار manque à W. — [8] W انطاعا من الصوف.

fit signe de s'asseoir : « Nous ne nous assiérons, dirent-ils, qu'après que tu seras
descendu de ton trône et te seras assis avec nous sur ce tapis. » Alors les Grecs
parlèrent dans leur langue[1] et voulurent enlever leurs épées aux compagnons
de l'Envoyé de Dieu; mais ils s'y opposèrent[2], le roi fit signe aux Grecs de se
taire : ils se turent, et le roi dit aux compagnons du Prophète de s'asseoir. Ils
dirent qu'ils n'en feraient rien à moins que le roi ne descendît de son trône. (Il
dit.) Alors il descendit, s'assit à côté d'eux, et leur adressant la parole en arabe,
leur demanda ce qu'ils voulaient : ils lui dirent qu'ils ne se sépareraient pas de
lui avant qu'il n'eût fait profession d'islamisme, lui et ses gens, sinon c'était la
capitation, et sur son refus la guerre. Le roi refusa et leur dit : « Partez, nous
combattrons demain[3]. Cependant, si vous y consentez, nous vous livrerons nos
richesses, à condition que vous retournerez à l'endroit d'où vous êtes venus. » Les
envoyés refusèrent. Au reste l'entrevue fut longue et il y eut de longs discours
échangés, mais nous les avons abrégés de peur d'être trop long. Ils sortirent de
chez le roi pour aller combattre, revinrent auprès de Khâlid et l'informèrent de
l'issue de l'entrevue : les émirs se préparèrent au combat.

Le lendemain matin, Khâlid fit avec ses compagnons la prière du matin et
courut à la bataille. On entendit crier : « A la victoire, à la victoire[4], cavaliers
de Dieu, à cheval, désirez le paradis et cherchez à obtenir la récompense ». Les
Musulmans montèrent à cheval, déployèrent leurs étendards et se rangèrent en
aile droite, gauche, centre et deux ailes. Khâlid demeura au centre de l'armée et
confia l'arrière-garde à Maisarah fils de Masroûq al-'Absî et Mâlik al-Aštar[5] avec
cinq cents cavaliers, mohâgir et anṣâr. Peu d'instants après les Grecs s'avancèrent et on aperçut leurs croix. Il dit. Nous tenons de Râfi' fils de Mâlik,
d'après 'Abbâd fils de Mâzir, d'après Moḥammad fils de Maslamah al-Anṣâri : il
a dit. A mesure que les étendards des Grecs et leurs croix s'avançaient, nous les
comptions; nous comptâmes ainsi cinquante croix sous chacune desquelles marchaient mille cavaliers.

Le narrateur dit. Le premier qui ouvrit la porte de la guerre[6] fut un grand
patrice vêtu d'une étoffe rouge à dessins, la tête couverte d'un casque brillant
orné de pierreries, entouré d'une bande de pierres précieuses. Il courut dans

---

[1] W « mais le roi leur fit signe de se taire. Ils se turent et voulurent », etc.

[2] W فتركوهم وكلمهم الملك فابوا حتى ينزل عن سريره فنزل.

[3] *Cependant..... ils sortirent,* manque à W.

[4] C W النصر النصر!, mot à mot : « le secours (de Dieu) ».

[5] W النخعى.

[6] C'est-à-dire qui commença le combat.

l'arène, provoquant un adversaire au combat. Le premier champion qui marcha contre lui fut un cavalier de Khaitam [1] appelé Zaid fils d'Hilâl al-Khaitamî. Le patrice le tua; il tua de même le deuxième champion [2]. Il provoqua encore un autre champion. 'Abd Allah fils d''Omar, fils d'al-Khattâb, marcha contre lui. Au bout de quelques instants il le frappa de son épée sur l'épaule droite; l'épée ressortit brillante par l'épaule gauche, l'ennemi de Dieu tomba en avant, baigné dans son sang, et Dieu envoya son âme dans le feu de l'enfer, et c'est un triste séjour. Il courut alors à cheval dans l'espace vide, provoquant un adversaire au combat; un cavalier répondit à sa provocation et fut tué; il en tua encore un deuxième, et provoqua un troisième adversaire, mais nul n'osant s'avancer contre lui, il se précipita au milieu des ennemis, culbuta l'aile gauche sur l'aile droite et l'aile droite sur l'aile gauche, mit le désordre dans leurs rangs et tua plusieurs de leurs braves; puis il revint sur le centre. Alors s'élancèrent Chourhabil fils d'Hasanah, secrétaire de l'Envoyé de Dieu qui l'imita, et après lui Ghânim fils d''Iyâḍ al-Aš'arî, chargea; après lui al-Faḍl fils d'al-'Abbâs, puis al-'Abbâs fils de Mirdâs as-Solami, puis Abou Ḍarr al-Ghifârî, puis les Musulmans chargèrent tous ensemble, que Dieu soit satisfait d'eux tous. Le narrateur dit. Alors les Grecs réveillèrent leurs esprits et chargèrent en masse et bien armés [3]. Ils apparurent avec leurs casques et leurs cuirasses, firent avancer leurs coursiers et les deux armées se heurtèrent. La lutte ne cessa pas avant que le soleil ne fût arrivé au milieu de sa course dans la sphère céleste [4]; alors Khâlid fils d'al-Walîd chargea, se jeta sur l'aile droite et la culbuta sur l'aile gauche, puis sur l'aile gauche et la culbuta sur l'aile droite. Les Arabes combattirent avec ardeur jusqu'au moment où la nuit vint séparer les deux armées. Les Musulmans passèrent la nuit à se garder jusqu'au matin. Puis ils cherchèrent ceux de leurs compagnons qui avaient péri; ils en trouvèrent quarante-deux à qui Dieu avait décerné le martyre. Les plus illustres d'entre eux étaient Rabi' fils de Ghânim al-Awsi [5], Zaid fils de Rabi' al-Mohâribî [6], Ghânim fils de Naoufal al-Mohâribi [7], Ṣafouân

---

[1] W ختعم; C خيثم; P جُشم.

[2] Manque à W.

[3] فى عددهم وعديدهم, expression déjà expliquée.

[4] W P فى قبّة الفلك; C فى حد الاستواء. Il faut lire توسطت au lieu de توسلت.

[5] W Rabi' fils d''Amir. P comme C. Il n'y a aucun Rabi'ah fils de Ghânim : l'*Ousd*, t. II, p. 169, cite un Rabi'ah fils d''Âmir al-Azdi ou al-Ašdi.

[6] Ce personnage n'est pas cité dans l'*Ousd*.

[7] Inconnu.

fils de Morrah al-Yarbou'î [1], les autres étaient gens du commun; les ennemis
perdirent un peu plus de treize cents hommes.

(Il dit.) Lorsque l'ennemi de Dieu fut seul avec ses compagnons et qu'ils se
remémorèrent les pertes que leur avaient fait subir les épées des Musulmans et
leurs redoutables coups de lance, le massacre et les coups, les souffrances qu'ils
avaient eues à supporter dans cette lutte, cela lui causa un chagrin et une
douleur extrêmes [2]. Mais les patrices relevèrent son courage et raffermirent son
cœur et ils se préparèrent à recommencer la lutte.

Le narrateur dit. Quand la lumière du matin brilla, les Musulmans se levèrent
pour faire la prière du matin. La prière finie, ils montèrent rapidement à cheval;
les Grecs se rangèrent en bataille, et devant eux les patrices s'avancèrent, montrant
leur splendide équipement. Un patrice hérétique et vil, que l'on disait être le
prince de Ṭanbadâ [3], sortit des rangs, revêtu de sa cuirasse de guerre, et provoqua
un Musulman à un combat singulier. Al-Faḍl fils d'al-'Abbâs répondit à son
défi. Ils firent de longues évolutions et se heurtèrent longuement, cherchant à
se frapper. Le premier qui atteignit son adversaire fut al-Faḍl; son épée descendit
sur la tête du maudit qu'elle fendit jusqu'aux dents. Il tomba la tête la première,
baigné dans son sang; Dieu envoya son âme dans les flammes de l'enfer, et c'est
une triste demeure. Un autre patrice sortit des rangs contre al-Faḍl qui le tua.
Quatre de leurs meilleurs combattants tombèrent ainsi sous ses coups.

Le narrateur dit. Les Grecs chargèrent alors les Musulmans comme un seul
homme; les Musulmans se précipitèrent à leur rencontre. Ḍirâr fils d'al-Azouar
chargea et montra quel brave il était. Maḍ'our fils de Ghânim al-Aš'arî [4],
al-Walîd, et Moḥammad fils d'‘Oqbah, fils d'Abou Mo'aiṭ, Moslim, Ga'far et 'Ali,
fils d'‘Aqîl, fils d'Abou Tâlib, 'Abd Allah fils de Ga'far, Solaiman fils de Khâlid,
fils d'al-Walîd, 'Abd ar-Raḥmân fils d'Abou Bekr aṣ-Ṣiddîq chargèrent à leur

---

[1] Inconnu.

[2] La rédaction de W diffère ici.

[3] W P طنبسا.

[4] L'*Ousd*, t. IV, p. 342, ne connaît qu'un Maḍ'our b. 'Adî; W continue par الغضل بن العباس et
Moḥammad b. 'Oqbah b. abî Mo'aiṭiṭ; P al-Walîd et Moḥammad fils d'‘Oqbah b. abî Mo'aiṭ.
Sur ce dernier, cf. Ibn Qotaibah, p. 35, dernière ligne; C al-Walîd et 'Oqbah. La vraie leçon
est celle de P; al-Walîd fils d'‘Oqbah. (Abou Wahb) était frère d'‘Otmân par sa mère; il se convertit le jour de la prise de la Mecque. 'Otmân le fit gouverneur de Koufah après Sa'd b. abî
Waqqâṣ; il fit la prière étant ivre et fut révoqué, résida à Médine et mourut à Raqqah. Cf. Ibn
Qotaibah, p. 162; *Ousd*, t. V, p. 90-92; Nawawi, p. 617. C'est à lui que se rapportent plusieurs
versets du *Coran*, par exemple xlix, 6. Quant à son frère Moḥammad, je n'en trouve point de
trace; l'*Ousd* dit que son frère se nommait Khâlid, *Ousd*, t. II, p. 97.

tour, mais al-Faḍl fils d'al-'Abbâs les devança tous. Il dit. Les émirs se précipitèrent, se suivant l'un et l'autre, et la lutte devint terrible; les coups de pointe
et de taille se multiplièrent, la poussière s'éleva et rendit le jour aussi obscur
que la nuit; les flèches volèrent, la lutte devint plus vive, les mains furent
coupées et les têtes volèrent. On ne voyait que des chevaux qui galopaient, du
sang qui bouillonnait, le malheur augmenta et les moyens de l'éviter disparurent, la sueur coula, les yeux devinrent rouges de sang[1]; on ne voyait que
blessés et gens encore sans blessures, fuyards et poursuivants; le désert devint
comme une mer dont les vagues ondulaient, tous les guerriers étaient comme
trempés dans le sang, le ciel et la terre semblaient trop étroits pour eux et les
guerriers les plus braves tombaient. Que de braves à qui leur cuirasse pesa, qui
la jetèrent et sur qui l'ennemi put assouvir son désir de meurtre! Le brave par
sa constance obtint ce qu'il désirait, la masse des guerriers se heurtait, la peur
et les larmes augmentaient, on prenait plaisir à l'attaque et à la défense, les
guerriers se frappèrent, et de quels coups! Les aigles et les vautours planaient
sur leurs têtes et les oiseaux de proie étaient avides de dévorer leurs yeux; le
sang coulait à gros bouillons, le feu de la guerre flambait[2] comme flambe une
fournaise. Ce jour était semblable au jour de la résurrection[3]. La fermeté des
plus fermes était à bout, les poitrines haletaient[4], la destinée s'accomplissait
et la situation devenait de plus en plus terrible; la mort étendait ses ailes sur
les combattants, les âmes demandaient le repos, les braves faisaient preuve
d'audace et les lâches montraient leur peur et leur ignominie et voyaient dans
le salut de leur vie leur désir et leur repos. Le massacre régna sur les soldats
et les maux descendirent sur les deux armées; les amertumes se répandirent et
les joies disparurent; le brave qui ne se laisse pas abattre continua le combat et
le lâche qui abandonne ses compagnons prit la fuite. On ne voyait que vainqueur
et vaincu, triomphant et abattu, massacrant et massacré; les enfants devenaient
orphelins et les femmes veuves; les parleurs étaient réduits au silence et sur les
visages des gens on ne voyait que des indices de mort.

Le narrateur dit. L'émir Khâlid se précipita comme un lion, il rugit, il écuma.
Alors Ghânim al-Aš'arî leva ses yeux au ciel et s'écria : «Ô toi, dont la grandeur est au-dessus de toutes les grandeurs, qui as étendu la terre et le ciel

---

[1] Toute la fin de la description manque à W et est très abrégée dans P.

[2] C اشتعلت; lire اشتعلت.

[3] Ce jour étant synonyme de terreur, expression déjà vue.

[4] ضاق, mot à mot «être à l'étroit»; expression bien connue.

114 É. GALTIER.

comme on le fait d'un tapis, toi à qui appartiennent les beaux noms[1], nous te supplions au nom de Moḥammad, ton prophète sans tache et ton envoyé choisi, que Dieu répande sur lui ses bénédictions et lui accorde le salut, de faire descendre sur nous ton secours, comme tu l'as fait en bien des combats, et de nous donner la victoire sur cette armée d'infidèles, *ô le plus miséricordieux des miséricordieux !*[2]. »

Le narrateur dit. Tous les émirs répondirent Amen, à cette prière. Et peu après l'on vit les meilleurs combattants des infidèles tomber comme tombent des arbres les feuilles sèches, sans que nous sachions qui les renversait. (Il dit.) A cette vue les Grecs, tournant le dos, cherchèrent leur salut dans la fuite. Les Musulmans les poursuivirent, les massacrant, les dépouillant et les faisant prisonniers, tandis que les pierres pleuvaient sur eux du haut des murs de la ville sans qu'ils y fissent attention. Ils rentrèrent dans la ville; le maudit prince d'Ahnâs rentra avec eux, poursuivi par Khâlid et une troupe d'émirs, mais ils ne purent l'atteindre; ils surprirent cependant un corps grec de cinq mille hommes. Les Musulmans étaient près de deux mille cavaliers; ils se livrèrent un combat acharné près de la porte. On leur lançait des pierres du haut des murs[3], puis la porte livra passage à environ trois mille[4] cavaliers grecs qui vinrent les secourir, puis ils rentrèrent, refermèrent la porte et montèrent sur les murs pour résister à la furieuse attaque des assiégeants. Les pierres et les flèches continuèrent à voler jusqu'au moment où la nuit sépara les combattants.

Le narrateur dit. Les Musulmans assiégèrent la ville d'Ahnâs pendant trois mois, occupant les habitants par des combats journaliers; mais les murs étaient inaccessibles et les portes solides; tous les jours les compagnons du Prophète faisaient des incursions jusqu'aux extrémités du pays. Le narrateur dit. Enfin les habitants d'Ahnâs commençaient à faiblir, les secours ne venaient pas, et ils étaient plongés dans l'anxiété; les compagnons du Prophète désiraient enfoncer leurs épées dans les corps des infidèles[5]. Khâlid consulta les compagnons sur le parti à prendre, car il était impossible de s'emparer de la porte. Or il y avait dans l'armée un des émirs de Chosroès, l'émir le Marzubân[6], qui, s'étant converti

---

[1] *Coran*, vii, 179.

[2] *Coran*, vii, 150.

[3] W : « ils en tuèrent environ trois mille ».

[4] W الف.

[5] W طمعت فيهم الصحابة.

[6] Marzubân est un mot persan qui signifie « gardien des frontières »; pehlvi *marz-pân*, de *marz* « frontière » et *pâna* « ce qui garde », zend et sanscrit *pâna*.

à l'islamisme, était parti pour prendre part à la guerre sainte, et avait donné
son âme à Dieu; il fut tué à Bahnasâ, près de la ville, à l'orient du canal de
Joseph dans le combat contre le prince de Ṭaḥa[1] aux colonnes, comme nous le
raconterons, s'il plaît à Dieu, au moment voulu. Il dit à Khâlid : «Chez nous, en
Perse, lorsque nous assiégeons une ville, sans pouvoir la prendre, nous rem-
plissons d'huile et de soufre des caisses en bois, nous y adaptons des perches;
des hommes, que nous défendons contre les coups des ennemis, les portent
jusqu'à la porte, mettent le feu aux caisses, les mettent en contact avec la porte
et se retirent. La porte s'enflamme, la chaleur fait fondre le fer, la porte s'ouvre,
le feu s'attaque alors aux pierres[2] qui s'écroulent. — Nous essayerons de ce
moyen, s'il plaît à Dieu, répondit Khâlid.»

Le narrateur dit. Le lendemain ils mirent le projet à exécution, et se hâtèrent
d'apporter les matériaux indiqués par le Marzubân et dont nous avons parlé, et
en remplirent les caisses, sous lesquelles ils placèrent de longs morceaux de
bois, et les hommes les emportèrent. Des cavaliers sortirent derrière eux pour
les protéger, tandis que le Marzubân marchait devant eux pour leur indiquer
comment il fallait s'y prendre. Ils étaient à l'abri sous des boucliers et les pierres
et les flèches qui étaient lancées du haut du mur glissaient sans les atteindre.
Ils arrivèrent ainsi à la première porte de la ville, la plus grande de toutes, la
porte orientale. Ils s'en approchèrent, élevèrent les caisses à l'extrémité des
perches, mirent le feu à l'huile et au soufre, les placèrent près de la porte et s'en
revinrent. Le narrateur dit. En peu d'instants le feu attaqua la porte, le bois et
les pierres et la flamme dépassa les murs, arrivant jusqu'à la tour : elle prit
feu et la tour s'écroula avec les soldats qui s'y trouvaient et dont la plupart
périrent. Les Musulmans se précipitèrent avec des outres pleines d'eau, éteignirent les flammes et, se précipitant par la porte, coururent au palais du roi. Il
était solidement bâti sur des colonnes de pierre taillée[3]. Il en fit fermer les portes,
monta sur la porte et se fortifia. Les Musulmans incendièrent cette porte comme
ils l'avaient fait pour celle de la ville. Le roi d'Ahnâs, voyant le sort qui le
menaçait, perdit courage et fit ouvrir la porte en criant : «Quartier», ainsi que
les gens de son entourage et un certain nombre de patrices. Invités à embrasser
l'islamisme, un petit nombre seulement y consentit. Khâlid ordonna de couper
la tête au roi, d'épargner ceux qui acceptaient l'islamisme et de tuer les autres.
Mais la populace et les sujets implorèrent leur pitié en criant : «Nous n'obéissons qu'à la force». On épargna ceux qui se convertirent; ceux qui voulurent

[1] W طنجة. — [2] W الحطب والخشب والحجارة. — [3] W وكانوا اغلقوا ابوابه ففصلوا به كما ذكرنا.

conserver leur ancienne religion furent soumis à la capitation. Les Musulmans détruisirent un vaste espace de terrains, démolirent des maisons et des édifices de manière à en faire des monceaux de ruines : ils firent un grand butin en vaisselle d'or et d'argent et en tapis de prix. Le narrateur dit. Ils laissèrent là 'Obadah fils de Qais, avec trois cents Musulmans et sortirent de la ville où il ne resta que les nouveaux convertis et les gens soumis à la capitation, et où ils élevèrent une mosquée. Cette affaire finie, Khâlid réunit le butin, fit cinq parts et en envoya le cinquième à 'Amr fils d'al-'Âṣ pour qu'il le fît parvenir au commandeur des croyants 'Omâr fils d'al-Khaṭṭâb dans la ville du Prophète. Il envoya leur part à 'Amr fils d'al-'Âṣ et à ses compagnons, les croyants qui étaient à Miṣr et dans les environs. Khâlid demeura ensuite un jour [1] à Ahnâs ainsi que les compagnons qui l'entouraient.

Le narrateur dit. Khâlid appela ensuite 'Adî fils de Ḥatim aṭ-Ṭayyi, lui donna mille cavaliers au nombre desquels était Maimoun fils de Mihrân [2], lui ordonna de partir pour la première ville d'al-Boṭloûs le maudit, et de marcher contre les gens du pays; et s'il rencontrait Qais fils d'al-Ḥârit, dont nous avons parlé plus haut, de lui ordonner de s'approcher de Bahnasâ, de combattre ceux qui lui résisteraient, de ne faire aucun mal à ceux qui ne lui en feraient pas et d'accorder la paix à ceux qui la lui demanderaient, jusqu'à ce que les renforts arrivassent. Il appela ensuite Ghânîm fils d'Iyâḍ al-Aš'ari et lui donna mille cavaliers parmi lesquels étaient, al-Faḍl fils d'al-'Abbâs, al-Mosayyab fils de Nagbah al-Fezâri, Abou Darr al-Ghifâri, le marzubân persan, Ga'far, Moslim et 'Ali [3] fils d'Aqîl, fils d'Abou Ṭâlib, 'Abd Allah fils d'Omar, Sa'd fils d'Abou Waqqâṣ, Chouraḥbil fils de Ḥasanah, secrétaire de l'Envoyé de Dieu et leur dit : «Marchez sur Bahnasâ, où je vous rejoindrai s'il plaît à Dieu. Invitez les habitants à se convertir à l'islamisme : quiconque obéira sera notre égal et aura les mêmes droits; qui refusera sera soumis à la capitation; s'il ne veut pas la payer ce sera la guerre et la bataille entre nous jusqu'à ce que Dieu juge, *et il est le meilleur des juges.* Attaquez les villes, rapprochez vos détachements et ne marchez

[1] W : quarante jours.

[2] Maimoun fils de Mihrân fut chargé de la perception de l'impôt dans la Mésopotamie pour 'Omar fils d'Abd al-'Azîz; il mourut en 117 de l'hégire. Cf. Ibn Qotaibah, p. 228-229, il n'a donc pu assister à la conquête. L'*Ousd*, t. IV, p. 424, connaît un Maimoun qui est aussi appelé Mihrân, sans parler des autres noms, mais dit seulement qu'il était affranchi du Prophète.

[3] C P ont les mêmes noms; W donne : et 'Ali et 'Abd Allah fils d'al-Miqdâd et le fils de Khâlid, Solaiman et Moḥammad fils de Ṭalḥah et 'Amr fils de Sa'd, fils d'Abou Waqqâṣ et Chouraḥbil fils de Ḥasanah. Je ne connais pas d'Amr fils de Sa'd.

qu'en une seule troupe; envoyez çà et là des détachements [1], et tenez-vous près
les uns des autres; si vous tombez sur une troupe plus forte que la vôtre, demeurez fermes, purifiez vos cœurs et raffermissez vos résolutions. Quand vous arri-
verez à Bahnasâ, qui est leur capitale et le siège du gouvernement, envoyez des
ambassadeurs au roi et invitez-le à se convertir : s'il accepte, laissez-le en paix,
lui et son royaume; s'il refuse, imposez-lui la capitation; s'il la refuse, ayez
recours à l'épée et que Dieu juge *une chose qui était aussi bonne que faite* [2]. J'ai
ouï dire que c'est une ville fortifiée, considérable, abondante en chevaux et en
hommes, et entourée de villes, de villages et de roustâk. Agissez avec prudence :
qui vous traitera bien, traitez-le bien, si on vous fait la guerre, faites-la-leur,
avec résolution et des intentions pures et une résolution vraie, car Dieu a dit
dans son livre précieux : « *Ô vous qui croyez, soyez patients et fermes et résolus et
mettez votre confiance en Dieu et vous réussirez* [3] ». Ensuite il appela al-Moghîrah fils
de Cho'bah, l'aïeul de Ziyâd, qui est dans le village appelé Deiroute près de Ton-
bada [4], et nous parlerons, s'il plaît à Dieu, de Ziyâd fils de Moghîrah et de ses
compagnons quand nous en serons à l'affaire du couvent; il appela Sa'd fils
de Zaid [5], un des dix à qui fut promis le paradis, et Abân fils d'Otmân, fils
d'Affân, leur répéta ses recommandations, leur dit adieu et ils partirent, puisse
Dieu être satisfait d'eux.

Le narrateur dit. 'Adi fils de Ḥâtim at-Ṭâyyi, Maimoun fils de Mihrân marchèrent jusqu'à l'entrée de la province de Bahnasâ qui est Meidoum et Garzah [6] et
leurs environs. Ils trouvèrent que Qais fils d'al-Ḥârit avait fait la paix avec les
gens de ce pays qui avaient conclu un traité et s'engageaient à payer la capitation;
de même que les gens de Barnast après la mort de leur patrice, et les pays
environnants [7]; ils avaient demandé l'amân et remis une grande somme à Qais

---

[1] Ceci est contradictoire, mais le texte est tel.

[2] *Coran*, viii, 46, et *passim*.

[3] *Coran*, iii, 200.

[4] وكان معه ابنه زياد الاكبر P ; وكان معه زياد الاكبر ابو المغيرة جدّ زياد الذى هو W ; la leçon de P
paraît la vraie; au reste il n'y a aucun Ziyâd parmi les enfants de Moghîrah; cf. Ibn Qotaibah,
p. 151.

[5] Sa'îd fils de Zaid (Abou'l-'A'ouar) se convertit à l'islamisme avant 'Omar, fut, comme le dit
le texte, un des dix à qui le paradis fut promis et mourut âgé de 70 ans, environ, en 51 de l'hégire.
Son tombeau est à Médine, cf. Ibn Qotaibah, p. 127; Nawavi, p. 280.

[6] وميدوم جرزة C ; حتى وصلا ميدوم وما حولها W. Garzah, village de 1751 habitants, province
de Gizeh; cf. Ali Pacha Moudârak, *Khitat*, t. IX, p. 56.

[7] ونادى فى ذلك الاقليم بالامان وجبوا له اموالا عظيمة على الصلح والجزية P W ; W ajoute الى دهشور ;
على الصلح للجهينى P.

pour la paix et la capitation. Une troupe de Musulmans, à savoir Rifâ't fils de Zohair al-Mohâribi, 'Oqbah fils d'Amir al-Gohanî, et Dou'l-Kilâ' al-Himiâri, avec mille cavaliers d'entre les compagnons, étaient déjà passés [1] et avaient fait des incursions depuis al-'Aqabah qui est près d'Helouân [2] sur ces villages et leur territoire, faisant la paix avec ceux qui la voulaient, et combattant et pillant les autres, jusqu'à ce qu'ils arrivassent à Atfîh et ensuite à Birinbal [3]. Là habitait un patrice, nommé Boulaṣ [4], qui sortit avec des troupes pour combattre [5]; il y eut une affaire sérieuse entre lui et les Musulmans qui combattirent contre lui, et un peu plus loin s'emparèrent de lui et de sa troupe et les firent périr de la façon la plus misérable. Dieu envoya leurs âmes dans l'enfer, et c'est un triste séjour. Ils marchèrent ensuite vers le village appelé Bayâḍ dont les gens firent la paix avec eux, s'engageant à payer la capitation; là ils passèrent le fleuve et 'Adi fils de Hâtim marcha jusqu'à ce qu'il rejoignît Qais fils d'al-Hârit près du village appelé Qaman [6]. Maimoun et ses compagnons firent halte au village appelé Maimoun [7]. Qais fils d'al-Hârit lui dit : «Nous ne quitterons pas cet endroit [8] avant d'avoir soumis tout le pays environnant, et d'avoir reçu l'ordre de l'émir Khâlid fils d'al-Walîd». Il fut du même avis et 'Adî et ses fils descendirent au village appelé Banou-'Adî [9]. Ensuite il partit, laissant son fils Hatim et ses frères qui entourèrent le village, et Qais et ses compagnons marchèrent jusqu'au village appelé Bouš [10] et la ville appelée Dilâṣ [11] dont les gens sortirent après la mort de leur patrice et firent la paix, s'engageant à payer la capitation; puis ils traversèrent le milieu du pays se dirigeant vers le

---

[1] Ajoutez avec W : «sur le pays à l'orient du fleuve».

[2] W قبلى من حلوان.

[3] Atfîh, Birinbal, C اليرنئيل. L'atlas de la *Description de l'Égypte*, feuille 18, donne un Berounbal ou Bernebal, au sud d'Atfîh.

[4] P W صُول.

[5] W donne صالحهم على الجزية وعبروا من هناك وسار عدى بن حاتم حتى اجتمع بقيس قريبا من القرية المعروفة بقمن; P suit C.

[6] قمن, ou Qeman el-'arous, sur la rive gauche du Nil, au sud de Meidoum; cf. l'atlas de la *Description de l'Égypte*, feuille 18; CHAMPOLLION, t. I, p. 318-319; QUATREMÈRE, *Mémoires*, t. I, p. 416-417; AMÉLINEAU, *Géogr. de l'Égypte*, p. 216.

[7] ميمون, sur la rive gauche du Nil, au sud de Qeman et au nord de Beni-Soueif.

[8] W لا تنزل هنا حتى يفتح.

[9] Au sud de Qeman.

[10] W نوس. Bouš, sur la rive gauche du Nil, au nord de Beni-Soueif; cf. AMÉLINEAU, *op. cit.*, p. 370; ALI PACHA MOUBÂRAK, *Khiṭaṭ*, t. X, p. 5.

[11] Dilâṣ, en copte ϯⲗⲟϫ; cf. QUATREMÈRE, *op. cit.*, t. I, p. 506; AMÉLINEAU, *op. cit.*, p. 136-137.

bord du fleuve jusqu'à ce qu'ils arrivassent à Bibâ al-Kobra tandis que Ghânim
fils d'Iyâḍ marchait sur leurs traces. Il y avait là un grand couvent, appelé le
couvent de Saint-Georges [1], où l'on célébrait une grande fête à laquelle prenaient
part des gens de tous les pays : l'arrivée des compagnons du Prophète eut lieu
à un moment voisin de cette fête. Un des confédérés [2] vint à eux et les informa
de cette circonstance. Qais fils d'al-Hârit choisit parmi les compagnons une troupe
de cinq cents cavaliers environ, mit à leur tête Rifâ't fils de Zohair al-Mohârebi
et leur ordonna de faire une incursion contre le couvent.

Le narrateur dit. Il y avait dans le couvent une troupe des principaux Grecs [3]
de la province; ils étaient campés autour du couvent avec un détachement de
cavaliers qui les gardait; ils étaient alors en train de boire et de manger avec
un appareil magnifique, peu de temps avant l'aurore. La nuit était éclairée par
la lune. Les compagnons vinrent jusqu'à un endroit spacieux et se dirent :
«Mettons-nous en embuscade ici, car la nuit est éclairée par la lune». De
là, dit-on, le nom que cet endroit porte encore de nos jours, Qamriya [4]. En
cet endroit était un village à côté duquel ils se mirent en embuscade. Lorsque
l'aurore fut près de paraître, ils repartirent et firent une incursion contre le
souq et les gens qui s'y trouvaient à boire, à manger dans un magnifique appareil,
et fort tranquilles. Avant qu'ils eussent pu se douter de rien, les cavaliers étaient
sur eux. Après une légère résistance, ils s'enfuirent vers le couvent et la ville.
Les compagnons s'emparèrent en pillant tout ce qui se trouvait dans le souq
en ustensiles et bêtes, chargèrent la vaisselle sur les animaux et, les poussant
devant eux, vinrent au couvent qu'ils cernèrent. Les Grecs se défendirent du
haut du couvent, lançant des pierres et des flèches. Cependant les Musulmans
avaient entouré la porte, brisé les serrures et les chaînes; une partie s'accrocha
aux murs et ils pénétrèrent dans le couvent où ils engagèrent le combat contre
les vils infidèles, puis, ouvrant la porte, ils firent entrer le reste des cavaliers.
En peu d'instants ils s'emparèrent des meubles et ustensiles d'or et d'argent,
et firent près de cent prisonniers. Puis ils partirent et marchèrent jusqu'à ce
qu'ils fussent au centre de la contrée [5]. A l'occident [6], près du canal de Joseph,
étaient de nombreux villages et bourgs et une ville appelée Singab [7], entourée
de nombreux bourgs et commandée par un des grands patrices d'al-Boṭloûs. En
apprenant l'arrivée des compagnons, il réunit ses troupes près de la ville appelée

---

[1] W جرجا; C جرج. — [2] المعاهدين; cf. *Journ. asiat.*, t. V, 1855, p. 440. — [3] W والقبط. —
[4] قريه. — [5] Tout ce passage est fort abrégé dans W. — [6] W وكان بالقرب. — [7] W ڪان;
C سنجاب.

Aqfahas[1] et de celles qui portent le nom de Somosṭa, Basqancun et Manbaḥ (?) [2], leva une troupe de cavalerie, Grecs et paysans, s'élevant, dit-on, à six mille hommes, et partit à la rencontre des compagnons du Prophète.

Le narrateur dit. Qais fils d'al-Ḥârit et les compagnons du Prophète qui l'accompagnaient, après avoir fait la paix avec les habitants de Bibâ[3] qui avaient accepté la capitation, s'étaient remis en marche. Comme ils approchaient, dans leur marche, du village appelé à présent Banou Ṣâliḥ[4], ils aperçurent de loin un nuage de poussière qui, en se dissipant, leur fit voir des chevaux et des cavaliers; au-dessus de leurs têtes on apercevait six croix. Sous chaque croix marchaient mille braves cavaliers, armés de cuirasses, d'épées, de longues lances[5], en grand appareil. En voyant avec quelle confiance les vils infidèles marchaient au combat, les compagnons du Prophète sentirent leur ardeur se réveiller sur le champ et se préparèrent à marcher contre eux pour les combattre[6]. Ils firent entendre le tahlîl, le takbir et la prière pour l'apôtre, le Prophète qui est comme une lampe qui éclaire, et, se précipitant sur eux comme des lions dévorants, les chargèrent en braves qui ont vendu leurs vies pour un jardin élevé[7]. Les meules de la guerre tournèrent, les coups de pointe et de taille se multiplièrent, la poussière s'éleva, les pieds des chevaux firent jaillir des étincelles et la lumière du jour s'obscurcit; le lâche demeura hésitant ne sachant ce qu'il devait faire, les cavaliers se heurtèrent et les braves disparurent[8]. Avec quel courage combattirent Rifâ't al-Moḥarebî, 'Oqbah fils d'Amir al-Gohani, 'Ammâr fils de Yâsir al-'Absî, cousin de Maisarah fils de Masroûq al-'Ansî; ce 'Ammâr n'est pas le même que celui qui prit part à la bataille de Ṣiffin sous l'isman 'Ali fils d'Abou Ṭâlib[9], que Dieu soit satisfait d'eux tous. Le narrateur dit. Les

---

[1] Aqfahas, à deux heures de Fechn, entre le Nil et le Baḥr Yousouf; cf. l'atlas de la *Description de l'Égypte*, feuille 16; Amélineau, *op. cit.*, p. 56.

[2] W شمسطا واليسقلون; C شميسطا واليسقنون; P بسقنون : c'est peut-être, Basqaloun, à deux heures de Maghagha, province de Minieh; pour la troisième ville : C منابه; W نشابه: P منساسه.

[3] W ajoute هوريت; P donne اهل هرب شنت.

[4] Village à trente minutes de Fechna; cf. l'atlas de la *Description de l'Égypte*, feuille 16, Boinet bey, *Dict. géogr.*, p. 120.

[5] W n'a que الرماح; C a الرماح المتقنة qu'il faut, je crois, corriger en متقنة, épithète ordinaire et bien connue de la lance; cf. Schwarzlose, *Die Waffen...*, p. 225.

[6] Tout ce qui suit est très abrégé dans W.

[7] *Coran*, LXIX, 22 et LXXXVIII, 10.

[8] C'est-à-dire «moururent».

[9] Cette remarque est dans C et P; P donne العنسى بالنون. En dépit de la remarque de C il n'existe pas, à ma connaissance, d'autre 'Ammâr que celui qui périt à Ṣiffin.

compagnons du Prophète combattirent ce jour-là courageusement et se montrèrent fermes devant l'épreuve [1] comme des gens de cœur.

Il y avait parmi les maudits un patrice rebelle (à Dieu) nommé Lawî fils de Armîa; il gouvernait Šinara [2] et c'était un cavalier habile et un combattant célèbre. Il se précipita et chargea, renversant les soldats et tuant les héros, et montrant sa pétulance dans l'arène. Un cavalier musulman, nommé Sinan fils de Naoufal ad-Dawsi, s'avança contre lui [3]. Ils combattirent, cherchant à se percer de leurs lances et à se frapper de leurs épées; le patrice était plein de ruse et de tromperie; il trompa son adversaire et, se penchant sur lui, grâce à une de ses ruses, il le frappa et le tua, et Dieu décerna la félicité au Musulman. L'ennemi de Dieu se mit à évoluer et à courir dans l'arène, provoquant à un combat singulier les plus braves des Musulmans, faisant son propre éloge entre les rangs des deux armées, et jouant avec son épée et son bouclier. (Il dit.) Alors 'Ammâr fils de Yâsir al-'Absi s'avança hors des rangs et le chargea d'une façon extraordinaire; ils coururent l'un sur l'autre et engagèrent la lutte, se frappant, se choquant, se heurtant et se portant des coups de lance. Il y eut des coups de pointe échangés plus terribles que le feu, mais l'ennemi de Dieu était ferme et défendait sa vie, parant les coups avec son armure et son bouclier, mais son bras se fatiguait et ses moyens de défense et ses ressources faiblissaient. L'émir 'Ammâr, s'apercevant de la fatigue de son adversaire, se précipita sur lui; ils cherchèrent à se porter deux coups (de leurs épées) aiguës et tranchantes; mais 'Ammâr, le redoutable cavalier de 'Abs, atteignit le premier son adversaire et lui enfonça dans la poitrine sa lance dont la pointe sortit brillante derrière le dos. L'ennemi de Dieu tomba mort, baigné dans son sang, et Dieu envoya son âme dans les flammes, et c'est une triste demeure.

La mort de leur champion remplit les Grecs de colère, et un fort détachement de polythéistes courut à 'Ammâr, blessa sous lui son cheval, et leur multitude s'acharnant sur 'Ammâr, ils le tuèrent, que Dieu, qui avait décrété son bonheur, ait pitié de lui! Quinze des Musulmans qui défendaient 'Ammâr périrent aussi; car il faut savoir qu'en voyant tomber le cavalier susdit, ils furent si affligés qu'ils coururent au combat décidés à périr. Faisant appel à leur courage, ils soutinrent une lutte terrible. Le narrateur dit. Nous tenons de Sinân fils de

---

[1] بلاه, expression coranique; cf. plus haut.

[2] C اسنا; P شنرا; W سيرا. C'est Šinara, copte ϣⲉⲛⲉⲣⲱ, dans le district de Fechn; cf. Amélineau, *Géogr.*, p. 429.

[3] W et C فقتله فخرج اليه عمار بن ياسر.

Naoufal [1], d'après Mâlik fils de Râfi' [2], d'après Ghânim al-Yarbou'ï qui était dans la troupe de Rifâ't fils de Zohair al-Mohârebi [3]. (Il dit.) Tandis que nous soutenions cette lutte terrible et que nous désespérions de la vie, tant les terreurs de la guerre devenaient grandes, Rifâ't fils de Zohair excitait les soldats à combattre et raffermissait leur résolution, les aidait à renverser les héros et récitait ces vers :

Ô soldats, nobles et chefs, gens purs et fidèles, mines de générosité,
Allons, raffermissez votre courage, ne vous laissez pas tomber dans l'indolence, frappez avec
[vos épées sur les têtes et les crânes.
Faites de ces gens des cadavres étendus dans la poussière, dont les os pourrissent sur le sol,
[atteints par l'humiliation et la vengeance [4].

Et il se mit à combattre, à protéger (les siens), à tuer les héros, à renverser les soldats, à évoluer, à charger, et à frapper à coups de lance les ennemis de Dieu en criant : «Soyez fermes, compagnons du Prophète, et résistez et sachez que le *secours est obtenu par la constance* [5], et que le *paradis est à l'ombre des épées*, et que si vous êtes vainqueurs de ceux-ci, nul ne pourra vous résister après eux [6]. Réjouissez-vous par la promesse du paradis, *des jeunes filles aux grands yeux et des jeunes garçons* [7] dans les salles hautes du paradis. » (Il dit.) La lutte était furieuse et les coups de lance et d'épée se multipliaient; les hommes périssaient et les héros tombaient; la poussière montait vers le ciel, la rage des infidèles contre les Musulmans augmentait, les esprits étaient dans l'angoisse et les têtes volaient.

Le narrateur dit [8]. Tandis que nous soutenions ce terrible combat, nous vîmes une poussière s'élever; en s'entr'ouvrant elle nous fit voir un corps de mille cavaliers [9], lions redoutables armés de cuirasses davidiennes, couverts de casques brillants, ceints d'épées indiennes, portant des lances khatṭiennes et montés sur

---

[1] W P Sinân b. Naoufal; C Naoufal.

[2] W مالك.

[3] C ajoute عمار بن ياسر avant رفاعة.

[4] W وخلفوا القوم فى البيضا مطرحة — على الثرى خشا بالذل والنقم; P comme C sauf اتركوا au lieu de صيروا et جنّها au lieu de رمّا.

[5] النصر مع الصبر. C'est un ḥadiṭ du Prophète, de même que le mot suivant.

[6] C قائمة لم تقم لهم, lisez لكم.

[7] *Coran*, LII, 34. Ce paragraphe manque à W et à P.

[8] W قال رفاعة; P قال.

[9] W فى الحديد غواطس.

des chevaux arabes. Nous les examinâmes et nous reconnûmes que c'étaient
Solaiman fils de Khâlid fils d'al-Walîd, ʿAbd Allah fils d'al-Miqdâd, ʿAbd Allah
fils de Ṭalḥa et son frère Moḥammad Ziyâd fils d'al-Moghîrah, Moḥammad fils
d'ʿOqbah[1], ʿAbd ar-Raḥmân fils d'Abou Horairah et une troupe d'émirs avec leurs
fils et leurs compagnons que Ghânim fils d'ʿIyâd al-Ašʿarî avait envoyés en avant
comme éclaireurs. Ils crièrent : «Dieu est grand»; nous répondîmes par un cri
semblable. Ils se précipitèrent au milieu de la mêlée et chacun d'eux, s'attaquant
à un patrice, le tua. Les Grecs, en se voyant ainsi taillés en pièces, tournèrent le
dos et cherchèrent leur salut dans la fuite, poursuivis par les compagnons du
Prophète qui tuèrent, pillèrent et dépouillèrent jusqu'à Šinara, Basqanoun et
les villages environnants jusqu'à Salâqous[2]. Ils firent cinq cents prisonniers, en
tuèrent trois mille environ; le reste s'enfuit dans les villes et les villages. Après
que le patrice [3] eut été tué et que la situation fut devenue mauvaise, les chrétiens
de la ville et le peuple sortirent et consentirent par un traité à payer la capitation; il en fut de même des villages des environs. ʿAmr fils de Zobair arriva
dans le pays susdit et y demeura ainsi que la troupe de Musulmans qui le suivait. Ensuite Qais fils d'al-Ḥârit partit devant les compagnons et arriva près de
la ville de Ṭanbadâ et le pays appelé Ašnîn[4]. Il y avait là un patrice nommé
Awliâṣ fils de Baṭros[5], infidèle maudit, qui vint à la rencontre des Musulmans
avec d'autres gens et leur donna des vivres pour les hommes et du fourrage pour
les chevaux; mais ce n'était qu'une ruse et une trahison; il fit la paix avec eux,
s'engageant à payer la capitation pour son pays et pour Ašnîn qui en dépendait. Qais
fils d'al-Ḥârit et ses compagnons repartirent, et Ziyâd fils d'al-Moghîrah demeura
au village de Darout[6] et fit la paix avec les habitants. Solaiman fils de Khâlid, fils
d'al-Walîd, ʿAbd Allah fils d'al-Miqdâd et un détachement vinrent près de la ville;
quelques-uns d'entre eux s'arrêtèrent près du village de Aṭnieh[7] et une partie
entra de nuit dans la ville, puis ils revinrent craignant une embûche : mais toute
précaution est inutile contre la destinée. Le narrateur dit. Ceux qui avaient été

---

[1] W والوليد ومحمد ابنا عقبة P ؛ ومحمد بن عتبة.

[2] W سيرا ؛ C شيخذا ؛ P شنرا والبسقنون ؛ C يسقنون manque à W. Sur Šinara, cf. Amélineau, *op. cit.*,
p. 429; Salâqous est un village à trois heures de Fechn.

[3] W بطريق شندا خرج P ؛ بطريق شنرا.

[4] C اشنبى ؛ P اشنى ؛ W اسنا. Ṭanbadâ, entre le Nil et le Baḥr Yousouf, un peu au-dessous de
Bahnasâ; Ašnîn, village à deux heures de Maghagha, province de Minieh.

[5] C P اولياص ؛ W بولياص.

[6] C ديروط ؛ W دهروط ؛ P دروط. Darout, village un peu au nord de Ṭanbadâ.

[7] W اطينة ؛ C المنية ؛ P طنية. Aṭnieh (اطنيه), à quarante-cinq minutes de Maghagha.

16.

laissés en arrière étaient au nombre de cinq cents cavaliers; ils suivirent les bords du canal de Joseph, faisant des incursions sur les rives [1], faisant la paix avec ceux qui la demandaient, laissant tranquilles ceux qui se convertissaient à l'islâm, tuant ceux qui refusaient. Quant à Qais fils d'al-Hârit, il marcha jusqu'au village de Qais qui a tiré de lui son nom qu'il porte encore de nos jours [2]. Là était un des patrices d'al-Botloûs [3], son cousin nommé Chakou fils de Michel [4]; les gens du pays [5] étaient entrés dans la ville. Qais et les compagnons du Prophète qui le suivaient l'assiégèrent avec ardeur pendant deux mois. Alors Dieu les secourut; ils brûlèrent une porte par laquelle ils entrèrent dans la ville; ce fut après un combat qui fut livré à l'endroit appelé Koum al-Ansâr [6], où ils mirent en fuite les ennemis, qu'ils assiégèrent dans Qais comme nous l'avons dit : la ville fut prise, le patrice susdit, cousin d'al-Botloûs, tué; ils pillèrent la ville et prirent tout ce qui s'y trouvait après que les habitants, invités à accepter l'islamisme, eurent refusé. De là ils firent des incursions contre les villes environnantes jusqu'à Mâtaî [7] et al-Kâfoûr. Un patrice, cousin de celui qui avait été tué dans la prairie de Dahchour, que Dieu les maudisse tous deux! vint à leur rencontre et fit la paix avec les Musulmans s'engageant à payer la capitation. Les Arabes marchèrent ensuite contre ad-Deir [8], Samaloṭ et les villes voisines, et Zohair [9] et une troupe d'Arabes vinrent à l'endroit appelé Zohra. Quant au reste des gens de la plaine [10] située autour de Bahnasâ à l'orient et à l'occident, à la nouvelle de l'arrivée des Arabes, ils s'enfuirent à Bahnasâ avec leurs biens, leurs femmes, leurs enfants et leur bétail, laissant la plaine déserte; al-Botloûs, que Dieu le maudisse! leur avait envoyé ses patrices; ils transportèrent tout à Bahnasâ et se préparèrent à un siège en réunissant tout ce qui leur était nécessaire.

Le narrateur dit. Voilà ce qui arriva à ceux-là. Quant à l'ennemi de Dieu, Awliâṣ [11], maître de Ṭanbadâ, il écrivit à al-Botloûs en ces termes : «Je n'ai traité

---

[1] W يشنون أى يغيرون.

[2] Cf. Maqrîzi, trad. Bouriant, p. 599. Ali Pacha Moubârak, *Khiṭaṭ*, t. XIV, p. 143.

[3] W comme toujours البطليوس.

[4] P W شكور بن ميخائيل.

[5] C السودان; P W اهل السواد.

[6] Je ne trouve point cette localité.

[7] W ماطى; C مطاى. Village du district de Beni Mazar, au-dessous de Qais; cf. Ali Pacha Moubâ-rak, *op. cit.*, t. XV, p. 46.

[8] Ad-Deir et Samaloṭ, villages sur la rive gauche du Nil, au sud de Qais.

[9] C زهرة; W زهير, village à une heure vingt de Minieh; cf. atlas, feuille 15.

[10] اهل سواد, le *sawad* désigne, comme on le sait, la partie cultivée de l'ʿIrâq.

[11] W بولياص.

avec les Arabes que pour les faire tomber dans un piège et les tromper; envoie-moi un corps de patrices, peut-être pourrai-je m'emparer de la troupe des Musulmans et me venger avant peu [1]. » (Il dit.) L'ennemi de Dieu, al-Boṭloûs, recevait tous les jours des informations par les Arabes chrétiens et les gens des villes et des villages, sur ce que faisaient les Arabes, apprenait ainsi les noms des patrices qui périssaient et les noms des villes qui étaient prises et pillées. Ces nouvelles lui causaient un grand chagrin, mais il le cachait aux patrices et raffermissait leurs cœurs et leur courage en leur disant : « Notre ville est forte; si les Arabes veulent la guerre, nous la leur ferons; si nous sommes vaincus, nous nous réfugierons dans la ville, et quand bien même tous les habitants du Ḥigâz seraient réunis contre nous, ils ne pourraient parvenir jusqu'à nous, dût le siège durer dix ans [2]. » Mais il ne savait pas que Dieu fait triompher sa volonté, donne le secours à la religion de l'islâm, et abaisse les vils infidèles. En recevant la lettre de l'ennemi de Dieu, Awliâṣ, que Dieu le maudisse! al-Boṭloûs fut rempli d'une grande joie : il appela un de ses patrices nommé Roumâs, lui donna cinq mille Grecs ou gens des villages [3] et les fit partir dans l'ombre de la nuit. Avant minuit, ils arrivèrent à Ṭanbadâ, se présentèrent à l'ennemi de Dieu, Awliâṣ, le patrice, que leur arrivée remplit de joie et ils se préparèrent à attaquer les Musulmans.

Le narrateur dit. Le lendemain matin, comme les Musulmans faisaient la prière du matin, ils aperçurent un corps de cavalerie grecque qui se dirigeait vers eux. « Au combat! s'écrièrent-ils, au combat, compagnons de l'Envoyé de Dieu, par le Maître de la Qaʿaba! » Les Musulmans montèrent à cheval et allèrent se poster près du couvent : les Grecs se dirigeaient déjà vers eux au nombre de dix mille cavaliers. Les ennemis de Dieu avaient tendu une embuscade aux Musulmans près d'un pont qui se trouvait là et d'un profond canal où les eaux du Nil coulaient lors de la crue, qui était à l'occident du susdit couvent, près de la ville. Le narrateur dit. Quand les Musulmans aperçurent les lances des vils ennemis qui brillaient, les rênes qui flottaient, les drapeaux dont les plis s'agitaient et les croix d'or et d'argent qui resplendissaient, ils firent entendre le tahlîl, le takbîr, la prière pour l'apôtre, l'Envoyé de Dieu, et coururent à eux, sans s'effrayer de leur multitude, s'excitant l'un l'autre au combat. Les ennemis avaient déjà atteint un détachement de Musulmans, campés près du couvent, les

---

[1] W ‫وتاخذو بثار من قتل منكم‬ .

[2] W : « vingt ans ».

[3] W : « cavaliers d'entre les Grecs et les Chrétiens ».

avaient attaqués à coups d'épée et entourés. Le champ de bataille s'étendit et
le combat devint vif près du village appelé Darout [1]. Solaiman fils de Khâlid,
'Abd Allah fils d'al-Miqdâd, 'Obadah fils d'aṣ-Ṣamit [2], 'Âmir fils d''Oqbah et
Šaddâd fils de Aous [3] se précipitèrent suivis d'une troupe de Musulmans. Le
combat devint plus vif et la lutte plus furieuse, les yeux furent aveuglés, les
pieds des chevaux firent jaillir des étincelles, les lances brillèrent, les rênes
furent serrées, les yeux furent éblouis, les esprits troublés. Les Musulmans
furent environnés de tous côtés. Quelle bravoure montrèrent Solaiman fils de
Khâlid, 'Abd Allah fils d'al-Miqdâd! quelle lutte ils soutinrent et de quelle épreuve
ils furent éprouvés [4]! Quel héros que Ziyâd fils d'al-Moghîrah! Tantôt il combattait à l'aile droite, tantôt à l'aile gauche, tantôt au centre; tandis que les
ennemis de Dieu entouraient de tous côtés les Musulmans qui ressemblaient à
une tache blanche sur la peau d'un chameau noir [5]. Ils résistèrent en braves,
quoique la plupart fussent couverts de blessures. La lutte devint plus furieuse.
Les Musulmans avaient choisi leurs braves combattants et les avaient placés
derrière eux : ils combattirent bravement, quoique entourés par les ennemis de
Dieu qui les avaient coupés de la ville. Solaiman et ses compagnons luttèrent en
braves, déterminés à périr et s'encourageant l'un l'autre : «Pour Dieu, pour
Dieu! s'écriait Solaiman, le paradis est à l'ombre des épées et le lieu de réunion
près de la piscine du Prophète, que Dieu répande sur lui ses bénédictions et lui
accorde le salut! » Et ils continuèrent à combattre jusqu'à ce qu'ils fussent accablés de blessures. Déjà deux cent vingt Musulmans environ avaient péri près de
la colline située à l'occident de la ville, mais aucun d'eux n'était tombé sans avoir
tué un nombre considérable d'ennemis. Le narrateur dit [6]. Quand Solaiman fils
de Khâlid vit la situation critique de ses compagnons et la sienne, il se mit à
culbuter l'aile droite sur l'aile gauche et l'aile gauche sur l'aile droite, aidé dans
cette attaque par 'Abd Allah fils d'al-Miqdâd et les autres compagnons. Devançant
ses compagnons, il frappa le patrice d'Ašnîn d'un coup de lance qui ne le

[1] W دهروط; P ضروط; C ديروط.

[2] 'Obadah manque à W; P ابن عبدة.

[3] Šaddâd fils d'Aous, fils d''Omayyah al-Gohani est cité comme ayant fait un présent de miel au
Prophète. *Ousd*, t. II, p. 386. Un autre Šaddâd fils d'Aous, fils de Ṭâbit est cité par Nawawi,
p. 312; il serait mort en 58 de l'hégire, *Ousd*, t. II, p. 386-387.

[4] Nous avons déjà rencontré cette expression qui paraît signifier ici : «quel courage ils
déployèrent».

[5] Cette expression se rencontre par exemple dans *The conquest of Syria*, éd. Nassau Lees,
p. 47.

[6] W الواقدى.

manqua pas, le jeta à bas de son cheval, et se jetant sur le centre, il massacra un grand nombre d'ennemis. Nous tenons le récit suivant de Aous fils de Šaddâd, d'après Alqamah fils de Sinân, d'après Zaid fils de Râfi'. J'étais, dit-il, parmi les cavaliers de Solaiman fils de Khâlid, quand les ennemis nous attaquèrent, puis reculèrent devant nous; nous ignorions qu'ils nous avaient tendu une embuscade. Tout à coup, les ennemis cachés se levèrent contre nous et nous fûmes entourés. Nous étions cinq cents cavaliers d'entre les compagnons. Nous combattîmes en désespérés et en tuâmes environ deux mille. Solaiman tua environ trente patrices de leurs meilleurs combattants. 'Abd Allah fils d'al-Miqdâd en tua autant. Ils combattirent en braves dans cette situation périlleuse [1], mais un corps de deux mille cavaliers environ entoura Solaiman, lorsqu'ils virent périr sous ses coups les meilleurs d'entre eux, c'est-à-dire leurs chefs et leurs patrices. Ils le chargèrent comme un seul homme et blessèrent sous lui son cheval. Il se défendit à pied avec son épée jusqu'au moment où on lui coupa la main droite; alors il saisit son épée de la main gauche qui fut aussi coupée. Ils l'entourèrent. En voyant qu'il allait se réunir à celui dont la miséricorde est infinie [2], il se détourna en disant : «Mon Dieu! mon Dieu! certes tu serais affligé, Khâlid, si tu pouvais voir ce qui arrive à ton fils, mais ceci n'est que pour gagner la satisfaction de Dieu, qu'il soit célébré et glorifié ». Il avait reçu dans la poitrine environ vingt coups de pointe, ses forces le trahirent et il tomba sur le sol en souriant et en disant : «A présent nous allons rejoindre l'aimé Moḥammad et ses compagnons », et ils l'achevèrent; que Dieu ait compassion de lui. En voyant tomber Solaiman, 'Abd Allah fils d'al-Miqdâd s'écria : «Je ne veux plus vivre après toi, ô Abou Khâlid [3], les jardins éternels seront notre lieu de réunion [4] ». Et il se précipita et chargea, massacrant les soldats et les héros. Les vils infidèles l'entourèrent, le frappèrent du tranchant et de la pointe de leurs épées jusqu'à ce qu'il fut atteint de nombreuses blessures. Il continua de combattre, essuyant le sang qui coulait sur son visage, jusqu'au moment où son cheval en tombant le renversa. Il s'écria : «Ô mon amour pour toi, ô Miqdâd! ». Puis, en souriant, il dit : «Adieu», et il mourut; que Dieu ait compassion de lui. Et nous crûmes que c'était le jour de la résurrection (tant le combat devint terrible).

[1] Mot à mot : «ils furent fermes dans l'épreuve comme le sont les généreux ».

[2] *Coran*, LIII, 33, واسِعُ المَغْفِرَةِ, le texte a الرحمة.

[3] W P ابو محد.

[4] جنات عدن ne signifie pas les jardins d'Éden, mais les jardins éternels. Djawhari le dit جنات اقامة. Mahomet sans doute y attachait le sens de délices, mais les commentateurs sont partis de la racine عدن «séjourner»; cf. SACY, *Chrestomathie*, t. II, p. 510, note 12.

Tout à coup une poussière s'éleva et, en se dissipant, nous montra les étendards
et les enseignes de l'islâm, une troupe de compagnons de Mohammad, en tête
desquels étaient al-Qaʿqaʿ fils d'ʿAmr at-Tamîmî, al-Mosayyib fils de Nagbah al-
Fezârî, Samourah fils de Goundab[1], al-Fadl fils d'al-ʿAbbâs, Ziyâd fils d'Abou
Sofiân, les nobles des Banou-Hâchim et des Banou-Mottalib, les nobles de Aous
et de Khazrag, Ghânim fils d'ʿIyâd al-Asʿarî et les émirs et les nobles qui le
suivaient. Aussitôt ils chargèrent les Grecs comme un seul homme, offrant à
Dieu des intentions pures. En voyant les victimes de l'ennemi, les émirs et les
nobles s'écrièrent tous ensemble : «Hélas! amis[2]». Puis ils se précipitèrent sur les
Grecs comme des lions et tuèrent le patrice Awliâs, que Dieu le maudisse! qui
périt misérablement, et Roumâs[3], le patrice d'al-Botloûs. Les ennemis de Dieu
s'enfuirent devant eux poursuivis par les Musulmans, qui tuaient et faisaient des
prisonniers. La déroute se continua jusqu'au canal de Joseph, où un grand
nombre se noyèrent. Environ quatre mille d'entre eux périrent sur le champ de
bataille; douze cents furent faits prisonniers. Le reste s'enfuit et se cacha jusqu'à
la nuit, puis ils allèrent informer al-Botloûs du désastre. Il en éprouva un grand
chagrin[4], son cœur fut dans l'angoisse, il ne sut à quel parti se résoudre;
après avoir longtemps réfléchi, il résolut de marcher contre les Musulmans.

Le narrateur a dit. Voilà ce qui arriva à ceux-là; quant aux gens de Ṭanbadâ,
d'Ašnîn et d'Abâ[5], quand ils apprirent la défaite et la mort des patrices, le
massacre des Grecs et leur noyade, ils allèrent trouver leur patrice nommé Louṣ
(لوص) qui était chrétien, mais non pas grec, et lui demandèrent de combattre
contre les Arabes, mais il refusa (abâ), et à cause de cela, la ville porte encore
de nos jours le nom d'Abâ, en leur disant : «Je n'ai nul besoin de combattre
contre les Arabes». Alors ils se retirèrent. Quand les patrices ennemis de Dieu
eurent été mis en fuite, Louṣ sortit de la ville avec une troupe de gens du pays
à la rencontre des Musulmans pour demander la paix qui leur fut accordée. Les
habitants de Ṭanbadâ et d'Ašnîn, gens du peuple, sujets et autres, sortirent avec
leurs enfants et dirent en pleurant aux Musulmans : «Nous sommes des sujets
et nous avons été obligés d'obéir à nos maîtres, acceptez-nous pour sujets et

---

[1] Samourah b. Goundab (Abou Solaiman) assista dans sa jeunesse à Ohad; Ziyâd lui donna le
gouvernement de Bosrah; il mourut à Koufah en 59 ou 58 de l'hégire. Ibn Qotaibah, p. 155; *Ousd*,
t. II, p. 254-255; Nawawi, p. 304.

[2] P وكسمده.

[3] Roumâs manque dans W.

[4] Mot à mot : «le monde fut étroit pour lui».

[5] P أبا manque à W.

nous serons sous votre protection. — Nous acceptons, dirent-ils, à condition que
vous nous ferez connaître ceux d'entre vous qui se sont enfuis. » Ils acceptèrent,
et, guidant les Musulmans, les firent entrer dans les maisons et les lieux où ils
étaient cachés, saisirent les Grecs et les leur livrèrent. Le Chrétien[1] saisissait le
Grec et l'amenait aux Musulmans. On saisit ainsi à Ṭanbadâ et à Aṡnîn environ
quinze cents personnes qu'on tira des silos, des puits et d'ailleurs. Quand les
prisonniers furent réunis, Ghânim fils d'Iyâḍ al-Aṡ'arî ordonna de leur couper la
tête sur une colline voisine appelée al-Koum, et les Musulmans revinrent sur le
champ de bataille. En voyant les morts et les cadavres de Solaiman fils de Khâlid,
d'Abd Allah fils d'al-Miqdâd[2] et des autres martyrs, que Dieu soit satisfait d'eux
tous! ils versèrent d'abondantes larmes. 'Ammâr fils de Yâsir pleura et, déplorant
la mort de Solaiman fils de Khâlid, d'Abd Allah fils d'al-Miqdâd et de leurs compagnons, il récita les vers suivants :

O mon œil, sois prodigue de larmes abondantes, pleure, ô mon œil, la perte de mon ami
Et annonce la mort de celui qui est tombé dans le désert : ô quelle douleur me cause ce mort
[tombé dans un pays étranger[3].
Pleure de douleur pour Solaiman, que ne cessent jamais les gémissements et les soupirs que te
[cause sa mort[4]!
C'était un lion ardent, téméraire, qui ne s'inquiétait pas, au jour de la bataille, du nombre des
[ennemis[5];
Il allait à leur rencontre avec le courage d'un cœur ferme, fussent-ils aussi innombrables que
[les sables des déserts[6].
Ô mort, nos gémissements se feront entendre dans les ténèbres de la nuit, à cause de ce héros
[qui savait porter secours dans les circonstances critiques[7].
Puisse al-Boṭloûs ne jamais rencontrer le bonheur durant sa vie, ainsi que ses vils soldats dé-
[fenseurs de la croix[8].
Ils nous ont tendu une embuscade, une troupe a été cachée contre nous, troupe de gens vils,
[partisans du mensonge[9].

---

[1] P ajoute seul اليعقوبى (jacobite).

[2] W ajoute عبيد بن الدارى.

[3] W غريب وسط الفيافى غدا نجندلا فى الغلا ; P لمقتول غدا ن الردى, etc.

[4] P W سليمانا ولا تغفلى فامره والله امر عجيب.

[5] W غد النجاد القضيب ; P فقد كان لا يفكر كل العدا ان سل من غد لسيف قغيب.

[6] W وتختى الاعدا ; P وتحذر الاعدا من باسه لو انهم اعداد رمل الكثيب.

[7] W على فتى قد كان غصنار ظيب.

[8] Ce vers est le quatrième en partant de la fin dans W et P ; W لا يلتقى البطليوس خيرا ولا ; P = C فلا لقى.

[9] Ce vers manque dans W. Il est d'ailleurs faux dans C. Dans W, c'est le troisième avant la fin. قد كنوا جيشا لنا عامدا — يوم الوغى من كل كلب مريب.

Fais savoir à al-Miqdâd le sort funeste de tous ces chefs, dont l'esprit voyait si juste dans toutes
[les occasions [1].
Par celui qui nous a donné son secours, dans toute conquête éloignée ou proche [2],
Nous nous vengerons sur les ennemis, comme il est juste, et nous éteindrons la brûlure du feu
[(de la douleur) qui nous consume.

Et il récita ces vers sur le trépas de Ziyâd et d''Obaid :

Amis, mon œil verse des larmes abondantes comme l'eau d'un nuage et mon cœur se brise à
[cause de la perte des amis,
Je ne vois que ténèbres dans le monde malgré toute sa lumière, et mon cœur est sur le point
[de se briser, tant sont grands mes regrets
A cause de la perte de Ziyâd, la (douleur de la) séparation a brûlé mon œil, et à cause de la
[perte d''Obaid mon cœur est agité [3].

Le narrateur a dit. Ensuite Ghânim fils d''Iyâd réunit les corps des martyrs
et fit la prière sur eux tous, revêtus de leurs habits et de leurs cuirasses et dit :
« J'ai entendu dire à l'Envoyé de Dieu (qu'Il répande sur lui ses prières et ses bénédictions) que lorsque les martyrs qui sont tombés dans le chemin de Dieu ressus-
citeront au jour de la résurrection, il coulera de leurs blessures quelque chose
qui aura la couleur du sang et le parfum du musc ». Après que les martyrs eurent
été ensevelis près de la colline située au nord de la ville, Ghânim demeura là
trois jours, et les émirs faisaient des incursions sur les bords du fleuve et dans les
villages. Quant à Yahya [4] et à Gâbir fils d''Abd Allah al-Anṣârî. Abou Ayyoub,
Abou Dougânah al-Mosayyib fils de Nagbah al-Fezârî, et Ibn 'Oqbah, ils partirent en expédition vers l'orient avec mille cavaliers. Un patrice nommé Sindarâs [5],
le païen, le patrice de Charounah [6] et le patrice d'Ahrit marchèrent contre eux avec

---

[1] P W صبيب بدمع يبكى لعله خالدا جرى بما واعلمى; W ajoute ensuite : « Et après Khâlid, fais
savoir à al-Miqdâd que 'Abd Allah a été ravi par la mort », اخحى سليب; le mot سليب est employé à
tort ici, car il ne se dit que d'une mère privée de son époux ou de son fils; on pourrait en comprendre l'emploi en parlant d'al-Miqdâd, mais on ne peut pas dire de son fils 'Abd Allah qu'il est
سليب. P et W ajoutent ensuite : « Et après eux, pleure la mort de cette élite, et de tous ces chefs
dont la gloire était établie ». P, à la fin, donne اصيب المعامع ﻓﻰ.
[2] W قريب فتحا ثم واد كل ﻓﻰ.
[3] Ces vers manquent à W et P.
[4] W الانصارى الله عبد بن جابر بن وعدى; W ne cite ensuite que Abou Ayyoub et al-Mosayyib.
[5] W صندراس.
[6] Charounah, village de la moudirieh de Minieh, district de Beni Mazar, sur la rive orientale
du Nil, sur la gauche de Girabi', à environ 5,250 mètres. ALI PACHA MOUBÂRAK, *Khiṭaṭ*, t. XI, p. 129.

environ cinq mille cavaliers et un combat acharné eut lieu sur le flanc de la montagne près du couvent. Ghânim fils d''Iyâḍ en fut informé. Il leur envoya un renfort de mille cavaliers avec Abou Lobâbah fils d'al-Monḍir[1], al-Faḍl fils d'al-'Abbâs et le marzubân. Il dit. Leur aspect jeta la terreur dans le cœur des Grecs et la lutte fut vive. Al-Faḍl fils d'al-'Abbâs chargea le patrice païen et lui porta sur la tête un coup de hachemite. L'autre le para avec son bouclier, mais l'épée fendit le bouclier et le casque et pénétra jusqu'aux dents sur lesquelles on l'entendit retentir. L'ennemi de Dieu tomba baigné dans son sang et Dieu envoya son âme dans les flammes, et c'est un triste séjour. Il poussa le cri de Dieu est grand que répétèrent tous les Musulmans. Al-Faḍl fils d'al-'Abbâs était un cavalier brave et un combattant redoutable. Il se précipita au milieu des polythéistes et joua de l'épée. Le marzubân chargea le maudit patrice d'Ahrit et le tua. Le fils d'al-Monḍir fit subir le même sort au patrice de Charounah. A ce spectacle, les Grecs, tournant le dos, cherchèrent leur salut dans la fuite, poursuivis par les Musulmans, qui tuaient, pillaient et dépouillaient jusqu'à l'endroit appelé ad-Dair al-Ahrit. Un grand nombre se noya dans le fleuve, quinze cents cavaliers furent tués. Une partie des Grecs et des Chrétiens se réfugia dans la ville d'al-Gâhil qui était fortifiée : elle fut assiégée sept jours par les Musulmans qui finirent par incendier les portes et démolir les murs; ils les firent sortir des maisons et démolirent la ville, qui est restée dans cet état jusqu'à nos jours. Les Chrétiens de Charounah et d'Ahrit sortirent vers les Musulmans et firent la paix avec eux; ils leur imposèrent la capitation et y placèrent Morrat al-Kalbi[2] avec deux cents d'entre les compagnons et d'autres et le fils de Khâlid fils du frère d'Amr fils d'al-'Âṣ [3], à l'endroit appelé Banou-Khâlid[4], avec deux cents cavaliers. Les Musulmans passèrent le fleuve et 'Âmir, avec deux cents cavaliers, s'arrêta à l'occident près de Ṭanbadâ et Aṡnin. Ghânim fils d''Iyâḍ al-Aṡ'arî partit avec le reste du corps. Quand le corps des Musulmans fut complet, il envoya devant lui al-Mosayyib fils de Nagbah al-Fezârî, al-'Abbâs fils de Mirdâs as-Solami, al-Faḍl fils d''Abbâs

---

[1] Abou Lobâbah Rifa'at fils d''Abd al-Monḍir, assista à Badr et à Oḥad avec le Prophète et mourut sous le califat d''Ali. Ibn Qotaibah, p. 166; *Ousd*, t. V, p. 274-275.

[2] P W مرة الكلبى; C أمارة الكلبى. Je ne trouve aucune mention de ce personnage.

[3] W donne seulement ابن عمرو ابن العاص; je ne sais qui est ce Khâlid. 'Amr fils d'al-'Âṣ, fils de Wail, avait un frère nommé Hichâm qui fut tué à Yarmouk et ne laissa pas de postérité. Ibn Qotaibah, p. 146. Voyez encore sur ce Hichâm fils d'al-'Âṣ, l'*Ousd*, t. V, p. 63-64, où l'on rapporte le ḥadiṭ du Prophète : «Certes les deux fils d'al-'Âṣ sont *deux* croyants». Il existe aussi un Khâlid fils d'al-'Âṣ, fils d'Hichâm; c'est peut-être de là que provient la confusion : on aura cru que Khâlid était le frère d''Amr.

[4] Banou-Khâlid; W بناو خالد.

al-Hâchemî, 'Âmir fils d''Oqbah al-Gohani, Ziyâd fils d'Abou Sofiân fils d'al-
Hârit avec quinze cents cavaliers. Ils marchèrent jusqu'à un endroit appelé al-
Garnoûs[1], où se trouvait, dans la prairie, une citadelle appartenant à al-Botloûs,
et où il se rendait chaque printemps; on dressait les tentes et les pavillons autour
de la citadelle, les patrices s'y réunissaient et y demeuraient un mois, puis, montant à cheval, il traversait la province et revenait à Bahnasâ.

Le narrateur[2] dit. Quand le patrice de cette citadelle, nommé Fanos[3], apprit
la venue des Arabes, il en informa al-Botloûs, que Dieu le maudisse! Al-Botloûs
lui envoya un corps de troupe avec un de ses patrices nommé Chalqam (شلقم),
qui a donné son nom à la ville voisine de Bahnasâ. Ce corps de troupe s'élevait
à dix mille cavaliers. Nous tenons de Moslim fils de Yassâr al-Yarbou'î[4], d'après
Chaddâd fils de Mâzin, d'après Târiq fils de Hilâl qui se trouvait dans le corps
d''Abbâs fils de Mirdâs as-Solamî[5]. Il a dit. Tandis que nous marchions, nous
vîmes s'élever un nuage de poussière; c'était un peu après le lever du soleil.
Nous l'examinâmes attentivement et, quand elle se dissipa, nous aperçûmes dix
croix d'or rouge[6]; nous nous préparâmes à l'attaque, et ils en firent autant, et
peu après nous chargèrent en parlant indistinctement dans leur langue et poussant
leurs blasphèmes. Nous chargeâmes de notre côté, et les deux troupes se heurtèrent et s'entre-choquèrent; nous résistâmes en braves et nous combattîmes en
hommes, et nous tînmes très fermement devant eux comme nous l'avions fait
dans les rencontres précédentes. Quelle bravoure montrèrent 'Âmir fils d''Oqbah[7],
al-Mosayyib fils de Nagbah al-Fezârî, al-Fadl fils d'al-'Abbâs, Ziyâd fils d'Abou
Sofiân fils d'al-Hârit, quelle lutte ils soutinrent! Al-Fadl et Ziyâd fils d'Abou Sofiân
fils d'al-Hârit enroulèrent autour de leur tête un bandeau rouge, comme faisait
leur oncle Hamzah[8] et combattirent courageusement. En peu d'instants la lutte

---

[1] Al-Garnoûs, village de la moudirieh de Minieh, chef-lieu d'un district dont fait actuellement
partie al-Bahnasâ; il est situé à l'est du canal de Joseph, dans le voisinage de Sindafâ et de Chaikh
Zyâd; al-Garnoûs est probablement une corruption de Argenous, dont le puits miraculeux sert aux
chrétiens à mesurer la crue future du Nil (MAQRIZI, trad. Bouriant, p. 594). Sur al-Garnoûs, cf. ALI
PACHA MOUBÂRAK, *Khitat gadîdah*, t. X, p. 57.

[2] W قال الواقدى.

[3] P نوس; W واوسل لوصى.

[4] W مسلم بن سالم عن. Je ne trouve point ces personnages cités dans les dictionnaires.

[5] C ابن عباس.

[6] P W « Dix étendards et dix croix d'or rouge dont chacune brillait comme une étoile ».

[7] W غانم بن عقبة; C a comme partout Mosayyib b. Yahya et W b. Nagîbah.

[8] Leur oncle, d'après la généalogie du texte. Hamzah fils d''Abd al-Mottalib, fils d'Hichâm, fils
d''Abd Menaf, surnommé « le lion de Dieu et le lion de son prophète », tué à Ohod. Cf. *Ousd*, t. II,
p. 46-48. On ne trouve rien de semblable dans sa biographie; il y est dit seulement qu'il ornait sa

devint chaude et le combat violent. A ce moment survint Ghânim fils d'ʿIyâḍ avec le
reste du corps. Nous reprîmes courage et criâmes : «Dieu est grand». Ils nous répondirent par le tahlîl, le takbîr et la prière pour le Prophète (qu'il répande sur
lui ses bénédictions et lui accorde le salut). Al-Faḍl fils d'al-ʿAbbâs (que Dieu soit
satisfait de lui!) courut sur le patrice Chalqam (que Dieu le maudisse!). Ce patrice
était un vaillant cavalier et un solide combattant; il était revêtu d'une étoffe de
soie à dessins brochée d'or[1], son baudrier était orné de pierreries, sa tête ceinte,
par-dessus le casque, d'un bandeau de pierres précieuses; il tenait une massue
d'or longue de plus de trois coudées; tantôt il frappait avec cette massue, tantôt
avec son épée. En l'apercevant, al-Faḍl croyant qu'il voulait l'attaquer, se précipita sur lui d'une façon terrible en récitant ces vers :

Infidèle, qui es venu au combat plein d'insolence, toi qui es venu en ennemi contre notre
[troupe[2],
Sois-en assuré, tu as rencontré un lion féroce, dans la main duquel est une épée qui anéantit
[les ennemis[3].
Le Seigneur des fidèles me protège contre tout infidèle et impie qui veut lutter contre moi[4].

Le narrateur a dit. Le patrice ne comprit pas ces vers d'al-Faḍl et le chargea; ils en vinrent aux mains et coururent l'un sur l'autre. Al-Faḍl lui porta un
coup que le patrice évita, alors il se pencha sur lui comme un lion dévorant, lui arra-
cha sa masse d'or et l'en frappa d'un coup de hachemite qoreichite[5]. Sa tête fracas-
sée disparut; al-Faḍl qui le regardait ne le vit pas tomber, il revenait sur lui
quand il s'aperçut que ce n'était qu'un cadavre sans tête. Un cavalier musulman
nommé Zohaïr, allant à lui, vit qu'il était attaché à sa selle par des crochets qu'il
enleva[6]. Le cadavre de l'ennemi de Dieu croula sur le sol comme une montagne,
souillant de sang sa couronne et son baudrier. Al-Faḍl dit au cavalier : «Ces
dépouilles m'appartiennent mais je t'en fais don. — Que Dieu ne nous prive jamais

tête d'une plume d'autruche, et qu'à Badr il combattit avec deux épées. Sur le mot عصابة qui signifie aussi un drapeau, ce qui n'est pas le cas ici, et une sorte de turban, cf. Dozy, *Dict. des noms de
vêtements*, p. 301.

[1] W مغصبة; C مقصبة بالذهب; cf. Maqrizi, *Hist. des Sult. mamelouks*, tr. par Quatremère, t. II,
p. 75. قصب, étoffe brodée où sont incrustées de petites lames d'or et d'argent.

[2] W يا ايها الكلب اللعين الطاغيا ومن اتاالجيشنا معاديا W.

[3] W بجر سيف فى اعداه ماضيا.

[4] كان له الرب العظيم وانيا من كل كلب اذ يكون طاغيا.

[5] C'est-à-dire excellent, terrible, qui est parmi les coups ce que sont les Banou-Hâchim et les
Banou-Qoraich parmi les tribus.

[6] On sait que cette pratique déloyale était usitée par quelques chevaliers du moyen âge dans
les tournois.

de votre générosité, fils d'Hâchim, répondit-il[1]. » Un cavalier[2] se jeta sur Fanos
et le tua. Chaque émir s'attachant à un patrice en fit autant jusqu'à ce que tous
les patrices eussent succombé. Alors les Musulmans chargeant les ennemis les
dispersèrent. Les Grecs s'enfuirent, poursuivis par les Musulmans, qui tuaient,
faisaient des prisonniers, pillaient et dépouillaient, jusqu'au canal de Joseph,
près de Sâqoulah[3]. Là était un château appartenant à un patrice d'al-Boṭloûs.
Il alla le trouver tout consterné et, dans son trouble, il lui dit : « Les Arabes sont
arrivés jusqu'au château et jusqu'à Sâqoulah » ; de là le nom du village. Une troupe
de Grecs se réfugia dans la citadelle de la prairie. Les Musulmans les cernèrent,
brûlèrent les portes, démolirent les murs, expulsèrent les habitants, et firent un
grand massacre de Grecs dont trois mille environ périrent, mille environ furent
faits prisonniers et plus de mille se noyèrent. Les Musulmans perdirent six cent
quarante hommes dont les plus illustres étaient Saif al-Anṣârî[4], Salim et 'Abd
Allah fils de Bakr et Ziyâd fils d'al-Ḥârit.

Ziyâd fils de Moghîrah et ses compagnons étaient campés, comme nous
l'avons dit, près de Ṭanbadâ, autour de la ville de Deiroûṭ, et Ziyâd était l'ami
de l'émir Solaiman fils de Khâlid. Il écrivit à l'émir Khâlid une lettre dans
laquelle il lui offrait ses consolations pour la mort de son fils, et qui renfermait
ces vers :

Père de Solaiman, le temps nous fait éprouver une perte cruelle dans ce chef qui, au jour de
[la bataille, était toujours en avant de tous,
Renversant son ennemi dans la mêlée quand on s'était joint, et se levant en adversaire contre
[les cavaliers au moment du combat.
Que de fois il a mis en fuite les ennemis avec son glaive, que d'ennemis se sont vus culbutés
[et humiliés par lui[5];
L'adversaire savait qu'il n'avait rien à espérer de nos héros quand sa main, dans la bataille,
[tenait son glaive bien trempé[6].

[1] فقال له manque à W.

[2] فارس manque à W, qui a plus loin لوصى au lieu de Fanos.

[3] *Là était un château — de là le nom*, manque à W; P comme C. On ne voit pas pourquoi le village est ainsi nommé d'après une de ces étymologies fantaisistes, familières aux Arabes. Le texte paraît altéré.

[4] P W ne citent que celui-là. L'*Ousd* ne cite aucun Saif al-Anṣâri, Ziyâd fils d'el-Ḥârit as-Ṣodayi, d'une tribu du Yémen, qui se convertit à sa prière; il vint en Égypte selon l'*Ousd*, t. II, p. 213; Ṣoyouṭi, *Ḥusn*, t. I, p. 117; Nawawi, p. 256.

[5] Ce vers est le quatrième dans W et P. W انالهم منة تنكيسا; P ونالهم.

[6] Ce vers est le troisième dans W et P. القصاص صمصاما au lieu de صلمام; sur صمصام, cf. Schwarzlose, *Die Waffen*, p. 192; Ṣamṣâmah est le nom de plusieurs épées célèbres; *ibid.*, p. 369-370. Waqidi, *The conquest of Syria*, éd. Lees, p. 92.

On eût dit un lion dans sa caverne, quand les ennemis descendent contre lui, et qu'il défend
[ses lionceaux [1].
O mon œil, verse des larmes de sang sur lui, et pleure un cavalier qui était semblable à un
[lion,
Et ce chef, ce lion, ʿAbd Allah, dont la sentence de mort a été prononcée, et les décrets de Dieu
[sont inéluctables,
Rejeton de notre brave al-Miqdâd, cet excellent guerrier, qui au jour de la rencontre se préci-
[pitait sur les ennemis.

Le narrateur a dit. Quand cette lettre parvint à l'émir Khâlid, il était campé
à Nuweirah [2] avec le reste de l'armée, près d'ad-Dair. Il envoyait des détachements en incursion et les gens du pays lui apportaient le tribut et les choses
qui avaient été convenues dans le traité. Il avait envoyé ʿAbd ar-Rahmân fils
d'Abou Bakr, ʿAbd Allah fils d'ʿOmar, ʿOqbah fils de Nâfiʿ al-Fihri, et az-Zobair
fils d'al-ʿAwwâm, avec mille cavaliers, vers le Fayyoum, nous en parlerons en
son lieu, s'il plaît à Dieu. Il ouvrit la lettre, la lut, et tomba à terre évanoui.
Quand il revint à lui, il prononça la formule [3] : «Il n'y a de force et de
puissance qu'en Dieu, l'élevé, le grand : *c'est à lui que nous appartenons et
c'est à lui que nous revenons* [4]. Mon Dieu, tu m'es débiteur de Solaiman, fais
qu'il soit pour moi un avantage et un trésor, donne-moi le courage [5] de
supporter sa perte, augmente mon salaire et ne me prive pas de la récompense par ta miséricorde, *ô le plus miséricordieux des miséricordieux* [6]. » Et il
ajouta : «Par Dieu, je prendrai, à cause de lui, mille chefs d'entre leurs chefs,
je massacrerai, à cause de lui, leurs cavaliers, et j'espère me venger avant
peu, s'il plaît à Dieu, et faire subir à al-Botloûs la mort la plus misérable [7]
et apaiser la soif de vengeance [8] dont mon cœur est plein et la brûlure qui
consume mon foie avec la permission de Dieu. C'est ma main qui renversera
leurs demeures et mettra en fuite leurs troupes, s'il plaît à Dieu. » Et ses larmes
coulèrent sur ses joues plus brûlantes que des charbons. Ensuite, il se mit à

---

[1] Parce qu'alors, le lion est encore plus redoutable : dans W c'est le cinquième vers. الغاب au
lieu de غاب.

[2] Manque à P et W.

[3] استرجع, c'est prononcer les mots : انا لله واليه راجعون.

[4] *Coran*, ii, 151.

[5] اعقب, expression coranique; cf. ix, 78. Sur le sens de صبر, صابر, صبار et متصبر, cf. le commentaire de Šobrakhîti aux Arbaouna, p. 156, 23ᵉ hadît.

[6] *Coran*, vii, 150.

[7] شر قتلة, lisez قِتلة.

[8] ثار «la vengeance».

prononcer la formule : « Certes, nous appartenons à Dieu, et c'est vers lui que
nous revenons » et récita ces vers :

Mes larmes ont coulé sur mes paupières et ont été versées en abondance, et une flamme brû-
[lante comme celle du ghada s'est allumée dans mon cœur[1].
Mon cœur a été déchiré le jour où j'ai été informé de la nouvelle de sa mort, je me suis senti
[à l'étroit dans le monde, et mes larmes ont coulé comme une pluie[2].
Les chagrins en foule m'ont assailli et la douleur m'a accablé et mon cœur affligé n'a pu se con-
[soler[3].
Je pleurerai sur lui tant que la nuit descendra avec ses ténèbres[4] et que l'aurore paraîtra avec
[sa lumière matinale souriant à la terre[5].
Il était comme une lune pleine de beauté qui monte dans le ciel, et, après avoir jeté une telle
[lumière et un tel éclat, il a disparu.
Il était noble par ses oncles paternel et maternel[6] : c'était un chef et quand le marché de la
[guerre commençait, il ne craignait pas.
Les vils cavaliers l'ont tous ensemble entouré et l'ont frappé de leurs épées et de leurs lances[7].
O désespoir! Plût au ciel que j'eusse été là avec mon glaive affilé[8] et tranchant,
Je les aurais laissés sur le champ de bataille, cadavres autour desquels voltigeraient les oiseaux
[de la montagne et de la plaine[9].
Par Celui dont Qoraïš visite en pèlerin la demeure, Celui qui a envoyé le Prophète[10], élu si désiré,
Je tuerai dans la mêlée mille de leurs chefs si le Miséricordieux le permet et si ma vie se pro-
[longe.

Le narrateur dit. Les émirs et les compagnons vinrent, les larmes aux yeux,
apporter leurs consolations à Khâlid en disant : « Que Dieu augmente ton salaire
et te donne la patience de supporter cette perte, et que demain, au jour de la
réunion, il fasse de lui un trésor pour toi; nous prenons Dieu à témoin que sa

---

[1] P W يشتعل البين جوى من فؤادى وحر.

[2] W P وصل قد كان لا البين بشير فليت. P au premier hémistiche a وهد قوى, lisez فؤادى.

[3] W تل فلا الفؤاد نار وعن صبيبا مدامعى واجرى الاخشا ذوّب لقد.

[4] W المسا اقبل كلما عليه.

[5] استهل « commencer à luire » (aurore, lune); c'est ce mot que je traduis par « matinale ». P ابتهل;
افل, mot à mot : *il s'est couché;* se dit d'un astre.

[6] Je suppose qu'il y a ici un éloge de sa race; de même dans le vers suivant : الذّروة لفى انى
العليا اذا انتسبوا مُقابل بين اخوالى واعمامى « lorsque chacun expose sa généalogie, je suis au plus
haut rang; mes oncles paternel et maternel sont illustres ».

[7] W intercale ici يشتغل والوحشي الطير يسوق عليهم — الشرى على صرى تلقاهم وعيشك.

[8] W donne مكتمل الحرب فى لحد ماضى; le sens de C me paraît obscur : منتصب لجناحين ماض.

[9] Ce vers est placé plus haut dans W.

[10] المعطى طه : طه est la lettre initiale du *Coran*, xx, 1. Il a été appliqué comme épithète à
Mahomet. Cf. IBN BATOUTAH, *Voyages*, éd. Defrémery et Sanguinetti, t. III, p. 328, et chez les No-
sairis (*Journal asiatique*, 1879, p. 243) : البرّيّا امامات وصفوة طاها النور البشير على وصلّ.

mort a anéanti nos forces, brisé et consumé nos cœurs et qu'elle nous a plongés
dans la consternation. *Mais nous appartenons à Dieu, et c'est à lui que nous revenons*[1]. »
Ils consolèrent de même al-Miqdâd de la mort de son fils ʿAbd Allah. La nouvelle de cette mort parvint à ʿAmr fils d'al-ʿÂṣ, qui était à Miṣr. Il leur écrivit
à tous deux une lettre de condoléances. Elle parvint également à ʿOmar fils d'al-
Khaṭṭâb, qui prononça la formule : « Nous appartenons à Dieu », etc., ainsi qu'ʿOtmân
fils d'Affân, ʿAli fils d'Abou Ṭâlib, Ṭalḥah fils d'ʿAbd Allah et les compagnons qui
se trouvaient avec lui dans la ville du Prophète, et il écrivit à Khâlid et à al-
Miqdâd une lettre pour les consoler. Lorsque cette lettre leur fut parvenue, ils
la lurent et éprouvèrent quelque joie et quelque apaisement par suite des consolations qu'elle renfermait.

Le narrateur dit[2]. Voilà ce qui concerne ceux-là, quant à al-Boṭloûs, que
Dieu le maudisse! quand il fut certain de la marche des Arabes sur Bahnasâ,
il ouvrit ses trésors et distribua ses richesses, il ouvrit également ses magasins
d'armes et distribua les habits et les armes qu'ils renfermaient, cuirasses, cottes
de mailles[3], casques, arcs, lances, épées, selles, brides, et tout ce qui leur était
nécessaire pour s'équiper aux patrices et aux soldats, car tous étaient réunis dans
sa capitale[4]. Puis il se dirigea vers la maison fermée dont nous avons parlé au
début de ce livre, où se trouvaient les portraits des Arabes et leurs noms, et
ordonna de l'ouvrir, pensant qu'elle contenait des richesses amassées là autrefois,
des bijoux et d'autres objets précieux. Les prêtres et les moines essayèrent de
l'en empêcher en disant[5] : « Si tu ouvres cette porte, les Arabes s'empareront de
ta ville : c'est un talisman contre les Arabes; si tu l'ouvres, ta ville sera prise par
eux ». Mais il refusa de les écouter et fit ouvrir la porte, mais on n'y trouva que
la figure des Arabes et leurs noms comme nous l'avons dit en tête de ce livre. Il
les considéra, puis entrant dans l'église, il s'assit sur son trône et réunit autour
de lui les patrices et les moines et les consulta au sujet de ce qui devait arriver
avec les Arabes. Un moine vénérable, qui était très honoré parmi eux et dont la
parole était écoutée, se leva. C'était un homme très avancé en âge, car il était
alors dans sa cent vingtième année; il était vêtu d'une robe noire, avait la tête
couverte d'un bonnet élevé, il portait une ceinture et tenait à la main un bâton
d'ébène incrusté d'or et d'argent. Il monta dans la chaire du sanctuaire, prononça

---

[1] *Coran*, ii, 151.

[2] W قال الوافدى.

[3] جوشن, pl. جواش. Cf. Schwarzlose, *Die Waffen*, p. 338.

[4] W abrège ici.

[5] W باى فتحه.

quelques paroles incompréhensibles[1] et ajouta : « Chrétiens régénérés par l'eau
du baptême, votre prospérité a été stable et votre parole obéie tant que vous
avez continué de faire le bien et d'éviter le mal[2], que vous avez été justes
envers vos sujets, défendant les droits du faible contre le fort, prenant parti pour
l'opprimé contre l'oppresseur, vous abstenant d'étendre la main sur les biens de
vos sujets, et évitant l'adultère. Votre fortune a été prospère, les cœurs de vos
sujets ont été remplis d'affection pour vous, ils ont fait des vœux pour vous, et
vous avez conservé la puissance. Pourquoi ne continuez-vous pas à faire le bien
et à éviter le mal, au lieu d'opprimer les sujets, d'être injustes dans vos jugements,
de juger en violant la justice? Vous avez étendu vos mains sur leurs biens, la
désobéissance (aux ordres de Dieu) s'est répandue parmi vous, et le cœur de
vos sujets a changé à votre égard, ils ont levé les mains au ciel en l'implorant
contre vous, tandis qu'auparavant ils l'imploraient en votre faveur. La prière
de l'opprimé est exaucée, de l'oppression continuelle il ne résulte que la ruine,
et il se peut bien que cette prospérité soit arrachée de vos mains et passe à
d'autres que vous à cause du grand nombre de vos péchés et de votre désobéissance. C'est pour cela que Dieu a fait des Arabes vos maîtres, qu'ils se sont
emparés de vos villes, ont tué vos gens, ont enlevé vos richesses et ont habité
vos demeures. Réveillez-vous donc à présent de votre inertie et défendez vos
femmes et vos enfants. Voilà ce que j'avais à vous dire. » A ce discours du prêtre,
al-Botloûs se tourna vers ses patrices et sa suite et leur dit : « Avez-vous entendu
les paroles de votre père? — Oui, répondirent-ils. — Quel est donc votre avis?
— Nous combattrons contre les Arabes avec toi et devant toi, et nous ne les laisserons pas se livrer à leur convoitise à notre égard comme ils l'ont fait pour
d'autres que nous. S'ils sont vainqueurs, nous nous préparerons à un siège et,
montant sur les murs, nous leur résisterons; nous avons des vivres et des approvisionnements pour dix ans et même plus. Notre ville est forte et nous ne nous
rendrons pas, de peur d'attirer sur nous le mépris des rois. » Al-Botloûs les
remercia. A ce moment, un autre prêtre, qui rivalisait de science avec le premier,
s'élança pour répondre et, leur montrant un livre ancien qu'il avait tiré d'un coffre
d'ébène fermé avec une serrure d'acier, leur dit : « Chrétiens et fils de l'eau du
baptême, écoutez ce que vous disent les sages et les prêtres d'autrefois. Dieu
enverra dans la suite des temps un prophète nommé Mohammad fils d'ʿAbd Allah,
fils d'ʿAbd al-Mottalib, fils d'Hâchim des Banou-ʿAdnân; son père et sa mère
mourront et son aïeul et son oncle se chargeront de lui. Dieu l'enverra comme

---

[1] Je traduis W; C a لا ينبغي; sans doute une prière en langue liturgique.
[2] Expressions coraniques.

prophète à tous les hommes, le lieu de sa naissance sera La Mecque, celui de sa
migration [1] Taibah (Médine). Au bout de quelque temps Dieu le rappellera à
lui. Après lui, son autorité passera à un homme appelé Abou Bakr, qui combattra quelques-uns d'entre les Arabes et enverra ses soldats en Syrie. Il ne restera
que peu de temps et mourra. Après lui son pouvoir passera à un homme chauve,
'Omar fils d'al-Khaṭṭâb, qui s'emparera des capitales; par Dieu il sera l'homme
des conquêtes et la lampe des rois, ses troupes en expédition s'établiront solidement dans toutes les contrées. Nous trouvons encore, dans les livres anciens,
que cette ville sera conquise par la main d'un homme brun de visage, cavalier
fort et combattant intrépide, nommé Khâlid fils d'al-Walid. Si vous voulez écouter
mes paroles, faites la paix avec les Arabes, car la fortune est avec eux; ils
professent la religion véritable et Dieu les aide, et si les gens de l'Orient [2] leur
faisaient la guerre, ils l'emporteraient sur eux et seraient vainqueurs grâce à la
bénédiction du prophète Moḥammad (que Dieu répande sur lui ses prières et ses
bénédictions) [3]. Je vous ai donné un bon conseil autant qu'il a été en mon pouvoir, si vous ne le suivez point, vous vous en repentirez. Voilà ce que j'avais à dire,
et c'est Dieu qui aide. » Il dit. En entendant ce discours, (le pervers al-Boṭloûs) [4]
et les patrices furent saisis de rage et voulurent le tuer, mais al-Boṭloûs les en
empêcha et, se tournant vers le moine, il lui dit : « On dirait que tu as peur des
épées des Arabes, mais je sais que les prêtres et les moines sont des lâches, car
ils ne se nourrissent que de lentilles, d'huile [5] et de choses mauvaises, et que
la viande leur est inconnue : de là vient la faiblesse de leur cœur et leur
lâcheté qui les éloigne des guerres et des combats. Si ce n'était la dignité que tu
occupes depuis si longtemps et le fait que tu as vu les anciens rois, je te ferais
châtier, mais sache que si tu répètes de semblables paroles, je te ferai périr de la
mort la plus misérable. »

Il dit. A ces mots les prêtres et les moines [6] gardèrent le silence, et al-Boṭloûs,
quittant l'assemblée aussitôt, se rendit à son palais aux colonnes que nous avons
décrit au commencement du livre [7], et, faisant appeler ses patrices, les revêtit de

---

[1] جِرَة, ce mot signifie comme on le sait « émigration » et non « fuite ». Cf. Šobrakhiti, *Al-foutoûḥât
al-wahabiyah*, p. 43. والهِجْرة في اللغة الترك وفي الاصطلاح مغارقة دار الكفر الى دار الاسلام خوف الفتنة وطلب
اقامة الدين.

[2] W P « et de l'Occident ».

[3] Cette phrase manque à W.

[4] Manque à W avec raison.

[5] P W واللِيمون.

[6] W القر الراهب.

[7] *Que nous avons décrit* . . . . . manque à W.

robes d'honneur, leur donna les étendards et les croix, et fit la revue et le dénom-
brement des combattants de son armée. Leur nombre s'élevait à quatre-vingt
mille cavaliers, sans compter les valets et les fantassins [1]. Leur multitude le
remplit de joie. Il appela alors un de ses patrices nommé Basil fils de Far'ia [2]
(فرعيا); c'était un de ceux qui s'asseyaient devant son trône, et il ne décidait rien
sans le consulter. Il le revêtit d'une robe d'honneur, lui donna trente mille
hommes [3] et l'envoya à la rencontre des Arabes. Puis il consulta ses familiers
pour savoir s'il devait demeurer enfermé dans la ville ou sortir devant ses murs.
Un des patrices, homme sage, lui dit : «Prince, si vous demeurez ici, dans la
ville et dans votre château, les Arabes nous regarderont comme de peu de conséquence, si vous sortez de la ville, les Arabes n'oseront rien contre nous et ne
pourront nous faire aucun mal. Nous nous rangerons en bataille ayant la ville
derrière nous et nous combattrons devant ses portes, aidés par les habitants qui,
du haut des murs, lanceront des pierres et d'autres projectiles. Si la situation
devient périlleuse et si le danger augmente, nous rentrerons, nous fermerons
les portes et, montant sur les murs, nous combattrons contre ceux qui marcheront
contre nous; mais il faudra pour que nous rentrions que la situation soit bien
critique. Tel est l'avis qui me paraît le meilleur à suivre [4]. »

Cet avis fut approuvé. Le roi ordonna aux valets et aux serviteurs de dresser
les tentes, les pavillons et les qoubbaḥ devant la ville. Ces ordres furent exécutés.
On apporta au dehors une grande tente, longue de soixante-dix coudées et haute
de vingt [5], montée sur des mâts d'un bois précieux revêtu d'or et d'argent, faite
de soie de diverses couleurs, bleue, rouge, jaune, verte et noire, brodée de fils d'or
et d'argent, ornée de perles, et dont les deux côtés, à l'intérieur et à l'extérieur, portaient des figures d'oiseaux et d'animaux sauvages de tout genre ainsi que d'autres
représentations. On y étendit un tapis de soie multicolore et on le garnit de
coussins, de divans et de nattes. Les cordes de la tente étaient faites de soie de
diverses couleurs et s'adaptaient à des piquets d'ivoire et d'ébène, au moyen
d'anneaux d'or et d'argent [6]. On y dressa un trône d'or, long de sept coudées,
large de cinq, haut également de cinq coudées, sur lequel on montait par un

---

[1] مخيم السوقة المشاة.

[2] نابيل بن فعويا P ; قابيل W.

[3] W «quatre-vingt mille».

[4] W abrège.

[5] ارتفاعه مثل ذلك W.

[6] باوتاد . . . . . فى W ; الملون يدقون لها بتابت من . . . . . P ; الملون مدقوق لها سنابك . . . . . فى حلق C حلق ; W et R ajoutent : «On y suspendit des lampes avec des chaînes d'or», et P قناديل فيه وعلق
من الذهب والفضة باجراس من لؤلؤ.

escalier de bois revêtu de lames d'or et d'argent et sur lequel était un tapis de
soie avec des coussins, des divans et des dossiers, et entouré de quatre-vingts
chaises ornées de lames d'argent, sur lesquelles s'asseyaient les officiers et les
dignitaires. Autour de cette tente, on en dressa une quantité d'autres, grandes et
petites, qu'on ne saurait décrire. Nous tenons ces détails de al-Moghîrah fils de
Cho'bah et de ses compagnons qui les virent lorsqu'ils furent envoyés à al-Botloûs
par Ghânim fils d'Iyâḍ al-As'arî, comme nous le raconterons s'il plaît à Dieu.
On dressa pour un patrice nommé Siméon fils de Chaoul [1] des tentes et des
pavillons près de la porte de la montagne; on lui donna dix mille cavaliers et on
le fit placer près de la porte de Toumâ, qui est la porte du sud. Un autre patrice
nommé Aṣṭâfîn [2] reçut dix mille cavaliers et fut placé du côté de l'orient [3], en
face de la porte du fleuve autour de la citadelle. Puis il fit amener une église de
bois sculpté, incrusté d'or et d'argent, embellie d'ornements, haute de vingt
coudées, large de trente, avec des figures incrustées d'or et d'argent; elle était
montée sur un chariot que l'on tirait avec des chaînes; elle fut dressée en face
de la porte. C'était l'usage chez les rois des Roum, lorsqu'ils étaient en voyage,
de l'envelopper et de la porter, et de la dresser quand ils s'arrêtaient, mais si
l'endroit était peu éloigné, ils la tiraient avec des chaînes [4]. On fit avancer les
étendards noirs et on multiplia les croix sur le haut des murs et sur les tours,
on disposa les drapeaux et l'on fixa leur place aux archers et aux autres.

Le narrateur dit. Voilà ce qui se passa dans la ville; quant à l'émir Ghânim
fils d'Iyâḍ al-As'arî [5], quand il approcha de Babnasâ, il appela ses compagnons
et leur dit : « Séparez-vous ». Il appela ensuite Abou Ḍarr al-Ghifâri, Abou Horairah

---

[1] W سمعان; W et P continuent ainsi : «. . . . qu'on ne saurait décrire. Nous tenons de plusieurs compagnons, qui ont assisté à la conquête et vu les tentes, que lorsque le maudit s'enfuit et entra dans
la ville la tente était dressée en face de la porte du Nord, appelée porte de Qandous; il ordonna
à un patrice nommé Sim'ân de dresser cette tente, dont il lui faisait cadeau, près de la porte de
Toumâ. » Le texte de C est évidemment corrompu; P diffère de W et continue ainsi : « appelée porte
de Qandous; elle fut dressée pour un patrice, et il la fit placer près de la porte de la montagne. Il
donna à un autre patrice nommé Ḥirqal (حرقيل) dix mille cavaliers et le plaça à la porte de Toumâ. »

[2] C اصطافيل; W اصطافين; P اهطافين (Stephanos).

[3] P الباب الشرقى مقابل باب البحر وكانت جدران المدينة فى اصل البحر اليوسفى والقلعة من الجانب
(le الشرقى قريبا من القناطر على مبلط ساباط مقعود على احدة من الجمارة وامره ان يكون حول القلعة
texte de P rejoint ici celui de W). P suit ensuite W depuis قال jusqu'à قلوبا. Là P continue avec C
par ثم امر بكنيسة, qui manque à W.

[4] Je ne sais d'où C a tiré ces détails sur la kanîsa portative. Ils manquent à W et se retrouvent
dans C.

[5] W : « 'Iyâḍ fils de Ghânim al-As'arî; il consulta ses compagnons, à savoir. . . . . et leur ordonna de s'arrêter du côté oriental ».

ad-Dâwsi Moʿaḍ fils de Gabal, Salamah fils d'Hichâm al-Makhzoûmî [1], Mâlik al-Aŝtar, Ḍou'l-Kilâʿ al-Ḥimiâri et mille cavaliers d'entre les compagnons du Prophète et leur ordonna de prendre position du côté de l'Orient en leur disant : «S'ils vous attaquent, combattez et demeurez sous les murs de la Citadelle jusqu'à ce qu'elle soit prise avec l'aide de Dieu (qu'il soit loué et glorifié)». Et l'émir Ghânim revient par le côté nord accompagné des porteurs d'étendards d'entre les émirs et les nobles, à savoir : al-Faḍl fils d'al-ʿAbbâs [2], Moslim, Gaʿfar et ʿAli fils d'ʿAqîl fils d'Abou Ṭâlib, ʿAbd Allah fils de Gaʿfar, Ziyâd fils d'Abou Sofiân et ʿAbd Allah fils d'al-ʿAbbâs. Ils furent suivis successivement des émirs et des nobles tels que Naʿîm fils de ʿAdî, Hichâm fils d'al-ʿÂṣ [3], ʿAbd Allah ad-Dawsi, Saʿid fils de Gobair ad-Dawsi [4], Ḥasân aṭ-Ṭayyi [5], Gobair fils de Saʿid al-Ḥimiari [6], Saif fils d'Aslam [7], Sinan fils d'Aslam al-Anṣâri [8], Mokhallid fils de ʿAoun al-Kendi [9], Rabiʿat fils de Mâlik, al-Qaʿqâʿ fils d'ʿAmr at-Tamîmî, Masroûq al-ʿAbsi, al-Mosayyib fils de Nagbah al-Fezârî, Moḥkem fils de ʿAdî [10], al-Moghîrah fils

[1] C بنى جبل بن هاشِم (!), Salamah b. Hichâm, b. al-Moghîrah, b. ʿAbd Allah, b. ʿOmar, b. Makhzoûm, se convertit de bonne heure; il était frère d'Abou Gahl b. Hichâm et cousin de Khâlid fils d'al-Walîd; émigra en Abyssinie et à Médine après la guerre des Toni et y demeura jusqu'à la mort du Prophète. Il fit l'expédition de Syrie contre Abou Bakr et fut tué à Marg Solfar en 14 de l'hégire. *Ousd*, t. III, p. 341.

[2] W ajoute : «et son frère ʿObaid Allah fils d'al-ʿAbbâs وشقران وصهيب». Chouqrân, affranchi du Prophète; son nom était Ṣâliḥ; c'était un Abyssin; il mourut sous ar-Rachîd. Cf. Nawawi, p. 317; Ibn Qotaibah, p. 134; *Ousd*, t. III, p. 2-3; Masʿoûdi, t. IV, p. 150.

Ṣouhaib est sans doute Ṣouhaib fils de Sinân; son père gouvernait Obolla pour Chosroès. Les Grecs le firent prisonnier dans son enfance et le vendirent à la Mecque, où son acheteur l'envoya au Prophète; il mourut à Médine en 38 de l'hégirc. *Ousd*, t. III, p. 30-33; Ibn Qotaibah, p. 135; Masʿoûdi, t. IV, p. 190.

[3] W Naʿîm fils de Hâchim fils d'al-ʿÂṣ; P نعيم بن هشام بن العباس. Hichâm fils d'al-ʿÂṣ fils d'Hichâm fils d'al-Moghîrah; son père, al-ʿÂṣ, périt à Badr en infidèle. La leçon Naʿîm fils de Hichâm doit être rejetée; je ne sais qui est ce Naʿîm fils d'ʿAdî. *Ousd*, t. V, p. 64. P et W ajoutent Hibar fils d'Abou Sofiân, ce qui est une erreur. Un Hibar fils de Sofiân est cité, *Ousd*, t. V, p. 54, comme étant mort à Agnâdain.

[4] C Saʿîd b. Gobair; P W Saʿîd b. Zobair ad-Dawsi. Ce personnage n'est pas mentionné. Quant à Saʿîd b. Gobair, personnage peu connu (cf. Nawawi, p. 278), il est appelé al-Koufi, dans Qotaibah, p. 228.

[5] W حسان بن النضر الطائى; P حسان بن نظار الطائى.

[6] W جرير بن نعم لحميرى; P جرير بن نعم لحميرى, tous inconnus, de même que Gobair de C. P et W citent ensuite سالم بن فرقد اليربوعى, également inconnu.

[7] Saif fils d'Aslam; P W ajoutent الطائفى, inconnu; P W citent ensuite معمر بن حويلد السبكى, inconnu.

[8] P W. Sinân b. Aous al-Anṣâri, inconnu, ainsi que le Sinân b. Aslam de C.

[9] Inconnu. W passe tout de suite au dernier, Ibn Zaid al-Khail.

[10] Inconnu.

de Cho'bah [1], Râchid fils de Sa'îd [2], Sa'îd fils de Nagm [3], Gâbir fils d'ʿAbd Allah al-Anṣâri, al-Ḥârit fils de Rabi'ah al-Anṣâri [4], Mâlik fils d'al-Ḥârit [5], Rafi' fils de Sahl [6], Zaid fils d'ʿÂmir [7], ʿObaid fils d'Owais [8], ʿAbd Allah fils de Zafir, Abou Obâbah fils d'al-Mondir [9], ʿAoun fils de Sa'îdah [10], al-ʿAbbâs fils de Mirdâs [11], ʿAbd Allah fils de Qarṭabah [12], Zaid fils de Khâlid al-Gohani [13], ʿObadah fils de Ghânim [14], Zafir fils de Hamzah [15], Ka'b fils de ʿOugarah [16], ibn Zaid al-Khail [17], et d'autres nobles et porteurs d'étendards, que Dieu soit satisfait d'eux tous, et les détachements se suivirent l'un derrière l'autre, tandis que les ennemis de Dieu se tenaient sur le côté occidental.

Le narrateur dit. Tandis qu'ils étaient en marche, Basile [18] s'avança avec les patrices dont nous avons parlé plus haut. Quand les deux corps se rencontrèrent sur le flanc de la montagne sous la grotte [19], le patrice fit signe à ses compagnons de s'arrêter; il monta sur une haute colline ayant à son côté un arabe

[1] P ajoute ici بكر بن عبد الله التيمى. L'*Ousd*, t. I, p. 215, cite un Badr b. ʿAbd Allah al-Anṣâri.

[2] Inconnu.

[3] P donne à sa place سعد بن عمر العدوى ; tous les deux me sont inconnus.

[4] Inconnu.

[5] L'*Ousd*, t. IV, p. 276, cite deux Mâlik fils d'al-Ḥârit.

[6] P, à sa place, donne رفع بن ميمون. L'*Ousd*, t. II, p. 153, cite deux Râfi' b. Sahl. Je ne trouve aucun Râfi' ou Rifà'a b. Maimoun.

[7] P يزيد بن عامر. L'*Ousd*, t. II, p. 235, cite un Zaid fils d'ʿÂmir at-Taqîfi, et t. V, p. 115, il cite également deux Yazîd fils d'ʿÂmir.

[8] P عبد الله ابن أويس بن طنعير. Je ne trouve ni l'un ni l'autre. La fin طنعير est une corruption ظنير, de l'ʿAbd Allah qui suit dans C, lequel m'est inconnu.

[9] C Abou Labânah, qu'il faut corriger en Abou Lobâbah, cf. *supra*; P a la même leçon.

[10] P عون بن سادة. Je ne trouve aucun nom analogue à ces deux.

[11] Al-ʿAbbâs fils de Mirdâs, cf. p. 132; P ajoute عباس بن قيس. Cf. sur ce dernier *Ousd*, t. III, p. 112.

[12] P ajoute الجهينى, mais cet ethnique appartient au suivant de C que P a sauté. Cet ʿAbd Allah ne se trouve pas dans les dictionnaires.

[13] Zaid fils de Khâlid (cf. *Ousd*, t. II, p. 228) mourut vers 78 ou 72 de l'hégire.

[14] P عباد ابن تمم. Tous les deux me sont inconnus.

[15] P طفر بن ضمرة. Inconnus tous deux.

[16] Ka'b b. ʿOugarah b. Omayyah b. ʿAdi, assista à toutes les guerres du Prophète. Gâber b. ʿAbd Allah, ʿAbd Allah fils d'ʿAmr fils d'al-ʿAṣ, Ibn ʿAbbâs et d'autres recueillirent de lui des traditions; mourut à Médine en 51 de l'hégire, âgé de 77 ans. *Ousd*, t. IV, p. 243-244; NAWAWI, p. 522.

[17] Le fils de Zaid al-Khail. Il en eut plusieurs : l'aîné se nommait Mouknif, un autre Ḥourait. Sur Mouknif, cf. IBN QOTAIBAH, p. 169; *Ousd*, t. IV, p. 413. Sur Ḥourait, cf. *Ousd*, t. I, p. 399.

[18] W فابيل; P قانيل.

[19] C القارة; W المغارة.

chrétien qui cria d'une voix forte : « Envoyez l'un d'entre vous au patrice ». Gobair fils de Naoufal al-Himiari [1] courut à l'émir Ghânim et lui dit : « Émir, autorise-moi à aller lui parler. — Bien, va le trouver, répondit-il, et s'il renonce au combat et demande la paix, nous la leur accorderons jusqu'à l'arrivée de l'émir Khâlid qui prendra une décision; s'ils se convertissent à l'islâm, nous les laisserons en paix, et s'ils veulent la guerre, nous combattrons appelant Dieu à notre secours, il *nous suffit et c'est un excellent mandataire.* » Le narrateur dit. Alors Gobair marcha jusqu'à ce qu'il fut en présence du patrice et lui dit : « Expose-nous, patrice, ce que tu désires et que tu veux. — Es-tu l'émir de la troupe? demanda-t-il. — Non, mais je viens de la part de l'émir. » Le patrice lui dit alors en langue arabe : « Pourquoi avez-vous quitté la Syrie où vous viviez dans l'abondance pour venir en ce pays? Vous étiez dans le Higâz où vous souffriez de la faim, de la nudité et d'autres maux, vous avez goûté les fruits de la Syrie, les fruits du Higâz et les biens du Yémen. Ces avantages ne vous ont pas suffi, il a fallu que vous vinssiez à Misr soumettre les Coptes [2] et vous emparer de leurs pays. Non contents de cela, vous êtes venus dans notre pays nous attaquer dans nos demeures, tuer nos guerriers et piller nos richesses; nous n'avons pas fait attention à vous, nous vous avons donné du répit et ne nous sommes pas préoccupés de vous au point que vous êtes devenus audacieux [3]. Et à présent vous cherchez à nous faire du mal et à vous emparer de notre ville, le siège de notre puissance et de notre pouvoir. Mais sachez qu'avant vous, elle avait excité les convoitises des Pharaons, des tyrans orgueilleux et des Coptes [4], et que nul n'a pu s'en emparer [5]. Nous n'avons pas même donné un village à un de ces rois. Le Moqauqis [6], qui de son temps payait un tribut à Qaisar, roi des Grecs, n'a rien osé entreprendre contre nous, et il a évité de nous faire du mal; Qaisar, roi des Grecs, a envoyé des messages au Moqauqis à notre sujet, et il n'a rien osé contre nous, et il s'est tenu tranquille et n'a pas défendu le royaume contre vous parce qu'il vous méprisait et vous dédaignait [7], et qu'il se serait cru humilié de vous faire la guerre, mais à présent il se prépare à marcher contre vous. Dis-nous ce que vous désirez. Si vous voulez de

---

[1] W جرير الحميارى; P جرير بن نفير.

[2] W : « Vous êtes allés en Perse et vous avez soumis ses rois ».

[3] W غلظت شوكتكم.

[4] W ajoute : « des Césars, des Chosroès, des Garamiqah (ou Djermaces, tribu persane établie près de Mossoul). Cf. Mas'oûdi, *Prairies d'or*, éd. Barbier de Meynard, t. VII, p. 119, 120; t. VIII, p. 91.

[5] W diffère de C à partir d'ici et ne parle pas du Moqauqis; P non plus.

[6] Sur le Moqauqis, cf. Nawawi, p. 577-578; *Ousd*, t. IV, p. 412; d'après Ibn Mâkoûlâ, son nom était جُرنج يعنى بجيمين (Gouraig, c'est-à-dire Bougîmain).

[7] C استخافه بكم, lisez استضافه بكم.

l'argent et si vous espérez de nous une aumône, et que vous retourniez ensuite
dans votre pays, je m'engage au nom du roi à vous satisfaire, à la condition que
vous nous restituerez les villes dont vous vous êtes emparés, car le roi suit toujours mes conseils. Si vos intentions sont autres, faites-les-moi connaître. » Gobair
lui dit : « Est-ce là tout ce que tu as à dire, misérable Grec? — Oui, répondit-il.
— Écoute alors, lui dit Gobair, la réponse que je vais faire à ton discours : tu as
dit que nous étions dans une situation misérable, cela est vrai, mais Dieu nous a
accordé l'islâm, et c'est là la première grâce que nous avons reçue et le plus grand
don dont il nous ait enrichis; puis il nous a ordonné la guerre sainte pour
faire triompher la parole de Dieu, qu'il soit loué et exalté, nous avons obéi et
Dieu nous a rendus licites les biens des polythéistes tant qu'ils nous feront la
guerre; il nous a ordonné de les combattre jusqu'à ce qu'ils disent : « Il n'y a pas
d'autre Dieu que Dieu et Moḥammad est l'Envoyé de Dieu (que Dieu répande sur
lui ses bénédictions et ses prières et lui accorde le salut) » ou qu'ils payent la capitation, sinon ce sera la guerre jusqu'à ce que Dieu juge, *et il est le meilleur des
juges* [1]. Quant à ta prétention de nous voir nous retirer des pays dont nous nous
sommes emparés, c'est une chose qui n'arrivera jamais, dussions-nous boire les
coupes du trépas, nous ajouterons même, s'il plaît à Dieu, votre ville à ce que
nous possédons déjà. Quant aux richesses que tu nous offres, ce n'est pas là ce
que nous désirons et nous n'en avons nul besoin, et avant peu nous prendrons
ce qui vous reste encore de territoire et de biens, et nous les partagerons entre
nous. »

A ce discours de Gobair, le patrice fut saisi d'une violente colère et s'écria :
« Je suffirai (pour vous châtier) avant le roi lui-même ». Et il ordonna aux siens
de se précipiter sur lui. Gobair a dit. Avant que j'eusse pu tirer la bride de mon
cheval et tourner en arrière les Grecs étaient sur moi [2], mais Dieu, qu'il soit béni
et exalté, me défendit contre eux.

Le narrateur dit. Quand les compagnons me virent attaqué, les cavaliers musulmans se précipitèrent, le combat commença. les guerriers s'élancèrent, les
héros soutinrent le choc [3], la lutte devint vive, les flèches volèrent, les terreurs
augmentèrent, les cavaliers se frappèrent de leurs lances, les braves disparurent,
les lâches reculèrent et les deux partis se heurtèrent. Quels braves que [4] 'Abd
Allah fils de Zafîr [5], 'Aoum fils de Sa'îdah [6], 'Iyâḍ fils de Tamìmì et al-Faḍl fils
d'al-'Abbâs, ils combattirent en héros et furent éprouvés d'une belle épreuve.

---

[1] *Coran;* W n'a pas la phrase suivante. — [2] Lisez dans W قد ادركتنى, au lieu de ركبتنى. —
[3] W زبجرت; C صصصت. — [1] P W commencent par Moghîrah fils de Cho'bah. — [5] Manque
à W P. — [6] P عون.

Ils dispersèrent la troupe des Grecs, à l'aile droite et à l'aile gauche [1], et ils ne cessèrent pas de prendre part à un combat terrible et à une lutte fatigante et opiniâtre, depuis le lever du soleil jusqu'à l'ʿaṣr. Alors ʿAbd Allah fils de Gaʿfar s'élança contre le patrice Basile et le frappa, mais l'ennemi de Dieu évita le coup et s'enfuit protégé par un détachement de Grecs d'environ trois cents cavaliers. Et les terreurs augmentèrent, et les héros chargèrent et la lutte et le combat ne cessa que lorsque le soleil disparut. Alors les troupes se séparèrent. Les Musulmans perdirent environ cinquante cavaliers d'entre les principaux d'entre eux [2], parmi lesquels étaient ʿOmârah fils de Nâfiʿ, Sâlim fils dʿAmmâr, Hilâl fils de Wahb, Yassâr fils de Masrouq al-Himiari, ʿÂmir fils de Gâbir [3], le reste était gens du commun, que la miséricorde de Dieu soit avec eux; les Grecs perdirent environ mille cavaliers.

Le narrateur dit. Les ennemis résistèrent jusqu'à la nuit et s'enfuirent dans les ténèbres vers al-Boṭloûs, que Dieu le maudisse! A leur vue, son âme quitta son corps, et l'endroit où il était lui sembla trop étroit. Se tournant vers eux avec colère, il leur fit des reproches sanglants et leur dit : «Pourquoi fuyez-vous devant les Arabes et ne pouvez-vous leur résister un seul jour, et vous montrez-vous ainsi lâches et faibles et laissez-vous périr les guerriers et les héros sans résister?» Le patrice Basile lui répondit: «Roi, le récit ne vaut pas la vue; ces gens ne sont pas des hommes, mais ressemblent plutôt à des démons et si ce n'eut été ma destinée d'échapper à ce danger, je ne serais pas revenu vers toi, et le roi verra que je dis vrai, car ils ne fuient pas devant la mort et ne craignent pas le trépas». A cette réponse, le roi s'irrita : «Tais-toi, lui dit-il, puisses-tu ne pas rencontrer le bien, la peur s'est emparée de ton cœur, mais tu verras ce qui arrivera». Ils passèrent cette nuit dans l'insomnie, jusqu'à ce que Dieu fit paraître la lumière du matin. Le roi prit l'avis de quelques-uns d'entre eux et leur dit: «Attendez jusqu'à ce que nous ayons des nouvelles des Arabes».

Le narrateur dit. Au matin, les Musulmans firent la prière du matin et courant à leurs chevaux, les montèrent et cherchèrent les ennemis de Dieu; mais ils s'étaient enfuis et ils n'en découvrirent aucune trace. Ils continuèrent d'avancer jusqu'en vue de la ville susdite, à savoir Bahnasâ. Ils aperçurent les croix, les pavillons, les tentes, grandes et petites, et les enseignes. Il dit. Nous tenons de Qais fils de Minhâl [4], d'après ʿÂmir fils d'Hilâl, d'après le fils de Zaid al-Khail.

---

[1] Ce membre de phrase manque à W P.

[2] W ne donne aucun nom.

[3] Je ne puis trouver aucun de ces noms; P donne جابر الكاسكى et ﻋﺎر اليشكرى.

[4] C مهيال; P W منهال; C عن زيد لخيل.

Il dit. Quand nous fûmes en vue de Bahnasâ et que nous vîmes les tentes [1], les pavillons, les kiosques, les croix, tels que jamais personne au monde n'en avait vu de semblables, quand nous vîmes cette ville aux constructions élevées, aux murs bien construits et fortifiés, ses tours et ses fondations imprenables, entourée de ces tentes et de ces pavillons, l'émir Ghânim fils d'ʾIyâḍ adressa à Dieu la prière suivante, tirée de sa Parole : « Mon Dieu, *abandonne-les* [2] *et donne-nous la victoire sur eux* [3], *car tu peux ce que tu veux* [4], *ó le plus miséricordieux des miséricordieux* ». Les Musulmans répondirent « Amen » à sa prière, et les compagnons s'avançaient en poussant le tahlîl et le takbîr et en priant pour l'apôtre, le prédicateur, la lampe qui nous éclaire, que Dieu répande sur lui ses bénédictions et lui accorde le salut! Lorsque nous nous avançâmes et que nous poussâmes le cri de « Dieu est grand », les ennemis de Dieu sortirent devant les tentes avec des épées nues, des boucliers étoilés, des arcs, des flèches sans se soucier de nous. Une troupe de Musulmans voulut les charger, mais l'émir Ghânim et les autres émirs les en empêchèrent, en disant : « Pas d'attaque, si ce n'est après l'avertissement ». Le narrateur a dit. Les ennemis nous regardèrent comme des ennemis méprisables à leurs yeux et s'enhardirent; mais ils ne marchèrent pas contre nous et ne nous cherchèrent pas. L'armée musulmane s'arrêta sur le flanc de la montagne près de la colline jaune, près de la construction [5] qui se trouve sur le rocher [6], au nord de la ville.

Voilà pour ce qui concerne ceux-là.

Quant à Abou Ḏarr al-Ghifâri et Abou Horairah ad-Dâwsi, Moʿaḍ fils de Gabal, Salamah fils d'Hichâm [7], Mâlik al-Aŝtar, Ḏouʾl-Kilâʿ al-Ḥimiâri, ils continuèrent à marcher jusque dans le voisinage de l'armée et passèrent là la nuit. Au matin, les ennemis de Dieu sortirent à leur rencontre. Mâlik al-Aŝtar s'écria : « Compagnons, les ennemis de Dieu marchent contre nous, occupez-les en combattant, et envoyez un détachement pour couper la digue et appelez Dieu à votre secours ». A ce moment, l'émir al-Marzubân sortit avec environ trois cents cavaliers et arriva à la digue, tandis que les pierres lancées du haut des murs pleuvaient sur eux. Appelant Dieu à leur secours, ils coupèrent le pont et placèrent des gardes avec des épées nues aux endroits guéables. A ce moment, les vils Grecs s'avancèrent; un vif combat s'engagea entre les deux partis, le massacre devint terrible, l'attaque plus furieuse, les héros se heurtèrent et les soldats tombèrent. Ces combats durèrent sept jours. Toutes les fois que les ennemis se présentaient aux gués, ils les trouvaient gardés par des cavaliers et défendus solidement par

---

[1] W continue par قال عياض اللعم. — [2] *Coran*, iii, 154. — [3] *Coran*, ii, 251; iii, 141. — [4] *Coran*, iii, 75. — [5] W بياض. — [6] W مغارة نحو. — [7] W مسلمة بن هاشم.

les plus braves des chefs et des compagnons, que la grâce de Dieu soit avec eux tous. Toutes les nuits, une partie des Grecs s'enfuyait et ils erraient éperdus[1]. Un détachement sortit aussi pendant la nuit voulant s'enfuir dans le Saʿîd. Mais ils furent arrêtés par Râfiʿ fils d'ʿOmaïrah aṭ-Ṭàyyi et un corps des compagnons de Qais fils d'al-Hàret, auprès de la ville d'al-Qar[2], car ils se trouvaient dans les environs du canal de Joseph occupés à faire des incursions dans ces parages. Tout à coup, ils entendirent le bruit des chevaux et le cliquetis des brides, ils les prirent pour des Musulmans et les interpellèrent sans obtenir de réponse. C'étaient les fuyards, au nombre d'environ six cents cavaliers, qui prirent la fuite devant eux. Ils les poursuivirent et en tuèrent environ deux cents; il n'y eut que trois cavaliers musulmans qui périrent près du gué situé au nord de la ville; le reste fut fait prisonnier[3]. Interrogés sur le motif de leur sortie, ils répondirent qu'ils avaient voulu s'enfuir. On leur attacha les mains derrière le dos et on les amena à Qais fils d'al-Hàret. Qais ordonna à ʿOmar fils de Mâlek[4] de prendre avec lui trois cents cavaliers et de conduire les prisonniers aux compagnons du Prophète. Ils partirent et à peine le soleil se levait-il qu'ils arrivèrent à la forteresse susdite[5]. Ils firent entendre le tahlîl, le takbîr et la prière pour l'apôtre, celui qui avertit. Les Grecs les virent ainsi que les prisonniers qu'ils amenaient; les Musulmans vinrent à leur rencontre et, en voyant leurs captifs, ils furent remplis de joie. Ils amenèrent les prisonniers aux émirs dont il a été question, ils furent invités à accepter l'islamisme, et, sur leur refus, on leur trancha la tête, les Grecs étant témoins du supplice.

Les Musulmans marchèrent ensuite contre eux avec leurs drapeaux, un vif combat s'engagea, la guerre s'échauffa, les coups de pointe et d'estoc se multiplièrent depuis le lever du soleil jusqu'à l'ʿaṣr. A ce moment, les émirs chargèrent en se précipitant comme des lions dévorants et commencèrent à massacrer les Grecs, qui tombaient sans cesse de leurs chevaux[6]. A cette vue, ils tournèrent le dos et cherchèrent leur salut dans la fuite. Entrant dans la ville, ils en fermèrent les portes et se préparèrent à soutenir le siège en dressant les mangonneaux[7] sur les murailles.

Le narrateur dit. Voilà l'affaire qui eut lieu dans le côté oriental; quant à ceux

[1] C وجوههم على يخرجون ; W يريدون الصعيد ...... يهيمون. Cette leçon paraît préférable.

[2] W ادقار ; C القار.

[3] W diffère légèrement dans ce récit.

[4] Manque dans W.

[5] W et P diffèrent.

[6] Manque à W.

[7] W P آلات القتال.

qui étaient sur le côté occidental[1], ils campèrent sur le flanc de la montagne[2],
dans l'endroit spacieux qui allait du côté nord au côté ouest. La nuit venue,
ils allumèrent leurs feux et chacun se réunit avec sa tribu, ses frères et ses
cousins, et ils passèrent la nuit à réciter le Coran et à prier pour le plus noble
des fils d'ʿAdnân. Il n'y avait parmi eux personne qui ne s'inclinât ou ne se pros-
ternât et ne priât Dieu de leur accorder la victoire sur leur ennemi. Quant aux
misérables Grecs, ils se mirent à boire du vin à l'intérieur de la ville et au dehors,
à faire retentir leurs cornes et leur *naqous* et à faire entendre leurs paroles de
blasphème et d'impiété tellement que la terre en poussa un cri[3] et implora le
secours de Dieu, qu'il soit exalté. Et par la voix de la Puissance et de la Grandeur
il lui parla, disant : «Réjouis-toi[4], par ma gloire, ma splendeur, ma magnani-
mité et ma perfection, je ferai périr ces impies orgueilleux et ces infidèles et je
t'en délivrerai avant peu, et je te ferai habiter par une nation qui reconnaîtra le
Dieu unique, célébrera ses louanges, proclamera sa grandeur et son unité
et me remerciera, nation composée des plus excellentes de mes créatures,
d'hommes remplis de foi, sachant par cœur le Coran, qui seront les maîtres de
ces impies pervers, et je ferai de ces églises et de ces chapelles des mosquées
pour les prières et les prières faites en commun[5]. » Le narrateur a dit d'après
un des voyants d'entre les compagnons[6]. Lorsque la terre entendit ces paroles
venant du Seigneur des Seigneurs, elle fut remplie de joie et d'allégresse, par
la permission du Roi puissant et jaloux devant l'aspect redoutable duquel s'hu-
milient toutes les régions, et dont la grandeur abaisse les impies et les méchants.
La terre se réjouit, pleine d'allégresse et d'émotion, et s'enorgueillit surprise et
flattée[7], et attendit que son maître, selon sa promesse, éloignât d'elle le chagrin
et la tristesse. Et bientôt, en effet, Dieu fit disparaître de sa surface les vils sectateurs de l'impiété et en fit la demeure de la nation de Moḥammad, le meilleur des
hommes; ces églises furent transformées en mosquées pour les prières, en ribaṭ
et en chapelles pour les fidèles voués à la retraite, et cette église devint une vaste
mosquée où l'on célébrait la prière jour et nuit; ces déserts devinrent le lieu
de sépulture des chefs purs tombés en martyrs, dont les lumières brillèrent
remplaçant les ténèbres d'autrefois, dont la visite délivre les pécheurs de

---

[1] Ces détails manquent à W.

[2] W والوادى.

[3] C ضحكت; W ضجت.

[4] W «Apaise-toi, terre de Bahnasâ»; le reste est abrégé.

[5] جاعة; cf. Sacy, *Chrest. ar.*, t. III, p. 92; W الصلاة والجمع; C الصلوات والجمعة والجماعات.

[6] Manque à P W.

[7] Je traduis P عجبا وعجبا; C دلالا وعجبا عجبا; W abrège.

leurs péchés grâce à la bénédiction des imams excellents qui y sont ensevelis[1].

Nous reprenons maintenant le fil de cette histoire étonnante, de cette perle extraordinaire dont la beauté émeut[2]. Le narrateur a dit. Quand le matin parut et que sa lumière brilla, les Musulmans firent la prière du matin, puis s'assirent attendant les événements. Et voici qu'un prêtre se dirigea vers eux, monté sur une mule, vêtu d'un habit de poil, la tête couverte d'un bonnet haut, le corps serré par une ceinture, il s'approcha du camp des Musulmans et leur cria en langue arabe : «Je désire parler à votre émir». Et il a dit à ce sujet. Nous tenons de Qais fils de Chammâs[3], d'après Ka'b fils d'Himâm, d'après Chaddâd fils de Aous[4], qui était un des émirs à drapeau. Il a dit. Tandis que nous étions assis causant avec l'émir Ghânim fils d'Iyâḍ al-As'arî[5], 'Abd Allah fils d'Âsim[6] vint à nous et nous informa de la venue du prêtre. L'émir Ghânim l'autorisa à le faire entrer. Le prêtre entra et vit Ghânim assis dans la tente, sur un coussin rembourré de lif, car les tapis pris sur les infidèles étaient pliés, et les compagnons ne jetaient même pas un regard sur eux, non plus que sur le reste du butin fait sur les polythéistes, robes précieuses, bijoux, etc. Autour de l'émir Ghânim il vit les émirs et les nobles tels que al-Faḍl fils d'al-'Abbâs, fils d'Abd al-Mottalib et son cousin al-Faḍl fils d'Abou Lahab, 'Abd Allah fils d'al-'Abbâs, Moslem, Ga'far et 'Ali fils d'Aqîl, Ziyâd fils d'Abou Sofiân fils d'al-Harit fils d'Abd al-Mottalib[7], Ousâmah fils de Zaid fils de Hâritah[8], Abou Lobâbah fils d'al-Mondir[9], al-Walîd et Mohammad fils d'Oqbah fils d'Abou Mo'it[10] et Abou Ayyoub al-Anṣâri[11], Taoubân[12] et Foḍâlah fils d'Abou Mo'ait, Wâtilah fils

---

[1] W abrège.

[2] W n'a pas cette phrase et donne : «Nous tenons de Qais b. Chammâs, d'après Qais b. Himâm», etc. Cf. plus loin.

[3] Qais fils de Chammâs est cité *Ousd*, t. IV, p. 217.

[4] Inconnus.

[5] 'Iyâḍ fils de Ghânim.

[6] Inconnu.

[7] Il a été question de tous ces personnages plus haut. C donne والحرث; P بن والحرث.

[8] Ousâmah b. Zaid b. Hâritah b. Chourahil b. Ka'b, son père Zaid était un affranchi du Prophète. Il mourut en 58 de l'hégire. *Ousd*, t. I, p. 65-66; Ibn Qotaibah, p. 71; Nawawi, p. 147-150.

[9] C ابى ابانه; P ابى لبانة; lisez Abou Lobâbah. Cf. Qotaibah, p. 166.

[10] C fils d'Oqbah Mo'ait.

[11] Abou Ayyoub (Khâlid b. Zaid b. Koulaib) assista à Badr, Ohod et mourut en 51 dans une expédition contre les Roum; son tombeau est à Constantinople. Cf. Nawawi, p. 602-603; Ibn Qotaibah, p. 140; Mas'oûdi (index); *Ousd*, t. V, p. 143; Ṣoyouṭi, p. 157.

[12] Taoubân, affranchi du Prophète, après sa mort se rendit en Syrie et y mourut en 54. Ibn Qotaibah, p. 72; Nawawi, p. 181-183; *Ousd*, t. I, p. 249; Ṣoyouṭi, p. 103; *Iṣâba*, n° 962, fasc. v.

d'al-Asqa‘[1], Wâyl fils de Hagar[2], al-Aš‘at fils de Qais[3], Aous fils de Ḥoḏaifah[4],
(Wâṭilah) at-Ṯaqifi[5], ‘Abd Allah fils d'Abou Aoufâ[6], ‘Imrân fils de Ḥosain[7], Garîr
fils d'‘Abd Allah[8], Zaid fils d'Arqam[9], al-Barâ fils d'‘Âzib[10], Zaid fils de
Ṯâbit[11], Abou Qatâdah[12], Abou Mas‘oud al-Badri[13], Gondab fils d'‘Abd
Allah[14], ‘Otmân fils d'Abou'l-‘Âṣ[15], ‘Orwah fils d'al-Ga‘d al-Bâriqî[16], Abou Ḏarr

[1] Wâṭilah fils d'al-Asqa‘, assista à Taboûk avec le Prophète, à la prise de Damas, mourut à
Damas en 85, âgé de 98 ans ou plus. Cf. Nawawī, p. 612; Ibn Qotaibah, p. 173; *Ousd*, t. V, p. 77.
C donne à tort الاثقع et P الاشثع بن واثلة.

[2] Wâyl fils de Hagar était un des rois du Hadramaout; il vint trouver Mahomet qui le fit asseoir
sur son propre manteau; il assista plus tard à Siffin avec ‘Ali. *Ousd*, t. V, p. 81.

[3] C الاشـعـب; al-Aš‘at b. Qais vint trouver le Prophète avec les Banou-Kendah, se convertit,
assista à Yarmouk, Qadesieh et Nehavend, mourut à Koufah en 42. Nawawī, p. 161-162; *Ousd*,
t. I, p. 97-99.

[4] Aous fils d'Ḥoḏaifah aṭ-Ṯaqifi ou Aous fils d'Aous s'établit à Damas, où est sa mosquée et son
tombeau. Nawawī, p. 168; *Ousd*, t. I, p. 142-143; *Iṣâba*, n° 562.

[5] P ne donne pas ce personnage qui paraît dû à une erreur du copiste, car aṭ-Ṯaqifi vient dans
P de suite après Ḥoḏaifah, ce qui est exact.

[6] C donne أبي أبن; P complète le nom, ‘Abd Allah b. Abou Awfâ, assista à Khaibar, habita Médine
jusqu'à la mort de Mahomet, puis se rendit à Koufah, où il mourut en 87 ou 88 de l'hégire. *Ousd*,
t. III, p. 121-122; Nawawī, p. 335; Ibn Khallican, tr. Slane, t. I, p. 589, note 1 (d'après *Tabaqât
al-Muḥaddithin*).

[7] ‘Imrân fils de Ḥosain al-Khozâ‘ï, mort à Bassora en 52 de l'hégire. Ibn Qotaibah, p. 157;
Ousd, t. IV, p. 137-138; Nawawī, p. 484. P donne ابن الحصين.

[8] Garîr fils d'‘Abd Allah, P ajoute البجلي (lisez al-Bagili), s'établit à Koufah puis à Qarqîsiâ, où
il mourut en 51 de l'hégire. Nawawī, p. 190-191; *Ousd*, t. I, p. 289.

[9] Zaid fils d'Arqam b. Zaid l'Anṣâr, assista à Siffin avec ‘Ali, s'établit à Koufah, y bâtit une
maison et y mourut en 68 de l'hégire. *Ousd*, t. II, p. 219-220; Nawawī, p. 257.

[10] Al-Barâ b. ‘Âzib l'Anṣâr, fit quatorze expéditions avec le Prophète, assista avec ‘Ali à la journée
du Chameau et à celle de Siffin, s'établit à Koufah et y mourut. *Ousd*, t. I, p. 171; Nawawī, p. 172-
173. P continue par ‘Otmân b. Abou'l-‘Âṣ.

[11] Zaid b. Ṯâbit l'Anṣâr vint trouver le Prophète à Médine à l'âge de onze ans, mourut en 45 de
l'hégire. Il avait un frère appelé Yazîd b. Ṯâbit; son fils est Khârigah b. Zaid. Ibn Qotaibah, p. 133;
Ousd, t. II, p. 221; note de Slane dans Ibn Khallican, t. I, p. 372, note 2 (d'après *Tabaqât al-Fouqaha*).

[12] Abou Qatâdah l'Anṣâr (al-Ḥârit b. Rab‘î) mort à Koufah sous le califat d'‘Ali; *Ousd*, t. V,
p. 274-275.

[13] C à tort البدي; manque à P comme les précédents (‘Oqbah b. ‘Amr b. Ta‘labah) Abou Mas‘oud
l'Anṣâr, habita Koufah. La date de sa mort est discutée, 40 ou 60 de l'hégire. *Ousd*, t. V, p. 296-
297; Ṣobrakhîti, *Al-foutoûḥât al-wahabiyah*, p. 146, donne b. Asirah al-Khazragi al-badri.

[14] Gondah b. ‘Abd Allah b. Sofiân al-Bagali, habita Koufah près Bassora. Cf. *Ousd*, t. I, p. 304-305.

[15] C à tort ابن العاص. ‘Otmân fils d'Abou'l-‘Âṣ aṭ-Ṯaqifi, gouverna Ṭâif pour le Prophète, puis
‘Oman et le Bahrain pour ‘Omar, puis se fixa à Bassora et y mourut sous Mo‘awiah. Ibn Qotaibah,
p. 127; *Ousd*, t. III, p. 382-383. P recommence sa liste ici.

[16] ‘Orwah fils d'al-Ga‘d ou fils d'Abou'l-Ga‘d al-Bâriqî habita Koufah; il avait chez lui soixante-dix
chevaux prêts pour la guerre sainte. *Ousd*, t. III, p. 403; Nawawī, p. 419.

al-ʿOqaïli[1], ʿAbd Allah fils de Yâzid[2], Damrah fils d'Abân[3], al-Mohallib aṭ-Ṭâyyî[4], Moʿawiah fils d'al-Ḥakam[5], al-Moghîrah fils de Choʿbah at-Ṭaqîfî et les autres des émirs et des nobles magnanimes assis autour de l'émir Ghânim fils d'ʿIyâḍ, assis lui-même comme l'un d'entre eux, leurs épées sur leurs cuisses, eux-mêmes semblables à des lunes, inspirant le respect par leur apparence noble et leur gravité, que Dieu soit satisfait d'eux. Le prêtre me dit : « Lequel de vous est l'émir ? ». On lui montra Ghânim fils d'ʿIyâḍ ; il se tourna vers lui et lui demanda : « Est-ce toi, jeune homme, qui es l'émir de cette troupe ? — Oui, répondit-il, c'est le nom que l'on me donne tant que j'obéirai à Dieu et à la sounnah de son prophète, Moḥammad, que Dieu répande sur lui ses prières et ses bénédictions[6], mais si je lui désobéis, si je suis une autre voie, mon autorité sur eux disparaît. — C'est là ce qui vous a permis de vaincre les autres nations, dit le prêtre, mais sache, émir, qu'al-Boṭloûs m'a envoyé vers vous pour vous demander une entrevue avec des gens habiles et expérimentés afin de les consulter sur la situation[7] ; peut-être en résultera-t-il une décision qui empêchera l'effusion du sang, tant le vôtre que le nôtre. » Le narrateur dit. Alors l'émir Ghânim se tourna vers ses compagnons : « Que dites-vous, leur demanda-t-il, de l'offre de ce prêtre ? Qui consent à le suivre auprès d'al-Boṭloûs, à l'entendre et à revenir, s'il plaît à Dieu ? » Alors al-Moghîrah fils de Choʿbah se leva et dit : « Moi, j'irai avec lui, donne-moi seulement dix chefs braves et vaillants pour m'accompagner. — Choisis qui tu voudras, répondit Ghânim, que Dieu te favorise de sa bonté en ce qui est nécessaire et agréable à lui et dirige à bien ton ambassade, te donne son secours et te ramène à nous sain et sauf, après avoir réussi avec la bénédiction de Moḥammad, que Dieu répande sur lui ses bénédictions et lui accorde le salut. » Alors al-Moghîrah se tourna vers ceux qui étaient derrière lui en disant : « Où sont

[1] Manque à P ; est répété dans C plus bas avant Moʿawiah fils d'al-Ḥakam ; Abou Darr al-Ghifâri est connu, al-ʿOqaili ne l'est pas.

[2] C'est sans doute ʿAbd Allah b. Yazîd l'Anṣâr ; cf. *Ousd*, t. III, p. 274, qui cite plus bas un personnage de même nom.

[3] Ḍamrah b. Abân m'est inconnu. P donne seulement ضمرة.

[4] C ابن الطائی ; P الطائی, inconnu. L'*Ousd* ne cite personne du nom de مهلب. Abou Darr al-ʿOqaili est répété ici dans C par erreur ; P donne à sa place Abou Zaid al-ʿOqaïli, mais je ne trouve personne de ce nom.

[5] Moʿawiah fils d'al-Ḥakam habita Médine ; l'*Ousd*, t. IV, p. 384, raconte qu'il fut repris par le Prophète pour avoir dit à un homme qui avait éternué pendant la prière : « Que Dieu te fasse miséricorde ». Toute cette liste manque à W.

[6] *Mais . . . . . sache*, manque à W P.

[7] C امره ; W امركم.

Sa‘id fils de ‘Obaid[1] et Abou Ayyoub? où sont Khâlid fils de Zaid al-Anṣâri[2], Zaid fils de Ṭâbit al-Anṣâri[3], Mas‘oud al-Bedri[4], Gobair fils de Muṭ‘im[5], Abou Zaid al-‘Oqaili[6], Mo‘awiab fils d’al-Ḥakam aṭ-Ṭaqîfî[7], ‘Imrân fils de Ḥosain, Zaid fils d’Arqam? — Nous voici, répondirent-ils. — Préparez-vous et venez avec moi avec les bénédictions de Dieu et son aide. — Entendre c’est obéir, répondirent-ils. » Ils coururent à leurs tentes, chacun s’arma de sa cuirasse, se ceignit de sa ceinture, suspendit son bouclier à ses épaules, attacha son épée, saisit sa lance et se fit suivre derrière de son esclave monté sur une bête de somme. Al-Moghîrah entra dans sa tente, revêtit sa cuirasse, se ceignit de sa ceinture noire ornée d’argent, qui supportait deux poignards incrustés d’argent, l’un à droite et l’autre à gauche, s’arma de son épée ornée de pierreries, de sa lance brune, monta sur sa jument noire, emmena son serviteur Mobârak, monté sur une mule grise. L’émir Ghânim et les nobles chefs montèrent à cheval et dirent adieu à al-Moghîrah et à ses compagnons. L’émir Ghânim se tournant vers al-Moghîrah lui dit : « Fils de Cho‘bah, quoi que tu dises chez ce maudit, je sais que tu parleras comme un homme noble[8] ». Il lui dit : « Invite-le d’abord à accepter l’islamisme; s’il accepte, il aura les mêmes droits que nous et conservera son royaume; nous laisserons chez lui quelqu’un pour lui apprendre les prescriptions de l’islâm, ainsi qu’à son peuple, et les devoirs obligatoires de la prière, de la dîme, du pèlerinage, du jeûne et ce qui est permis et défendu; s’il refuse, il paiera la capitation tous les ans; s’il persiste dans son opiniâtreté et son impiété, ce sera la lutte avec le glaive et l’épée, et nous espérons le secours entier du Souverain qui sait tout, s’il plaît à Dieu, qu’il soit exalté, par le crédit de notre Seigneur Moḥammad, sur lui la meilleure des prières et le salut; nous plaçons nos espérances en Dieu, qui inspire ce qui est excellent. » Al-Moghîrah répondit : « J’espère que Dieu m’aidera à lui répondre[9] ». L’émir Ghânim et les nobles émirs firent des vœux pour lui et ses compagnons, et ils partirent, suivis de leurs serviteurs et précédés du prêtre monté

---

[1] P Sa‘îd fils d’Abou Ayyoub; C Sa‘îd fils d’‘Obaid fils d’Abou Ayyoub; W Sa‘îd b. ‘Abd al-Qâdir. C est à rejeter. W est peut-être une corruption de Sa‘îd b. ‘Abd al-Qâri. *Ousd*, t. II, p. 213. L’*Ousd*, t. II, p. 312, cite deux Sa‘îd b. ‘Obaid.

[2] C Khâlid b. Ṭâbit, à tort; P W, avec raison, Khâlid fils de Zaid; *Ousd*, t. II, p. 88.

[3] C à tort Ṭâbit l’Anṣâr; P W Zaid b. Ṭâbit. Cf. *Ousd*, t. II, p. 221-223; Qotaibah, p. 133.

[4] Cf. plus haut.

[5] P W جرير, à tort. Cf. *Ousd*, t. II, p. 271-272.

[6] C a Ḍarr al-Ma‘qali; P Abou Zaid al-‘Oqaili; W Abou Yazid al-‘Oqaili. Inconnu.

[7] C donne à tort al-Ḥakim aṭ-Ṭaqifi.

[8] C لا عهدتك الادهقانا; W مغلي لمحمد; W لا عرفتك « je sais que tes preuves seront décisives ».

[9] C a une lacune que je remplis par W.

sur une mule[1]. Ceux qui le suivaient faisaient entendre le tahlîl et le takbîr et la prière pour l'apôtre, celui qui avertit, la lampe qui éclaire, que Dieu répande sur lui ses prières et ses bénédictions.

Zaid fils de Tâbit[2] a dit. Quand al-Moghîrah et ses compagnons eurent pris congé de l'émir Ghânim[3] et qu'ils l'eurent quitté, l'émir les regarda et des larmes coulèrent de ses yeux si abondantes que sa barbe en fut mouillée; en même temps, il récitait des passages du Coran. Je lui demandai : «Pourquoi ces pleurs, ô émir? — Par Dieu, me dit-il, ceux-là sont les défenseurs de la religion, s'il arrivait quelque malheur à l'un d'eux, tandis que l'émir Ghânim les commande, quelle excuse pourrais-je donner auprès de Dieu, qu'il soit loué et glorifié?» Il a dit. Al-Moghîrah et ses compagnons marchèrent jusqu'à ce qu'ils fussent en vue de l'armée de l'ennemi de Dieu, al-Botloûs, dont les soldats couvraient la terre dans sa longueur et sa largeur. Il était campé autour de la ville et les armes des soldats jetaient un éclat semblable à celui du soleil. Alors Moghîrah et ses compagnons s'écrièrent : «Il n'y a pas d'autre Dieu que Dieu et Mohammad est l'Envoyé de Dieu, *la royauté appartient à Dieu unique, puissant*[4].» A ce moment vint à leur rencontre un patrice accompagné d'un Arabe chrétien à cheval et suivi de près de deux cents cavaliers[5]. Les compagnons s'avancèrent, traversant les escadrons des Grecs qui se tenaient à l'entrée des tentes et des pavillons[6], exposant à leurs yeux leur magnifique appareil et tenant des épées nues et des masses dorées et des boucliers étoilés. Mais al-Moghîrah et ses compagnons tenaient leurs têtes-baissées sans jeter un regard sur aucun d'eux, sans s'informer de rien, et sans songer au nombre des ennemis, ni à leur magnifique appareil, ni à leurs armes. Ils arrivèrent ainsi à la tente du roi.

Le narrateur dit. Al-Botloûs leur apparut assis sur un trône d'or rouge; les chambellans, les grands, les dignitaires et les officiers sortirent à leur rencontre et leur dirent : «Vous êtes arrivés à la tente du roi, il faut descendre de cheval et déposer vos épées». Moghîrah leur répondit : «Nous consentons à descendre de cheval, mais nous ne quitterons pas nos épées; ce sont là nos ornements et nous ne sommes pas de ceux qui ôtent les ornements qui sont leur gloire». Les chambellans et les grands rapportèrent cette réponse au roi; il leur permit de se présenter devant lui avec leurs épées. Alors ils mirent pied à terre et traversèrent[7] les rangs des chambellans, des gardes et des patrices et arrivèrent devant les coussins, le tapis et les étoffes de soie à dessins; le roi était assis sur un trône d'or. Le narrateur dit. A l'aspect de cette magnificence, ils

---

[1] Lacune dans C. — [2] W زياد. — [3] W donne partout عياض au lieu de غانم. — [4] *Coran,* XL, 116. — [5] W مائة الف الف(!). — [6] Ce qui suit manque à W jusqu'à قال. — [7] W اقبلوا يتبخترون.

glorifièrent Dieu, le magnifièrent et prièrent pour son prophète Moḥammad. Les tentes furent agitées et les assistants pâlirent. Alors les chambellans et les officiers leur crièrent de baiser la terre devant le roi. Mais ils n'y firent nulle attention et al-Moghîrah leur répondit que la prosternation n'était due qu'au Roi unique et adoré : «Par ma vie, continua-t-il, c'était là notre coutume au temps de l'ignorance, mais après que Dieu, qu'il soit béni et exalté, nous eût envoyé son prophète Moḥammad (qu'il répande sur lui ses prières et ses bénédictions), celui-ci nous défendit de nous prosterner les uns devant les autres». Ils se turent et le roi fit apporter des sièges d'or et d'argent qu'on plaça devant eux. Mais ils ne s'y assirent pas et toutes les fois qu'ils avaient à marcher sur le tapis d'étoffe de soie ornée de dessins, ils l'ôtaient[1] de devant eux et n'y posaient pas leurs pieds. Les chambellans leur dirent : «Vous violez les lois de la politesse à notre égard; après avoir refusé de vous prosterner devant le roi, vous enlevez maintenant nos tapis». Mais al-Moghîrah leur répondit : «Il est préférable d'observer les prescriptions divines plutôt que les vôtres. La terre est plus pure que vos tapis, car l'Envoyé de Dieu a dit : «Tu as fait pour moi de la terre un lieu d'adoration «et un moyen de purification»; Dieu, qu'il soit béni et exalté, a dit : «*C'est d'elle que nous vous avons créés et c'est à elle que nous vous ferons retourner, et c'est d'elle que nous vous ferons sortir une autre fois*[2].» Le narrateur dit. Al-Moghîrah et ses compagnons s'entretenaient avec al-Boṭloûs sans interprète, car ce dernier connaissait l'arabe mieux que personne. Il leur ordonna donc de s'asseoir à terre, mais ils lui répondirent : «Ou bien tu descendras de ton trône pour t'asseoir avec nous sur le sol, ou bien nous nous assiérons sur le trône à tes côtés, car l'islâm est une noblesse, et Dieu nous a honorés en nous le donnant». Il leur fit signe de s'asseoir à ses côtés sur le trône, après qu'on eut enlevé les tapis qui le couvraient, et lui-même prit place à côté d'al-Moghîrah. Puis al-Boṭloûs (que Dieu le maudisse!) se tourna vers eux et leur dit : «Lequel de vous portera la parole pour ses compagnons?». Ils lui montrèrent al-Moghîrah et leurs mains reposaient sur la poignée de leurs épées. «Quel est ton nom? lui demanda al-Boṭloûs. — 'Abd Allah al-Moghîrah, répondit-il. — Moghirah, reprit-il, je ne voudrais pas parler le premier. — Parle, répondit al-Moghîrah, j'ai une réponse toute prête pour tous tes discours, si tu le veux, parle le premier ou je parlerai moi-même. — Soit, répondit le roi, je parlerai le premier», et il commença ainsi : «Louange à Dieu qui a fait de Notre-Seigneur le Messie le meilleur des prophètes, et de notre Roi, le

---

[1] W : «Lorsqu'ils étaient entrés, ils avaient ordonné à leurs serviteurs d'enlever ces tapis de sous leurs pieds».

[2] *Coran*, xx, 57.

meilleur des rois et de nous les plus excellents des chefs », et il voulut continuer, mais l'émir al-Moghîrah lui coupa la parole. Les chambellans et les officiers s'écrièrent : « Arabe, tu violes l'étiquette en interrompant le roi ». Mais al-Moghîrah refusa de se taire et dit : « Louange à Dieu qui nous a conduits à l'islâm et nous a particulièrement honorés entre toutes les nations par son prophète Moḥammad, sur lui la meilleure des prières et le salut ; il nous a sauvés de l'erreur, nous a délivrés de l'ignorance et nous a conduits à la voie droite et à sa religion stable et durable ; nous sommes la plus excellente des nations qui a été tirée au dehors pour le monde, nous croyons à notre Prophète, au vôtre et à tous les prophètes ; il a fait de notre émir, qui est investi de l'autorité sur nous, un homme égal à chacun de nous ; s'il se prétend roi ou s'il abuse en tyran de son pouvoir, nous le déposons, car nous ne voyons pas qu'il nous soit supérieur si ce n'est pas sa piété. Dieu nous a donné la mission d'ordonner de faire le bien et d'éviter le mal ; nous avouons nos péchés et nous implorons son pardon, nous adorons un Dieu unique, qu'il soit loué et glorifié, qui n'a point d'associé dans sa royauté ; si l'un de nous pèche au point que le poids de ses fautes soit égal à celui d'une montagne et qu'il se repente ensuite, son repentir est agréé, et s'il meurt dans la religion musulmane, il entre au paradis. » Al-Boṭloûs pâlit et dit après un instant de silence : « Louange à Dieu qui nous a éprouvés de la plus excellente des épreuves et nous a rendus vainqueurs de toutes les nations, et nous a honorés de manière que nous n'ayons pas à subir d'humiliation, et nous a préservés de tout dommage, et malgré tous les bienfaits dont Dieu nous a comblés, nous ne sommes devenus ni orgueilleux, ni tyrans de nos sujets. Avant ce jour, une troupe d'entre vous était venue dans notre pays pour s'approvisionner de blé, d'orge et d'autres matières ; nous avons été bons pour eux et nous leur avons donné ce dont ils avaient besoin, ce qui nous a valu les remerciements des Arabes ; et vous, au contraire, vous êtes venus tuer nos gens, emmener les femmes et les enfants en captivité, piller nos biens, démolir nos villes, nos forts, nos forteresses et nos maisons, et vous voulez nous chasser de notre pays et de nos demeures et vous emparer de notre ville par la force. Mais, avant vous, elle a été l'objet des convoitises de gens dont le nombre, les richesses et les armes l'emportaient sur les vôtres, qui n'ont pu nous vaincre, que nous avons repoussés et qui se sont retirés déçus et en déroute, nous les avons laissés morts ou blessés, accablés et couvrant le sol de leurs morts, nous n'avons payé de tribut ni au Qaisar ni au Moqauqis, et nos épées nous ont, malgré eux, conservé la possession de notre territoire[1]. Vous, au contraire, vous êtes la plus faible des nations, car vous ne

____
[1] W a une rédaction abrégée ; il n'y est question ni de César, ni du Moqauqis.

vous nourrissez que d'orge, de blé et de dattes; malgré cela, vous êtes venus convoitant notre pays et nos richesses, malgré les armées considérables qui nous entourent et notre redoutable valeur, notre patriotisme et la force de notre ville; ce qui vous a enhardis à cette entreprise c'est la conquête de la Syrie, de l'Irâq, du Yémen et du Higâz; vous avez envahi notre pays, vous y avez porté le ravage, ainsi que chez ses habitants, vous avez ruiné nos villes et nos forteresses, vous vous êtes revêtus de nos habits, vous avez osé lever les yeux sur les belles et blanches filles des rois et leurs femmes, et vous en avez fait vos esclaves. Vous avez mangé des mets qui vous étaient jusqu'ici inconnus, et vous avez rempli vos mains d'or, d'argent, d'objets précieux, de perles, de pierres précieuses, et vous êtes devenus les maîtres de nos richesses et de nos meubles, qui étaient faits pour notre peuple et les fidèles de notre religion. Mais nous vous laissons tout cela, sans vous le disputer, nous ne vous punirons pas pour vos crimes antérieurs, tels que le meurtre de nos sujets et le pillage de nos biens, pourvu que vous partiez et que vous quittiez notre pays et que vous vous éloigniez de notre ville, vous sauverez ainsi vos vies. Si vous refusez, nous nous précipitons sur vous tous ensemble et vous disparaîtrez comme le jour d'hier qui, une fois passé, ne revient plus. Si vous consentez à la paix, nous ouvrirons nos trésors et donnerons à chacun de vous cent dinars, un habit de soie et un turban brodé d'or, à votre chef mille dinars, à chacun de vos émirs la même somme, à votre calife dix mille dinars complets, après avoir reçu de vous l'assurance que vous ne reviendrez plus dans notre pays et que vous ne nous attaquerez plus. » Al-Moghîrah avait gardé le silence pendant tout ce discours; quand al-Botloûs eut achevé, il répondit : «Louange au Dieu unique, seul, solitaire, éternel, *qui n'engendre pas et n'a pas été engendré, que nul n'égale*[1]. —Excellentes paroles, Bédouin, répondit al-Botloûs. —Et j'atteste, continua al-Moghîrah, qu'il n'y a pas d'autre Dieu que Dieu, il est unique *et n'a point d'associé*[2], et j'atteste que notre Seigneur Mohammad est son serviteur et son envoyé agréé et son prophète choisi. » Al-Botloûs (que Dieu le maudisse), dit : «Je ne sais qui est ce Mohammad envoyé de Dieu[3]. — Nous connaissons, reprit al-Moghîrah, l'origine et la généalogie de Mohammad, que Dieu répande sur lui ses bénédictions et lui accorde le salut. C'est un prophète véridique, pieux, pur, qui guide, comme prophète, tous les hommes. Il a dit, qu'il soit exalté : «*Nous t'avons envoyé aux hommes comme envoyé*[4] », et il a dit,

---

[1] *Coran*, cxii, 2, 3, 4.

[2] *Coran*, vi, 16.

[3] *Nous connaissons — alors il se tourna* manque à W et P.

[4] *Coran*, iv, 81.

qu'il soit exalté : *« Et nous t'avons envoyé vers tous les hommes pour annoncer la bonne nouvelle et avertir*[1] ». Par lui, Dieu a révélé la religion de l'islâm et, par son glaive, a fait disparaître l'adoration des croix et des idoles; par lui, Dieu a fermé la série des prophètes. Il a dit, qu'il soit exalté : *« Mais l'apôtre de Dieu est le sceau des prophètes*[2] ». Nous avons connu par lui le culte du Seigneur des mondes, et nous sommes devenus les guides vers cette religion solide : nous adorons Dieu, qu'il soit béni et exalté! et nous n'adorons à sa place aucune idole[3], et nous ne prenons pas d'autre protecteur, d'autre auxiliaire que[4] lui, et nous ne nous prosternons que devant Lui, l'Unique, qui n'a pas d'associé, reconnaissant la mission de son prophète et de son favori Moḥammad, que Dieu répande sur lui ses bénédictions et le sauve! » Alors le roi se tourna vers al-Moghîrah et lui dit : « Arabe, dis-moi quelle heure est préférable à toutes les autres? — C'est, répondit-il, celle où l'on ne désobéit pas à Dieu. — Tu as parfaitement répondu, Arabe, et tu m'as montré l'excellence de ton esprit; y a-t-il, parmi tes compagnons, des gens d'un esprit égal au tien et d'une résolution égale à la tienne? — Oui, répondit Moghîrah, dans notre armée et nos gens, il y a plus de mille hommes dont l'esprit est étendu et les conseils solides, que l'on ne peut se passer de consulter; il y en a autant derrière nous, qui viendront avant peu, s'il plaît à Dieu. » Le maudit al-Boṭloûs reprit : « Nous n'aurions jamais cru cela de vous, nous avions seulement ouï dire que vous étiez une troupe d'ignorants dépourvus d'esprit. — Tels nous étions, répondit al-Moghîrah, au temps de l'ignorance, des ignorants qui n'avaient de confiance les uns dans les autres que pendant les quatre mois sacrés, jusqu'au moment où Dieu nous a envoyé Moḥammad, qu'il répande sur lui ses bénédictions et lui accorde le salut, il nous a gardés et nous a montré la droite voie. — Ces paroles me plaisent, dit al-Boṭloûs, veux-tu demeurer auprès de moi? — J'en serai charmé, répondit al-Moghîrah, si tu consens à faire ce que je t'indiquerai. — Qu'est-ce donc? — Reconnais qu'il n'y a pas d'autre Dieu que le Dieu unique, qui n'a point d'associé, et que Moḥammad est son serviteur et son envoyé annoncé par Jésus, sur lui le salut! » Al-Boṭloûs, que Dieu le maudisse, répondit : « Je ne puis faire cela, néanmoins j'aurais voulu faciliter la conclusion de cette affaire. — *Toute affaire*, reprit al-Moghîrah, *appartient à Dieu*[5], *l'unique*; c'est lui, qu'il soit loué et exalté! qui nous a ordonné de faire la guerre sainte à qui le rejette, lui et son envoyé, et se détourne de sa religion, qui lui donne un associé, gloire à lui. Il est unique, seul, *subsistant par lui-même, ni l'assoupissement ni le sommeil n'ont de prise sur lui*[6]. Celui qui nous suivra fera partie de notre

---

[1] *Coran*, xxxiv, 27. — [2] *Coran*, xxxiii, 40. — [3] Allusion à *Coran*, xxix, 16, 24. — [4] Allusion à *Coran*, xlviii, 22 et ailleurs. — [5] Allusion à *Coran*, xi, 123. — [6] *Coran*, ii, 256.

troupe et de nos frères, il aura les mêmes droits que nous; celui qui refusera sera
obligé de payer *la capitation, étant en état d'humiliation*[1], s'il la paye, il évitera l'effusion de son sang et protégera ses biens et ses enfants, quiconque refusera l'islâm
et la capitation, aux épées! jusqu'à ce que Dieu décide, *et il est le meilleur des juges.*
La capitation sera d'un dinar par tête et par an, les femmes, les enfants et les
religieux séparés du monde et vivant dans leurs cellules exceptés. — Je t'ai compris en ce qui regarde l'islâm, dit al-Botloûs, mais je ne comprends pas ce que
tu veux dire par la capitation, eux étant dans l'humiliation, car je ne sais ce que
vous entendez par ces mots. — C'est-à-dire, répondit al-Moghîrah, que tu la
paieras debout, le glaive menaçant ta tête. » A cette réponse, al-Botloûs fut saisi
d'une violente colère et se leva; al-Moghîrah et ses compagnons, s'élançant, dégai-
nèrent leurs épées en s'écriant : « Il n'y a pas d'autre Dieu que Dieu et Mohammad
est l'envoyé de Dieu ».

Le narrateur dit. Nous tenons de Moslem fils d'ʿAbd Allah[3], d'après Țârif fils de
Hilâl[3], d'après ʿAbd Allah fils de Râfi', d'après Mas'oûd al-Badri[4]. Il a dit. J'étais
avec al-Moghîrah, nous tirâmes nos épées et nous allions nous précipiter sur la
troupe ennemie, car nous étions pleins du zèle de l'islâm et leurs troupes
n'étaient rien à nos yeux. Mais al-Botloûs, en voyant notre action et la mort dont
nos épées le menaçaient, s'écria : « Arrête, al-Moghîrah, pas de précipitation ou
tu péris, je sais que tu es un ambassadeur, et les ambassadeurs n'agissent pas
ainsi. Je n'ai parlé ainsi que pour t'éprouver et voir ce que vous feriez. Remet-
tez vos épées au fourreau et asseyez-vous[5]. » Il a dit. Nous remîmes nos épées au
fourreau, il s'assit et al-Moghîrah, s'avançant jusqu'à la place d'al-Botloûs, le
tira jusqu'à l'extrémité du trône, et al-Moghîrah était un homme corpulent, il
s'appuya sur lui si fort qu'il lui disloqua presque la cuisse. Ensuite, le roi, se
tournant vers al-Moghîrah, lui dit : « Quelle est votre opinion sur le Messie fils
de Marie? — C'est le serviteur et l'envoyé de Dieu, répondit al-Moghîrah. —
De quoi a-t-il été créé? — *Dieu l'a créé de poussière et lui a dit : Sois! et il a été*[6]. »
L'ennemi de Dieu demanda encore : « Quelle preuve y a-t-il que Dieu est unique?
— Le Coran vénérable où il a dit, qu'il soit loué et glorifié par la bouche de son
prophète Mohammad, qu'il répande sur lui ses prières et ses bénédictions : « *Dis :*
Il est le Dieu unique, le Dieu éternel, qui n'engendre pas, n'a pas été engendré et auquel

---

[1] *Coran*, ix, 29.

[2] P W ابن عبد الحميد.

[3] P W طارق.

[4] Mas'oûd manque à P et W. Cf. plus haut pour ce personnage.

[5] C وجلس. Je supplée avec W.

[6] *Coran*, iii, 52.

personne n'est semblable[1] ». Le vil al-Botloûs répondit : «Je n'ai jamais vu une
réponse si habile, ô borgne ». Moghîrah avait, en effet, perdu un œil à la bataille
de Yarmouk. Il lui répondit : «Ton insulte ne m'atteint pas, ennemi de Dieu,
car c'est dans la guerre sainte, pour la cause de Dieu, que j'ai été blessé par un
chien maudit semblable à toi, mais je l'ai tué et beaucoup d'autres avec lui[2],
comme je te tuerai toi et les tiens; je m'emparerai de ton pays, s'il plaît à Dieu,
et je me vengerai et je vengerai ceux des Musulmans qui ont péri, le secours et
la récompense viennent de Dieu, qu'il soit loué et glorifié. — Admirable réponse,
dit al-Botloûs, y a-t-il, parmi tes compagnons, beaucoup de gens qui te ressemblent?
— Je t'ai déjà dit qu'il y avait parmi nous des milliers de gens savants et habiles,
excellents au conseil et à la guerre, auxquels je ne me compare en rien, car je
ne suis qu'un bédouin. Plût au ciel que tu visses le cousin de notre prophète
Moḥammad, celui qui tue les infidèles, écrase les pervers, anéantit les méchants,
le héros aux charges répétées, le noble chef, le lion terrible aux exploits étonnants,
qui anéantit le vainqueur, notre seigneur et notre maître, l'imâm ʿAli fils d'Abou
Ṭâlib, que Dieu soit satisfait de lui et honore sa face! — Est-il avec vous dans
cette armée? demanda le roi, car j'en ai entendu parler et je voudrais le voir.
— A Dieu ne plaise, répondit al-Moghîrah, ne me parle pas de l'imâm, car l'imâm
ʿAli est un trop grand personnage pour venir trouver en personne un chien tel
que toi[3], mais, s'il plaît à Dieu, avant peu nous te tuerons, nous te trancherons
la tête et nous la lui enverrons, et on fera sur toi un proverbe qui se répétera de
génération en génération. » L'ennemi de Dieu demanda : «Y a-t-il un autre émir
que lui qui vous commande? — Oui, répondit al-Moghîrah, le commandeur des
croyants, ʿOmar fils d'al-Khaṭṭâb, chef des Musulmans et, après lui, ʿOtmân fils
d'ʿAffân et ʿAbd ar-Raḥmân fils d'Aouf, Saʿd et Saʿîd et Abou ʿObaidah fils
d'al-Garrâḥ[4], az-Zobeir fils d'al-ʿAwwâm et d'autres émirs dispersés dans l'Higâz,
l'Yémen, l'Irâq et l'Égypte, chacun d'eux à la tête d'une troupe de mille soldats,
tes égaux en bravoure, en force et en courage, que la satisfaction de Dieu soit
avec eux tous. Quant à l'émir Khâlid fils d'al-Walîd, qui commande cette armée,
c'est le glaive de Dieu sur la terre contre ses ennemis; il a avec lui une troupe
d'émirs, et avant peu il viendra nous rejoindre, suivi des émirs illustres et des

---

[1] *Coran*, CXII, 1-4.

[2] *Comme. . . . . glorifié* manque à W, qui donne والثواب من الله اعظم من ذلك.

[3] La fin de la phrase manque à W.

[4] W ابو عبيده بن الجراح; Zobair manque à W; P C عامر ابن الجراح. Abou ʿObaidah était fils
d'ʿAbd Allah; al-Garrâḥ était le nom de son grand-père; son nom était ʿÀmir; il fut un des compagnons du Prophète; il mourut en Syrie en 18 de l'hégire. Ibn Qotaibah, p. 127; *Ousd*, t. V, p. 249;
Nawawi, p. 747; Masʿoûdi, t. IV, p. 196, 197, 211; Ibn Khallican, t. IV, p 553.

cavaliers intrépides [1], et c'est de sa main que tu périras ainsi que les tiens, s'il plaît à Dieu. — Je veux, reprit l'ennemi de Dieu, arranger l'affaire qui nous concerne vous et moi et voir une troupe des émirs que tu as cités [2] avant d'en venir aux mains. — Avant peu, répondit al-Moghîrah, nous placerons ta main sur ton cou, et nous t'amènerons à eux à pied, déchaux, t'excusant auprès d'eux afin de préserver ta tête du glaive, et tu les verras s'il plaît à Dieu; ils ressemblent aux lions dévorants [3]. » Le maudit méditait une trahison contre al-Moghîrah et ses compagnons [4]. Moghîrah, qui l'avait deviné, lui dit : «Chien de chrétien, demain je viendrai te trouver avec quelques-uns d'entre eux et tu les verras». Le maudit se réjouit de cette promesse et [5] résolut d'attendre qu'ils fussent venus tous ensemble afin de les faire périr tous à la fois, mais Dieu fit retomber son piège sur sa propre gorge. Ensuite al-Moghîrah et ses compagnons partirent, et ils n'avaient pas espéré le salut; ils sortirent de l'audience d'al-Botloûs; chacun monta sur son coursier qu'on lui avait amené, et ils partirent ensemble, suivis jusque dans le voisinage de leur camp par les chambellans et les officiers du roi, à qui al-Botloûs avait donné cet ordre.

Le narrateur a dit. A leur arrivée, al-Moghîrah et ses compagnons informèrent l'émir Ghânim fils d'Iyâd de leur entrevue avec al-Botloûs. L'émir Ghânim leur dit : «Par le maître du jardin et de la chaire, il ne vous a lâchés que par la crainte que lui inspiraient vos épées; cet homme est plongé dans son opiniâtreté rebelle [6], parce que Satan, que Dieu le maudisse! s'est emparé de son esprit».

Les Musulmans s'armèrent pour le combat et l'attaque des ennemis et se mirent à s'exhorter l'un l'autre à bien combattre, car ils surent que l'ennemi les attaquerait le lendemain. Chacun passa cette nuit à se préparer au combat. L'émir Ghânim avait envoyé des espions déguisés en Arabes chrétiens, afin d'avoir des nouvelles. Ils lui rapportèrent que les ennemis se préparaient à combattre et faisaient les plus grands préparatifs, et qu'ils marcheraient contre les Musulmans le lendemain matin. Les cavaliers s'armèrent et les braves se préparèrent. Au matin, les Musulmans firent leurs ablutions, récitèrent la prière du matin, montèrent à cheval et se rangèrent en bataille. L'émir Ghânim disposa son corps en aile droite et en aile gauche. A l'aile droite, il mit al-Faḍl fils

---

[1] Ce membre de phrase manque à W.

[2] Leçon de W.

[3] Cette phrase manque à W et P.

[4] W mieux : «contre les compagnons du Prophète».

[5] La fin manque à W.

[6] W علم.

d'al-ʿAbbâs [1], et son frère ʿAbd Allah fils d'al-ʿAbbâs, les fils dʿAqîl, Ziyâd fils d'Abou Sofiân fils d'al-Ḥârit, les Banou-Hâchim, les Banou-ʿAbd al-Moṭṭalib et Zobair fils d'al-ʿAwwâm. A l'aile gauche, Abou Ayyoub al-Anṣâri [2], Foḍâlah [3], Abou Salamah [4], Wail fils d'al-Asqaʿ [5], ʿAbd Allah fils d'Abou Aoufâ [6], Garir [7], Zaid [8] al-Barâ fils dʿAzib [9], ʿAbd Allah fils de Bodail [10], al-Moḥalleb et Abou Zaid al-ʿOqaili [11] ; au centre, al-Qaʿqâʿ fils dʿAmr at-Tamîmî [12], al-Mosayyib fils de Nagbah al-Fezârî, Moʿawiah fils d'al-Hakam [13], al-ʿAbbâs fils de Mircâs as-Solami, Hâchim fils d'al-Àṣ [14], Habbâr fils de Sofiân [15] ; aux ailes, ʿAbd Allah fils dʿAmr ad-Daoûsi [16], Ḥassân fils d'an-Noʿmân aṭ-Ṭâyyi [17], Garir fils de Nofail al-Himiari [18], Moslem fils de Farqad al-Yarbouʿî [19], Sâlim fils d'Aslam aṭ-Ṭâifi [20], Maʿmar fils de Khowailid as-Sikasiki [21], Ḥasân fils d'al-Aous al-Anṣâri [22], Mokhallid fils de ʿAouf al-Kindi [23], Rabiʿah fils de Mâlik at-Tamîmî [24], Bakr

[1] C'est le seul cité dans W pour l'aile droite; P suit C.

[2] C'est le seul cité dans W; P ajoute ensuite Ṭaoubân, Foḍâlah, Wail al-Asqaʿ (*sic*), etc. Il a été question de ces personnages plus haut.

[3] Ce Foḍâlah est appelé plus haut fils d'Abou Moʿaiṭ.

[4] Manque à P; ce nom est insuffisant pour le déterminer. L'*Ousd*, t. V, p. 2ː8, cite trois Abou Salamah.

[5] P الاشقع. Il faut lire Wâṭilah fils d'al-Asqaʿ dont il a été question plus haut.

[6] C ʿAbd Allah fils d'Abou Gobair, corrigez avec P ابن ابى اوڧ وجرير.

[7] Ce Garir est évidemment Garir b. ʿAbd Allah; cf. p. 151, note 8.

[8] Zaid, sans doute Zaid b. Arqam; cf. p. 151, note 9. C Zaid fils d'Abou Zaid al-ʿOqaili; P donne وجرير وزيد والبرا. Les noms suivants manquent à C qui dit : «et d'autres émirs».

[9] Cf. p. 151, note 10.

[10] ʿAbd Allah b. Bodail al-Khozâʿi fut tué à Siffin avec son frère. *Ousd*, t. III, p. 124 et 373; Masʿoûdi, *Prairies d'or*, t. IV, p. 315, 365 (les vers de Masʿoûdi se retrouvent dans l'*Ousd* avec des variantes; l'*Ousd* donne le vers précédent).

[11] Cf. p. 152, notes 1 et 4.

[12] C'est le seul cité dans W.

[13] Cf. p. 152, note 5. Manque à P qui donne à sa place Hichâm fils d'al-ʿAbbâs, qui n'existe pas et est peut-être une corruption de هشام ابن العاص.

[14] Cf. p. 142, note 3; manque à P.

[15] Habbar fils de Sofiân mourut à Agnâdain sous Abou Bakr. *Ousd*, t. V, p. 53. C P à tort ابن سعيان.

[16] Aucun des personnages de ce nom n'est appelé ad-Daoûsi.

[17] Inconnu.

[18] Inconnu; P الجهينى.

[19] Inconnu. C مسلم; P سالم.

[20] Inconnu.

[21] Inconnu.

[22] P donne سنان.

[23] Inconnu; cité plus haut avec la variante عون.

[24] Aucun at-Tamîmî n'est cité parmi les Rabiʿah.

fils de Saʿd [1], Gâbir fils dʿAbd Allah [2] et al-Hârit fils de Rabiʿah, Rabiʿat, et nous abrégeons cette liste de peur d'être long, que Dieu soit satisfait d'eux tous [3].

Le narrateur dit. A l'arrière-garde, avec les femmes et les enfants, étaient Maʿad fils de Gabal, Saʿid fils dʿAbd al-Barr [4], aḍ-Ḍaḥḥâk fils de Qais [5]. Il a dit. L'émir Ghânim se mit à parcourir les rangs, disant : « Mon Dieu, mon Dieu, le paradis est à l'ombre des épées, ô troupe destinée au paradis, la fermeté est glorieuse, et la lâcheté est une faiblesse. *Dieu est avec ceux qui sont fermes*, la fermeté fait triompher et la lâcheté est une cause d'humiliation. » Il répétait ces paroles à tous les porteurs d'étendards [6].

Le narrateur a dit. Ghânim avait à peine achevé ces paroles que les soldats d'al-Botloûs s'avancèrent, précédés d'une croix d'or rouge que les Musulmans pesèrent plus tard, après s'en être emparés, et dont le poids s'éleva à quatre roṭl; sur les quatre côtés de la croix étaient quatre pierres précieuses, brillantes comme des étoiles. Nous tenons de Sofiân, d'après Abou'l-Hârit al-Fezârî [7], d'après Šaddâd fils d'Aous qui fut témoin de la conquête et assista aux batailles. Il a dit. Lorsque les croix marchèrent contre nous, je les comptai l'une après l'autre; j'en comptai quatre-vingts; sous chacune d'elles marchaient mille cavaliers précédés de prêtres et de moines qui récitaient [8] l'Évangile; on voyait aussi, parmi les soldats, un grand nombre d'étendards. Tout à coup, un patrice revêtu d'une cuirasse d'or et d'une *lama* de même métal s'avança vers nous, parlant indistinctement dans sa langue et provoquant un d'entre nous à un combat singulier. Un cavalier de Aous marcha contre lui et fut tué, il nous provoqua encore; al-Qaʿqâʿ fils dʿAmr at-Tamîmî s'avança contre lui : ils engagèrent le combat et coururent l'un sur l'autre; al-Qaʿqâʿ lui enfonça, dans la poitrine, sa lance dont la pointe ressortit brillante par le dos. Le maudit tomba à terre baigné dans son sang et Dieu envoya son âme dans le feu, et c'est une triste

---

[1] P سعيد; inconnu.

[2] Cf. plus haut, p. 46, note 1.

[3] P et W ajoutent ici : « Mâlik fils de Rifâʿah nous a raconté, d'après Saʿid fils dʿAmr al-Ghanoui, que dix mille personnes ayant vu le Prophète vinrent à Bahnasâ; parmi eux, soixante-dix avaient assisté au combat de Badr; les émirs et les porteurs d'étendards étaient au nombre de quatorze cents, et il y a d'enterrés, sur le territoire de Bahnasâ, compagnons ou nobles chefs, environ cinq mille personnes, comme cela sera mentionné, s'il plaît à Dieu. »

[4] W P Saʿd fils dʿAbd al-Qàdir; inconnus tous deux.

[5] Aḍ-Ḍaḥḥâk b. Qais. Il y a plusieurs personnages de ce nom; cf. Ibn Qoṭaïbah, p. 210; *Ousd*, t. III, p. 37, 38; Masʿoûdi (index).

[6] La rédaction de W diffère.

[7] W Sinân b. al-Harṭ al-Hamadâni.

[8] W : « Lisaient ».

demeure. Un autre patrice sortit des rangs, furieux de la mort de son compagnon, c'était un des familiers d'al-Boṭloûs le pervers. Il nous provoqua, un cavalier de Azd voulut sortir contre lui, mais il en fut empêché par l'émir Ghânim qui lui dit : « Retire-toi, tu ne saurais lui résister ». Al-Mosayyib fils de Nagbah al-Fezârî se précipita contre lui et le frappa d'un coup de hachemite, que son adversaire para avec son bouclier. L'infidèle lui porta un coup qui lui fit sauter son arme de la main; il ne vit personne qui put la lui tendre et voulut reculer vers les siens, mais al-Qaʿqâʿ se penchant sur le patrice le frappa de son épée sur l'épaule droite, la lame ressortit par l'épaule gauche, et l'ennemi de Dieu tomba à terre, baigné dans son sang, Dieu envoya son âme dans le feu, et c'est un triste séjour[1]. A cette vue, les Grecs chargèrent les Musulmans comme un seul homme, et la lutte devint furieuse et la mêlée terrible.

Le narrateur dit. L'ennemi de Dieu, le maudit al-Boṭloûs, était en tête, monté sur son cheval, don du prince de Saqoulah[2], et lorsque la ville fut assiégée, il le faisait monter sur les remparts et les tours et combattait ainsi, comme nous le raconterons, s'il plaît à Dieu. Il portait une cuirasse d'or, sa taille était serrée par une ceinture de pierreries et il portait sur la tête une couronne de pierres précieuses brillant comme des étoiles, entrelacées de croix, et il était entouré de ses familiers. Un corps de Grecs chargea l'aile droite des Musulmans, qui résistèrent en gens de cœur. A ce corps, en succéda un deuxième, puis un troisième, puis un quatrième. Quel courage montrèrent al-Faḍl fils d'al-ʿAbbâs et son frère ʿAbd Allah et son cousin al-Faḍl fils d'Abou Lahab, les fils d'ʿAqîl et ʿAbd Allah fils de Gaʿfar et les nobles chefs des Banou-Hâchim, ils combattirent en héros. Al-Faḍl fils d'al-ʿAbbâs courut sur un porte-croix et lui enfonça dans la poitrine sa lance, dont la pointe brillante ressortit par le dos; la croix tomba à terre. Al-Boṭloûs, en la voyant tomber, fut saisi d'une violente colère, il vit sa perte certaine et voulut la saisir; il se pencha sur ses étriers mais ne put la ramasser, car la crainte des Musulmans le saisit. Al-Faḍl et les nobles des Banou-Hâchim se précipitèrent contre les Grecs, afin de s'emparer de la croix pour les irriter, mais les Grecs accoururent en nombre et firent sur al-Faḍl une charge extraordinairement impétueuse; al-Faḍl appela à son aide ses cousins, les Banou-Hicham, qui repoussèrent les Grecs loin de lui et en tuèrent un grand nombre.

Les Musulmans accoururent en foule à l'endroit où la croix était tombée, afin de l'arracher aux Grecs; al-Faḍl, se penchant sur ses étriers et se courbant

[1] C'est altéré; dans W l'épée de Mosayyib lui échappe et c'est al-Qaʿqâʿ qui lui en tend une autre.

[2] W P صقلية والبربر يساوى خمسمائة دينار.

jusqu'au sol, l'enleva et revint en la portant vers les Musulmans, où il la donna à
son serviteur Moqabbil, qui alla la déposer dans la tente de son maitre. Il a dit.
Al-Fadl se précipita une seconde fois, les émirs d'entre les compagnons chargèrent,
et la mêlée devint furieuse; les terreurs augmentèrent, le sang coula à flots, le
courage devint plus impétueux et le tumulte de la guerre s'éleva (plus fort), et
les coups d'estoc et de pointe se multiplièrent. Al-Botloûs, que Dieu le maudisse!
qui était entouré de cinq mille cavaliers ou patrices, voyant le péril qui menaçait les Grecs, fit une charge contre les Musulmans à l'extrémité de l'aile droite;
ils en tuèrent un grand nombre : le reste fut couvert de blessures, mais ils résistèrent courageusement, tandis qu'al-Fadl chargeait tantôt l'aile droite, tantôt
l'aile gauche; tous les émirs chargèrent à la fois. Quel courage montrèrent al-
Qa'qâ' fils d''Amr at-Tamîmî, al-Mosayyib fils de Nagbah al-Fezâri[1], Mo'ad fils
de Gabel, le fils de Zeid al-Khail[2], Ziyâd fils d'al-Moghîrah, Habbâr fils d'Abou
Sofiân; ils soutinrent une lutte terrible et furent éprouvés d'une épreuve excellente, tellement que l'on voyait du sang sur leurs cuirasses comme des foies de
chameaux et que la mêlée arriva jusqu'au centre de l'armée musulmane. Tout à
coup, un patrice d'une taille colossale, semblable à une montagne, s'avança et
chargea Safînah[3], affranchi de l'envoyé de Dieu, afin de le frapper; mais un coup
de lance porté de derrière le jeta à bas de son cheval. L'ennemi de Dieu, en tombant, entendit le choc de la lance sur ses côtes, Dieu envoya son âme dans le feu,
et c'est un triste séjour. Il fut dépouillé par celui qui l'avait tué, c'était Ziyâd fils
d'Abou Sofiân, que la miséricorde de Dieu soit sur lui. En le voyant tomber, les
Grecs chargèrent tous ensemble, la guerre se leva sur ses jambes[4], les nuques
furent frappées, les yeux devinrent hagards, les esprits troublés, les guerriers se
frappèrent réciproquement à coups d'épées et cherchèrent à se percer de leurs
lances[5]. Les Grecs poussèrent des exclamations incomprises dans leur langue, la
mêlée et le combat durèrent depuis le lever du soleil jusqu'à son coucher; alors
les deux armées se séparèrent. Dans cette bataille, périrent environ deux cent cinq
musulmans à qui Dieu accorda le martyre[6] et qui obtinrent la félicité suprème; voici

---

[1] P W ajoute والبراء بن عازب .

[2] W زيد الخيل ; les noms suivants manquent.

[3] W سفينه ; P C سفيان . Sur Safînah, cf. Ibn Qotaibah, p. 72; Nawawi, p. 290; Ousd, t. II,
p. 324.

[4] W على ساق واحدة : on connaît l'expression شمر عن ساق . Cf. Quatremère, Sultans mamelouks
de Maqrizi, t. I, p. 184.

[5] W ajoute واشتدّ الكفاح . Sur ce mot, al-Aṣma'i, dans le Ṣiḥah de Djawhari, dit: اذا كافحهم
استقبلوهم فى الحرب بوجوههم ليس دونهم ترس ولا غيره .

[6] W ne donne aucun nom.

les noms des principaux d'entre eux : Sâlim fils de Râfi'[1], Gondab fils de Mâzin[2],
al-Mirqâl fils de Hâchim[3], 'Abd Allah fils de Ghânim, Rabi'at fils de Salamah[4],
al-Haṣain fils de Ṭa'labah, Nigâh fils de Maisarah[5], Hoṣaîn fils de Rifa'at[6],
Ḥaggâg fils de Sâriqah[7], Manṣour fils de Ghâlib, les autres étaient gens du
commun, que la miséricorde de Dieu soit sur eux tous. Les deux armées passèrent
la nuit à se garder. Les Musulmans récitèrent le Coran et prièrent pour le prophète élu, le plus noble des fils de 'Adnan, Moḥammad, que Dieu répande sur lui
ses bénédictions et le sauve! Ils allumèrent des torches et se rendant à l'endroit
où avait eu lieu la bataille, ils cherchèrent leurs morts. Quand les Musulmans[8]
virent ce qui était arrivé à leurs fils et à leurs compagnons, ils prononcèrent les
paroles : *Il n'y a de force et de puissance qu'en Dieu, l'élevé, le grand*. Les Grecs,
ennemis de Dieu, avaient perdu deux mille cinq cents hommes et environ quarante des meilleurs de leurs patrices d'entre les hauts dignitaires et les chefs, de
ceux qui avaient le droit de s'asseoir devant le trône du roi. Le narrateur dit. En
voyant les pertes qu'il avait faites en patrices et en soldats, l'ennemi de Dieu,
al-Boṭloûs, fut saisi d'une grande douleur; les grands du royaume, les patrices,
ses familiers, les chambellans et les officiers s'assirent autour de lui, et le roi[9]
leur fit de grands reproches en disant : *Des gens tels que vous ne conviennent
guère au service des princes, quelle est cette lâcheté et ce peu de courage dont
vous avez fait preuve? Pourquoi cette peur qui s'est emparée de vous? Voulez-
vous être un objet de honte[10] parmi les rois en agissant ainsi? — Prince, lui
dirent-ils, nous ne nous étions pas suffisàmment préparés dans cette journée et
nous ne nous attendions pas à une telle force de résistance chez les Arabes. — Que
décidez-vous? dit-il alors; consentez-vous à demeurer ainsi couverts de honte?
Vous avez perdu la croix après l'avoir lâchement abandonnée[11] : elle vous abandonne aussi, vous laisse en proie à l'humiliation, au dommage et à la honte. *
Ils répliquèrent : *Roi, à partir d'aujourd'hui, notre conduite sera pour toi un
sujet de joie; demain, nous leur tendrons une embuscade et, marchant à leur
rencontre, nous engagerons le combat, et les soldats de l'embuscade sortiront, et
nous prendrons parmi nous une troupe qui se liera avec des chaînes, à savoir les
archers, selon l'habitude des Grecs, et nous combattrons contre les Musulmans[12],
et nous les entourerons de chaînes, et ils ne pourront nous échapper par la fuite,

---

[1] Inconnu. — [2] Inconnu; déjà cité plus haut. — [3] Hâchim fils d''Otbah, surnommé al-
Mirqâl. — [4] Inconnu. — [5] Ce nom paraît altéré. — [6] Inconnu. — [7] Inconnu, ainsi que le
suivant. — [8] W *les émirs*. — [9] W *il refusa la nourriture*. — [10] C ةريس; W ةرعم. —
[11] La fin de la phrase manque à W. — [12] *Et nous les entourerons..... fuite*, manque
à W.

et nous ne les laisserons pas s'emparer de notre ville, dussions-nous périr jusqu'au
dernier. » Cette promesse remplit le roi de joie et d'allégresse. Puis l'ennemi
de Dieu, al-Botloûs, écrivit une lettre qu'il envoya de nuit au patrice de Ṭaḥâ[1]-aux-
colonnes et au patrice de Ḏat al-Abrâg[2] pour leur demander du secours, et
c'étaient (que la malédiction de Dieu soit sur eux!) deux puissants patrices, car
chacun d'eux commandait à dix mille patrices habiles à charger et bien armés. La
lettre reçue, ils se préparèrent à marcher à son secours, comme nous le raconterons en son lieu, s'il plaît à Dieu.

Le narrateur dit. Le matin venu, les Musulmans firent la prière du matin,
montèrent à cheval et se mirent en bataille faisant appel à leur courage. Ghânim
fils d'ʿIyâḍ les encouragea à combattre avec ardeur. Il avait désigné al-Moghirah
fils de Choʿbah pour le remplacer. Il vint aux porte-enseignes et leur dit : « Lâchez
les rênes[3] et mettez les lances en arrêt, et quand vous serez près des ennemis,
chargez-les comme un seul homme. Soyez sans crainte, Dieu vous donnera son
secours. » Il disposa les émirs dans le même ordre que le premier jour et ils ne
montèrent à cheval qu'après avoir enseveli leurs martyrs avec leurs habits et le
sang qui les couvrait, que la miséricorde de Dieu soit avec eux! Bientôt les ennemis s'avancèrent vers eux poussant des cris dans leur langue. Ils en choisirent dix
mille d'entre eux, qui descendirent de cheval, creusèrent des fosses où un homme
s'enfonçait jusqu'au milieu du corps, comme les Grecs l'avaient fait à la bataille
de Yarmouk[4], et s'attachant par groupes de cinq, de quatre et de trois avec une
chaîne, ils descendirent dans ces fosses, placèrent devant eux leurs arcs et leurs
flèches et jurèrent par le Messie de ne pas fuir dussent-ils périr jusqu'au dernier[5].
Il y en avait trois rangées.

Le narrateur a dit. Nous tenons ceci de Sinân fils d'Abou ʿObaidah d'après
Ziyâd, d'après al-Ḥârit, d'après ʿAbd Yaghout qui était un des porte-étendards[6].
Il a dit. Tandis que nous nous préparions à charger, voici que les Grecs nous
chargèrent tous ensemble, notre aile droite chargea leur aile gauche, elles se
mêlèrent et notre centre se mêla avec leur centre[7]. Il tomba sur nous dix mille

----

[1] W طنجة.

[2] P W قلعه الابراج.

[3] C الاسنة; W الاعنة. C a une lacune, d'où par erreur, اسنة : sur قوّم, en parlant d'une lance,
cf. Schwarzlose, *Die Waffen*, p. 51.

[4] Manque à W.

[5] On sait que, les chaînes à part, les Bois-Brûlés du Canada employèrent le même procédé
contre les Anglais, lors de l'insurrection de Riel.

[6] C عبيدة عن الحرث بن عبد يغوث P ; حسان ابن ابى عن الحارث.

[7] Je traduis P ; C اختلط القلب فى الجناح والميرة فى الميمنه.

flèches qu'on eût dit parties d'un seul arc : on eût dit un nuage de sauterelles qui se répandent sur le sol; ils nous blessèrent des soldats, tuèrent des héros, les chevaux des Arabes reculèrent effrayés; mais une troupe d'émirs résista courageusement, à savoir : al-Faḍl fils d'al-ʿAbbâs et son frère ʿAbd Allah, les chefs des Banou-Hâchim[1], Ziyâd fils d'Abou Sofiân, al-Moghîrah fils de Choʿbah, al-Mosayyib fils de Nagbah al-Fezârî, que Dieu soit satisfait et content d'eux et fasse des jardins les plus élevés du paradis leur demeure. Quelle bravoure ils montrèrent en ce jour terrible, effrayant et périlleux, quel combat terrible ils soutinrent, de quelle épreuve excellente et glorieuse ils furent éprouvés! L'ennemi de Dieu, le maudit al-Boṭloûs, chargeait tantôt à l'aile droite, tantôt à l'aile gauche, entouré de ses dignitaires[2] d'entre les polythéistes. Il a dit. Nous leur résistâmes courageusement, résolus à périr, tandis que les émirs ne cessaient d'encourager les compagnons à combattre. Un grand nombre avait péri des deux côtés, mais les pertes des polythéistes n'étaient pas sensibles à cause de leur multitude. Nous ne supposions pas qu'ils nous eussent tendu un piège, quand, tout à coup, les soldats placés en embuscade apparurent sur nos derrières et nous cernèrent. Nous étions comme un signe blanc sur la peau d'une vache noire; mais une troupe d'émirs et des principaux combattants courut à eux et la mêlée commença[3]. Quels braves combattants que al-Faḍl fils d'al-ʿAbbâs et les nobles des Banou-Hâchim; en voyant notre péril, chacun d'eux courut à la mêlée augmentant le massacre des braves. Leur exemple étant imité par Abân fils d'ʿOṭmân fils d'ʿAffân, Abou Zaid al-ʿOqâili, Abou ʿAbd Allah al-Gîlî[4], al-Mosayyib fils de Nagbah al-Fezârî[5], Sofiân[6] affranchi de l'envoyé de Dieu, Abou Zeid[7] al-Khail et les plus illustres des chefs et des émirs qui combattirent en désespérés; que Dieu les récompense pour nous de la plus belle des récompenses! L'ennemi de Dieu fonça sur le centre avec ses compagnons massacrant nos cavaliers[8]. Alors al-Qaʿqâʿ et al-Mossayyib s'écrièrent : «Compagnons, poussez les chameaux vers les polythéistes pour les opposer aux flèches». Ils les poussèrent devant eux contre les archers, et les

---

[1] C سلالة بن هاشم; P W سادات.

[2] W كتائب.

[3] W et P : «une partie des nobles et des émirs furent tués, ainsi que plusieurs soldats du commun».

[4] Inconnu.

[5] Mosayyib a été souvent cité plus haut.

[6] Il faut sans doute lire Safînah; cf. p. 165, note 3.

[7] Lisez ابن زيد; W ne cite que Abân fils d'ʿOṭmân, fils d'ʿAffân; P ajoute à C زيد بن حارثه وابو لبانة (lisez ابو لبابة).

[8] W diffère.

Musulmans se précipitèrent au milieu d'eux, les foulant aux pieds, jouant de l'épée
et de la lance; ils en massacrèrent un grand nombre dont Dieu envoya les âmes
dans les enfers, et c'est une triste demeure. En voyant tomber ses compagnons
sous les coups des Musulmans, la fureur impie d'al-Botloûs, que Dieu le maudisse!
augmenta. Ils continuèrent à combattre ainsi jusqu'au coucher du soleil. Mais
Dieu fit descendre son secours sur les Musulmans, qui remportèrent la victoire.
Ga'far fils d''Aqîl se précipita sur une troupe de Grecs, puis, pénétrant dans leurs
rangs, il frappa de sa lance le patrice qui les commandait et le tua; mais il succomba à son tour sous la multitude des Grecs, que la miséricorde de Dieu soit
avec lui! Son frère 'Ali se précipita à son tour en criant : «Je ne veux pas te sur-
vivre, ô mon frère![1]», et il se précipita sur leurs flancs, en tua un grand nombre
et périt, accablé par leur multitude, avec Zeid fils de Ziyâd, que la miséricorde de
Dieu soit sur eux! Alors l'épreuve devint plus grande, la bataille plus furieuse,
la mort vola sur les combattants, le désir (de meurtre) augmenta. En voyant le
malheur qui les frappait, les Banou-Hâchim chargèrent tous ensemble et les
forcèrent à se retirer vers les portes. Un combat acharné s'engagea près de la
porte de la Montagne et de la porte du Nord[2]; les ténèbres obscurcirent l'air
et ce fut une nuit telle qu'on n'en avait pas encore vue de pareille : des milliers
de polythéistes tombèrent sous les coups des compagnons, plus de cinq cents
Musulmans périrent devant la ville; mais les Musulmans eurent le dessus,
l'épreuve devint plus terrible, les chagrins devinrent plus grands et les coups
d'épée et de lance se multiplièrent. L'ennemi de Dieu défendait ses compagnons
qui combattaient avec acharnement, le cri de ralliement des Musulmans était
cette nuit : «Ô Mohammad, ô Mohammad, ô Mohammad, ô secours de Dieu,
descends!». Un grand nombre de Musulmans périrent près de la porte et la calamité augmenta. On entendait les coups d'épée retentir sur les boucliers avec
un bruit semblable au tonnerre; les lances et les épées brillaient comme des
éclairs[3]. L'ennemi de Dieu, al-Botloûs, se tint tantôt à la porte de Qand, tantôt à la
porte de la Montagne[4], tantôt à la porte de Toumâ, jusqu'à ce qu'il eut fait
rentrer tous les Grecs et qu'il ne manquât que ceux qui avaient été séparés de leurs
compagnons ou qui avaient été désarçonnés par leurs chevaux. Ils continuèrent
jusqu'au lever du soleil; l'ennemi de Dieu rentra alors dans la ville, dont on
ferma les portes. Les ennemis montèrent sur les murs et les tours, sonnèrent de

[1] Manque à W.

[2] W ولجّوّهم الى السور واقتتلوا .

[3] W ajoute «et les lances, comme des étoiles».

[4] W «la porte de Toumâ, avec une troupe de ses gens défendant les siens».

leurs trompettes et de leurs cornes et firent retentir leur naqous du haut des
murs. Quant aux Musulmans, ils firent la prière du matin et vinrent sur le champ
de bataille reconnaître leurs morts : ils en trouvèrent cinq cent vingt[1], dont les
principaux étaient Ga'far fils d''Aqîl et son frère 'Ali[2], 'Abd Allah fils de Zaid[3],
Hâchim fils de Naoufal[4], Tarrâd des Banou-'Abd ad-Dâr[5], Hilal fils de Zoheir[6],
Wahb fils de Monebbih, Ka'b fils de Morrah[7], Zeid fils de Rifa'at[8], Khoza'ah
fils de Temîm[9], Mâlek fils de Sahl[10], Qais fils de 'Adî[11], Nâser fils de Nagm[12],
Cho'bah fils de Fodâlah[13], Sa'd fils d''Ammâr[14], Râfi' fils d'Yassâr[15], Na'îm
fils de Mâlek, Bichr fils de Saraqah, Maisarah fils de Masrouq, Hamzah fils
de Wahb[16] et Wahb fils de Fodâlah : voilà les noms des nobles et des émirs,
les autres étaient de simple combattants, que la miséricorde de Dieu soit
avec eux.

Le narrateur a dit. En voyant les cadavres de leurs compagnons, les Musulmans, profondément émus, versèrent d'abondantes larmes, mais le plus affligé
de tous était Ghânim fils d''Iyâd, en voyant que ces braves avaient péri sous ses
ordres, car la plupart des martyrs appartenaient à Qoreich et aux Banou-Hâchim,
aux Banou-'Abd al-Mottalib aux Banou-Naoufal, aux Banou-'Abd-Chams et aux
Banou-al-Fadl. Lorsque Moslim aperçut le cadavre de ses deux frères, que Dieu
soit miséricordieux pour eux, et qu'al-Fadl fils d'al-'Abbâs et 'Abd Allah fils de
Ga'far et les nobles des Banou-Hâchim virent que leurs cousins avaient péri, ils
descendirent de leurs chevaux, les embrassèrent et prononcèrent la formule en
pleurant : «Nous appartenons à Dieu et nous revenons à lui». Les Musulmans

---

[1] «De la porte de Toumâ à la porte de Qondous.» La liste manque à W et se retrouve dans C
avec des variantes.

[2] Cités plus haut, cf. p. 169.

[3] Il existe plusieurs 'Abd Allah fils de Zaid.

[4] Inconnu.

[5] Le nom de طراد n'existe pas; P طارق, inconnu.

[6] Inconnu.

[7] Cf. *Ousd*, t. IV, p. 248.

[8] Inconnu.

[9] Inconnu.

[10] Inconnu.

[11] P بن على; inconnu.

[12] Inconnu.

[13] Inconnu, manque à P.

[14] P de même; inconnu. L'*Ousd* (t. II, p. 287) cite un سعد بن عمار.

[15] Inconnu, ainsi que le suivant; P نافع.

[16] Inconnu. P donne بشر بن سراقه بن وهب بن فطالة.

s'avancèrent vers eux pour les consoler, alors le fils d'al-Ḥâret[1] fit leur éloge
funèbre, ainsi que celui des autres martyrs, dans la poésie suivante :

Ô mes yeux, versez sans cesse des larmes jusqu'à ce qu'elles soient plus abondantes que la
[pluie que versent les nuages[2].
Pleurez sur ʿAli et gémissez sur son frère, Gaʿfar, couvert de gloire, le meilleur des chefs[3],
Et sur tous ceux qui se rattachent à Hâchim, qui sont de la troupe de l'Élu, de l'excellent
[Imâm[4],
Et sur les martyrs, ces gens de mérite, aussi longtemps que celui qui aime sera ému par les
[gémissements de la colombe[5].
Puisse al-Boṭloûs ne jamais vivre en paix ainsi que son armée d'infidèles, les pires des gens vils[6].
Certes, nous prendrons notre vengeance sur leurs têtes, avec les pointes de nos lances de Khaṭṭ
[et le tranchant de nos glaives.

Le narrateur dit. Les Musulmans enterrèrent leurs martyrs, que la miséricorde
de Dieu soit sur eux ! Puis l'émir Ghânim disposa les émirs aux portes. Il se
porta lui-même et les chefs des Banou-Hâchim et d'autres émirs tels que Ziyâd
fils d'Abou Sofiân, al-Walîd et son frère Moḥammad[7], Ousâmah fils de Zaid[8],
Abou Ayyoub al-Anṣâri, Faḍâlah fils dʿObeid, ʿImrân fils d'Ḥoṣain, Abou Dougânah al-Anṣâri, Gâber fils dʿAbd ad-Dâr[9], et les autres émirs à la porte de
Qandas, qui est la porte du Nord; al-Qaʿqâʿ fils dʿAmr at-Tamîmî, al-Mosayyib
fils de Nagbah al-Fezârî[10], Owais fils d'Hodaifah aṭ-Ṭaqifi[11], ʿAbd Allah fils
d'Abou Aoufâ, Abou Qatadah, Abou Mesʿaoud al-Badri, ʿOrwah fils de Saʿd,
Zeid fils d'Arqam, et d'autres émirs furent placés avec deux mille cavaliers à la
porte de la Montagne[12]. Al-Moghîrah fils de Choʿbah, Abou ʿOugafah[13],

---

[1] P W هام بن جرير.

[2] W تبلى من البكا ; P يا عين ابكى لا تبلى البكى — تحى دموعا مثل سكب الغام.

[3] Ce vers est le troisième dans W; P هام ليث المشكور جعفر هو — النبى عم ابن الليث على نوح ; وابكى على ثم اخ له C.

[4] Ce vers est le second dans W خير الانام.

[5] W حمام وتغنى برق لاح ما ; P حمام ترنم او.

[6] W خير ولا البطليوس لقى فلا.

[7] Il a été question déjà de ces personnages.

[8] Ousâmah, cf. p. 150, note 8.

[9] P et W, après ʿImrân, ajoutent رافع بن خديج, avant ʿImrân حذيفة بن اوس, et donnent عرو
au lieu de ʿImrân; sur Râfiʿ, cf. *Ousd*, t. II, p. 151, et sur ʿAous b. Hoḍaifah, cf. *Ousd*, t. I, p. 142;
W ne dit pas où ils prirent place.

[10] W ne cite que ces deux noms.

[11] P passe ce nom.

[12] Tous ces noms ont été étudiés ailleurs.

[13] C ابو اجفة; manque à W; P ابى جعة.

Abou Lobâbah[1], al-Mohallib aṭ-Ṭâyyi, Abou Zaïd al-'Oqaili, al-'Abbâs fils de Mirdâs, Mo'awwiah fils d'al-Hakam, al-Faḍl fils de Foḍâlah[2] et le reste de ses émirs se portèrent à la porte de Toumâ avec deux mille cavaliers d'entre les compagnons, et les assiégèrent. Ils restèrent longtemps[3] sans combattre; seulement, chaque jour, l'ennemi de Dieu, al-Boṭloûs, enfourchait son cheval, dont nous avons parlé plus haut, revêtu de sa cuirasse de guerre, et montait ainsi à cheval sur les murs de la ville, précédé et suivi de soldats à pied tenant des épées nues, des boucliers étoilés, des massues d'or, des haches, des arcs, des flèches, armes dont ils se servaient à la guerre, comme nous l'avons décrit plus haut[4], et toutes les fois qu'il passait devant les soldats des tours, les tambours battaient, le bruit des flûtes et des naqous retentissait. Voilà, dit le narrateur, ce qui se passait devant la ville.

Quant à l'émir Khâlid fils d'al-Walîd, il envoya avec 'Abd ar-Rahmân fils d'Abou Bekr aṣ-Ṣiddîq, et 'Abd Allah fils d'Omar, une troupe dans le Fayyoum. Ils eurent à livrer plusieurs combats et à soutenir une guerre dont nous abrégeons le récit de peur d'être trop long, car notre but, dans ce livre, n'est que de raconter la prise de Bahnasâ et de son territoire, et les événements qui eurent lieu lors de cette conquête. Il y eut donc dans le Fayyoum des déroutes d'infidèles, les uns échappèrent au massacre, d'autres furent tués. Madinat al-Fayyoum fut investie, mais le siège dura peu. Grâce au secours de Dieu, le Fayyoum fut conquis en moins d'un mois; ils s'emparèrent d'un grand butin et revinrent auprès de l'émir Khâlid qui était campé à Nowairah[5], comme nous l'avons dit[6].

Voilà, dit le narrateur, comment le Fayyoum fut conquis. Quant à Abou Ḍarr al-Ghifârî, Abou Horairah ad-Dawsi, Ḍou'l-Kila' al-Ḥimiâri et Mâlik al-Aštar, après avoir mis à mort les prisonniers comme nous l'avons dit, ils assiégèrent la citadelle[7] pendant vingt jours et eurent à soutenir une lutte pénible. Il a dit. Nous tenons de Qais fils de Mâlek, d'après al-Manṣour fils de Râfi', d'après Abou'l-Minhal, qui faisait partie de la troupe de Mâlik al-Aštar, le récit suivant. Tandis que nous assiégions la ville et que nous commencions à avoir le dessus,

---

[1] W ابو لبابه ; C ابو لبانه ; W s'arrête après Mohallib aṭ-Ṭâyyi.

[2] Il a été question plus haut de tous ces personnages.

[3] W « un mois ».

[4] W, au lieu de ce qui suit, donne وكان عرض السور يمشى عليه خيالان متكاتفان بالبس الكامل.

[5] C بويرة.

[6] Sur la conquête du Fayyoum, voyez le récit d'Ibn 'Abd al-Ḥakam reproduit dans Ṣoyouṭi, *Husn al-mohâḍera*, t. I, p. 85 et Maqrîzi, trad. Bouriant, p. 741 ; il n'y est d'ailleurs nullement question des personnages nommés ici.

[7] P قلعة الابراج.

nous aperçûmes un nuage de poussière à l'heure du fegr, car la nuit était éclairée par la lune, et, en même temps, nous entendions un bruit de chevaux et un cliquetis de brides. Nous courûmes à nos chevaux et nous montâmes à cheval. La poussière, en se dissipant, nous montra vingt croix sous chacune desquelles marchaient mille cavaliers. C'était le patrice de Ṭaḫâ-aux-colonnes, et le patrice de Qalʿat Ḏat al-Abrâg qui, après avoir reçu le message du maudit al-Boṭloûs, avaient réuni une armée de secours et avaient quitté leurs demeures, laissant leurs enfants dans leurs citadelles. Ils étaient partis au commencement de la nuit, de crainte des Arabes, et, au matin, ils se trouvaient dans le voisinage de la ville assiégée. Le Nil était alors dans sa crue, et les Musulmans avaient coupé[1] les ponts du canal de Joseph. En un clin d'œil ils furent sur nous et, nous chargeant, arrivèrent jusqu'à la porte qui est au nord[2] de la ville. Là, ils trouvèrent le marzuban et ses compagnons[3]. Mâlck al-Aśtar dit à ceux qui l'entouraient : «Nobles Arabes, placez-vous devant le canal de Joseph et combattez contre les ennemis, invoquant l'aide de votre créateur[4]». Comme il achevait ces mots, les Grecs poussèrent un cri tous ensemble et chargèrent les Musulmans. Une autre troupe de Grecs d'environ trois mille hommes accourut du côté nord au bruit des tambours et des naqous. L'émir al-marzuban était posté, comme nous l'avons dit, à la porte du Nord avec deux cents cavaliers d'entre les compagnons de l'Envoyé de Dieu. Les deux troupes se heurtèrent, mais les Musulmans résistèrent courageusement. En voyant combien la lutte devenait vive, l'émir marzuban chargea et, se précipitant, s'enfonça dans la mêlée en récitant ces vers :

Je suis le marzuban de la race des Chosroès, qui renverse ses adversaires et dont le glaive tranchant
[taille en pièces les ennemis.
Quand la mêlée est furieuse, et que c'est à moi de la diriger, je me présente, et les glaives de la
[mort sont affilés.
Mon courage ne cesse pas de s'exercer contre les ennemis, et mon esprit est juste et réunit les
[belles qualités.
Je me précipite sur les ennemis et je les charge avec impétuosité et je les donne en pâture aux
[glaives brillants jusqu'à ce qu'ils en soient rassasiés.
Moi et mes cousins, nous sommes trente cavaliers, venus à la guerre pour faire prédominer les
[lois (du Prophète).

[1] C خرقت; W الخذوا et ajoute : «et ils continuèrent à marcher jusqu'à al-Qalʿah».

[2] W «à l'orient».

[3] W «l'émir Ziyâd et ses compagnons».

[4] A partir d'ici, la rédaction de W et P est totalement différente et ni l'un ni l'autre ne contiennent les vers du marzuban.

Par notre généalogie nous appartenons aux Abnâ de Perse[1], nous rendons au Créateur ce qu'il
[a fait [2].
J'ai été le vizir de Chosroès, son conseiller, et ma bravoure est bien connue.
Nous avons enlevé la Boḥairah aux grands qui la possédaient, et les larmes ont coulé en abon-
[dance de leurs paupières.
Nous sommes venus à Miṣr, c'était une ville bien fortifiée et dont les infidèles retiraient un
[grand avantage,
Je suis descendu devant Bâb an-Naṣr avant mes compagnons, et j'avais avec moi dans l'armée
['Amr, le vaillant [3].
Je n'ai pas cessé de combattre, à cheval sur mon coursier gris, jusqu'au moment où la porte a
[été prise, et le danger était grand [4].
Nous sommes demeurés là deux mois après l'avoir prise, et nos mains y ont élevé des mosquées [5].
Et dans la prairie de Dahchoûr nous avons protégé nos femmes; nous les avons chargés[6] et
[les glaives tranchaient.
Les vils partisans de l'impiété s'étaient enfuis avec les femmes jusqu'à Saqqârah, lorsque les
[coups douloureux sont venus les atteindre.
Khâlid m'appela : «Ô notre marzuban, ô fils de Chosroès, lève-toi pour courir promptement à
[la bataille.
Je courus seul à la poursuite de la troupe (ennemie) en toute hâte, vers Saqqârah l'élevée, c'est
[là qu'eut lieu le combat.
Je prévins les coups des ennemis en les frappant de ma lance, jusqu'à ce qu'ils fussent tous
[renversés et que je n'eusse plus d'adversaire devant moi.
Je les laissai après leur avoir fait vider la coupe du trépas et les avoir anéantis avec mon épée et
[ma lance affilée.
J'ai vaincu les troupes des polythéistes par mon ardeur, et j'ai abattu quiconque est venu à
[notre rencontre, plein de convoitises à notre égard.
Mon épée seule a anéanti toute leur troupe, leur sang s'est répandu, et leurs maisons sont
[devenues inhabitées.
Parmi les femmes, les unes reculaient, les autres s'enfuyaient, et les autres étaient en proie aux
[affres de la mort.
J'ai seul, avec mon épée, ramené toutes les litières [7] à la prairie de Dahchoûr, et elles s'en
[allaient comme des femmes qui ont perdu leurs maris.
J'ai ramené toutes les femmes des Musulmans, sans exception, et j'ai tué tous ceux d'entre les
[ennemis qui m'ont résisté.

[1] Ou : «aux fils de la Perse». Sur les Abnâ, cf. Ibn Khallican, trad. Slane, t. III, p. 672.

[2] C'est-à-dire : nos âmes, nos vies.

[3] Mot à mot : «celui qui protège (les siens)».

[4] «La terreur s'élevait.»

[5] ايدينا الصعاب n'a pas de sens; الضعاف est une correction dont le sens serait assez mal ap-
proprié à ce passage.

[6] وصلنا, lisez وَصَلْنا, et non وَصَلْنا.

[7] C الطعن, lisez évidemment الظعن.

Notre Khâlid me dit : «Tu as ramené nos femmes, puisses-tu ne jamais cesser d'être un adver-
[saire invincible pour les infidèles.
Par Dieu, lui répondis-je, j'ai fait reculer toute leur troupe avec mon épée indienne et ma
[lance brillante. »
Nous sommes ensuite venus à Ahnâs, et j'ai incendié ses murailles et massacré les troupes qui
[ont marché contre nous.
Et leur patrice, le maudit, je l'ai tué, et combien d'infidèles combattaient pour le défendre.
Malheur à toi, ô Boțloûs, redoute notre valeur; c'est grâce à elle que nos ennemis seront
[renversés dans l'arène.
Si l'ordre du Seigneur le décrète, je détruirai votre demeure et je l'abandonnerai déserte, au hibou.
Grâce au tranchant de mon épée, lorsque je l'aurai dégainée, on verra les têtes des ennemis
[humiliés [1].
Je descendrai dans votre vallée et je tuerai tout ce qui s'y trouve, accompagné d'une troupe de
[guerriers semblables à des pleines lunes qui montent dans le ciel.
J'emmènerai vos femmes en esclavage après avoir renversé vos églises, et, en dépit de vous, on
[bâtira à leur place des mosquées
Où je multiplierai les prières pour Celui dont la loi efface toutes les lois.
Que Dieu répande sur lui ses bénédictions et sur sa famille après lui, ainsi que sur ses compagnons
[qui marchent à sa suite [2].

Le narrateur a dit. Quand il eut achevé sa poésie, il se précipita sur les ennemis de Dieu et il ne cessa pas de massacrer les soldats et de renverser les héros
et de combattre vaillamment ainsi que ses cousins, jusqu'au moment où ils furent
tous tués, que la miséricorde de Dieu soit sur eux. Ses compagnons mentionnés
dans la poésie étaient venus avec lui de la Perse pour secourir les Musulmans;
ils périrent avec lui, que la miséricorde et la satisfaction de Dieu soient avec
eux [3]! A ce moment, les Musulmans qui entouraient la ville vers le côté occidental entendirent un grand bruit [4]. Ils coururent au côté est et virent les épées
tirées, les enseignes déployées, et que déjà quarante musulmans environ avaient
succombé [5]. Alors al-Qa'qâ' lança son cheval dans le canal, suivi d'une troupe
d'émirs et de nobles, en criant : «Au nom de Dieu clément et miséricordieux et
par la bénédiction de notre seigneur Moḥammad, que Dieu répande sur lui ses
bénédictions et le sauve! ô mon Dieu, nous valons plus auprès de Toi que les

___

[1] Ce vers est incorrect grammaticalement.

[2] Il peut s'être glissé des inexactitudes dans notre traduction, attendu que ces vers n'existent
que dans C, dont le texte est souvent très médiocre.

[3] P et W reprennent ici la suite du texte.

[4] Je corrige C avec W.

[5] W et P ajoutent : «Les Musulmans crièrent : «Qu'y a-t-il?», et les autres répondirent : «On
nous a surpris sans que vous le sachiez».

Israélites. » Ils firent descendre dans le canal leurs chevaux qui le traversèrent sans que leurs sabots fussent mouillés, les eaux formant comme une voûte de pierre jusqu'à ce qu'ils arrivassent au rivage[1]. Environ mille cavaliers musulmans se précipitèrent dans le canal et combattirent avec acharnement.

Le narrateur dit. Tandis qu'ils combattaient ainsi, ils aperçurent un nuage de poussière qui, en s'entr'ouvrant, leur fit voir des drapeaux de l'islêm et les nobles de l'armée musulmane : c'étaient mille cavaliers arabes commandés par Zoheir al-Moḥâribi[2], qui étaient avec Qais fils d'al-Ḥârit dans une autre ville nommée Bardouha[3], où ils avaient fait la paix avec les habitants. Un des confédérés vint les informer de la marche des patrices de Ṭaḥâ-aux-colonnes et de Ḍat al-Abrâg, ce qui jeta les nobles dans une grande anxiété au sujet des compagnons. Ils allèrent trouver Qais et lui demandèrent de les laisser partir pour Bahnasâ. Il le leur permit et ils se dirigèrent vers la troupe des monothéistes[4] et les trouvèrent aux prises avec l'ennemi. En les apercevant, les compagnons s'écrièrent : « Dieu est grand ! ». Ils leur répondirent par le tahlîl, le takbîr et la prière pour l'apôtre, le prédicateur, la lampe qui éclaire, Moḥammad, que Dieu répande sur lui ses bénédictions et lui accorde le salut; alors ils se précipitèrent sur les Grecs et le combat s'engagea avec furie. Al-Faḍl fils d'al-'Abbâs, Ziyâd fils d'Abou Sofiân, Moslim fils d''Aqîl étaient près de l'ennemi de Dieu, du côté est, où ils soutenaient un combat terrible et effrayant, et une épreuve belle, agréable à Dieu. Ils résistèrent courageusement jusqu'à ce qu'ils eussent excité la colère des misérables Grecs. Al-Qa'qâ' fils d''Amr se précipita sur le patrice de Ṭaḥâ-aux-colonnes et le tua. Celui de Ḍat al-Abrâg tomba sous les coups de Ziyâd fils d'Abou Sofiân. En les voyant tomber, les Grecs tournèrent le dos et cherchèrent leur salut dans la fuite; une partie d'entre eux s'enfuit; les Musulmans les poursuivirent jusqu'au canal où les uns se noyèrent et où les autres furent faits prisonniers. On les amena vers le côté nord, où ils furent mis à mort au nombre de trois mille, à la vue d'al-Boṭloûs que ce spectacle remplit d'une violente colère[5].

Le narrateur dit. Les Musulmans allumèrent des feux sous les portes de la citadelle qui furent brûlées et dont les pierres s'écroulèrent. Après l'incendie des portes, ils éteignirent les feux et, entrant dans la citadelle, massacrèrent tous ceux qui s'y trouvaient, la pillèrent et en firent quelques prisonniers, tout cela

---

[1] Cette phrase manque à P et W.

[2] P W رفاعه بن زهير.

[3] W ببردونها C ؛ وكانوا فى بلد تسمى بردوها.

[4] C'est-à-dire les Musulmans.

[5] W ajoute : « et l'émir Ziyâd fut enseveli près du canal, sous les murs de la citadelle ».

à la vue d'al-Boṭloûs. Après cela, ils relevèrent les corps du marzuban et l'ensevelirent avec les Musulmans qui l'entouraient sur le bord du canal de Joseph,
sous les murs de la citadelle[1]. Les Musulmans revinrent et dressèrent les bois
sur les bords du canal[2], tandis que les pierres pleuvaient sur eux jusqu'à ce qu'ils
fussent arrivés au côté ouest tous ensemble. Le siège de Bahnasâ devint plus rigou-
reux : ils restèrent neuf mois sans pouvoir s'en emparer, parce qu'il y avait, dans la
ville, un passage souterrain voûté en pierres partant de la porte de la Montagne qui
est située à l'occident et se terminant, dans le voisinage de la montagne, à une
colline que se trouvait là. On eût dit, à en voir l'issue, une caverne ou un trou
creusé dans la montagne. C'est par là que sortaient les serviteurs[3] d'al-Boṭloûs
et les ravitailleurs et d'autres, secrètement, dans les ténèbres de la nuit. Un
homme pouvait y passer en conduisant son cheval à la main. Aussi le blocus
des Musulmans ne les gênait en rien, car lorsqu'ils avaient besoin de quelque chose
des gens sûrs sortaient par là; on allumait des torches de cire et des lanternes
et l'on sortait par ce souterrain, qui avait été creusé par les rois d'autrefois en
prévision d'un siège; leurs espions sortaient également par le souterrain et leur
portaient des nouvelles.

Le narrateur dit. Après que l'émir Khâlid eut conquis le Fayyoum, les
vivres et les approvisionnements, riz, miel, etc., étaient apportés de ce pays
et du Nord[4] aux compagnons. Comme le siège se prolongeait, l'émir Ghânim
fils d'Iyâḍ eut besoin de fourrage. Il fit partir Mayyâs fils de Ḥâzim[5] avec
deux cents cavaliers d'entre les compagnons, des mules, des ânes et des chameaux, pour aller chercher ces vivres, car l'émir Khâlid lui avait fait savoir que
s'il avait besoin de quelques vivres il les envoyât prendre dans le Fayyoum. La
troupe envoyée par l'émir Ghânim arriva au Fayyoum; ils chargèrent les chameaux,
les mules et les ânes et se préparèrent à revenir à Bahnasâ. Le narrateur dit.
Voilà pour ce qui concerne le détachement. Quant aux espions qui sortaient par
le souterrain, ils informèrent al-Boṭloûs du départ des Arabes pour le Fayyoum,
afin de se ravitailler, et lui proposèrent d'aller à leur rencontre, de leur enlever
les vivres et de les massacrer. Il fit appeler un patrice qui était de ses confidents[6],

---

[1] Tout ce passage manque à P W.

[2] W ونصبوا الجسر بالاخشاب; il s'agit sans doute d'un pont de bois qui leur sert à traverser le
canal.

[3] W P : « les espions ».

[4] Leçon de W et P.

[5] Inconnu; W مناس بن حازم العكى; W بن حام.

[6] W P من اصحاب السرير, sans doute un des خلسام.

                                   É. GALTIER.

nommé Basile, fils de Michel[1], célèbre par sa force et son courage, lui ordonna
de se mettre à la tête de mille cavaliers grecs connus pour leur bravoure et de
prendre le chemin du Fayyoum, après être sortis un à un par le souterrain dans
les ténèbres de la nuit. Ils marchèrent jusqu'à un couvent qui se trouvait dans
le voisinage et s'y placèrent en embuscade. Quand les Musulmans parurent suivis
du convoi, ils sortirent de leur embuscade et les deux troupes en vinrent aux
mains, mais les compagnons résistèrent courageusement. Nous tenons de
Šaddâd fils de Aous[2], qui faisait partie de la troupe de Mayyâs, le récit suivant.
Quand les deux troupes se heurtèrent, les ennemis de Dieu nous entourèrent et
nous crûmes que c'était là le jugement dernier; nous résolûmes de tenir jusqu'au
dernier. L'émir Mayyâs combattit bravement jusqu'au moment où il fut tué;
il donna l'étendard à son fils Maní'. Son fils donna ensuite le drapeau à son
cousin Mâzin jusqu'au moment où près de cent cavaliers eurent été tués, le reste
fut fait prisonnier. Il y avait parmi eux 'Abd Allah fils d'Onais al-Gohani[3], un
des courriers du Prophète. En voyant le péril que faisaient courir les ennemis de
Dieu à ses compagnons, il partit comme un vent de tempête, et il excellait à la
course, car le Prophète avait prié Dieu de lui accorder sa bénédiction[4]; il
emmenait avec lui 'Amr fils d''Omayyah aḍ-Damri[5]. Ils partirent comme des
chevaux rapides et, arrivés en vue du camp des Musulmans, ils crièrent : «Au
combat, au combat, secourez-nous, Musulmans!». Les cavaliers s'élancèrent
comme des lions dévorants, leur demandant ce qu'il y avait. Ils les informèrent
du danger que couraient leurs compagnons. L'émir Ghânim fils d''Iyâḍ appela
'Abd Allah fils de Ga'far[6] fils d'Abou Ṭâlib, lui donna un étendard avec mille
cavaliers d'entre les compagnons, des plus braves et des plus vigoureux, avec les
émirs et les guerriers célèbres. Ils partirent à l'entrée de la nuit ayant avec eux
un des confédérés et 'Abd Allah fils d'Onais[7], compagnon des Musulmans
qui avaient péri, afin de leur montrer le chemin. Arrivés près d'un village qui se
trouvait là, sur le flanc de la montagne, ils s'y cachèrent quelques heures. Tandis
qu'ils étaient ainsi dans l'attente, ils entendirent les sabots des chevaux et le
cliquetis des brides; à peine étaient-ils montés à cheval, qu'ils aperçurent, car
il faisait clair de lune, les Grecs se dirigeant de leur côté avec le reste des

[1] P W, Michel fils de Boṭros.
[2] W شداد قال الحارى ابو العلاء حدثنا (P) البدوى حدثنا ابو محمد البدوى.
[3] C الخزرى; W الجهنى; P الجهينى. Cf. Ibn Qotaibah, p. 142; il en a été question plus haut.
[4] W دعا له بالقوة والبركة فى المشى.
[5] Cf. Nawawi, p. 472; Ibn Qotaibah, p. 32.
[6] W الطيار, frère d''Ali fils d'Abou Ṭâlib; C Ga'far fils d'Abou Ṭâlib.
[7] Manque à W; C ابن انس.

Musulmans prisonniers, liés sur leurs chevaux. Les Musulmans firent entendre le tahlil, le takbîr et la prière pour l'apôtre, celui qui avertit, Moḥammad, et poussèrent un cri à la face des Grecs et leur criant : «Où allez-vous, ennemis de Dieu?» et les chargèrent comme un seul homme. ʿAbd Allah fils de Gaʿfar leur cria : «Compagnons, que chacun choisisse son adversaire et coure sur lui». Les nobles et les émirs se précipitèrent tuant et faisant des prisonniers. ʿAbd Allah fils de Gaʿfar s'élança contre le fils de Michel, qui portait une cuirasse faite de lames de métal, et lui enfonça dans la poitrine sa lance dont la pointe sortit par le dos; Dieu envoya son âme dans le feu, et c'est un triste séjour. En le voyant tomber, les Grecs s'enfuirent poursuivis par les Musulmans, qui tuaient, pillaient et dépouillaient. Avant que le jour parut, ils avaient massacré six cents cavaliers, fait le reste prisonnier, et s'étaient emparés de leurs armes, de leurs chevaux et de leurs dépouilles[1]. L'émir ʿAbd Allah fils de Gaʿfar et cinq cents cavaliers musulmans s'arrêtèrent au village avec les prisonniers. Ils allèrent sur le lieu de combat et trouvèrent, au milieu des morts, des chrétiens confédérés qui pleuraient sur eux et qui jurèrent qu'ils n'avaient pas eu connaissance de cette affaire. Il y avait, dans ce couvent, beaucoup de chrétiens et de moines qui leur donnèrent à boire et à manger; ils ensevelirent leurs martyrs, que la miséricorde de Dieu soit avec eux, et ʿAbd Allah revint près de ses compagnons. Il coupa les têtes des morts, ainsi que celle de l'ennemi de Dieu, Michel, qu'il fit porter en avant de tous. Ils firent marcher à côté d'eux les chevaux et partirent avec les prisonniers, se dirigeant vers l'armée des Musulmans. Toutes les fois qu'ils passaient par un endroit où se trouvait un détachement musulman, ils s'écriaient : «Dieu est grand!», prononçaient la prière pour son prophète Moḥammad, et ils distribuaient les approvisionnements; ils firent de même partout, jusqu'à ce qu'ils eussent rejoint leurs compagnons. Les Grecs, du haut des murs, se demandaient quelle était la cause de ces cris. Quand ils aperçurent les têtes coupées et, parmi elles, la tête du fils de Michel, ce spectacle leur causa une grande peine. Ils se frappèrent le visage et allèrent informer al-Boṭloûs de cette nouvelle qui le plongea dans la douleur. Il demanda son cheval, l'enfourcha et, montant sur le haut des remparts, il tourna jusqu'à ce qu'il fût à un endroit qui dominât le camp des Musulmans. La vue de ces têtes l'effraya; il regarda cela comme un grand malheur, tout en s'en étonnant, car, se disait-il, «ce ne sont pas là des

---

[1] W et P : «ʿAbd Allah laissa les prisonniers et cinq cents Musulmans dans le village en leur ordonnant de ne pas bouger jusqu'à son retour; il leur donna pour chef ʿAbd Allah fils de Maʿqil, puis ils se rendirent sur le champ de bataille». Corrigez ʿAbd Allah fils de Moghaffal, cf. Ibn Qotaibah, p. 151; *Ousd*, t. III, p. 264-265; Nawawi, p. 373.

actes d'hommes, mais de démons ». Le narrateur dit. En apercevant l'ennemi de
Dieu, al-Boṭloûs, le maudit, les Musulmans allèrent en informer l'émir Ghânim.
Il monta à cheval et alla se placer sur une colline voisine, avec les émirs, en face
de la porte de Qandas[1] et en vue d'al-Boṭloûs. Il fit amener ensuite les prisonniers
qu'il invita à accepter l'islamisme : sur leur refus, il les fit décapiter l'un après
l'autre sous les yeux des Grecs. Ce spectacle remplit al-Boṭloûs de colère. Il consulta ses compagnons sur le parti à prendre et leur dit qu'il voulait sortir en
personne pour attaquer les Musulmans pendant la nuit. Mais un patrice nommé
Kirakîr[2], cavalier intrépide, se leva et lui dit : « Roi, je suffirai à cette entreprise
et j'irai les attaquer; peut-être nos désirs s'accompliront-ils, donne-moi seulement une troupe de tes plus braves soldats. — Prends qui tu voudras, lui
répondit le roi. » Il lui choisit dix des grands patrices renommés par leur courage et
leur force, les revêtit de robes d'honneur et leur fit ses recommandations.
Chaque patrice prit mille des infidèles Grecs, et ils se rendirent à l'église où ils
embrassèrent l'autel, se lavèrent le visage avec l'eau du baptême et reçurent la
bénédiction des prêtres et des moines qui firent la lecture de l'Évangile en leur
présence[3]; puis les prêtres et les moines les précédèrent jusqu'au palais d'al-Boṭloûs[4], le traître, que Dieu le maudisse! et leur firent un discours pour les exhorter
à bien combattre : « Précipitez-vous sur eux en même temps avec force, et
livrez-les à vos épées et à vos poignards ». Le roi fit appeler ensuite les gardiens
de la porte de Qandas qui étaient au nombre de mille, tant pour les portes que
pour les tours, car chaque porte était défendue par trois tours séparées par des
créneaux revêtus d'acier. Quand ils furent réunis devant lui il leur dit : « Quand ces
combattants se présenteront à vous, ouvrez-leur les portes et tenez-vous debout,
ne les perdant pas de vue jusqu'à leur retour, ayant en main vos épées nues,
vos masses d'armes et vos massues. S'ils viennent à vous au galop, ouvrez-leur
les portes et fermez-les tout de suite après, si des Arabes les poursuivent, massacrez-
les. » Les gardiens répondirent : « Audition et obéissance à tes ordres, ô roi ».

[1] Qandoûs.

[2] P ‎كراكـز‎, à tort; ce nom est emprunté au *Foutouḥ ach-Châm*.

[3] W ‎فتحوا الانجيل‎; C ‎ختموا‎, après l'eau du baptême, P ajoute : « et les prêtres les encensèrent
avec des encensoirs d'or et d'argent suspendus à des chaînes ornées de pierres précieuses et de corail, jusqu'au palais du roi ».

[4] W donne : « Ils marchèrent jusqu'aux portes, où al-Boṭloûs les exhorta à attaquer l'ennemi à
l'improviste; puis il ordonna aux gardiens d'ouvrir la porte de Qandoûs. Les gardiens étaient au
nombre de mille par porte; la porte avait trois tours; entre chaque deux tours était une porte et des
créneaux (‎شراريف‎), et ils sortirent sans que les Musulmans se doutassent..... » P ajoute ‎شراريف‎
‎مزوفة بالبود (lire بولاذ) والجلود المصنعة بالفولاذ المحكم‎ .

Les Grecs maudits se préparèrent donc à cette sortie, sans que les Musulmans se doutent du plan imaginé par le maudit. La nuit était froide, les compagnons avaient allumé les feux et étaient rentrés dans leurs tentes. La *garde de nuit des Musulmans*[1] était composée d'une troupe d'émirs parmi lesquels étaient Zaid fils de Tabit[2], 'Abd Allah fils de Ma'qîl, al-Bira fils d''Azib[3], Mâlik al-Aśtar, Dou'l Kilâ' al-Himiâri et 'Abd Allah fils d'al-'Abbâs.

Le narrateur a dit. Nous tenons le récit suivant d''Aoun fils de Sa'id[4], d'après Sa'd fils de Târiq[5] at-Taqifi, d'après Abou Zaid[6] al-Gahanî, d'après Mâlik al-Aśtar et 'Abd Allah fils d'al-'Abbâs. Nous veillions cette nuit et les Musulmans sommeillaient dans leurs lits à cause du froid vif qu'il faisait, après avoir quitté leurs armes : ceux d'entre eux qui avaient un rosaire[7] à réciter le récitaient, d'autres récitaient le Coran, d'autres priaient. Tout à coup, nous vîmes la porte s'ouvrir, puis un homme en sortir en courant portant un mas'al[8] sur l'épaule; un détachement sortit ensuite portant des lanternes et se plaça à côté de la porte, puis un corps tout entier, en tête duquel marchait un patrice robuste et de haute taille, aux bras bien musclés, aux épaules larges, au cou long, tenant une épée indienne dont la lame nue lançait des éclairs; derrière lui, venaient environ deux mille cavaliers Grecs : il fut suivi d'un autre patrice semblable à lui, avec un costume, une cuirasse et un casque semblables; le reste des soldats sortit derrière eux, et tous se précipitèrent sur notre troupe[9]. Nous criâmes : «Au combat, au combat, Musulmans, nous sommes surpris, les Grecs vous attaquent à l'improviste». En entendant ces cris, les Musulmans se réveillèrent les uns les autres, s'élancèrent de leurs lits comme des lions dévorants et coururent aux armes, l'un saisissait son épée, l'autre sa lance, un autre était nu[10], un autre saisissait sa chemise, un autre s'armait, et ils coururent à l'ennemi. Mais, pendant ce temps, les traîtres Grecs s'étaient tournés contre un détachement musulman, avant qu'ils n'eussent eu le temps de s'armer, et les frappaient à coup

----

[1] W, «en face de la porte de Qandoûs».

[2] W ajoute عبيد الله بن عباس.

[3] Cf. Ibn Qotaibah, p. 166.

[4] W عوف بن سعد.

[5] W سعيد بن طارق.

[6] W ابن يزيد عن مالك الاشتر قال.

[7] ورد. Ce sont, comme on le sait, les prières particulières aux congrégations religieuses.

[8] Ce passage est abrégé dans W. Les *mas'al* sont des espèces de fanaux. Vansleb en parle dans son ouvrage, p. 351 de l'édition de 1677.

[9] W est très abrégé.

[10] W «et se hâtait de s'habiller».

d'épée. Avant qu'ils fussent revenus de cette confusion, la tête de l'un, le poignet de l'autre avaient volé, un autre avait été égorgé, un autre avait reçu un coup de pointe dans la poitrine, l'épreuve devint grande, le combat acharné, et le chagrin et la lutte devinrent plus pénibles. L'ennemi de Dieu, Kirakîr, écumait et mugissait comme un chameau, tenant à la main son épée qui brillait comme les étoiles[1] : il prononçait des mots indistincts dans sa langue; un grand corps de Grecs le suivait, et du haut des remparts les autres Grecs poussaient des cris, faisaient retentir leurs naqous, en criant des paroles impies, et montaient sur leurs murs avec leurs mach'al et leurs lumières, dont l'éclat et les flammes rendaient la nuit semblable au jour.

Le narrateur a dit. Alors les cavaliers s'élancèrent et les braves se suivirent[2], la mêlée augmenta et le désir de tuer devint plus vif. Par Dieu, quels braves que al-Faḍl fils d'al-ʿAbbâs et son cousin, al-Faḍl fils d'Abou Lahab, ʿAbd Allah fils de Gaʿfar, Ziyâd fils d'Abou Sofiân, al-Qaʿqâʿ fils d'ʿAmr at-Tamîmî, al-Mosayyib fils de Nagbah al-Fezârî, al-Moghîrah fils de Choʿbah, Moslim fils dʿAqîl, Abou Ḍarr al-Ghifâri, Abou Douganah al-Anṣâri, Abou Omamah al-Bagili[3], ʿÂmir fils d'ʿOqbah[4] al-Gohani, Abou Zaid al-ʿOqaili et les autres nobles et émirs, que Dieu soit content et satisfait d'eux et fasse du plus élevé des jardins du Paradis leur demeure! Ils combattirent vigoureusement et furent éprouvés d'une belle épreuve. Une partie des Musulmans frappèrent à coups de poignard et une partie fut blessée; deux cent quatre-vingts environ furent surpris avant que les Musulmans ne se fussent réveillés et armés. Les compagnons soutinrent contre les traîtres polythéistes un combat acharné et finirent par avoir le dessus. Al-Faḍl fils d'al-ʿAbbâs courut au maudit patrice Kirakîr et le frappa par derrière sur l'épaule droite avec son épée, dont la lame brillante ressortit par l'épaule gauche, ce fut un coup hachemite et fort, qui renversa l'ennemi de Dieu baignant dans son sang. Dieu envoya son âme dans le feu, et c'est une triste demeure. Son cousin ʿAbd Allah fils de Gaʿfar le suivit dans l'attaque et tua un autre patrice. Peu après, le reste des émirs arriva et ils se précipitèrent tous ensemble sur les Grecs avec une furieuse impétuosité et leur tuèrent près de cinq mille[5] cavaliers, et Dieu leur accorda son secours. En se voyant ainsi massacrés, les Grecs s'enfuirent vers la porte, poursuivis par les Musulmans. Un fort détachement

---

[1] W dit que «son casque, orné d'une pierre précieuse, brillait comme une étoile».
[2] W décrit les guerriers, les uns sans selle, les autres sans bride, etc.
[3] C الباهلى.
[4] W غفار بن عقبة. Tous ces personnages ont été cités plus haut.
[5] W P «trois mille».

sortit par la porte et protégea les fuyards jusqu'à ce qu'ils fussent rentrés dans la ville, dont les portes se renfermèrent. Ils montèrent alors sur les murs. Les Musulmans firent quinze cents prisonniers[1], puis se rendirent sur le lieu du combat pour reconnaître les monothéistes qui avaient péri : ils trouvèrent les corps de quatre cent trente-cinq martyrs dont Dieu avait décrété la félicité. Les principaux d'entre eux étaient Ṭârif[2] fils de Hilâl[3], Rabiʿ fils de Zohair al-Khazradji[4], Hichâm fils de Naoufal[5], Wahb fils de Morrah al-Moḥârebi[6], Ziyâd fils de Râchid as-Sikâsiki[7], ʿÂmir fils de Foḍâlah[8] al-Kaoulâni, Saʿd fils de Gâber al-Fezâri[9], Nofail fils d'ʿOmar al-Khizâni[10], Zeid fils de Nâṣir aš-Šâkri, ʾInân fils de Nadjm al-Ḥimiâri, Naoufal fils de Ziyâd al-Moqri[11], al-Ḥaggâg fils de Sinân al-Fezâri, Khowailed fils de Koulṭoum aṭ-Ṭâyyi[12], Kâmil fils de Zohrat al-Gorhomî, ʿAdi fils de Salìm al-Kindi, Gaʿdah fils de Morrah, Mofarrig fils de Nadjâḥ, Abou Zeid fils de Ḥâret al-Anṣâri[13], Gayâdat al-Ghafâouî[14], Mazrouʿ aṭ-Ṯaqafî : voilà les noms des émirs, les autres étaient gens du commun, que Dieu ait pitié d'eux tous et en soit satisfait. Il a dit. En voyant quels guerriers ils avaient perdus, les Musulmans furent fort affligés; ils se hâtèrent d'enterrer leurs martyrs dans les ténèbres de la nuit, les plaçant par quatre, cinq, trois et deux dans une même fosse, à l'endroit appelé al-Bataḥa, près de Magra al-Ḥaṣâ et Maqṭaʿ as-Sail, et qui porte le nom de Tombeaux des martyrs[15] et des Bons : en cet endroit, comme nous l'avons dit au commencement du livre, la prière est exaucée.

Le narrateur dit[16]. Nous reprenons le fil de cette histoire étonnante et de cette guerre émouvante et extraordinaire. Nous ensevelîmes donc nos martyrs et nous

[1] W P « douze cent cinquante ».

[2] W ne donne aucun nom; P et C donnent la liste.

[3] P ajoute المساجى, inconnu : lisez Ṭâriq.

[4] P رافع, inconnu.

[5] P الرافى, inconnu.

[6] Inconnu.

[7] Inconnu.

[8] Inconnu.

[9] Inconnu.

[10] P نفيلة بن عارة الجذامى.

[11] Tous ces personnages sont inconnus; P نوفل بن زرارة العنوى et pour le suivant حجاج بن سنان العزيزى.

[12] خويلد بن غانم اليربوعى.

[13] P أبن زيد ....., Zaid fils d'Hâriṭah; cf. *Ousd*, t. II, p. 234, mais n'est pas appelé l'anṣâri.

[14] P جبارة الغفاوى.

[15] W الشهدا الاخيار.

[16] W donne cinq lignes où il parle de sa véracité et fait l'éloge de son livre, puis donne un isnâd qui se retrouve dans P.

revînmes à nos tentes. Cependant les ennemis de Dieu fermèrent les portes de la ville et montèrent sur les murs, après que ceux des fuyards qui avaient pu s'échapper eurent rejoint al-Boṭloûs l'ennemi de Dieu. Cette déroute lui causa une grande douleur, la lumière du monde s'obscurcit à ses yeux. il pleura amèrement ceux qui avaient péri d'entre ses compagnons et dignitaires de son royaume, particulièrement le maudit Kirakîr, qui avait succombé sous le glaive d'al-Faḍl fils d'al-'Abbâs, et l'ennemi de Dieu résolut de tendre un piège aux Musulmans[1].

Le narrateur a dit. Voilà ce qui arriva à ceux-ci. Quant aux nobles, compagnons de l'Envoyé de Dieu, ils se réunirent avec l'émir Ghânim et lui firent part de ce qui était arrivé aux Musulmans. Ils furent d'avis d'envoyer un messager à l'émir Khâlid pour lui demander de leur envoyer. du secours et de se rendre auprès d'eux. L'émir Ghânim écrivit à l'émir Khâlid la lettre suivante : « Au nom du Dieu clément et miséricordieux, de la part du serviteur de Dieu, Ghânim fils d'ʿIyâḍ et des autres chefs, à l'émir Khâlid. Nous avons conquis l'ʿIrâq, la Syrie, le Yémen et d'autres pays, mais ni chez les Perses, ni chez les Grecs[2], nous n'avons pas trouvé d'homme plus maudit que le maudit al-Boṭloûs, ni plus fécond en ruses et en tromperies. Nous ne pouvons en venir à bout. Sa ville est populeuse, bien fournie en hommes, chevaux, armes, etc. Il nous a tendu de nombreux pièges, nous a tué bien des guerriers, et a renversé nombre de nos héros. Viens à notre secours en personne, accompagné des nobles d'entre les croyants et des émirs, que la satisfaction de Dieu soit avec eux et avec toi. Nous te saluons ainsi que ceux des compagnons de l'Envoyé de Dieu (qu'il répande sur lui ses bénédictions et lui accorde le salut) qui sont avec toi. » Puis, pliant la lettre, il fit venir ʿAbd Allah fils d'al-Mondir, lui confia la lettre et lui ordonna de partir. ʿAbd Allah se mit en route. Il trouva l'émir Khâlid campé à an-Nowairah. Il le salua et lui présenta le message. Après l'avoir lu et compris, il prononça la formule : « Il n'y a de force et de puissance qu'en Dieu, l'élevé, le grand ». Il écrivit à l'émir Ghânim fils d'ʿIyâḍ la réponse suivante : « Je me prépare à te rejoindre avec des soldats, et quels soldats! et des héros, et quels héros! Je te salue ainsi que les excellents compagnons qui sont avec toi ». Il donna sa réponse à ʿAbd Allah fils d'al-Mondir, qui arriva auprès de l'émir Ghânim le lendemain et la lui remit. Le narrateur dit. Ensuite l'émir Khâlid appela az-Zobair fils d'al-'Awwâm et son fils ʿAbd Allah[3] et leur confiant trois cents cavaliers leur donna l'ordre de se diriger vers Bahnasâ et en y arrivant de faire entendre le tahlîl et le takbîr et la prière pour l'apôtre, l'avertisseur, la lampe qui éclaire, notre seigneur Moḥammad, que

---

[1] La rédaction de W est différente. — [2] W « et chez les Turcs (!) ». — [3] W ابن عبد الله الزبير.

Dieu répande sur lui ses bénédictions et le sauve! Il appela ensuite al-Miqdâd fils d'al-Aswad al-Kindi et Ḍirâr fils d'al-Azwar et leur donna deux cents cavaliers avec l'ordre de les suivre. Il appela ensuite ʿAbd ar-Raḥmân fils d'Abou Bakr aṣ-Ṣiddîq et ʿAbd Allah fils d'ʿOmar et leur donna deux cents cavaliers et le même ordre. Puis ce fut le tour de Saʿîd fils de Zeid fils d'ʿAmr fils de Nofail[1], oncle de l'Envoyé de Dieu, et de Salem et ʿOqbah fils de Râʿfî[2], qui furent mis à la tête de deux cents cavaliers. Ils se mirent tous en marche. L'émir Khâlid resta là cette nuit et partit le lendemain avec les chefs qui restaient[3], ʿObâdah fils d'aṣ-Ṣâmit, Abou Râfiʿ[4], Saʿîd fils de Hind[5], Zeid fils d'Aous[6], Abou Mohkem[7], Abou Zeid[8], Abou ʿOtmân al-Hindi[9], Anas fils de Mâlik[10], Abou Zoheir[11], Abou Buradah[12], Kaʿb fils de Mâlik[13], Salmah fils d'al-Akouʿ[14], Manhal fils d'al-Aḥqân[15], ʿAbd Allah fils d'ʿAmr fils d'al-ʿÂṣ, Charahbîl fils d'Hasanah, secrétaire de l'Envoyé de Dieu, Yezed fils de Ḥabib as-Salamî, Gâber fils de Somrah[16], Bichr fils d'al-Khiṣâmah[17], Ṭalaq fils d'ʿAli[18], ʿAbd Allah fils de Zaid fils d'ʿAṣîm al-Anṣâri[19].

Le narrateur dit. Az-Zobair fils d'al-ʿAwwâm et ceux qui le suivaient marchèrent jusqu'à ce qu'ils fussent en vue de la ville de Bahnasâ. Ils firent alors entendre le tahlîl, le takbîr et la prière pour l'apôtre, celui qui avertit, Moḥammad, que

---

[1] Cf. Ibn Qotaibah, p. 126; *Ousd*, t. II, p. 306-307.

[2] W P « ʿOqbah b. Âmir al-Fihri ».

[3] W n'a aucun nom; P a les noms.

[4] Abou Râfiʿ, affranchi du Prophète. Cf. Ibn Qotaibah, p. 71; *Ousd*, t. V, p. 191.

[5] Inconnu.

[6] Inconnu.

[7] Inconnu.

[8] Manque à P.

[9] *Ousd*, t. V, p. 251.

[10] Anas b. Mâlik b. an-Naḍr, surnommé le serviteur de l'apôtre; Mahomet pria pour lui et ses biens se multiplièrent; à la mort du Prophète, il s'établit à Bassorah; il mourut en 91 de l'hégire. Cf. Ibn Khallican, t. II, p. 588, note de Slane; Ibn Qotaibah, p. 157; *Ousd*, t. I, p. 127-129.

[11] L'*Ousd*, t. V, p. 201, en cite plusieurs.

[12] Il y en a plusieurs, *Ousd*, t. V, p. 145.

[13] Cf. *Ousd*, t. IV, p. 247; Ibn Qotaibah, p. 174.

[14] *Ousd*, t. II, p. 333; Ibn Qotaibah, p. 165.

[15] P donne à sa place سُهيل بن سعد الساعدى; Minhal m'est inconnu.

[16] Inconnu. P ajoute بريدة بن حبيب الاسلمى (lisez : بن الخصب).

[17] Inconnu. P بن الخصاصة.

[18] C Ṭaliq; P الشماى الانصارى. L'*Ousd*, t. III, p. 63, cite un Ṭalaq b. ʿAli; P ajoute وحمد بن طلحه et بن سلم نعارى (sic) بجر.

[19] Cf. *Ousd*, t. III, p. 167.

Dieu répande sur lui ses prières et ses bénédictions. En les apercevant, les Grecs montèrent sur les remparts pour les examiner. Peu après arriva ʿAbd ar-Raḥmân fils d'Abou Bakr aṣ-Ṣiddiq, qui les rejoignit avec son détachement, et tous les autres émirs successivement l'un après l'autre, jusqu'à ce qu'ils fussent tous au complet, sauf l'émir Khâlid et les autres émirs dont nous avons parlé plus haut, qui demeurèrent en arrière. Les compagnons du Prophète passèrent là cette nuit, et au matin Ḍirâr et az-Zobair dirent à l'émir Ghânim : « Vous êtes accablés par les fatigues de la guerre sainte et vos ennemis sont en train de boire, de manger et de vivre dans les plaisirs, quelle est cette conduite? ». Et les émirs et les nobles se dirigèrent vers les portes de Bahnasâ tandis que Ḍirâr chantait ces vers [1] :

Je frapperai les infidèles avec un glaive tranchant, qui fera disparaître l'infidélité à jamais [2],
Et j'allumerai dans leurs côtés un feu et je les accablerai d'un terrible malheur [3],
Et je tuerai tout chien qui sera rebelle, grâce au tranchant de mon épée et à mon bras redou-
[table [3].
Je rendrai sa maison veuve de son maître par la force de Dieu, notre maître, le protecteur [4].
Malheur, malheur, malheur à eux, grâce à mon glaive tranchant et poli [5].

Le narrateur dit. Ḍirâr ne cessa pas de chanter ces vers jusqu'au moment où le combat commença avec fureur et où ils s'attaquèrent avec les frondes et les flèches [6] et où la lutte devint terrible. Les ennemis de Dieu lançaient aux Musulmans des flèches et des pierres du haut des remparts : la colère et la fureur s'emparèrent de l'ennemi de Dieu, al-Boṭloûs; c'était, Dieu le maudisse! un cavalier intrépide et un combattant redoutable. Il fit ouvrir la Porte de la montagne et sortit de la ville : les chevaux couraient avec impétuosité, et tous les patrices et les plus intrépides des Grecs l'entouraient, et les archers devant lui faisaient pleuvoir les flèches [7] : le combat devint plus ardent et la mêlée plus terrible; une troupe de Musulmans, parmi lesquels étaient des émirs et des porte-étendards, courut à la

---

[1] C présente ici une lacune : au lieu des lignes qui précèdent, on voit arriver dans W et P successivement Zobair, ʿAbd ar-Raḥmân, ʿAbd Allah ben ʿOmar, Ḍirâr, qui récitent chacun une poésie. Le combat s'engage ensuite.

[2] W شديد الباس ذي حدّ صقيل.

[3] W وارمى القوم بالخطبّ للجـليل — وّاضرم فى علوّ البـاب نارا; P فى الابواب . Ce vers est le dernier dans W.

[4] W ولمر اترك لهم ابدا كفيل P ؛.... ؛ ولمر امهل بذي شبح كفيل.

[5] W لهم منى بمشتد العويل P ؛ اذا اشتد العويل; P ajoute encore un vers.

[6] Les trois textes se raccordent ici.

[7] W والمجانيق من اعلى الابراج; W diffère ensuite.

rencontre de l'ennemi de Dieu et de ses troupes, que Dieu les maudisse! Un
patrice robuste et de haute taille sortit des rangs, provoquant un adversaire :
al-Moghîrah fils de Cho'bah marcha contre lui et un terrible combat s'engagea
entre eux. Al-Moghîrah le frappa de son épée, qui échappa de sa main : le maudit
bondit sur Moghîrah pour le frapper, mais un cavalier accourut avec une épée
qu'il tendit à al-Moghîrah; c'était le lion dévorant Monseigneur 'Abd ar-Rahmân
fils d'Abou Bekr aṣ-Ṣiddîq. Al-Moghîrah saisit l'épée et en porta un coup à son
adversaire qui l'esquiva, et toutes les fois qu'al-Moghîrah voulait s'élancer sur
lui, l'autre lui échappait. Alors Ḍirâr descendit de son cheval, courut entre les
rangs jusqu'auprès du patrice et coupa d'un coup d'épée la sangle de son cheval :
l'ennemi de Dieu tomba entraînant al-Moghîrah. Une multitude de Grecs se précipitèrent sur Ḍirâr et al-Moghîrah pour les tuer, mais trois cavaliers fendirent
les rangs; l'un était Monseigneur 'Abd-ar-Raḥmân fils d'Abou Bekr aṣ-Ṣiddîq,
l'autre 'Abd Allah fils d'ʿAmr et le troisième al-Miqdâd fils d'al-Aswad al-Kendi;
ils firent reculer les Grecs et Ḍirâr, frappant le patrice, le tua. 'Abd ar-Raḥmân
courut entre les deux armées comme un lion dévorant, et Ḍirâr s'élança sur le
cheval du mort, pendant que al-Boṭloûs (Dieu le maudisse) était témoin de cela
et galopait tantôt à droite, tantôt à gauche, provoquant un adversaire à un
combat singulier. Al-Miqdâd s'avança contre lui. Ils se heurtèrent, coururent l'un
sur l'autre et combattirent longtemps. Al-Miqdâd a dit. J'ai combattu bien des
rois, pris des citadelles, soutenu bien des combats du temps du paganisme et du
temps de l'islâm, mais je n'ai vu personne qui fût plus rusé qu'al-Boṭloûs, ni plus
ferme dans sa résistance, ni plus vigoureux. Nous combattîmes si longtemps que nos
chevaux faiblirent. Alors al-Boṭloûs me dit : « Je n'ai pas encore vu de résistance semblable à la tienne ou à celle de ton cheval, comment combats-tu encore sur son
dos alors qu'il ne marche plus que sur trois jambes? ». Al-Miqdâd, saisi de pitié
pour son cheval, baissa la tête pour regarder les jambes du cheval : alors l'ennemi
de Dieu le frappa de son épée avec une force telle qu'il fendit son casque, sa
coiffe et emporta un fragment de sa tête. Croyant l'avoir tué, il tourna bride.
Al-Miqdâd revenant à lui poussa son cheval et le poursuivit, mais les gens d'al-
Boṭloûs l'entourèrent et le sauvèrent d'al-Miqdâd.

Le narrateur dit. Tandis que les deux armées combattaient ainsi avec acharnement, l'on vit apparaître Khâlid [1] en tête des émirs, des nobles et des plus
braves Musulmans, faisant entendre le tahlîl, le takbîr et la prière pour l'apôtre,
celui qui avertit et qui est comme une lampe qui éclaire. Aussitôt ils chargèrent

[1] P et W lui font réciter des vers.

les Grecs : l'émir Khâlid, à leur tête, massacrait les soldats et abattait les héros.
Une partie des Grecs était en dedans de la porte et l'autre devant la forteresse,
s'aidant mutuellement, et les soldats tombaient et les héros succombaient sous
les coups d'al-Botloûs, que Dieu le maudisse ! A ce spectacle, les émirs, les nobles,
les porte-étendards et les braves les chargèrent, et un combat terrible s'engagea
près de la Porte de la montagne et de la porte voisine de la colline Rouge, et
l'émir Khâlid courut à lui et voulut atteindre al-Botloûs le maudit. Mais quand
il voyait Khâlid à l'aile droite, il fuyait à l'aile gauche, puis de l'aile gauche à
l'aile droite, puis au centre où ses gens l'entourèrent. Les émirs les attaquèrent
à grands coups d'épée et Khâlid le poursuivit; mais al-Botloûs poussa son
cheval du côté de la porte, suivi des patrices et des grands de son royaume. On
leur ouvrit la porte, les Musulmans les poursuivirent jusque là, et un combat
terrible y eut lieu, où périrent plus de quatre mille Grecs; mais ils réussirent à
entrer, les portes furent fermées, et ils montèrent sur les remparts. Les Musulmans
firent environ deux mille cent prisonniers que l'on amena à l'émir Khâlid. On
invita les prisonniers, parmi lesquels étaient un grand nombre de patrices de
haut rang, à se convertir à l'islamisme; sur leur refus, l'émir Khâlid les fit
décapiter jusqu'au dernier près de la porte susdite à la vue des Grecs [1]. Les
chefs s'occupèrent de chercher qui avait péri d'entre eux : le nombre s'en
éleva à deux cent quatre-vingts cavaliers, dont les principaux étaient [2] : Mazrou'
fils de Ghânim [3], 'Abd Allah fils de Mos'id [4], Nâil fils de Mâgid [5], Zaid fils de
Sâlim [6], les autres étaient des gens communs, que la miséricorde de Dieu soit
avec eux tous.

Le narrateur dit. Voilà ce qui arriva à ceux-ci; quant à l'ennemi de Dieu,
al-Botloûs, l'abandonné, le pervers, lorsqu'il fut revenu en déroute, il fut saisi
d'un profond chagrin, et il fut plongé dans une tristesse et un désespoir qu'il est
impossible de décrire, à cause des patrices et des soldats qui avaient péri dans ce
combat. Il convoqua tous les patrices qui restaient. Quand ils furent réunis, il
déplora sa situation et la mort des patrices et des Grecs qui avaient succombé, et
la lutte et la résistance acharnée qu'il avait rencontrée chez les nobles et les
Arabes, et leur demanda ensuite leur avis. Ils lui répondirent : « Nous sommes

---

[1] W diffère dans la rédaction de tout ce passage.
[2] W n'a aucun nom.
[3] Inconnu.
[4] Inconnu; P ajoute والفضل ابن سهل.
[5] Inconnu; P ajoute d'autres noms.
[6] P ريان بن سالم.

prêts tous à t'obéir; si tu nous ordonnes de combattre contre eux, nous combattrons du haut des remparts ». Le maudit, le traître, leur répondit : « J'ima-
ginerai pour vous quelque chose, et mon plan sera tiré des meilleures ruses de
guerre ». Il ordonna une réunion générale à laquelle tous devaient assister,
peuple et courtisans. Tous s'assemblèrent, sauf ceux qui étaient chargés de la
garde des portes, de peur des Musulmans. Quand ils furent tous réunis, il leur
parla ainsi : « Je veux attaquer les Musulmans cette nuit, dans leur camp, car la
nuit est plus propre à jeter l'effroi dans leurs rangs, et vous connaissez le terrain
mieux qu'eux. Que chacun de vous s'arme et sorte par sa porte, je sortirai moi-
même avec les gens de ma suite par la porte de Toumâ, et j'espère réussir dans
ce que je désire et ne pas mourir dans mes soupirs; peut-être apercevrai-je leur
émir et le ferai-je prisonnier. » Ils lui répondirent tous ensemble : « Nous sommes
prêts à t'obéir, ô roi ». Al-Botloûs envoya alors une partie des troupes à la Porte
de la montagne, une à la porte de Qandas, une autre à la porte de l'Est, et
choisit les plus braves de ses gens pour marcher avec lui; il ne laissa aucun de
ceux qui étaient renommés pour leur intrépidité, et avant leur départ il parla ainsi
à sa troupe : « J'ai posté un homme sur la porte et je lui ai donné l'ordre de faire
retentir un naqous : quand vous l'entendrez ce sera le signal convenu : ouvrez la
porte, sortez contre les ennemis et attaquez-les : sans aucun doute, vous les trouverez endormis, frappez-les de vos épées et de vos lances avant qu'ils puissent
saisir leurs armes. Si vous exécutez mes ordres cette nuit, vous les vaincrez. »
Ils se réjouirent et témoignèrent leur joie à l'ennemi de Dieu. Chaque corps
gagna la porte par où il devait sortir et se tint là, attendant le signal de l'attaque.
Le roi fit venir ensuite un homme et lui dit : « Emporte un naqous et monte sur
la tour, et quand nous ouvrirons la porte, frappe sur le naqous un coup retentissant qui puisse être entendu des soldats placés aux portes ». L'homme monta
dans la tour, emportant un grand naqous. Le traître al-Botloûs prit avec lui
vingt mille des plus braves et des plus forts soldats, couverts de cuirasses dorées
et armés, et se mit à leur tête tenant une épée indienne, revêtu de ses brassards
d'acier, la tête protégée par un casque orné d'or et d'argent, enrichi de pierreries
et à l'épreuve du tranchant de l'épée, et marcha jusqu'à la porte, où il attendit
que ses soldats fussent au complet. Puis, quand il se vit entouré de sa troupe, il
leur dit : « Courez et hâtez votre course jusqu'à ce que vous ayez rejoint l'ennemi :
alors chargez-les tous ensemble, attaquez-les et frappez-les de vos épées tranchantes et de vos lances brillantes jusqu'à ce qu'apparaisse l'émir, et celui de
vous qui apercevra la croix, qu'il s'en empare; celui qui me la rapportera sera
magnifiquement récompensé ». Et il donna l'ordre de battre le naqous : l'homme

frappa sur le naqous un coup retentissant qu'entendirent les détachements placés
aux portes. Ils s'élancèrent au dehors ainsi que l'ennemi de Dieu, al-Boṭloûs,
que Dieu le maudisse! Les Musulmans entendirent le tumulte et s'élancèrent de
l'endroit où ils étaient vers leurs compagnons endormis et ne se doutant pas de
la ruse du traître maudit. Ils se levèrent comme des lions dévorants, et avant
que l'ennemi de Dieu fût sur eux, ils étaient sur leurs gardes. Les Grecs s'avancèrent et les chagrins se multiplièrent, et le combat commença dans les ténèbres
de la nuit. L'émir Khâlid, en entendant les cris, se leva stupéfait en s'écriant : « A
l'aide, ô islâm, ô Moḥammad, mon Dieu rends-nous fermes, mon Dieu éloigne
de nous nos ennemis, mon Dieu, regarde-nous de ton œil qui ne dort jamais et
donne-nous le secours contre nos ennemis, et ne fais pas nos maîtres des pires
de tes créatures par ta miséricorde, *ô le plus miséricordieux des miséricordieux* ».
Khâlid avait la tête découverte et sans casque, il se revêtit rapidement de ses
armes en récitant les deux vers suivants :

Mes larmes coulent et le chagrin s'est emparé de moi; mon cœur est dans l'angoisse et la dou-
[leur me fait souffrir,
Empêche, seigneur, que les chagrins ne viennent et donne ton aide à l'islâm, ô toi à qui appar-
[tiennent les bienfaits [1].

Le narrateur dit. Ensuite Khâlid arriva à la porte de Toumâ avec environ
cinq cents cavaliers des plus braves et des plus vigoureux tels que al-Faḍl fils d'al-
'Abbâs et son cousin al-Faḍl fils d'Abou Lahab, Ziyâd fils d'Abou Sofiân, 'Abd
al-'Azîz fils de Ga'far, fils d'Abou Ṭâlib, al-Miqdâd fils d'al-Aswad, Ziyâd fils de
Ṭâbit [2], 'Abd Allah fils de Zaid, Moslem fils d'ʻAqîl, Abou Darr al-Ghifâri,
'Obâdah fils d'aṣ-Ṣâmit, 'Oqbah fils de Nâfiʻ, al-Moghîrah fils de Choʻbah, al-
Mosayyib fils de Nagbah al-Fezârî et d'autres nobles tels qu'eux faisant entendre
à grands cris le tahlîl, le takbîr [3] et la prière et le salut pour l'apôtre, notre
seigneur Moḥammad, que Dieu répande sur lui ses prières et ses bénédictions!
et à l'instant ils firent contre les Grecs une charge extraordinaire, tandis que
l'émir Khâlid s'écriait : « Musulmans, sachez que vous vaincrez et que vous l'emporterez sur vos ennemis, soyez fermes et rappelez votre courage et votre résolution, le secours vient de Dieu, qu'il soit loué et glorifié! ». Et il ajouta : « Dieu
est plus grand, Dieu est plus grand que tous les impies et les rebelles, et les

[1] W ajoute un vers de plus.

[2] W زيد.

[3] Ce qui suit manque à W jusqu'à *Je suis le cavalier solide;* les variantes et divergences sont,
du reste, tellement nombreuses que je ne puis toutes les indiquer.

orgueilleux. Je suis le cavalier solide, je suis le lion qui disperse les ennemis, je
suis Khâlid fils d'al-Walîd. » Et il s'enfonça dans le centre ennemi et les ailes,
massacrant les soldats, abattant les héros, causant leur perte et augmentant
leur dommage, et avec cela cherchant de tous côtés al-Botloûs. L'émir Ghânim
et les autres émirs attaquaient les portes [1], et ils entendaient leurs cris et leur
tumulte, et les Grecs se défendaient du haut des remparts, faisant pleuvoir sur
eux les pierres et les flèches. L'ennemi de Dieu al-Botloûs combattait avec acharnement et fit voir aux Musulmans un adversaire tel qu'ils n'en avaient pas encore
vu de semblable [2]. Khâlid fut le premier à le rejoindre, tandis qu'al-Botloûs
courait à droite et à gauche en criant : « Je suis le cavalier redoutable, je suis celui
que l'on nomme al-Botloûs », mais, malgré ces bravades, il évitait sans cesse
l'émir Khâlid. En l'entendant crier ainsi, al-Fadl fils d'al-'Abbâs courut vers lui
après avoir fendu les rangs des Grecs, et lui dit : « Me voici, je suis l'adversaire
que tu cherches [3], c'est moi qui vous exterminerai tous, c'est moi qui ai pris la
croix, moi, le cousin de l'Envoyé de Dieu, qu'il répande sur lui ses bénédictions
et le sauve ! ». Et il courut sur l'ennemi de Dieu comme un lion sur sa proie et lui
dit : « Allons, à toi et à tes ruses, traître ». Et il l'attaqua seul. Jamais on ne vit, dans
la suite des temps, des coups pareils à ceux qui se portèrent cette nuit ; on n'en
vit pas de pareils jusqu'au moment où la nuit fut au milieu de son cours ; chaque
chef avait affaire à son adversaire, et eux échangeaient les coups les plus terribles
et luttaient avec la plus grande ardeur [4], al-Fadl lui résistait courageusement.
L'ennemi de Dieu lui porta un coup terrible qu'al-Fadl évita, et revenant sur le
maudit, le frappa à son tour d'un coup de hachemite que le maudit reçut sur sa
cuirasse : l'épée d'al-Fadl se brisa et l'ennemi de Dieu se crut sûr de la victoire
pensant le faire prisonnier. Mais deux cavaliers que suivaient une troupe d'Arabes
se précipitèrent sur les Grecs. Khawlah fille d'al-Azwar voyant son frère Dirâr
renversé au milieu des cavaliers polythéistes qui l'entouraient courut à lui, suivie
d'ʿAbd ar-Rahmân fils d'Abou Bekr as-Siddîq, d'ʿAbd Allah fils de Gaʿfar,
d'Abbân fils d'ʿOtmân fils d'ʿAffâr, qui coururent à al-Botloûs ; mais il s'enfuit
avec un corps de Grecs jusqu'à la ville où il entra. Les Musulmans engagèrent
un combat furieux aux portes : l'émir Khâlid chargeait tantôt du côté de la porte
de la Montagne, tantôt près de celle de Toumâ, tantôt celle de Qandas. L'émir

---

[1] C'est peu clair ; il s'agit sans doute des Musulmans qui étaient près des portes de la ville ;
احتكوا الابواب, je traduis d'après le sens général du récit.

[2] Je traduis W, dont le sens est préférable. C remplace les Musulmans par Khâlid.

[3] Dans W, al-Botloûs crie : « Où est celui qui a pris la croix hier ? ». De là la réponse d'al-Fadl.

[4] Mot à mot : « et étaient dans la plus grande tristesse ».

Ghânim, las de cette bataille, se trouvait à la porte de la Montagne. Il revêtit ses armes et s'approcha de l'ennemi, suivi par les émirs al-Miqdâd, Moslem fils d'ʿAqil, Chourahbîl fils d'Hasanat, secrétaire de l'Envoyé de Dieu, Ziyâd fils d'Abou Sofiân, ʿAbd Allah fils d'al-ʿAbbâs, Mohammad fils d'Abou Darr al-Ghifâri[1], Mohammad fils de Maslamah[2] al-Anṣâri. Ils coururent à la porte en criant «Dieu est grand»; ce cri fut répété derrière eux par les compagnons. Le patrice qui défendait cette porte se nommait Georges[3]. (Il dit.) Ils combattirent vigoureusement et Mohammad fils d'Abou Darr al-Ghifâri[4] se distingua là, mais attaqué par une foule de Grecs, il eut son cheval blessé sous lui et succomba, que la miséricorde de Dieu soit avec lui! ʿObâdah fils d'aṣ-Ṣâmit, attaqué aussi par une multitude d'ennemis, résista avec courage, mais atteint d'une pierre lancée du haut de la porte, il succomba avec environ deux cents Musulmans qui périrent devant cette porte. Les Grecs perdirent près de deux mille cavaliers; environ cent cavaliers de la troupe de l'émir Ghânim périrent aussi[5] sous les pierres et les flèches dont ils étaient accablés. Un grand nombre de Grecs furent massacrés là. Mais, par Dieu, quel brave que l'émir Khâlid! il fit cette nuit dès prouesses extraordinaires où il se surpassa lui-même. A ce moment, Dirâr fils d'al-Azwar s'avança vers eux couvert de sang[6] : «Qu'y a-t-il derrière toi, Dirâr? lui demanda l'émir Khâlid. — Rien que le bien et la bonté de Dieu, qu'il soit loué et glorifié : je ne suis pas venu à toi avant d'avoir tué cette nuit cent soixante ennemis de Dieu, et mes compagnons en ont tant tué qu'ils ne peuvent les compter, et nous avons fait assez de mal, à votre place, à tous ceux qui sont sortis par la porte de la Montagne.» C'était une nuit très froide dont les gens n'avaient pas encore vu la pareille. L'émir Ghânim et ses compagnons se précipitèrent à l'intérieur de la porte, combattirent vigoureusement et entrèrent dans un passage voûté qui faisait partie de la porte et où se trouvait une deuxième porte. On la ferma sur eux et sur un détachement considérable de Grecs qu'ils massacrèrent. Les Musulmans se rendirent à la porte du Nord[7] et massacrèrent les défenseurs au nombre de cinq cents : des milliers d'ennemis périrent cette nuit. Quant à la porte de Qandas, où se trouvaient az-Zobair fils d'al-ʿAwwâm,

---

[1] W ʿAmr fils d'Abou Dib; il y a certainement une erreur dans C. W et P ajoutent à cette liste.

[2] P W مسلمة; C سلمة.

[3] W يوحانا; P جرحا qui en est une corruption; C جرجس.

[4] P W عبد الله بن عبادة بن الصامت.

[5] W et P diffèrent comme d'habitude.

[6] W «dont les caillots étaient aussi gros que des foies de chameau».

[7] P W «et les Musulmans, montant sur la tour, tuèrent les cinq cents hommes qui s'y trouvaient».

'Oqbah fils d''Âmîr, 'Abd Allah fils d'al-'Abbâs, al-Faḍl fils d'Abou Lahab, al-Moghirah fils de Cha'bah et une troupe d'émirs, elle fut attaquée vigoureusement et cent vingt Musulmans y périrent. A la porte de Toumâ était l'émir Khâlid. Al-Boṭloûs sortit par cette porte et, après un vif combat, s'enfuit devant l'émir Khâlid et rentra dans la ville dont la porte fut fermée : environ cent Musulmans y périrent à l'endroit appelé al-Meraghah. Les portes fermées, ils montèrent sur les remparts et se préparèrent à résister aux assiégeants. Ce fut là le commencement de la prise de Bahnasâ.

Nous tenons de Chaddâd[1] fils de Mofarridj, d'après Abou Moḥammad ach-Châkiri d'après Zeid fils de Râfi'[2], qu'il se passa un an[3] sans que les gens de Bahnasâ nous attaquassent et sans que nous les attaquions. Ce délai devenant ennuyeux, les émirs d'entre les compagnons allèrent tous ensemble consulter Khâlid pour savoir si l'on combattrait. Il les y autorisa. Le nombre total des Musulmans tués à l'attaque des portes était d'environ cinq cent quarante[4]; les plus illustres étaient : Moslem fils de Nâfi' al-Kendi, Moḥammad fils d'Abou Darr al-Ghifâri, Hoḍaifah fils de Djondab al-Sikâsikî[5], Na'îm fils de Mâlik al-Fezari, Makhoul fils de Moḥammad[6], Gâber fils de Zeid al-Anṣâri[7], Naoufald al-Girâmi[8], 'Arim fils d''Azir aṭ-Ṭuqafi[9], Zâid fils d'Hichâm[10], le reste était gens du commun, que la miséricorde de Dieu soit sur eux tous. Après la conquête, les compagnons enlevèrent les corps des martyrs de l'endroit où ils étaient et placèrent les principaux d'entre eux dans des chapelles voûtées des tombeaux connus.

Nous reprenons maintenant la suite de cette histoire étonnante et de cette guerre émouvante et extraordinaire, dont la pareille n'a point encore été entendue.

Le narrateur dit[11]. Quand les émirs consultèrent l'émir Khâlid, il ne put pas les empêcher de combattre, et les maux que le blocus causait aux gens de

---

[1] P W سنان بن مغرج الكجلانن.

[2] P W عن ابى أمة.

[3] P W « quatre mois ».

[4] W « six cents ». W ne donne aucun nom.

[5] عبد الله بن جندب P.

[6] ابن ميرة الحميرى P.

[7] P ajoute عقبه بن مرّة الغفارى.

[8] عابد بن نوفل الجذامى.

[9] عنيم بن عدى الثقفى P.

[10] زايد بن هشام الدارى P; P ajoute d'autres noms.

[11] Les lignes qui précèdent manquent à W et P, la suite diffère dans W et P.

194 É. GALTIER.

Bahnasâ devinrent plus grands. Al-Botloûs, que Dieu le maudisse, tendait sans
cesse des pièges aux Arabes, mais les gens de la ville ne pouvaient plus résister
à leurs maux; le blocus les fit beaucoup souffrir, et leur situation devint très
pénible. Une portion d'entre eux alla trouver un des principaux patrices appelé
Youhanâ [1] en qui ils avaient confiance. Les prêtres, les moines, les gens du
commun, le peuple, tous lui dirent : « Ce siège dure trop longtemps pour nous;
nous te donnerons de l'argent si tu veux nous ouvrir la porte afin que nous rece-
vions l'aman des Arabes ». Il y consentit : deux cents marchands vinrent chez
lui, il leur ouvrit secrètement une poterne. Ils se rendirent auprès de l'émir
Khâlid et firent la paix avec lui à condition qu'ils lui ouvriraient la porte; ils lui
nommèrent les marchands de la ville et on lui fixa ce que chacun devrait payer;
le traité fut conclu à ces conditions, ils le signèrent et revinrent. Le narrateur
dit. Voilà ce que firent les marchands, mais ils ne savaient pas que, parmi eux,
se trouvait un chien maudit [2], espion des Grecs; ce chien maudit alla informer
al-Botloûs de ce qu'ils avaient fait. Al-Botloûs envoya un patrice nommé Hazaqiâyil [3] suivi de mille patrices en leur disant : « Allez vers eux et apportez-moi
des renseignements certains ». Ils partirent et se dispersèrent jusqu'à ce qu'ils
fussent près de la porte de la Montagne [4]; les marchands en ce moment revenaient. Ils les reconnurent et leur ouvrant la porte, les firent entrer, puis se
précipitant sur eux, ils les firent prisonniers et les amenèrent en présence d'al-
Botloûs, que Dieu le maudisse! Le roi leur fit de grands reproches et leur
adressa des paroles dures, puis il dit : « Amenez-les l'un après l'autre ». Il les fit
battre cruellement, fit ensuite allumer un feu avec lequel on leur fit subir de
douloureux tourments. Puis il dit au patrice Hazaqiâyil : « Emmène-les sur les
remparts et pends-les là, et exécute cet ordre à l'instant même ». Hazaqiâyil les
emmena et commanda à ses subalternes d'apporter les bois de supplice; il les fit
crucifier sur les remparts où ils restèrent un jour et une nuit; alors al-Botloûs
leur fit trancher la tête et fit jeter les têtes aux Arabes. Ces ordres furent
exécutés. L'émir Ghânim dit à l'émir Khâlid : « Ces têtes sont celles de nos
protégés ». Alors les compagnons marchèrent contre les Grecs, ceux-ci sortirent
de la ville et un combat violent s'engagea.

Le narrateur dit. Cependant le Commandeur des croyants, notre seigneur
'Omar fils d'al-Khattâb, était dans une grande anxiété au sujet des Musulmans.
Il envoya à 'Amr fils d'al-'Âs le message suivant : « Pourquoi ne m'écris-tu plus?
Je suis dans l'anxiété au sujet des Musulmans, de Khâlid et de son armée; sache

[1] توما P W*. — [2] W ارميام واسمه ...الكلب ابن عمر توما. — [3] C خرقياقيل؛ W حرقيائيل؛
حرزقيائيل P. — [4] W توما باب.

que tu dois m'informer des conquêtes et du butin. Si Khâlid a besoin de secours,
préviens-moi, je lui en enverrai de chez Abou 'Obaidah, car je l'ai prévenu
d'avoir à t'envoyer de Syrie des vivres et des hommes. Que le salut soit sur toi et
sur ceux qui t'entourent, ainsi que la miséricorde de Dieu et sa bénédiction. »
Cette lettre parvint à 'Amr fils d'al-'Âs et à Khâlid fils d'al-Walîd, mais ce dernier
dit : « Nous ne demanderons d'aide et de secours qu'à Dieu, qu'il soit célébré et
glorifié, loué et exalté ». Ensuite le siège de la ville se prolongea; tous les jours,
lui et les compagnons marchaient à l'ennemi et combattaient vigoureusement
contre les gens de Bahnasâ; mais les pierres et les flèches firent périr un grand
nombre de Musulmans. Un jour l'émir Khâlid dit à l'émir Ghânem fils d'Iyâḍ et
aux compagnons : « Il est impossible que les ennemis n'aient pas des espions qui
les informent de ce que nous faisons ». Et montant à cheval avec al-Faḍl fils
d'al-'Abbâs, al-Miqdâd et Ziyâd fils d'Abou Sofiân, ils firent le tour du camp, et
voici qu'ils aperçurent un Arabe chrétien assis à l'extérieur du camp. Khâlid,
plein de soupçons, lui dit : « De quels Arabes fais-tu partie? as-tu des parents là?
— Oui, répondit l'Arabe. — Es-tu Musulman? reprit Khâlid. — Oui. — Récite
le Coran, lui commanda Khâlid. » L'Arabe garda le silence. « Prends de l'eau
et fais l'ablution, dit Khâlid; mais l'Arabe ne sut pas la faire convenablement.
Alors Khâlid le frappa en disant : « Saisissez-le et frappez-le ». Alors il leur fit
les aveux suivants : « Nous sommes sortis trois [1] Arabes chrétiens par la porte
secrète afin de vous espionner. Mes deux compagnons sont allés rapporter leurs
renseignements et je suis demeuré là ». Ils l'emmenèrent chez eux [2].

Khâlid avait un esclave abyssin, nommé Nigâh [3], qui faisait tous les jours
deux pains d'orge, un pour lui et l'autre pour son maître. Pendant trois jours
successifs, l'émir Khâlid vint à sa tente et s'assit à la table où devaient être placés
les mets, sans trouver rien à manger. Il ne dit rien, et, comme il avait quelques
dattes, il en fit sa nourriture jusqu'à ce qu'elles fussent achevées. Alors il dit à
son esclave : « Mon garçon, Dieu, qu'il soit exalté, a dit : « *Nous ne leur avons pas
donné un corps pour qu'ils ne mangent pas* [4]. » Pourquoi depuis trois jours ne me
prépares-tu rien? — Maître, répondit-il, je n'ai pas cessé de te préparer ta
nourriture, au contraire, je la suspends dans la tente selon mon habitude [5]. —
Ceci est étonnant, reprit Khâlid, et il ajouta : « Prépare les petits pains, assieds-toi

[1] W « trois cents ».
[2] W « on lui coupa la tête et on ne vit plus d'espions ».
[3] W نَجَاح; P comme C.
[4] *Coran*, xxi, 8.
[5] W « et puis je ne la trouve plus ».

derrière la tente, cache-toi et vois qui les dérobe. » Le lendemain l'émir Khâlid
alla au combat et l'esclave prépara les pains, en mangea un et en mit deux de
côté pour son maître. A ce moment, un grand chien noir, venant du côté de
Bahnasâ, entra dans la tente et emporta dans sa gueule les deux pains. L'esclave
le suivit jusqu'à un souterrain où coulait un peu d'eau venant du canal, et qui
avait été creusé autrefois pour les besoins des gens de Bahnasâ; ce souterrain
conduisait sous le sol, au-dessous des murs de la ville, vers le côté sud, et
finissait au côté nord, personne ne savait où il conduisait en dehors de la ville.
L'esclave considéra attentivement ce souterrain et revint à la tente. A son retour
il fit part de sa découverte à l'émir Khâlid, qui, guidé par lui, alla examiner ce
souterrain. Cette découverte le remplit de joie, il récita la sourate à la victoire [1]
et espéra le secours de Dieu. Il alla trouver les chefs et les émirs, leur fit part
de sa découverte et leur dit : « Donnez-moi cent hommes des plus braves, prêts
à donner leur vie pour la cause de Dieu, qui marcheront avec moi, pendant
qu'un détachement de solides soldats se tiendra près de la porte par laquelle ils
entreront quand nous la leur aurons ouverte ». Une centaine de chefs se présentèrent, tels que ʿAbd ar-Raḥmân fils d'Abou Bekr aṣ-Ṣiddîq [2], ʿAbd Allah fils
d'ʿAmr, Zeid fils d'al-Ḥâret, ʿOqbah fils d'ʿÂmir, Moslem fils d'ʿAqîl, Ziyâd fils
d'Abou Sofiân, al-Mosayyib fils de Nagbah al-Fezâri, al-Miqdâd fils d'al-Aswad et
d'autres chefs; nous abrégeons cette liste de peur d'être trop long. Il désigna
comme devant se poster près de la porte, ʿAbd Allah fils de Gaʿfar, az-Zobeir fils
d'al-Awwâm [3] et d'autres émirs. Au coucher du soleil, ils vinrent au souterrain
et y entrèrent en marchant dans l'eau; chacun était armé d'une épée et d'un
bouclier, et l'émir Khâlid les précédait. Tous y entrèrent et à mesure que l'un
entrait, il donnait son bouclier et son épée à son compagnon jusqu'à ce qu'il fût
entré. Quatre-vingts y entrèrent, mais vingt revinrent, car le souterrain n'était
pas assez vaste pour eux. Ils se dirigèrent vers la porte qu'ils trouvèrent gardée
par environ deux mille cavaliers grecs. Les émirs susdits qui étaient entrés dans
le souterrain se tinrent cachés sous les murs jusqu'à minuit. Alors ils se mirent
en marche et trouvèrent la porte fermée. Ils travaillèrent la porte et les serrures
tandis que les gardes grecs étaient plongés dans l'ivresse; ils ouvrirent enfin la

[1] *Coran*, sourate cx.

[2] W cite d'abord ʿAbd Allah fils d'ʿOmar puis ʿAbd ar-Raḥmân, Zaid ben Ṯâbit, ʿOqbah ben
ʿÂmir, Moslem ben ʿAqîl, Ziâd ben Abou Sofiân, son frère Habbâr, al-Mosayyâb ben Nagibah et son
frère, al-Miqdâd ben al-Aswad, Rafiʿ, Abou-Razîn al-ʿOqaili; P abrège cette lettre.

[3] W « et son fils ʿAbd Allah, al-Faḍl fils d'al-ʿAbbâs, al-Faḍl fils d'Abou Lahab, Ḍirâr fils d'al-
Azwar ».

porte et égorgèrent les soixante hommes qui se trouvaient dans le corps de garde, leur enlevèrent les clefs et, montant sur les murs, ouvrirent les portes et appelèrent leurs compagnons. Ils s'élancèrent tous ensemble sur la tour, massacrèrent les patrices et firent entendre le tahlil, le takbîr et la prière pour l'apôtre, celui qui avertit Moḥammad. Les Musulmans leur répondirent par des cris semblables et, entrant par la porte qui mène au marché de la ville, ils coururent tous au palais du maudit al-Boṭloûs en criant : *« Le secours de Dieu est venu, et la victoire* [1] *»*. L'ennemi de Dieu entendant ces cris, voyant que les Musulmans s'étaient emparés des portes de la ville et que, cerné par eux, il lui était impossible de leur échapper, se couvrit la tête d'un mouchoir et se mit à crier : *«* Quartier, quartier ! *»*. Ses patrices, ses chambellans, ses officiers et ses dignitaires en firent autant. L'émir Khâlid entrant l'épée à la main, s'empara de lui et lui dit : *«* Ennemi de Dieu, tu n'as pas de quartier à espérer de moi, à moins que tu ne te convertisses à l'islamisme *»*. Trois mille Grecs environ avaient péri et cent quatre-vingt-quatre Musulmans avaient été tués dans les rues de la ville, près du marché, dans le château, et entre les portes, voici les noms des principaux [2] : Zeid al-Anṣâri, ʿAbd Allah fils d'al-Aswad, Kâmil fils d'ʿAouf [3], le fils d'al-Mosayyîb fils de Nâgbah al-Fezâri, dont le nom était ʿAdî [4] Mohallel fils de Nâfiʿ at-Tamîmî [5], Sallâm fils de Râfiʿ al-ʿIglâni [6], Ṭârif fils d'al-Mohallab [7], ʿAbd Allah fils de Ḍirâr, Ghîyât fils de Gâbir, Somrah fils d'ʿÂmir, Ḥammâd fils d'ʿAmr, les autres étaient gens du commun, que la miséricorde de Dieu soit avec eux !

Cependant une troupe d'habitants de la ville vint trouver Ghânim fils d'ʿIyâḍ et une partie des émirs pour l'implorer en pleurant et en poussant des cris : l'émir Ghânim eut pitié d'eux et leur donna l'aman. Quant à l'ennemi de Dieu, al-Boṭloûs, il était devant l'émir Khâlid et il le suppliait ainsi que les émirs. Ils eurent pitié de lui et finirent par vaincre l'émir Khâlid. L'ennemi de Dieu fit la paix avec eux moyennant un million de mithqals d'or et autant d'argent et dix mille charges de chameau de blé et d'orge, et le payement de la capitation, eux étant en état d'humiliation : mais rien de tout cela ne pouvait apaiser l'émir Khâlid qui disait : *«* Il ne recevra pas l'aman de moi à moins qu'il ne se convertisse et qu'il ne confesse qu'il n'y a pas d'autre Dieu que le Dieu seul, unique, et que Moḥammad est son serviteur et son envoyé, sinon, le glaive *»*. Les émirs et les nobles le suppliaient en disant : *«* Quoiqu'il nous ait fait du mal pendant le siège et nous ait causé du dommage par ses tromperies durant la guerre, nous savons que tu es compatissant plus que personne et nous te conseillons d'écrire

---

[1] *Coran*, cx, 1. — [2] W n'a aucun nom. — [3] Inconnu; P même leçon plus bas. — [4] Inconnu. — [5] Inconnu. — [6] Inconnu. — [7] Inconnu, de même que les suivants.

une lettre à ʿAmr fils d'al-ʿÂṣ, à Miṣr, pour l'en informer, car il est lié par la parole qu'il nous a dite. En effet, ʿAmr fils d'al-ʿÂṣ leur avait dit : «Donnez l'aman à celui qui le demandera [1]». Khâlid écrivit donc une lettre à ʿAmr pour l'informer de la situation. ʿAmr au reçu de la lettre leur répondit en ces termes : «Assurez-vous de lui par un serment [2], acceptez ce qu'il vous donnera par traité, et relâchez-le de peur que les gens du Ṣaʿîd ne se soulèvent contre vous. L'émir Khâlid exécuta ces ordres à regret et le relâcha après avoir reçu son serment à l'église et l'avoir fait jurer sur ses livres; ils convinrent de sortir de Bahnâsa en y laissant ceux qui devaient prendre livraison de la somme. Les Musulmans quittèrent la ville y laissant Foḍâlat fils de Yazid [3], as-Solamî, Aouf [4] fils de Salâmat al-Khodri, Maqsoum fils de Ṣaʿîd al-Goham et deux cents compagnons du Prophète. Il leur donna les vivres et les approvisionnements, et tous les jours il montait à cheval et allait fréquemment voir les émirs, et il fit des dons et des cadeaux et il ne laissa pas un émir sans le tromper, jusqu'à ce qu'ils fussent satisfaits. Mais l'émir Khâlid et al-Faḍl fils d'al-ʿAbbâs, ʿAbd Allah fils d'ʿAmr, al-Miqdâd fils d'al-Aswad al-Kindi, ʿAbd ar-Raḥmân fils d'Abou Bekr aṣ-Ṣiddîq, az-Zobair fils d'al-ʿAwwâm, ne pouvaient apaiser leurs cœurs et voir de bon œil l'ennemi de Dieu, à cause de la perfidie et de la trahison dont ils savaient qu'il était plein. Cela dura ainsi deux mois. Il réunit des récoltes, emmagasina tout ce dont il avait besoin en vivres et en boissons, résolu à tendre un piège aux Musulmans. L'émir Khâlid avait laissé dans la ville la troupe des nobles susdits, dans le palais et aux portes, de peur de quelque piège de l'ennemi de Dieu; le reste de l'armée des monothéistes campait hors de la ville selon son habitude. Tous les jours, l'ennemi de Dieu les flattait. Un jour, il prit place dans l'église et, convoquant les principaux de son peuple en qui il avait confiance, les patrices, chefs de guerre et commandants de détachements, ils résolurent de massacrer les Musulmans et de tendre un piège aux compagnons de l'Envoyé de Dieu. Il attendit qu'une petite partie de la nuit se fut écoulée et se précipita sur les Musulmans sans défiance, à la tête de deux mille patrices, les garrotta et les bâillonna, puis, ouvrant les portes de la ville, ils attaquèrent le camp des Musulmans, à la faveur des ténèbres de la nuit et commencèrent à jouer de l'épée sur les soldats plongés dans le sommeil. Avant qu'ils pussent se lever, les glaives brillaient sur eux et ils tombaient égorgés. Ce fut un grand désastre.

---

[1] W diffère.

[2] W بالایمان; C بالامان; la vraie leçon est بالایُمن.

[3] W بن زید; P السلمی.

[4] W P عون بن ساعدة الكندی; l'Ousd, t. IV, p. 155, cite un ʿAouf al-Anṣâri.

L'émir Khâlid, en entendant les cris, se leva de sa couche en disant à son épouse : «Nous sommes surpris». Il monta à cheval ainsi que son épouse. Les femmes combattirent courageusement. L'ennemi de Dieu, al-Boṭloûs, chargeait, tantôt à droite, tantôt à gauche, les épées fendaient les têtes des soldats et ce fut une nuit terrible. Khâlid leur cria : «Ne vous l'ai-je pas dit, compagnons, mais vous n'avez pas voulu écouter Khâlid!».

Ziyâd fils d'Abou Sofiân et son frère Habbâr [1], Foḍalah fils d'ʿAbd Chams [2], ʿOqbah et ʿObâdab fils de Tamîm ad-Dâri [3], Gondabah al-Kilâbi [4] se réfugièrent sur une colline voisine, où ils furent entourés par un détachement de Grecs; ce tell était voisin du côté occidental de la porte de la Montagne, ils s'y défendirent vigoureusement. Ziyâd et ses compagnons descendirent de la colline, les Grecs les entourèrent, tournant autour d'eux comme le bracelet autour du poignet, et tuèrent Ziyâd, son frère Habbâr et tous leurs compagnons, que la miséricorde de Dieu soit sur eux tous. Nasîbah al-Ansâriyyah [5] Omm Aban, et Asmâ fille d'Abou Bekr aṣ-Ṣiddîq [6], Niʿâmah fille d'al-Monḍir [7] et d'autres combattirent avec vigueur cette nuit. Un grand nombre de Musulmans périrent. L'émir Khâlid chargea les Grecs à coups d'épée et rendit les traîtres grecs témoins d'un massacre effrayant; il culbuta l'aile droite sur l'aile gauche, la gauche sur la droite et les chargeant, suivi de tous les émirs, les fit fuir jusqu'aux portes; un grand nombre des fuyards fut massacré. L'ennemi de Dieu suivi de sa troupe s'enfuit et se réfugia dans la ville; les portes furent fermées et ils se préparèrent à soutenir le siège. Le lendemain matin, il fit amener les Musulmans qui avaient été laissés dans la ville, monta sur la tour et les fit décapiter, que la miséricorde de Dieu soit avec eux. Les Musulmans furent remplis de douleur en voyant l'ennemi de Dieu se conduire d'une façon aussi atroce envers leurs frères et versèrent des larmes abondantes sur leurs compagnons, que Dieu ait pitié d'eux.

Le narrateur dit. L'émir Khâlid et les autres émirs se rendirent sur le lieu du combat, au tell dont nous avons parlé, où ils trouvèrent les cadavres des martyrs : on reconnut que Ziyâd, Dieu ait pitié de lui, avait été percé de dix coups de lance et avait reçu vingt coups d'épée; à côté de lui gisait son frère Habbâr, que Dieu ait pitié de lui, atteint de vingt coups d'épée, dont un à la

[1] P W ajoutent «Maisarah fils de Masroûq».

[2] W يعقوب بن عقيب; P يغوث عبد بن عقيب.

[3] Ad-Dâri manque à P W.

[4] P comme C; W الكلبي.

[5] W نسيبة; C آيسة. Cf. *Ousd*, t. V, p. 554; il y en a plusieurs de ce nom.

[6] Cf. *Ousd*, t. V, p. 292; Ibn Qotaibah, p. 86, 113; Nawawi, p. 822.

[7] Inconnu. C نعامة; W نعانة.

tête et l'autre à la cuisse, qui avait été tranchée. L'émir Khâlid pleura longtemps
sur son cadavre, les émirs et les braves pleurèrent, et Khâlid fit en ces termes
son éloge funèbre :

Les larmes coulent de mes yeux, abondantes comme la pluie des nuages, et mon cœur est
[déchiré par la douleur que me cause la perte de mes amis.
Mes yeux ne voient plus dans le monde que ténèbres[1], et ma poitrine est près de se briser par
[suite de leur éloignement.
Leur perte me cause une douleur qui me consume comme une flamme, et je suis comme un
[malade que ses souffrances ne quittent jamais[2].
C'était à la guerre un guerrier sans rival quand il chargeait[3], les plus fermes appuis de
[l'ennemi étaient ébranlés sous ses coups et renversés.
De tous les cavaliers il était le plus brave; c'est lui qui humiliait et abaissait les infidèles[4].
Que Dieu maudisse ce jour qui, en nous l'enlevant, a brisé nos cœurs, et nous a fait boire une
[coupe (d'amertume) qui fait couler nos pleurs[5].
Ô noble chef de la race de Hâchem, dont le rang illustre était sans cesse élevé par une gloire
[qui s'accroissait tous les jours[6].
Quelle douleur pour nous de te voir ainsi abattu, et de voir ta noble tête gisant dans la
[poussière[7],
Ayant à tes côtés al-Habbâr, frappé par les glaives des infidèles et abattu dans la poussière[8].
Que le Miséricordieux maudisse al-Botloûs et sa troupe et qu'il lui fasse obtenir par nous ce
[qui est notre désir le plus cher[9].
Il s'est conduit en traître à l'égard de ces généreux[10], semblables à des étoiles ou à des pleines
[lunes qui s'élèvent brillantes dans le ciel au-dessus des hommes[11].

Les compagnons assiégèrent cette fois Bahnasâ pendant trois ans, tout en
envoyant des détachements faire des incursions dans la plaine et sur les bords
du fleuve. Cependant, al-Qaʻqaʻ fils d'ʻAmr at-Tamîmî, Hâchim fils d'al-Mirqal,

[1] P W على نور عبرتي.
[2] P W وغاب صوابي وهو في الارض يصرع.
[3] P W لقد كان في بحر المعامغ صائلا.
[4] W P بكل مكان للاعادى مفمع.
[5] W واجفانه من اعين الدم تدمع ; P واجفانا مع اسمم الدهر تدمع.
[6] W بالوجد والمجد ترفع ; P بالمجد والجود ترفع.
[7] W توضع ; P معفرا وراسك من فوق لجنادل تسفع.
[8] W P طريحا على راس الثرى وهو مطبع.
[9] W تجمع ; P والعنه مع كل قوم تجمعوا.
[10] P W لقد غدر السادات من آل هاشم.
[11] P et W ajoutent : «Ensuite les Musulmans pleurèrent amèrement sur les émirs et les braves
qui avaient succombé. Ils réunirent les corps, firent la prière sur eux et les ensevelirent dans une
fosse creusée près du tell. Quatre-vingts émirs et trois cent soixante-dix soldats avaient péri là en
martyrs.» P ajoute ensuite une longue liste de noms.

Abou Ayyoub, Zaid fils de Ṭâbit, ‘Abd Allah fils d‘Omar fils d’al-Khaṭṭâb,
al-Miqdâd fils d’al-Aswâd al-Kindi, s’étaient dirigés vers les oasis et les avaient
conquises. ‘Oqbah fils de Nâfi‘ al-Fihri avait, à la tête de mille cavaliers, fait une
expédition contre Barqah, puis ils étaient revenus, et dans la suite c’est cet ‘Oqbah
qui, le premier d’entre les émirs, fit la conquête du Maghib[1].

Le narrateur a dit. Comme le siège de Bahnaṣâ se prolongeait, les Musulmans
se réunirent auprès de l’émir Khâlid et le consultèrent sur ce qu’il fallait faire
et sur le meilleur parti à prendre. Alors ‘Abd ar-Razzâq l’Anṣâr, Abbâd fils de
Mâzin ar-Râzi, Ka‘b fils de Nâ’îl as-Solamî, Abou Mas‘oud al-Bâdri, et Abbân
fils de Sa‘îd al-Bariqi[2] s’élancèrent en disant : «Compagnons, nous avons
donné nos vies à Dieu, qu’il soit loué et exalté, fabriquez donc un mangonneau,
remplissez des sacs de coton et que chacun de nous, armé de son épée et de son
bouclier, entre dans un sac. Lorsque la nuit sera venue et que les gardiens seront
plongés dans le sommeil, jetez-nous au moyen du mangonneau, un après
l’autre, par-dessus les tours. Peut-être, par ce moyen, mettrons-nous fin à cette
situation[3], et le secours vient de Dieu, et nous emparerons-nous de la porte, de
même que vous vous êtes emparés de la porte du Château[4] et de la Maison de
cuivre[5], comme vous avez fait à Khaibar avec l’Envoyé de Dieu. » Ce conseil
parut excellent. Quand le matin parut, ils coupèrent le bois nécessaire et
fabriquèrent un mangonneau auquel ils adaptèrent des cordes; puis ils se
procurèrent des sacs[6] qu’ils remplirent de coton et attendirent la venue de la
nuit. Alors ils firent entrer ces chefs dans les sacs. Ils avaient fait l’épreuve[7] du
mangonneau au moyen d’une pierre qui, lancée par la machine, était tombée
sur le haut des remparts. Ils mirent en place le plateau de la machine. Le
premier qui fut placé sur le plateau fut Abân fils de Sa‘d fils d’al-Âṣ[8] frère de
l’émir ‘Amr fils d’al-‘Âṣ. Il fut lancé dans les airs et retomba sur le sommet de
la tour. On lança ensuite Abou Mas‘oud al-Bâdri et ‘Abd ar-Razzâq et tous les
autres, pendant que l’émir Khâlid disposait ses compagnons près de la porte.
Arrivés sur la tour, ils descendirent. La porte était fermée et les gardiens

---

[1] W diffère dans la liste et ne parle pas des oasis.

[2] W P ابو سعيد البياضى.

[3] فرج. J’ai déjà indiqué le sens exact de ce mot, que je traduis ici un peu librement.

[4] W قصر الشمع بمصر.

[5] W دير النحاس. Il faut lire avec C دار النحس; cf. Maqrîzî, trad. Casanova, p. 309, note 2, dans
les *Mém. de l’Inst. fr. d’arch. orient.*, t. III.

[6] غرابر.

[7] W à tort ضربوا; C جربوا.

[8] Manque à W qui ne cite qu’Abou Sa‘id al-Badri et ‘Abd ar-Razzâq.

dormaient. Ils descendirent dans la voûte [1] comme des lions dévorants [2]; ils trouvèrent les clefs sous la tête du chef des gardiens, sur le côté de son lit, les prirent et ouvrirent les portes (extérieures). Ils se dirigèrent ensuite vers la deuxième porte qui menait au château [3], qu'ils trouvèrent fermée du côté de la ville. Alors, en s'aidant mutuellement, ils parvinrent à arracher les pierres avec l'aide de Dieu, puis ils arrachèrent les linteaux, tout cela rapidement, et s'emparèrent de la porte. Puis, montant sur la tour, ils travaillèrent la porte, l'ouvrirent et tuèrent plusieurs soldats; d'autres s'éveillèrent, ils se précipitèrent sur eux, craignant que la porte ne fut reprise et qu'ils ne se missent entre eux et elle, c'est-à-dire la porte des murs donnant sur l'extérieur de la ville, et ils l'ouvrirent. Les Grecs poussèrent des cris. Al-Botloûs (que Dieu le maudisse) s'éveilla, car il était sur ses gardes, et monta à cheval. Cependant les braves d'entre les Musulmans se précipitèrent, les patrices sortirent, et l'ennemi de Dieu sortit de son château, et tous coururent à l'envi vers la porte. Le premier qui entra fut 'Abd ar-Razzâq, il fut tué à l'intérieur de la porte connue sous le nom de Porte de Qandas, puis, après lui, 'Obâdah fils de Mâzin [4], puis Ka'b fils de Nâ'îl as-Solamî, à l'intérieur de la porte quand elle fut prise.

Le narrateur a dit. Nous tenons ce récit de Qais fils de Mazin al-Ḥimiâri, d'après 'Abbâd fils de Mâzin [5] as-Sikâsiki, d'après Ibn Mas'oud al-Bâdri, qui fut le premier à s'emparer de la porte, comme on l'a expliqué dans cette histoire [6]. Nous apprenons de Moslem fils de Gâbir [7] d'après Ibn 'Abd Allah, d'après Abou Moḥammad al-Anṣâri, d'après 'Abd Allah al-Bâdri. Il a dit. Abou 'Abd Allah al-Ḥasan [8] avait lu le récit de cette conquête dans la Mosquée [9] de la ville d'Alexandrie, devant le cheikh Abou 'Abd Allah le Magrebin, jusqu'a cet endroit où il est fait mention de la prise «et les hommes furent placés dans des sacs». Mais le cheikh l'interrompit en disant : «Mon enfant, la chose ne s'est point passée ainsi, mais on la raconte ainsi d'après Ibn Mas'oud al-Bâdri, et ce récit seul est

[1] W الدهليز بين البابين, ce qui est fort clair pour qui a vu les portes encore existantes du Caire; c'est la voûte qui est située entre les deux portes, fermant l'une du côté de la campagne et l'autre du côté de la ville. Le poste des gardes se tenait là.

[2] W ajoute avec raison «ils massacrèrent les gardes de la porte».

[3] W diffère ici; le reste du récit est peu clair.

[4] W عنان بن مازن.

[5] W بن مسالم.

[6] W P قال ليس هو على هده الصفة.

[7] W P سالم بن حامد عن ابى عبد الله عن ابى محمد الانصارى عن عبد الله البدرى قال.

[8] W ابو محمد لحسنى.

[9] جامع الغزى العرى.

véridique, car il fut le premier à conquérir la porte». Il a dit. Ensuite, ils
coupèrent le bois (nécessaire) et en firent une échelle aussi haute que les murs.
Puis ils attendirent la venue de la nuit; alors ils l'appliquèrent contre les murs
et quarante hommes grimpèrent sur les remparts. Parmi eux étaient les trente
qui sont cités dans la poésie de Khâlid, et les dix autres s'emparèrent de la porte.
Aussitôt les Grecs s'appelèrent au secours les uns les autres et poussèrent des
cris. Le premier qui ouvrit la porte et devança les autres fut 'Abd ar-Razzâq,
mais il périt ainsi que ses neuf compagnons, accablé par la multitude des Grecs,
alors les Musulmans se précipitèrent à l'envi par la porte. Le narrateur a dit.
Le premier qui pénétra dans la ville de Bahnasâ fut Dirâr fils d'al-Azwar, en
récitant les vers suivants :

Les génies ont peur de moi au jour de la bataille, lorsque je me précipite sans crainte dans
[la mêlée.
Malheur à ceux qui ont placé des gens en embuscade pour nous surprendre, car c'est nous
[qui sommes l'origine de toutes les terreurs et des ruses[1].
Je satisferai mon Dieu en leur faisant la guerre sainte; celui qui est audacieux dans la mêlée
[ne connaît pas l'effroi[2].
Malheur à ce chien des ennemis, al-Botloûs, si mes mains le frappent d'un glaive qui ne se
[brise pas[3].

Puis il franchit la porte suivi de l'émir Khâlid qui récitait ces vers :

C'est aujourd'hui le jour où l'on paye à coups de lance et avec le tranchant des épées sur les
[crânes de ceux qui aiment à discuter[4],
Où l'on tranche les têtes des ennemis de Dieu, lorsque la nuit est venue, faisant descendre les
[ténèbres sur la terre.
Malheur à al-Botloûs, chien de Bahnasâ, si je le rencontre quand le feu de la mêlée brûlera[5],
Si je ne l'anéantis pas, lui et les héros qui l'aident, mon désir ne sera pas exaucé par l'aide du
[Très-Haut[6].

Il récita ensuite ceci :

Je suis celui à qui sont chers ceux qui sont sincères, et je ne crains pas la mort quand elle
[se présente à nous à l'improviste.

---

[1] Ce vers qui ne se comprend guère ici est, au contraire, parfaitement à sa place dans le *Foutouh
ach-Châm*, cf. *The conquest of Syria*, éd. Nassau Lees, t. I, p. 122.

[2] W وقتل ابطالهم بالسيف والدرع.

[3] W ان وقعت عينى عليه لارديه الى النزع; P et W ajoutent un vers.

[4] W P والطعن بالاسل......والغلل.

[5] اذا لقيته بطليق لحد معتدل P W; كلب البهنسا W; اهل البهنسام C.

[6] ان لم اذقه بكاسات المنون هنا P W; P analogue.

26.

Par celui qui a créé le jour et l'obscurité de la nuit, le Créateur de la lune brillante et du
[crépuscule,
J'abreuverai ma lance du sang de leurs yeux et je fracasserai les casques et les boucliers,
Et je guérirai mon cœur du feu qui le consume, peut-être pourrai-je venger celui qui m'a
[précédé [1].

Après lui entra az-Zobair fils d'al-ʿAwwâm tenant l'étendard et accompagné
de son fils ʿAbd Allah. Il récitait ces vers [2] :

Ô Boṭloûs, chien maudit, rejeton des impies et des misérables,
Voici venir à toi les défenseurs de la vraie religion, les fils des magnanimes et des nobles,
Les meilleurs des hommes, rejetons des Banou-Nozâr, braves guerriers qui taillent en pièces
[les ennemis.
Quand le feu de la mêlée brûle, tu les vois semblables à des lions dévorants [3] ;
Jamais chez eux on ne trouve de lâche, jamais on ne voit chez eux d'affligé [4],
Tu ne vois que des braves qui guident à l'attaque, le jour du combat, des guerriers intrépides
[et inébranlables.

Après lui entra Monseigneur ʿAbd ar-Raḥmân fils d'Abou Bekr aṣ-Ṣiddîq, que
Dieu soit satisfait de tous deux, en récitant ces vers :

Nous sommes venus à Bahnasâ suivis de tout chef redoutable à la guerre le jour où il faut
[s'élancer en avant,
Et une troupe qui remplit la terre de terreur, qui a toujours été victorieuse des ennemis
Qui abat les ennemis avec tout glaive tranchant et donne la mort à ceux d'entre vous qui osent
[lui résister [5].

Après lui entra ʿAbd Allah fils d'ʿAmr fils d'al-ʿÂṣ en récitant ces vers :

Aujourd'hui les coups de lance ont été bons contre les gens vils, ainsi que les coups portés sur
[les nuques avec les larges glaives.
Je ferai, par mon zèle, triompher l'Islam et je ne cesserai pas de protéger mes chefs,
Je suis le brave dont les coups portent et qui fait descendre au tombeau les ennemis [6].

[1] Ces vers manquent à P et W; ce dernier vers est obscur et paraît altéré.
[2] P et W font entrer avant lui Ḍou'l-Kilâʿ qui récite quelques vers, qui sont très probablement
une imitation de ceux que récite Ḍou'l-Kilâʿ dans le texte publié par Nassau Lees, p. 4.
[3] W السباع كالسباع بجولك بهم تراهم احتبك العجاج اذا ; P يجولك.
[4] W حزينا فقلقاة نذل ولا — يهزم قط جبان منهم ولا ; P تنظره حزينا ذلال ولا يهوت ولا.
[5] W offre quelques variantes.
[6] W الاعداء مردى.

Après lui s'avança al-Faḍl fils d'al-'Abbâs en récitant ces vers :

Nous sommes les nobles chefs de la famille de Hâchem, lions magnanimes, gens de résolution,
Les héros témoignent en notre faveur dans tout combat, et les braves citent nos noms dans les
[assemblées solennelles[1],
Quand la mêlée est terrible et que les lances s'entremêlent, tu vois nos actes semblables à
[ceux des glaives tranchants[2].

Après lui s'avança al-Faḍl fils d'Abou Lahab en récitant ces vers :

C'est toi que cherche mon courage, al-Boṭloûs, avec un glaive qui dans la mêlée ressemble à
[la lune quand elle est éclipsée[3],
Des étincelles semblent s'échapper de lui quand il brille dans les mains du chef redoutable, le
[fils d'Abou Lahab,
Malheur à toi, al-Boṭloûs, à cause de lui, quand il s'élancera et se précipitera dans la mêlée
[avec emportement[4].

Après lui entra Ghânim fils d,'Iyâḍ al-Aś'ari en récitant ces vers :

J'en jure par celui qui a créé le ciel et l'a élevé (au-dessus de la terre) et y a placé les étoiles
[semblables à des lampes[5],
Malheur à toi, al-Boṭloûs, crains notre attaque impétueuse, nous mettrons en fuite tous ceux
[d'entre vous qui se sont réunis pour nous combattre.

Après lui entra al-Miqdâd fils d'al-Aswad al-Kindi en récitant ces vers :

Je suis al-Kindi, surnommé le Brave. Que de fois mon bras s'est fait sentir aux ennemis[6].
Les guerriers sont mes témoins dans toute guerre et mon caractère me pousse au combat.
Je ne crains pas la fournaise de la guerre, car je me précipite sur les ennemis comme
[un lion[7].

Après lui entra 'Abd Allah fils d,'Omar en récitant les vers suivants :

Nous sommes les guerriers aussi redoutables que des lions, gens de bien et magnanimes, c'est
[nous qui chargeons les infidèles avec.....[8]

---

[1] W وتذكرنا كل اهل المواسم ; P وتذكر عنا اهل كل مواسم.

[2] W فتلقا لنا فى ذاك فعل العظائم ; P رأبت لنا فى ذاك فعل الضراغم.

[3] W كالشعاع اذا انجذب ; P كالشتهاب اذا انتدب.

[4] W يوم الهيجا ; P بصارمه يوم العجاج وان وثب.

[5] W est totalement différent et a la même leçon que P, mais celui-ci a, en plus, le premier vers de C.

[6] C صال باى ne vaut rien; corrigez طال, c'est d'ailleurs la leçon de W et P.

[7] P et W ajoutent un vers.

[8] La fin de ce vers a été laissée en blanc par le traducteur. — [É. C.]

C'est nous qui abattons les ennemis sur tous les champs de bataille et les vainqueurs dans toutes
[les mêlées.
Ne t'enorgueillis pas ici, al-Botloûs, de tes troupes nombreuses, car à la guerre elles seront
[comme rien.

Après lui entra Abân fils d'ʿOtmân en récitant ces vers :

Je suis fils d'ʿOtmân, le chef intrépide, j'extermine nos ennemis avec le tranchant de mon épée.
Malheur à al-Botloûs s'il nous a pour adversaires au moment où la bataille est le plus achar-
[née, et au jour de mêlée.
Si Dieu le décrète, il faut que je lui verse, au jour de la bataille, la coupe du trépas.

Après lui entra Moslem fils d'ʿOqail en récitant ces vers :

J'ai dépéri par suite des soucis et de la tristesse dont m'a longtemps accablé la perte de mon
[ami d'une si illustre naissance,
Certes je vengerai Gaʿfar et ʿAli, ces guerriers semblables à des lions dans la mêlée, rejetons des
[Banou-ʿOqail.
Je tuerai, avec mon épée indienne, tous les chefs ennemis; peut-être que la vengeance me
[guérira du chagrin qui m'afflige.

Après lui entra Dou'l Kilâʿ al-Himiâri en récitant ces vers :

C'est à Himiâr que se rattache ma race, et cette tribu l'emporte sur tous les hommes en géné-
[rosité et en noblesse.
Au fort de la bataille, ils se précipitent comme des lions; combien de guerriers illustres, au
[moment où la mêlée était le plus ardente, sont tombés sous leurs coups.
La guerre est une habitude pour nous, et nous ne songeons qu'aux coups d'épée, et notre mérite
[éminent s'élève au-dessus de celui des autres.
Périssent les Grecs! Ce qu'ils possèdent nous appartiendra, après qu'ils auront succombé et que
[les épées auront joué.

Le narrateur dit. Après lui entra Chourahbîl fils de Hasanah, secrétaire de
l'Envoyé de Dieu, puis al-Qaʿqaʿ fils d'ʿAmr at-Tamîmî, puis Mâlik al-Achtar[1],
puis ʿObâdah fils d'aṣ-Ṣâmit, Abou Darr al-Ghifâri; ensuite Abou Horairah ad-
Dawsi, puis son fils ʿAbd ar-Rahmân, puis Mouʿâdh fils de Gabal et Chaddâd fils
de Qais, et après Hobairah fils d'ʿOqbah, et al-ʿAbbâs fils de Mirdâs as-Salami,
et Abou Douganah al-Anṣâri, et Gâbir fils d'ʿAbd Allah et al-Barâʿ fils d'ʿAzib, et

---

[1] C à tort التميمى بن مالك.

al-No'man fils de Bachîr, Sa'îd fils de Zaid, un des dix à qui le paradis fut promis,
ensuite Abou Yazîd al-'Oqaili, et Abou Labânah fils d'al-Mondir, puis les émirs
et les nobles entrèrent l'un à la suite de l'autre, avec une résolution forte et une
intention sincère, et en vinrent aux mains avec les Grecs (que Dieu les maudisse); le
combat fut terrible. Une troupe d'émirs tels que az-Zobair fils d'al-'Awwâm et son
fils 'Abd Allah et 'Abd ar-Rahmân fils d'Abou Horairah se précipitèrent vers la
Porte du fleuve et y combattirent vigoureusement. 'Abd Allah fils d'az-Zobair
courut en avant à la porte et, mettant pied à terre, fit une prière de deux rika'h
tandis que les Grecs, du haut des murs, faisaient pleuvoir les pierres sur lui sans
qu'il y fit attention : il fut suivi par al-Fadl fils d'al-'Abbâs et 'Abd Allah fils d'Abou
Bekr aṣ-Ṣiddîq (que Dieu soit satisfait d'eux), et tous deux, courant à la porte,
[ils arrachèrent les chaînes d'en haut, escaladèrent la tour, démolirent les créneaux
et, passant les gardiens au fil de l'épée, s'emparèrent de la porte]. Chourahbîl fils
de Ḥasanah, al-Faḍl fils d'Abou Lahab, Abou Ḍarr al-Ghifâri, Abou Ayyoub al-
Anṣâri, al-Qa'qa' fils d''Amr at-Tamîmî et l'émir Ghânim fils d''Iyâḍ, que Dieu
soit satisfait d'eux tous, coururent à la Porte de la montagne et s'en emparèrent.
Les vaillants cavaliers se précipitèrent à l'envi en s'interpellant et en faisant
entendre le tahlîl, le takbîr et la prière pour le Prophète, le prédicateur, la
lampe qui éclaire, Moḥammad, que Dieu répande sur lui ses bénédictions et le
sauve, et combattirent avec fureur, massacrant un grand nombre de soldats de
l'ennemi de Dieu, al-Boṭloûs, dont les corps décapités couvrirent le sol; on combattit dans les ruelles, les marchés, les rues et entre les portes. L'émir Khâlid
courut à l'ennemi de Dieu, al-Boṭloûs, en criant : «Vengeance pour Solaiman,
vengeance pour les frères et les Arabes» et le frappa à la poitrine d'un coup de
lance, dont on vit sortir la pointe brillante derrière le dos d'al-Boṭloûs. Dieu
envoya son âme dans les flammes, et c'est une triste demeure.

A ce spectacle, les Grecs s'enfuirent vers les portes, poursuivis par les Musulmans qui massacraient, pillaient, dépouillaient les morts et faisaient des prisonniers. Trente mille Grecs périrent dans la ville et dans les rues, comme l'a
dit Khâlid dans sa poésie qui sera rapportée plus loin; vingt mille furent faits
prisonniers. Les Musulmans pénétraient dans les maisons, saisissaient le Grec au
milieu de ses femmes, et le mettaient à mort de la façon la plus cruelle, jusqu'au
moment où leurs mains furent fatiguées de massacrer : un fleuve de sang coulait
dans les rues; les larges rues, les marchés, les maisons étaient remplies de cadavres
gisants. Les Chrétiens de la ville, les Coptes sortirent et vinrent en pleurant vers
les vainqueurs : «Nous nous mettons, dirent-ils, sous votre protection, nous
sommes gens de négoce et menu peuple, nous étions forcés d'obéir malgré

nous, c'est à cause de vous qu'ont été mis à mort nos notables, ayez compassion de nous, Dieu aura compassion de vous. » L'émir Khâlid voulait leur faire
subir le même sort qu'à leurs compagnons et les massacrer, mais l'émir Ghânim
et les autres émirs l'en empêchèrent en disant : « Ces pauvres gens font partie
de ceux qui ont fait une convention avec nous l'année dernière et c'est à cause de
cet accord avec nous que leurs amis ont été mis à mort par al-Boṭloûs, ce qu'ils
disent est vrai ». L'émir Khâlid consentit alors à les épargner à condition qu'ils
lui feraient connaître les refuges où les Grecs maudits s'étaient cachés. Alors ils
indiquèrent aux Musulmans les silos et les puits où les Grecs s'étaient réfugiés :
ils poursuivirent ceux qui s'étaient enfuis par les portes, ceux qui fuyaient
par la porte Orientale furent tués, ou se noyèrent dans le canal ; ceux qui voulurent fuir par la porte du Nord ou de l'Ouest furent massacrés et leurs cadavres jetés dans les creux des vallons. Le massacre dura le premier jour jusqu'au
moment où le soleil se coucha et où la nuit couvrit la terre de ténèbres : alors
ils s'arrêtèrent. Le lendemain, ils firent venir des taureaux, mirent sur eux des...[1]
et réunissant les cadavres par groupes de dix ou de vingt, ils les plaçaient sur
des claies(?) et, leur attachant les pieds, ils les traînaient après les avoir dépouillés
de leurs habits et de leurs armes ; ensuite ils les emportaient en dehors de la
ville et les ensevelissaient dans de grandes fosses creusées à cet effet, sur lesquelles
ils amoncelaient du sable. Quant aux martyrs, on leur éleva des coupoles, des
sanctuaires ; puis, revenant aux morts du pays, on les ensevelit dans leurs tombeaux. Il périt en ce jour plus de quatre cents Musulmans à qui Dieu décréta le
martyre et donna la félicité. Les principaux étaient Zâ'in fils de Farqad, 'Abd Allah
fils de Sa'îd, 'Abd Allah fils d'Harmalah, 'Abd Allah fils de Ro'man, 'Abd ar-Razzâq
l'Anṣâri, 'Abd ar-Raḥmân fils de Hodaifah al-Yamâni, Abou Salmah al-Asadi, Abou'l
'Olâ al-Ḥaḍrami, Abou Koltoun al-Khozâ'i, Abou Mas'oud at-Taqifi, Abou Ziyâd
al-Yarbou'i, Abou Sinân ad-Dâri, Abou Dougânah al-Anṣâri, Hâchim fils de
Naoufal le Qoraichite, 'Ammâr fils d''Abd ad-Dâr az-Zohri, Mâlik fils d''Abd Allah
al-Ḥâriṭi, Abou Sarâqah al-Lakhmi, le reste étaient gens du commun. Vingt
périrent aussi près du *souq* des Marchands et y furent ensevelis. Près du marché
de la laine, il en périt un grand nombre, près des 'Attarins, plus de quarante ;
beaucoup périrent aussi sur les bords du canal de Joseph, près des murailles
(que la miséricorde de Dieu et sa faveur soient avec eux tous !).

Le narrateur dit. Après que les Musulmans eurent enseveli tous leurs martyrs,
ils montèrent dans les châteaux et les demeures des patrices, qu'ils trouvèrent pleins

---

[1] Le mot a été laissé en blanc par le traducteur. — [É. C.]

de vaisselles d'or et d'argent, de bijoux, de robes de prix, de perles, de pierres
précieuses, de rubis, de tapis, de coussins, en quantité innombrable. Un enga-
gement eut lieu près de la porte Orientale, entre les Grecs et les Musulmans pour
la possession d'un mulet, qui fut pris enfin par les Musulmans; on trouva sur
lui deux coffres pleins de chatons de bagues, de métaux précieux et de pierres de
prix. Un Musulman nommé Ṭâhir les acheta pour dix mille dinars et les vendit à
un prix dix fois supérieur. Ces dépouilles restèrent chez les Musulmans pendant
longtemps dans la ville de Bahnasâ; ils s'emparèrent du tapis d'al-Boṭloûs, dont
la beauté les frappa d'étonnement, ils l'envoyèrent à la Ville brillante; un
morceau échut à l'imam 'Ali qui le vendit vingt mille dinars; les vases d'or et
d'argent et le reste du butin furent vendus par les Musulmans.

'Aoun fils d'Abou 'Obaid raconte ceci d'après 'Abd ar-Raḥmân fils de 'Amrân :
«Pendant que Bahnasâ était assiégée, nous aperçûmes un feu entre les portes,
sur les côtés du château d'al-Boṭloûs : nous apportâmes des outres remplies
d'eau et nous l'éteignîmes. Les Musulmans pénétrèrent dans le palais et ouvrirent
les trésors d'al-Boṭloûs et en tirèrent tout ce qu'ils renfermaient d'or, d'argent,
de pierres précieuses, de métaux précieux, etc., sans en rien laisser. Khâlid partagea ce butin entre les Musulmans. Chaque cavalier reçut dix mille mithqals d'or
et mille ocques d'argent, et une quantité innombrable d'armes, d'étoffes, de
vêtements et d'autres objets. » Le narrateur dit. Lorsque les Musulmans entrèrent
dans l'église, ils furent frappés d'étonnement en voyant la quantité de statues,
de lampes d'or et d'argent, de rideaux de soie et d'étoffes à dessins, de grandes
colonnes en marbre, de sièges et d'objets précieux qu'elle contenait. Alors Khâlid
récita le verset : «*Au nom du Dieu clément et miséricordieux, dis : il est le Dieu
unique, le Dieu éternel, il n'engendre pas et n'est pas engendré et personne ne l'égale*[1] ».
Puis, élevant la voix, il dit : «Il n'y a pas d'autre Dieu que Dieu et Moḥammad
est l'Envoyé de Dieu qui nous a apporté les preuves évidentes et la bonne direction, nous avons cru en lui et nous l'avons suivi, et nous avons regardé sa
mission comme vraie. » Puis il récita le passage : « . . . . [2] »,
et ensuite : «*que de jardins, de sources et de champs semés et d'endroits excellents, et
des faveurs où ils . . . . , ils ont quitté. . . . : . . . . ,
que nous avons donnés en héritage à d'autres*[3]. » Alors les Musulmans firent

---

[1] *Coran*, cxii, 1-3.

[2] *Coran*, xxiii, 93. (Ce passage a été laissé en blanc, dans son manuscrit, par le traducteur. —
[É. C.].)

[3] *Coran*, xliv, 24-26. (Nous reproduisons ici le manuscrit de Galtier avec les lacunes qu'il
renferme. — [É. C.].)

entendre le tahlil, le takbir et la prière pour l'apôtre, celui qui avertit, Moḥammad, que Dieu répande sur lui ses bénédictions et lui accorde le salut! (Il dit.) Les Musulmans démolirent cette église et élevèrent à sa place une mosquée sur des colonnes de marbre, dont le plafond fut fait avec les bois et les pierres de l'église, et ils bâtirent également dans la ville des mosquées et des ribaṭ. 'Abd al-Ḥamîd rapporte ceci d'après Qais fils de Mihrân, d'après Abou Ga'dah. Il y avait, dans la ville de Bahnasâ, quarante ribaṭ et une quantité innombrable de mosquées, et les compagnons (puissent-ils obtenir la faveur de Dieu) détruisirent ces édifices et se bâtirent sur leur emplacement des demeures pour eux-mêmes et commencèrent à y édifier. L'émir Khâlid et ceux qui l'accompagnaient s'occupèrent de la construction des mosquées, des chapelles et des ribaṭ, et de la démolition des édifices bâtis par les Grecs pendant un mois ou deux. Puis il réunit toutes les richesses et le butin qui restaient, écrivit une lettre et envoya le cinquième du tout à 'Amr fils d'al-'Âṣ, émir de Miṣr (que Dieu soit satisfait de lui), ainsi qu'à ceux qui étaient avec lui, afin que chacun eût sa part du butin, par l'entremise d'Abou No'aim al-Anṣâri et d'al-Faḍl fils d'Abou Foḍalah. Il envoya également le cinquième à l'émir des croyants, 'Omar fils d'al-Khaṭṭâb, dans la ville du Prophète, ainsi qu'aux compagnons qui s'y trouvaient. A la réception du butin et du message, 'Amr fils d'al-'Âṣ fut rempli de joie. Il écrivit une lettre à 'Omar fils d'al-Khaṭṭâb, qui était dans la ville de l'Envoyé de Dieu (que la meilleure des prières et le meilleur des saluts soient sur celui qui y est enseveli), pour lui annoncer la conquête et le butin qui lui fut apporté par Abou No'aim et son compagnon. Il partit pour la cité brillante et se présenta à 'Omar fils d'al-Khaṭṭâb qu'il trouva entouré de plusieurs personnes à qui il venait de faire servir des assiettes de tarîd. Abou No'aim et al-Faḍl rapportent ainsi l'entrevue: «Quand il eut achevé de manger, nous lui tendîmes la lettre, dont la lecture le remplit de joie. Il convoqua le peuple à une prière générale. Quand ils furent tous réunis, il monta en chaire, loua et glorifia Dieu, pria pour le prophète Moḥammad, et fit lecture de la lettre. Ensuite il convoqua les compagnons (que Dieu soit satisfait d'eux) et fit le partage du butin, sans rien garder pour sa famille, ni un dirhem, ni un dinar.» Abou No'aim a dit. Il me prit ensuite par la main et nous nous rendîmes à sa demeure : je vis que son lit consistait en une peau rembourrée avec du lif et que les coussins étaient de simple laine. Il dit à Omm Koulthoum, fille de l'imam 'Ali (que Dieu honore sa face) : «Avez-vous un peu de pain d'orge? — Non, répondit-elle, nous n'avons que du lait aigre. — Sers-le, dit-il, car nous avons des hôtes.» Omm Koulthoum et son serviteur nous l'apportèrent. Il se mit à manger et nous distribua notre part. Nous mangeâmes et je commençai à lui

parler d'al-Botloûs et de ses gens. En écoutant mon récit, tantôt il pleurait et tantôt
il riait; il pleura sur ceux des Musulmans et des émirs qui avaient été tués (que
la miséricorde de Dieu soit sur eux tous). Nous nous rendîmes ensuite à la mosquée
de l'Envoyé de Dieu. Le peuple s'y réunit, chacun pleurant sur ses parents :
nous leur apprîmes les noms de ceux qui étaient morts, et l'air retentit de leurs
gémissements et des sanglots que poussèrent les habitants de la ville, et les compagnons prièrent pour ceux d'entre leurs frères qui avaient péri (que la miséricorde de Dieu soit sur eux); les gens se rendirent auprès de l'imam 'Ali (que
Dieu honore sa face) et d''Oqaïl et des Banou-Hâchim (que Dieu soit satisfait
d'eux) pour leur offrir leurs condoléances au sujet de ceux de leurs parents qui
avaient été tués (que la miséricorde soit sur eux).

Après être demeurés sept jours dans la brillante Médine, nous revînmes à Mişr,
porteurs de la lettre envoyée par le commandeur des croyants 'Omar fils d'al-
Khaṭṭâb à l'émir 'Amr fils d'al-'Âṣ et à l'émir Khâlid (que Dieu soit satisfait
d'eux). L'émir Khâlid donna alors l'ordre de partir pour le Ṣa'îd. (Le narrateur
a dit.) Après un mois ou deux, l'émir Khâlid laissa dans la ville de Bahnasâ
mille compagnons de l'Envoyé de Dieu, pris dans toutes les tribus, et partit pour
le Ṣa'îd avec deux mille autres compagnons à cheval, avec tout leur équipage,
leurs cuirasses et leurs armes; ils avaient été pris dans toutes les tribus, les Banou-
Hâchim, les Banou-'Abd al-Mottalib, les Banou-'Abd ad-Dâr, les Banou-Zoheir,
les Banou-Nizâr, les Banou-Djohainah, les Banou-Aaous, les Banou-Khazradj,
les Banou-Madhḥadj, les Banou-Fahr, les Banou-Thay, les Banou-Khozâ'ah, etc.
Il donna le commandement de ceux qui demeuraient à Bahnasâ à Moslim
fils d''Aqîl; celui-ci les distribua dans les maisons et les châteaux; il fit faire,
au milieu de la ville, des marchés et de larges rues et donna comme demeure,
à la majorité des compagnons, le côté voisin du canal de Joseph : ils y firent,
depuis le canal jusqu'au côté occidental, de larges rues, afin que leurs bêtes
pussent aller nager dans le canal. (Il a dit.) Moslim fils d''Aqîl demeura gouverneur de la ville jusqu'à l'époque du califat du commandeur des croyants,
'Otmân fils d''Affân (que Dieu soit satisfait de lui). Il fut remplacé par Moḥammad fils de Ga'far fils d'Abou Ṭâlib. Puis Moslim s'en alla, laissant à Bahnasâ
ses fils et les fils de ses frères, et habita Médine jusqu'à l'époque où il fut tué
sous le califat d'al-Ḥasan fils de l'imam 'Ali (que Dieu soit satisfait d'eux). Moḥammad fils de Ga'far demeura gouverneur jusque sous le califat de l'imam 'Ali. Son
successeur fut 'Ali fils d''Abd Allah fils d'al-'Abbâs, qui fut gouverneur jusqu'au
califat de Mou'âwiah; alors 'Abd al-'Aziz fils de Marwân al-'Omawi le remplaça;
après lui vint Ṭâhir fils d''Abd Allah. Les chérifs et Qoraich occupèrent le côté

oriental, et ce quartier prit le nom de Ḥârat al-Achrâf (quartier des chérifs) et chaque tribu eut son quartier (ḥârat). (Le narrateur a dit.) Lorsque la ville de Bahnasâ fut conquise, elle comptait quarante mille âmes. Ḥâmid fils de Zaid nous a raconté, comme le tenant de Nawfal al-Mâridî, qu'il y avait à Bahnasâ, au moment de la conquête, quatre cents personnes qui vendaient, à ce que l'on dit, des légumes et autres choses, et que c'était une ville grande et populeuse. (Le narrateur a dit.) Lorsque eut lieu la querelle des Omayyades et des Abbâssides, la plus grande partie de la population quitta la ville, et il y avait déjà eu un combat entre les Banou-Hâchim et les Banou-Omayyah, et ils avaient fait sortir de la ville une partie de la population; les habitants souffrirent de la disette et la plupart quittèrent la ville, et une troupe d'Arabes vint s'y établir. Sous le califat des Abbassides, al-Hasan fils de Ṣâliḥ y vint avec ses frères, y construisit la mosquée dite d'ibn Ṣâliḥ, ainsi que la plupart des zawiah et des ribât, et y demeura jusqu'à sa mort (que la miséricorde de Dieu soit sur lui). Mais reprenons la suite de notre récit.

L'émir Khâlid et ses compagnons se dirigèrent donc vers le Ṣa'îd et ne cessèrent pas de prendre ville sur ville, jusqu'à ce qu'ils fussent arrivés à l'extrémité du Ṣa'îd, puis à 'Aden et à Souâkin. La conquête une fois finie avec l'aide et la protection de Dieu, il composa la poésie suivante où il mentionne la prise de Bahnasâ et les événements qui la suivirent, et où il loue les compagnons en disant :

Nous sommes venus dans le pays des infidèles pour le conquérir à la vérité : et cette conquête
[qui réjouit les cœurs est maintenant achevée.
Depuis que notre troupe est venue dans le Ṣa'îd, nous avons conquis des villes dont le nombre
[l'emporte sur tous.
Devant la célèbre Bahnasâ, nos armées sont demeurées trois ans sans pouvoir s'en emparer.
Nos guerriers étaient au nombre de neuf mille, et chacun de ces héros était l'égal de quatre-
[vingts.
Et nous ne pûmes prendre la ville qu'après que notre armée eut été réduite à trois mille, encore
[la plupart étaient-ils couverts de blessures.
Je n'ai point rencontré dans le Ṣa'îd (var., dans les pays chrétiens) de ville comparable à celle-
[là, ni à ses défenseurs, quand ils combattaient du haut de leurs murailles.
Et aucune bataille n'a été fatigante pour moi comme celles où j'ai combattu lors de cette guerre,
[car là était al-Boṭloûs, lion redoutable,
A la tête d'une armée dont les combattants s'élevaient à quatre-vingt mille tous couverts de fer.
Nous les avons mis en fuite bien des fois, mais grâce à ses ruses al-Boṭloûs nous forçait à
[nous éloigner.
Trois fois nous nous emparons de sa porte, mais elle revient à sa méprisable impiété et se
montre rebelle.

Comme nous jouâmes de l'épée au jour où elle fut prise : nous massacrâmes tant de Grecs que
[nos mains étaient épuisées de fatigue.
Trente mille périrent sous nos glaives; nos cœurs étaient tellement enflammés que l'on eût pu
[allumer à leur flamme.
Nous remplîmes la terre et la mer de leurs cadavres, et les oiseaux de proie purent s'en rassasier.
Trente mille d'entre eux s'enfuirent dans les déserts et vingt mille furent blessés.
J'ai tué ce jour-là al-Boṭloûs. Il courait à l'attaque en tête de ses troupes, champion redoutable,
J'ai couru aussitôt contre lui et je l'ai laissé gisant à terre et les pleureuses gémissent sur son
[cadavre.
Je l'ai frappé le premier avec la pointe de ma lance et je l'ai renversé du coup;
Il a été abattu par la lance du fils de Walîd sur la poussière de la terre qu'il a arrosée de
[son sang.
Nous l'avons laissé sur le sol, étendu mort dans une mare de sang, et les pleureuses se lamen-
[tant sur lui.
Après qu'il a péri, son armée d'infidèles a été semblable à un troupeau dont le pasteur a
[disparu.
Dans la mêlée, il se précipitait en brave sur les ennemis, monté sur un cheval gris, et frappant
[de sa lance dans l'hippodrome de la guerre.
Sa mort a rempli nos cœurs de joie : par ta vie, certes les cœurs se réjouissent de la victoire.
Après que Bahnasâ fut prise, nous y demeurâmes trente jours, y disposant des mosquées.
Nous y laissâmes mille guerriers pour la garder, pour veiller à ce que l'on fît ce qui est bien
[et pour donner de bons conseils.
De Bahnasâ à Assouan, nous avons conquis tout le pays; tous les habitants, en dix mois, ont
[été dispersés,
Puis nous sommes revenus, nous les trente chefs dont la renommée est répandue et dont chacun
[vaut mille guerriers.
Nous sommes partis et nous avons conquis l'Inde et le Sind en entier; nos glaives ne cessent
[de louer Dieu.
En tous pays, nous avons laissé des chevaliers, pour faire connaître avec clarté aux habitants la
[religion du Miséricordieux.
Telles sont les paroles du fils d'al-Walîd au sujet de ce qui écoute ce que je te raconte,
Dans l'hippodrome de la guerre, nul cavalier n'est son égal et nul ne sait disposer avec plus
[d'art que lui les perles de la poésie.
Et maintenant priez pour le plus noble des hommes, Moḥammad, le plus beau des êtres créés
[et le plus magnanime,
Le prophète qui nous a donné le Livre et la bonne direction, et dont les sectateurs gagnent
[le bien.
Que la prière de Dieu et son salut soient sur lui dans la durée du temps, tant que les oiseaux
[le célébreront par leur chants,
Ainsi que sur sa famille et sur ses compagnons qui, depuis qu'ils sont partis pour la guerre,
[ont répandu la vérité dans les pays de Dieu.

Et sache, frère, puisse Dieu te favoriser en t'aidant à faire ce qu'il aime et ce qui lui est agréable, que le but que nous nous sommes proposé en composant ce livre, c'est de raconter la conquête de Bahnasâ et les actions méritoires des nobles et des martyrs, des hommes excellents et des émirs illustres qui y ont pris part, puisse Dieu être satisfait d'eux tous et nous accorder sa faveur, grâce à eux, dans la religion, dans ce monde et dans l'autre, et nous réunir avec eux et sous leur étendard. On rapporte, en effet, que près de soixante-dix compagnons du Prophète, anciens combattants de Badr, assistèrent à la conquête de Bahnasâ et que dans son cimetière reposent près de cinq mille compagnons, que Dieu leur accorde sa miséricorde et sa faveur, et, grâce à eux, se montre miséricordieux envers nous. Quiconque le visite obtient une augmentation de récompense. Il a été visité par un grand nombre de gens venus de l'Irâq, tels que : Bichr al-Hâfi [1], Sari as-Saqati [2], Mâlik fils de Dinâr [3], et autres gens d'un mérite analogue; d'autres sont venus dans le même but de l'extrémité du Maghreb, par exemple : Sidi Abou Madîn, Cho'aib, Abou'l Haggâg [4], al-Aqsari et Abou 'Abd Allah [5]. Il a été visité également par al-Fodail ibn 'Iyâd [6] et par

[1] Bichr fils d'al-Hârit al-Hâfi, né dans les environs de Mero, habita Bagdad et fut célèbre par sa piété. Son surnom lui vint de ce qu'il marchait toujours nu-pieds. Il mourut en 841 de l'ère chrétienne. Cf. sa biographie dans Ibn Khallican, tr. Slane, t. I, p. 257; Found ed-din 'Attar, dans la traduction ouigoure (*Le mémorial des saints*, publié par Pavet de Courteille, 1 vol. in-f°, Paris, 1889, p. 97-102); *Safinat al-Avliâ*, f° 75, v° (Bibl. nat., suppl. persan, n° 146); Djami, *Les haleines de la familiarité*, ms. pers. 112 de la Bibl. nat., f° 17, cité par Sacy, *Not. et extr.*, t. XXII.

[2] Sari as-Saqati (C à tort سى), saint musulman, oncle d'al-Gonaid et disciple de Ma'rouf al-Karkhi, mourut en 870 à Bagdad. Cf. Ibn Khallican, tr. Slane, t. I, p. 55; *Mémorial des saints*, p. 180-183; Aboul-Feda, *Annales mosl.*, t. II, p. 215; Djami, *Les haleines de la familiarité*, ms. persan 112 de la Bibl. nat., f° 13, cité par Sacy, *Notices et extr. des mss*, t. XXII.

[3] Mâlik fils de Dinâr, célèbre saint de Bassorah mort en 131 de l'hégire (748-749). Cf. Ibn Khallican, tr. Slane, t. II, p. 550; *Mémorial des saints*, p. 35-42; Hammer Purgstall, *Gesch. d. ar. Lit.*, I abth., III Bd, n° 1097, p. 226. W ajoute Sahnoun, ce qui est une erreur évidente, car il était qâdi de Qairouan; il mourut en 854 du Christ. Cf. Ibn Khallican, tr. Slane, t. II, p. 134; Brockelmann, *Ar. Lit.*, t. I, p. 177.

[4] Abou'l Haggâg al-Aqsari, Yousouf b. 'Abd ar-Rahîm, célèbre cheikh, fut d'abord مشارين du diwân, puis s'attacha au cheikh 'Abd ar-Razzâq, disciple d'Abou Madîn, et mourut en rageb 640 à Louqsor. Cf. Soyouti, *Housn al-mohaderah*, t. I, p. 243 (chapitre des صلحا); peut-être y a-t-il ici une confusion avec Yousouf b. M. b. 'Ali Ahmad al-Hâchimi abou'l Haggâg qui vint du Maghreb en Égypte et mourut en 619. Cf. Soyouti, *ibid.*, p. 245.

[5] Abou 'Abd Allah est sans doute Abou 'Abd Allah al-maghribi, Mohammad b. Isma'il, qui vécut cent vingt ans et mourut en 299 (911-912); son tombeau est sur le Sinaï. Cf. *Mémorial des saints*, p. 122-123.

[6] Al-Fodail fils d'Iyâd at-Talakani, célèbre ascète qui fut d'abord voleur, mourut en 803. Cf. Ibn Khallican, tr. Slane, t. II, p. 478; Zamakhšari, *Rabî' al-Afrâr*, chap. de la nourriture; Djami, *Haleines de la familiarité*, f° 13, v°, du ms. persan 112 de la Bibl. nat.; Ferid ed-din Attar, dans le *Mémorial des saints*, p. 69-78.

beaucoup d'autres, à cause des compagnons du Prophète qui y ont été ensevelis. L'on rapporte que le territoire de Bahnasâ est plus béni que toute autre partie de l'Égypte. 'Amr fils d'al-'Âṣ citait cette parole du Prophète, que Dieu répande sur lui ses bénédictions et lui accorde le salut : «Après la Mecque, Médine et le territoire de Jérusalem [1], il n'y a pas de pays béni, si ce n'est celui de Miṣr, et l'endroit le plus abondant en bénédictions est le côté occidental», et c'est probablement le territoire de Bahnasâ. 'Ali fils d'al-Ḥasan disait : «Il n'y a pas en Égypte, du côté du sud, d'endroit béni plus abondant en bénédictions que le territoire de Bahnasâ». Abou 'Ali an-Nawâwi [2], lorsqu'il arrivait dans le cimetière de Bahnasâ, enlevait ses habits et se roulait dans la poussière en disant : «O vallée dont la poussière a volé si longtemps pour la cause de Dieu!» Et lorsque Abou 'Ali ad-Daqqâq [3] passait par le cimetière de Bahnasâ, il s'écriait : O vallée qui renfermes les os des hommes, et quels hommes! et des héros dont le visage a si longtemps ruisselé de sueur pour la cause de Dieu, et qui ont péri à cause de leur désir d'obtenir la satisfaction de Dieu». Ḥasan fils de Ṣâleḥ à qui l'on demandait pourquoi il avait choisi cette ville, de préférence à toute autre, répondit : «Et comment ne prendrais-je pas pour refuge une ville où s'est réfugié le souffle de Dieu et sa Parole [4], et sur le cimetière de laquelle descendent chaque jour mille miséricordes?»

Lorsque 'Abd Allah fils de Ṭâhir [5] fut nommé gouverneur de l'Égypte, il se rendit de Miṣr à Bahnasâ, et, lorsqu'il fut près du cimetière, il descendit de cheval, ainsi que toute sa suite; le gouverneur, qui était 'Abd Allah fils d'al-Ḥosain al-Ga'fari, sortit à sa rencontre à pied et le salua. Et lorsqu'il arriva au cimetière il dit : «Salut à vous, vivants dans les deux mondes, qui êtes les meilleurs des deux troupes». Puis, se tournant vers ses compagnons, il leur dit : «Sur ce cimetière descendent chaque jour cent bénédictions, et il conduit au paradis ceux qui y reposent, et les péchés de quiconque le visite tombent loin de lui, comme tombent les feuilles des arbres sous le souffle des vents impétueux». Et tous les jours 'Abd Allah sortait pieds nus pour aller visiter le cimetière, puis s'en revenait. Il fit ainsi jusqu'au jour de sa mort(que la miséricorde de Dieu soit sur lui).

On rapporte qu'un habitant de Bahnasâ, nommé 'Abd ar-Raḥmân ibn Ẓahîr

---

[1] W ajoute والطور.

[2] W أبو على النورى.

[3] Abou 'Ali ad-Daqqâq, ascète célèbre qui mourut en 421 de l'hégire (1021); cf. Ibn Khallican, tr. Slane, dans la *Vie d'Abou'l-Qâsim al-Qouśairi*, t. II, p. 152-155; Djami, *l. l.*, f° 96, v°.

[4] C'est-à-dire Jésus.

[5] 'Abd Allah, fils de Ṭâhir, fut plusieurs fois gouverneur d'Égypte; c'est lui qui a donné son nom à une espèce particulière de melon, appelé Abdallawi. Cf. Ibn Khallican, tr. Slane, t. II, p. 49.

ad-din, homme pieux et vertueux, a raconté l'anecdote suivante : «J'avais un
fils [1] qui se laissait aller aux excès et qui mourut. Je l'ensevelis près des martyrs
qui sont dans le côté occidental. Une nuit, je le vis, pendant mon sommeil, revêtu
d'un habit de soie verte, la tête ceinte d'une couronne de pierres précieuses,
sous une voûte de lumière, entouré d'une troupe de gens dont le visage était
d'une beauté sans pareille, ceints de leurs épées et semblables à des lunes. Je
les saluai, ainsi que mon fils et je lui dis : «Je me réjouis de voir l'état dans
«lequel tu es. — Mon père, répondit-il, c'est que je suis descendu dans le voisi-
«nage de gens qui défendaient leur hôte de toute insulte dans le monde. Comment
«donc ne protégeraient-ils pas, dans l'autre, contre le feu (de l'enfer). Ils m'ont
«demandé en présent à Celui qui possède la gloire et la puissance, et par leur
«bénédiction il m'a pardonné mes péchés et mes fautes et m'a fait habiter *dans les
«Jardins où coulent les fleuves.* » Dou'l Noun al-Miṣri [2], que la miséricorde de Dieu
soit avec lui, a raconté ceci : «Tous les ans je venais à Bahnasâ et je visitais son
cimetière, à cause de la rétribution et de la récompense que je pensais résulter
pour moi de ce voyage. Une année, un événement fortuit m'empêcha de faire ce
voyage. Une nuit, je vis une troupe d'hommes si beaux de visage et revêtus
d'habits si propres que je n'en ai pas vus de semblables, montés sur des chevaux
blancs, tenant à la main des étendards verts, et dont les visages répandaient
une lumière brillante. Après m'avoir salué, ils me dirent : «Nous sommes affligés
«de ton absence, cette année, Dou'l Noun, et puisque tu ne nous a pas fait de
«visite, c'est nous qui venons te voir en troupe. — Et qui êtes-vous donc? puisse
«Dieu avoir pitié de vous! leur répondis-je. — Nous sommes les excellents mar-
«tyrs, compagnons de Moḥammad l'Élu, que Dieu lui accorde ses bénédictions et
«le salut, nous étions sur le territoire des Roum pour prêter secours aux Musul-
«mans contre les ennemis de la religion, en passant, nous sommes venus te saluer
«et nous informer du motif pour lequel tu nous a négligés. — Et dans quel pays
«est votre demeure? leur demandai-je. — Nous habitons le cimetière de Bahnasâ,
«répondirent-ils, et nous te devions cette visite. — Seigneurs, leur dis-je, croyez
«que désormais le lien de l'amitié qui nous unit ne sera pas tranché par moi,
«mais je ne me croyais pas digne d'un tel honneur, et j'ignorais que vous con-
«naissiez celui qui vous visite. — Eh quoi Dou'l Noun, me dirent-ils, ignores-tu

[1] W «un voisin», جار .

[2] Dou'l-Noun al-Miṣri, célèbre ascète égyptien, mort en 245 de l'hégire. Cf. Ibn Khallican,
tr. Slane, t. II, p. 291-294; Djami, *op. cit.*, f° 12-13; Chaʿrani, *Lawâqiḥ al-akhbâr* (sic) *fi ṭabaqât
al-akhiâr* (manuscrit de l'Institut français d'archéologie orientale, f° 59-61); Soyouṭi, *Ḥusn al-
moḥâḍera*, t. I, p. 243 (chap. des صلحا).

«que *les martyrs sont vivants, pourvus de ce qui leur est nécessaire, auprès de leur*
«*Seigneur* [1], et qu'il y a là-dessus un passage dans le Livre précieux?» Puis ils me
quittèrent, et je m'éveillai ayant dans mon cœur comme une flamme de feu.
Heureux celui qui visite ces seigneurs excellents!»

Nous avons raconté, dans ce livre agréable et qui plaît, des aventures étonnantes et des faits admirables. Grâce à Dieu, il est devenu parfait par les figures
et le style, important par le sujet, il n'a été composé que par des gens de
mérite [2], il n'est entendu que par des gens connaisseurs en éloquence, et il n'est
lu que devant des gens de goût et de science, il est semblable à une fleur que
l'on cueille dans les jardins [3] : que Dieu le rende utile à celui qui le possède, à
celui qui l'écrit, à celui qui le lit et à celui qui l'écoute. Louange à Dieu, maître
des mondes, et la prière et le salut sur le dernier des envoyés. Amen.

[1] *Coran*, iii, 163.
[2] W : «Il n'est compris que par les gens intelligents».
[3] La fin de C est légèrement différente.